発想を事業化する
イノベーション・ツールキット

機会の特定から実現性の証明まで

デヴィッド・シルバースタイン
フィリップ・サミュエル
ニール・デカーロ

野村恭彦 監訳　清川幸美 訳

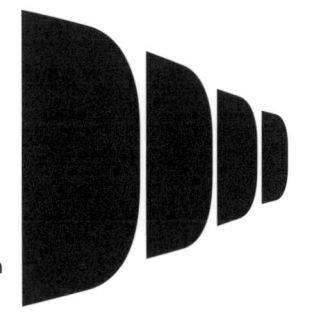

The
Innovator's
Toolkit

50+ Techniques for Predictable
and Sustainable Organic Growth

英治出版

The Innovator's Toolkit

50+ Techniques for Predictable and Sustainable Organic Growth, 2nd Edition
by David Silverstein, Philip Samuel and Neil DeCarlo

監訳者まえがき

イノベーション・ファシリテーター
野村 恭彦

「イノベーションを起こすために大切なことは何でしょうか？」

イノベーション・ファシリテーターとして日々、企業や自治体、NPOの方々とお会いするたびに、必ず聞かれる質問です。

新しいものを生み出すには、隠れたニーズを見つける力、アイデアを発想する力、商品・サービスを企画する力、そしてビジネスとしての収益性や実現性を証明する力など様々な能力が必要になります。昨今、それらのノウハウについて語った本がいくつも出版されています。

みなさんは、「イノベーションを起こすために大切なことは何でしょうか？」と問われたら、どう答えるでしょうか。私の経験では、その答えは千差万別。「斬新な発想」「技術開発」「チームマネジメント」「ビジネスモデルを構想する力」など、人の数だけ違う答えが返ってきます。

その答え1つひとつは、うなずけるものです。しかし色々なイノベーション・プロジェクトに参加させていただく中で、こうした「イノベーションに対する認識の違い」が、プロジェクトがうまく進まない大きな原因になっているのではないかと思うようになってきました。イノベーションに向けた横断チームがつくられたとき、各メンバーのイノベーションに対する捉え方が少しずつ異なっているために、コンセンサスを生むのに膨大な時間を浪費してしまうのです。

イノベーションを起こすための考え方、プロセス、テクニック——いわば「イノベーションの実践法」を組織全体で体系的に共有できるのが、本書『発想を事業化するイノベーション・ツールキット』です。ここで、「イノベーションの実践法」を組織内で理解・共有することの大切さを痛感した、私個人のエピソードをご紹介したいと思います。

実践法を共有する

私が以前務めていたメーカーでは、ハードウェア販売の市場が頭打ちになり、サービス事業を新たに生み出し、収益の柱にしていかなければならないという経営課題がありました。会社の中には、さまざまなタイプのイノベーターがいました。生命科学を用いた情報処理の研究者、ワークスタイルを革新するため

のソフトウェア開発者、大胆な市場調査によって事業領域を探索するマーケッター、新たなニーズを持つ顧客を発見してくるプロデューサー、などなど。

　新規事業の検討にあたり、組織横断で人が集められると、チームは多士済々である一方、実際にどんなプロセスで進めていくのか、各プロセスにおいて何をすればいいのかという「イノベーションの実践法」が共有されていませんでした。そのため、定期的に会議を開いてはお互いの持論を披露し合い、場当たり的な議論を繰り返すだけで、なかなか前に進んでいきません。

　そこで、今ではすっかり有名になったデザインコンサルティングファームのIDEO（アイディオ）と協働して、技術からではなく、顧客ニーズからスタートして新たなサービスを生み出すプロジェクトを立ち上げることになりました。当時の私は、デザイン思考が提唱する「観察する」「アイデアを出す」「プロトタイピングする」というステップを共有することが、「イノベーションの実践法」だと信じていたのです。

　組織全体で「イノベーションの実践法」を共有するというところまではよかったのですが、なかなか一筋縄ではいかないのがイノベーションというもの。プロジェクトが進んでいくにつれて、デザイン思考は「イノベーションの実践法」の一部にすぎないことがわかってきました。ユーザーの洞察から得られた新たなアイデアが、開発プロセスに乗せられないのです。創造的なプロセスで生まれたアイデアは、魅力的です。しかし、そのアイデアがイノベーティブであればあるほど、まだ競合の商品・サービスなど存在しません。それゆえ、既存の顕在市場を示すことができないというわけです。

　私たちプロジェクトチームは、この魅力的な商品・サービスを実現することに夢中になりましたが、開発フェーズに駒を進めるほどには、ビジネスの成功を示すことができませんでした。

　創造的プロセスのもうひとつの課題は、自社にとって新しいアイデアであればあるほど、その実現のためには自社の組織変容が必要になってしまうということです。改善アイデアは既存部門で実行できますが、新規アイデアになればなるほど実行の担い手がいません。いきおい、既存部門で対応できるアイデアだけを選別して小さく実行しようということになり、その結果、せっかく生まれたイノベーティブな新規アイデアを死蔵させてしまうことになりました。本書があれば、こんな失敗をしでかさずにすんだと思います。

イノベーションを証明する

　本書を開けば、イノベーションのステップのフロントエンドだけでも、「機会を定義する（Define）」、「アイデアを創出して発見する（Discover）」、「設計を作り上げる（Develop）」、「イノベーションを証明する（Demonstrate）」の4つものパートに分かれていることに気づきます。つまり、斬新なアイデアを見つけさえすれば、あとはウォーターフォール式に開発すればいいというものではない、ということです。いわゆる商品開発に入るまでのフロントエンドに、あと2つのパートを残しているのです。機会とアイデアの発見までを切り離して考えるのではなく、設計を作り上げ、イノベーションを証明するところまでを一連の「イノベーションの実践法」として確立する必要があるのです。

　このことを簡単に図解してみましょう。多くのワークショップは、機会を発見し、アイデアを生み出すところまでをカバーしています。いわゆる発想フェーズと呼ばれるところです。ここではたくさんのアイデアが出ます。しかし、開発フェーズとの間には、まだ大きなギャップがあるのです。それが、後半の2つのD、つまり「設計を作り上げる（Develop）」、「イノベーションを証明する（Demonstrate）」。後半の2つのDは、もっとも見過ごされている部分です。「アイデアが良ければ開発に進めるべき」、「トップの意思決定が大事」、「開発部門との相互理解が必要」など、さまざまな主張が語られると思います。しかし、先に進めない原因はすべて、この実験フェーズでの「設計」と「イノベーションの証明」の欠如なのです。

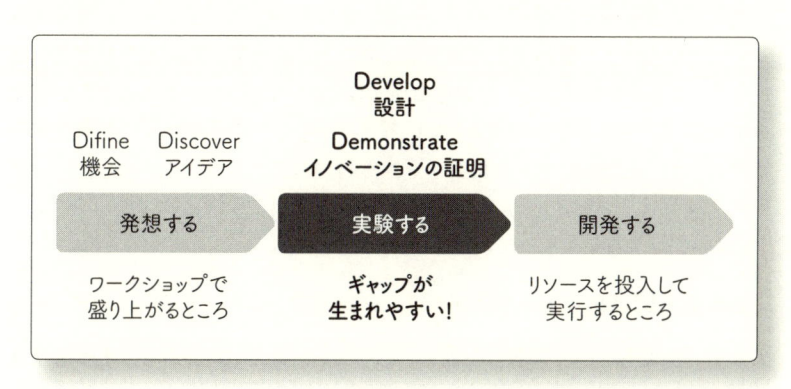

　イノベーションに向けたプロジェクトをアイデア出しに終わらせることなく、商品・サービスの開発までつなげていくためには、「イノベーションの証明」を目標とする一連のプロセスを各部門にいるイノベーターたちが理解し、共有することが何より大事なのです。

イノベーションのステップをファシリテーションする

　会社の中には、あらゆる部門にさまざまなイノベーターたちがおり、彼ら彼女らは1人ずつ異なる能力を持っています。そして、自分の能力こそが大事だと信じて仕事をしています。そのため、組織横断でチームを組んでもイノベーションのプロセスがきれいに流れません。論理的というよりも、チームの侃々諤々の議論やトップの鶴の一声で意思決定が進んでいくことになります。

　逆に言えば、あらゆる部門のイノベーターたちが同じ能力を持っているということは、あり得ません。だからこそ、イノベーターたちを束ねるための方法論とファシリテーションが必要になるのです。ファシリテーターといっても、特別な職業の話をしているわけではありません。あなたがエンジニアであっても、デザイナーであっても、マーケッターであっても、社内のあらゆる部門から集まるイノベーターたちの知を集結し、力強く前へ進めていくことが求められるのです。

　本書には、最上流の機会発見から、開発に入る直前のイノベーションの証明まで、一貫した思想でチームを推進することができる方法論が、数多く示されています。その特徴は、1つひとつの手法がばらばらにあるのではなく、「イノベーターの思考法」とも言うべき、ものごとを考える順序が論理的に示されているところにあります。ですから、本の形態としてはリファレンスとしても見やすいものになっていますが、最初からしっかりと読んでいけば、イノベーションプロセスの全体像を論理的に理解することができるようになっています。

　すべてのプロセスに強い人はいません。あなたが上流のリサーチに強みをもっているならば、下流のイノベーションの証明に向けて、開発者を集めてファシリテーションを行うために本書を活用するといいでしょう。逆にあなたが開発者であれば、モノづくりを理解している人だからこそ発見できる市場機会があるでしょう。上流のリサーチに苦手意識を持つのではなく、イノベーターの思考法を理解し、調査・企画のメンバーを交えて本書の手法に基づいたファシリテーションをぜひ試してみてほしいと思います。

あなたも明日からイノベーター

　本書の内容をすべて理解し、使いこなし、そしてイノベーションを実現することは、もちろん容易ではありません。ですが、ぜひ一回試してみてください。本書の手法を1つだけしっかりと理解して、それを会社で使ってみるのです。

　例えば、テクニック1の「片づけるべきジョブ（Jobs to be Done: JTBD）」を選んだとします。会議でアイデア出しをする場面があったら、「片づけるべきジョブ、JTBDで整理してみませんか？」と提案するのです。もちろん、あらかじ

め自社製品に関わるJTBDを挙げて、準備しておきます。それをホワイトボードにさっと書いていきます。続いて、「古いソリューション」と「新しいソリューション」のブレーンストーミングをファシリテーションするのです。

　例えば、私の前職のイノベーションプロジェクトでは、組織内のコミュニケーションプロセスを革新しようとしていました。このケースでは、古いソリューションは情報そのものをどう扱うかに焦点が当たっていました。その際、JTBDに立ち返って「人が本当に求めているのは何なのか」を見つめ直すことで、新しいソリューションは、人と人との関係性をよりよいものにしていくことに焦点を当てることができました。このように、JTBDに立ち返ることで、真に顧客に根ざした、まったく新しい解決策を導くことができるかもしれません。

JTBD	古いソリューション	新しいソリューション
顧客に提案を通す	プレゼンツール	共創ツール
アイデアを広く集める	クリッピングサービス	ソーシャルメディア
意見の対立から合意を形成する	ディベート	ダイアローグ
ゆるやかに行動を促す	リマインドメール	コミュニティ管理
実行可能な計画を立てる	ガントチャート	アジャイルチーム

　もしかすると会議が終わった後、上司から「今日のジョブなんとか、あれよかったね。ほかにもいろいろ知っているの？」と聞かれるかもしれません。そうしたら、「ええ、いくつか」とだけ答えておきましょう。そして来週の会議に使えそうな次のテクニックを1つ、準備するのです。

　本を読むだけでは、テクニックは身に付きません。ですが、実際の仕事で活用すると、特にワークショップ形式で実践すると、驚くほど早く身に付くものです。あなたが1つのテクニックを披露するたびに、組織横断チームの働き方が少しずつ変わっていくのです。イノベーションプロセスを会社の組織横断チームの中で共有することができれば、チームワークが大きく変わります。協力が生まれ、お互いの強みを活かし合えるようになります。

　最初から全部のテクニックが使える人は、どこにもいません。まずは1つ。それがうまくいったら、次の1つ。1つずつ実際に活用してみることで、いつの間にか、あなた自身の「イノベーターの能力」は高まり、さらに会社の中での「イノベーターとしての評判」が高まっていくことでしょう。

　さあ、本書を片手に、明日から「イノベーターとしての人生」を始めましょう！

THE Innovator's TOOLKIT ———目次

監訳者まえがき　*1*

イントロダクション　*11*　　イノベーションは二面的なプロセスである　*13*
イノベーションの最先端D4モデル　*18*
バランスの取れたイノベーション・ポートフォリオ　*23*
人はどのように問題を解決するのか　*29*

第1部　**機会を定義する**　*35*

1　**片づけるべきジョブ**　*38*　　人が本当に求めて
いるのは何なのか

2　**ジョブ・マッピング**　*50*　　顧客がどのようにジョブを
片づけているかを見極める

3　**結果期待**　*58*　　顧客が求める以上の
ものを提供する

4　**価値指数**　*66*　　チャンスが潜むソリューション
の空白を探し出す

5　**エスノグラフィー**　*74*　　顧客を観察して、表明されて
いないニーズを発見する

6　**シナリオ・プランニング**　*82*　　変化のビジョンを描く

7　**発見的再定義**　*92*　　システムの全体像と部分像を描いて、
アイデア発想の焦点を絞る

8　**9つの窓**　*102*　　9つの異なるレンズを
通して機会を見る

9　**ジョブ・スコーピング**　*110*　　イノベーションの焦点を
広げたり絞ったりする

10　**ステークホルダー管理**　*114*　　重要な影響力を持つ人を
巻き込み、味方につける

11　**認知スタイル**　*122*　　道を究める人と
道を探す人を活用する

12　**プロジェクト・チャーター**　*130*　　イノベーション・チームの集中を保ち、
軌道からそれないようにする

13　**イノベーション財務管理**　*138*　　想定に対する知識の比率を
高めつづける

第2部　アイデアを発見する *149*

14	資源の最適化 *152*	利用できる資源は すべて使う
15	機能分析 *160*	システムを 詳細に調べる
16	トレンド予測 *168*	進化の遺伝子 コードから学ぶ
17	クリエイティブ・チャレンジ *178*	聖なる牛を 犠牲にせよ
18	HITマトリックス *184*	今あるソリューションを比較して、 ブレークスルーのひらめきを得る
19	SCAMPER *188*	7つの重要な問い
20	ブレーンライティング6-3-5 *194*	アイデア発想の 平等な機会を促す
21	空想ブレーンストーミング *198*	創造性のために、 ばかになる
22	コンセプト・ツリー *202*	現在のアイデアを利用して 多くのアイデアを創出する
23	ランダム刺激 *206*	関係のない絵や言葉を使って、 新しいアイデアを生み出す
24	挑発して動かす *214*	思考を妨げる 障害を打破する
25	強制連想法 *220*	他業界のソリューション に注目する
26	構造的抽象化 *226*	40の立証済みの原理を イノベーションの指針とする
27	分離原則 *238*	イノベーション問題を 4つの方法で分離する
28	物質－場分析 *244*	物質がどのように場と相互作用して ソリューションを形成しているかを学ぶ
29	バイオミミクリー *256*	数十億年にも及ぶ 自然の経験に答えを探る
30	KJ法 *262*	類似したアイデアを グループ化し、整理する
31	アイデアの仕分けと精緻化 *268*	アイデアを整理・再構成して、 数を増やす
32	6つの思考モード *276*	6通りの方法でソリューション のアイデアを評価する

第3部 設計を作り上げる 287

33	機能要件 290	顧客がソリューションに求めることを特定する
34	公理的設計 298	顧客の要望を、最善の製品やサービスに変える
35	機能構造 308	ソリューションが全体と部分でどのように機能しているかを特定する
36	形態的マトリックス 314	代替設計案を組み合わせてソリューションの概念を作り出す
37	TILMAG 320	理想的なソリューションの要素をペアにして新しい設計概念を作り出す
38	ワークセル設計 326	流れと最適化を確保する作業空間の構成
39	一対比較分析 336	設計概念をペアにして優劣を判断する
40	ピュー・マトリックス 342	すべての設計概念を評価して堅固なソリューションを作る
41	工程能力 348	新しいソリューションの性能を予測する
42	ロバスト設計 356	制御不能な影響に左右されない設計にする
43	設計スコアカード 362	設計とその基盤のプロセスを追跡するダッシュボードを考案する
44	設計故障モード影響解析 374	ソリューションの不具合を未然に予測する
45	ポカヨケ 384	人的エラーとシステムエラーを防ぐ措置を講じる
46	離散事象シミュレーション 392	コンピュータモデリングでイノベーションを可視化し、テストする
47	ラピッド・プロトタイピング 400	ソリューションの3Dモデルをすばやく作り、実行可能性を探る

第4部 イノベーションを証明する 407

48	プロトタイピング 410	新製品の完全機能モデルを作り、テストして完成させる
49	パイロット試験 416	ソリューションを限定的に実施して、問題を解決する
50	SIPOCマップ 422	プロセスの重要なインプットとアウトプットを特定する
51	プロセス・マップ／バリューストリーム・マップ 428	プロセスの詳細を詰める
52	測定システム解析 438	測定の有効性を確認する
53	実験計画法 448	インプットとアウトプット変数を分析して、少数の重要な因子を特定する
54	コンジョイント分析 456	ソリューションの属性を比較して、顧客の好みを厳選する
55	プロセス挙動チャート 464	プロセスの性能を監視して、新しいソリューションを管理された状態に保つ
56	特性要因図 472	性能の問題の根本原因を探る
57	因果関係マトリックス 476	重視するべきインプット－アウトプット関係を特定する
58	管理計画 480	新しいソリューションを計画通りに商品化する

原書第2版に寄せて 487

謝辞 489

ダウンロード・リスト 492

イントロダクション

　大きな会社をさらに成長させるのは容易なことではないし、成長を持続させるのはもっと難しい。進むべき道は2つある。合併・買収によって外側から成長させるか、組織だったイノベーションによって内側から成長させるか（有機的成長）。だが問題は、どちらのやり方も期待した結果をなかなか出せないことだ。2つを組み合わせたとしてもである。

　合併・買収の問題は専門家に任せよう。われわれは有機的成長を取り巻く謎を解き明かすために本書を執筆した。イノベーションの本質をつかんでいると思われる企業は、特別な数社に限られるのはなぜなのか？　アップルのような企業は、称賛の声の中、市場の期待に応える、あるいは期待を上回る新製品を次から次に発表している（本書の刊行後、そうではなくなっているとしても、驚くほど長い間そういう会社だった）。

　あらゆる業界の経営者が、アップルのようになれたらと思っている。あるいは、自分の会社がとうていアップルになれない理由をひねり出す。

　「うちはテクノロジー企業じゃないし、そんなに何度も製品を修正する能力はない」

　「わが社のコア技術など、とうていアップルの力強い技術力にはかなわないから、チャンスは限られている」

　いくらでも挙げられる。どうすればいいのかわからない、と認めるより、言い訳をするほうが楽なことがある。

アンダーアーマーはアパレル企業だが、自社のことをほかと同じアパレル企業だとは思っていない。テクノロジー企業のようにイノベーションを追い求めてきたのはそのためだ。むしろ、だからこそ、テクノロジー企業のお株を奪うほど、イノベーションに徹し、実績を上げるようになったと言える。

　CNBCのジム・クレイマーは2012年3月に投資関連番組でこう言った。「イノベーションを使って新規ビジネスを獲得するのは、テクノロジー関連株の専売特許ではありません。今日、私たちがテクノロジーだと思っていることは、イノベーションでも何でもありません。ヒューレット・パッカードが最後に何か新しいものを発明したのは、いったいいつのことだったでしょう。思い出せますか？　私は覚えていませんね。（中略）テクノロジーの本領はイノベーションです。（中略）既成概念をひっくり返すような発明を探すには、まったく期待もしていなかったところにまで広く網をかけるべきでしょう」

　アンダーアーマーは、体に密着し、汗を吸収・発散させる機能を持つ衣類を発明した。体温を調節するという新しいカテゴリーの衣類だ。だが、同社はそこで立ち止まらなかった。2011年には、普通の木綿より5倍速く乾く、非常に柔らかい**チャージドコット**ンを発売した。**防水性**があるコットンのフードつきスエットシャツもある。モルガン・スタンレーが「ナイキからシェアを奪う」と評する超軽量のランニングシューズも開発した。

　今後もさらに発売が予定されているこのような商品こそ、誰もがうらやむアンダーアーマーの成長率の源泉だ（これを書いている時点で、2011年第4四半期の収益は前年比34パーセント増、EPS［訳注：1株当たり利益］は前年比40パーセント増）。20〜25パーセントという高い長期的成長目標を掲げられるのも、イノベーションとそこから生まれる価格決定力に裏打ちされているからだ。

　実に見事なものだが、この成功の核心は何だろう？　アンダーアーマーの企業使命は、「情熱、デザイン、そして革新性の飽くなき追求を通じて、アスリートを進化させる」［訳注：同社日本語ウェブサイトより］ことだ。だが、いったいどうすれば企業は、イノ

ベーションを達成することができるのだろう？　ましてコンスタン
トにイノベーションを起こしつづけるにはどうすればいいのだろ
う？

　有機的成長を目指す企業が採用しなければならない経営の原則
や実践法は数多くある。イノベーションを起こすためにするべき
ことを確実に実行する、情熱的で意欲にあふれるリーダーの存在
も必須だ。鼓舞するだけでなく、理論的根拠を示し、ロードマッ
プを作り、システムを構築し、工程を策定し、ノウハウを活用し、
チームを編成し、委員会を運営するなど、イノベーションの全過
程を強いリーダーシップで導き、マネジメントする、そういうリ
ーダーである。

　本書は、イノベーションのプロセスと、イノベーションを可能
にする多くのテクニックに目を向けた、きわめて実用的な解説書
だ。ただし、イノベーションを成功に導くリーダーシップやマネ
ジメントの諸側面すべてをカバーしているわけではない。たとえ
ば、製品やプロセス、ビジネスモデルを革新しつづける企業文化
を創造し、それにふさわしい組織を作り上げるために経営者が知
っておくべき（そして実行すべき）ことなどには触れていない（リ
ーダーシップの問題については、セミナーやコンサルティングで取りあ
げている）。

イノベーションは
二面的なプロセスである

　図0-1（次頁）は、イノベーションのプロセスのあるべき姿を
示している。これはどんな企業や組織にも当てはまる。しかし、
「プロセス」を単数形で使うのは間違っている。なぜなら、イノ
ベーション成功の鍵は、イノベーションは2つの異なるプロセス
からなることを理解することだからだ。1つのプロセスではない
のである。企業はたいていここで失敗する。左側（フロントエンド
でのイノベーション）と右側（バックエンドでの活用）の両方ではな
く、どちらかだけにしか注目しないからだ。

2つの側面を定義して、実際のビジネスではそこで何が起きているのかを、いくつかのシナリオを使って見ていこう。[左側のフロントエンドでのイノベーションは、新しい製品やプロセス、ビジネスモデル（本書ではこれらすべてをソリューションと呼ぶ）を追い求める、流動的で遊び心にあふれた非直線的なプロセスだ。]右側のバックエンドでの活用は、すでに左側の活動で実行可能と判断された新しい設計を商品化するための、ステージゲート［訳注：プロセスをいくつかの活動（ステージ）に分けて、評価（ゲート）に合格したものだけを次の活動に進める手法］的な体系的なアプローチである。]

右と左を混同したり、逆にしたり、イノベーションのプロセスだけで、活用のプロセスがなかったり、同じ人が両方のプロセスを主導したりすれば、待っているのは失敗だ。

アンダーアーマーが2011年に設立したイノベーション研究所について見てみよう。同社のスポーツ・マーケティング担当副社長、ケビン・ヘイリーが『ボルティモア・ビジネス・ジャーナル』紙に語ったところによれば、ボルティモアの本社ビルに隣接する研究所は、「何にも制限されずに世界最高の製品を作る」ために存

図0-1 イノベーションの二面性

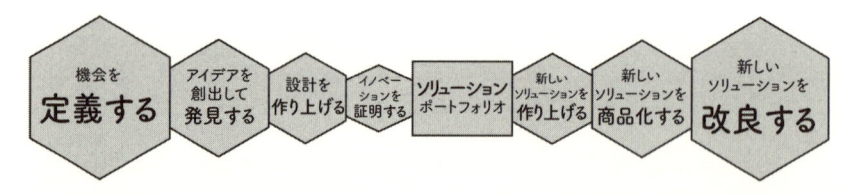

フロントエンドでのイノベーション	バックエンドでの活用
● 遊び心を持ち、先入観にとらわれず冒険する	● 直線的、ステージゲート的思考
● 片づけるべきジョブに集中する	● 最初から適切に設計する
● 適切なアイデアを創出する	● ○○（性能、信頼性、保全性など）のための設計に集中する
● 早いうちに安く失敗する	● 体系的な製品設計
● 学びのサイクルを繰り返す	

在している（"Under Armour Debuts 'Innovation Lab' at Tide Point," February 15, 2011）。

ユーチューブのビデオで、この研究所の活動を垣間見ることができる。ボディスーツを着用したフットボール選手の呼吸と心拍数を調べたり、縫製方法を改善したり、人の走り方を分析したり、同社のスポーツブラの実際の使用状況での安定性を調べたりしている（www.youtube.com/watch?v=cSc8m46RPPQ）。ビデオの中で同社のスポークスパーソンは、研究所での研究によって「製品開発のプロセスから推測を排除し、製品の機能に対する理解を深めることができる」と語っている。

イノベーションのフロントエンドにおける鍵の1つは、「いずれ失敗するのなら、早いうちに安く（甚大な財政危機になる前に）失敗しよう」ということだ。だがそれができるのは、適切な企業文化、人材、考え方、ツールがあるときだけだ。そして適切な組織があり、組織のほかの人たちとは異なる考え方をするイノベーターのチームがあることが前提だ。

ナイキには、イノベーションのフロントエンドの世界だけで活動する独立した部署がある。そこでは何千ものアイデアを創出し、詳細な設計図を描き、テストし、プロトタイプを作り、そしてこれが大事なのだが、捨てている。ナイキは、失敗を受け入れる必要があるときは受け入れる。ただし、プロセスの右側の開発と商品化の段階に深入りして、巨額の資金をプロジェクトに投入する前に、である。

ナイキのイノベーション事業部にいたら、あなたは昼日中にバスケットボールをしているかもしれない。終わりのない集中から精神を解放したり、創造を促すエンドルフィンを放出させたりするためだ。あるいは、採算が取れないとか、最終的な商品化までに資源を食いすぎるという理由で、素晴らしいアイデアをボツにしたことを祝って、ディナーの席に着いているかもしれない。

これを、多くのアジア企業の標準的なやり方と比べてみよう。彼らは失敗を恥とする文化の中で行動しているが、アメリカでもそういう企業はアメリカ人が認める以上に多く、そして、研究開

発はブラックボックスの中で行われる。秘密を守るためというより、投入した資源と生み出された収益を比較検証して恥をかくのを避けたいからだ。

それにしても、[フロントエンドのプロセスを持たない企業が多すぎる。]先ほども述べたように、このプロセスの活動が直線的でもステージゲート的でもないからだ。こういう企業は、細かく定義されたステップと関門と測定基準を持つプロセスに慣れているため、フロントエンドのプロセスが体系的すぎるか、プロセス自体を持っていない。

イリジウムが衛星電話を商業化しようとしたときのことを覚えているだろうか？　同社は50億ドルの予算を組んで42カ国で20万人の潜在顧客から意見を集め、約1000件の特許を取得し、10年以上の年月をかけてシステムと製品を完成させた。ところが発売まもなく事業は行き詰まり、会社は倒産した。

この有名なケースに興味があれば、失敗の原因を論じる記事は大量に出回っている。携帯電話ネットワークの普及を予測できなかったから。出張の多いエグゼクティブというターゲット市場が小さすぎたから。価格が高すぎた（ハンドセットが3000ドル、通話料は1分3ドルから8ドル）から。移動中の車内や建物の中では使えなかったから。そして、決定的だったのは、それまでの投資額があまりにも大きかったために、経営陣が事業撤退を渋ったからだ。

これは、われわれの二面的イノベーションのモデルを使って、分解して考えることができる。イリジウムはあらゆる努力をイノベーションの方程式の右側だけ、フロントエンドではなく活用の局面だけに注いだ。イリジウムの暫定CEO、ジョン・A・リチャードソンはこう言っている。「イリジウムは、いかにして製品を市場に出さないかを学ぶのにもってこいのMBAのケーススタディだ。われわれは、まず素晴らしい技術的偉業を成し遂げた。その後で、その技術でどうやって儲けるかを考えた」

[イリジウムは、その壮大なビジョンで儲けることの実行可能性を、モデルの左側で考え、堅実な計算をするべきだった。]

完全な設計・生産モードに入るまでにそのイノベーションでどうやって利益を得るかを気にしていないと、会社をつぶすことになりかねない。大規模で複雑で驚異的なイノベーションの場合は特にその恐れがある（イリジウムは実際にそうなった）。早いうちに少ない代償で失敗することができるイノベーションのフロントエンドに、時間と労力を集中したほうがよい。

では、これとは逆の問題を抱えるほかの企業はどうなのだろう？ 活用と商品化に必要なバックエンドでのより機械的な行動を排除して、創造的なフロントエンドを過剰に重視すればどうなるだろう？ バックエンド偏重のケースほど多くはないが、こういうことも起こるし、価値を破壊することさえある。

マイクロソフトは以前、市場を試験場として使うことで有名だった。マイクロソフトは、顧客の「片づけるべきジョブ」（テクニック1）をよく把握し、速さや信頼性といったいくつかの「結果期待」（テクニック3）に狙いを絞ってオペレーティングシステムを開発し、発売した。だが、設計の完成を待たずに市場に出していた。その結果、ユーザーは頻発するオペレーティングシステムのクラッシュに悩まされ、何度もバグを修正しなければならなかった。この意味で、マイクロソフトはフロントエンドではきちんとした仕事をしたが、バックエンドでの成績はあまり芳しくなかったと言える。

ボーイングの787ドリームライナーは、きわめて複雑な製品にすでに実証済みのテクノロジーを利用して、イノベーションにともなうリスクを管理した良い例だ。多くの会社がそうであるように、ボーイングもイノベーションを起こさなければならないが、新型ジャンボジェットのような巨大製品のイノベーションに失敗すれば、会社はたちまち存続の危機に瀕する。

ドリームライナーに組み込まれた多くのイノベーションの圧倒的多数は、ボーイングまたは別のどこかで、すでに発想され、開発され、テストされ、立証されていた。複合素材の進歩。空気の質、湿度、客室与圧などのシステムのイノベーション。低騒音エンジン。これらはボーイングがその設計に組み込んだイノベーシ

ョンのほんの数例だ。

　では、ボーイングは顧客への義務を果たすのに、なぜあれほど苦労したのだろう？　それは、モデルの右側に目を向ければすぐにわかる。ドリームライナーの納品遅れのほとんどが、製造と組み立ての問題（大部分がアウトソーシング関係の問題）によるものだった。飛行機の核心技術の問題ではなかったのである。

　イノベーション・モデルの右側と左側を組み合わせて、競争優位を生み出している企業をいくつか思い浮かべることができる。アップルがそうだ。アンダーアーマーは素晴らしい成功を収めた。ナイキは数えきれないほどの新製品を市場に送りだしつづけている（その革新的な生産施設は、同社を生産量世界第3位の靴メーカーに押し上げた）。『ファスト・カンパニー』誌は、毎年、世界で最も革新的な企業50社を選出しているが、誰も手をつけていなかった領域でのイノベーション（左側）と市場での成功（右側）を達成するのに必要な異なる文化をうまく管理した企業の物語や実例は、世界中を探しまわるまでもなく身近なところに見つけることができる。

イノベーションの最先端
D^4モデル

　卓越した設計を生み出す方法については、多くの論文や書籍、記事が書かれており、教えてくれるコンサルタントも多い。たとえば、「リーン・シックスシグマ［訳注：ムダを排して効率向上を図る「リーン生産方式」と、作業のばらつきを制御して質の高いプロセスの確立を目指す「シックスシグマ」を組み合わせたマネジメント手法］」がビジネス全般の優位性の確立に活用されるのは、この局面においてだ。われわれのモデルの右側（新しいソリューションを開発し、商品化し、改良する）に相当する。ソリューションが時間をかけて改良され、市場に出されるこの部分に、リーン・シックスシグマが適していることは明らかだ。

　しかし、本書の目的は、イノベーションと呼ばれる、ビジネス

の中でも非常にあいまいな側面にはっきりした形を与えることだ。なかでも重要なのは、イノベーションのフロントエンドについて不足している知識を提供し、明確にすることだ。というのも、どうすれば予測可能な方法でイノベーションを達成できるかを解き明かした著作はほとんどないからだ。

われわれは、広範にわたってイノベーションを生み出しつづける適切な手法を持っている企業には、社内のほかの部署とはまったく異なる動き方をする特別なプロセスや組織が生まれているということを確信するようになった。この組織は、「遊ぶ」のだ。容赦なく既成概念をひっくり返し、新しい成長の機会を見つけようとする。失敗を避けるのではなく、正しいタイミングでの正しい失敗には報いようとする。そしてこれらの行動は、柔軟性と機動性があり、手痛い失敗を食い止めつつ成功を生み出すのに必要な最小限の系統性を備えたプロセスに従って行われる。

イノベーションのフロントエンドを詳しく見ると、実際には何が起きているのだろう？　図0-1（14頁）では左側と右側が六角形の連なりで描かれている。六角形は、左側では時間の経過とともに小さくなり、右側では大きくなっている。

簡単に言えば、イノベーションのフロントエンドの各段階を経て進むとき、人とチームは拡散的な思考と行動から、収束的な思考と行動へと移行する。最初はあらゆる種類のアイデアを発想する。真面目なものでも、まともでないものでも、何でもよい。次に、さまざまなテクニックを使って、本当に成功する見込みがあるものに絞り込んでいく。右側では、一般的に、収束的な思考と行動から拡散的な思考と行動へと進んでいく。実行可能なソリューションを市場に投入し、改良を重ね、応用・拡大し、さらに選択肢を加え、顧客を増やしつづける（たとえばiPodは、新型を発売するたびに新しい特徴を加え、iTunesやiPadなどの関連製品を生み出した）。

しかし、イノベーターは、モデルのどちらの側のどの段階でも、その段階の中では拡散と収束両方の思考と行動をする。この原則を守ることはきわめて重要だ。どの段階でも、拡散と収束のどち

らか一方だけしか行わなければ、リスクが生じ、真のイノベーションを達成する可能性が損なわれる。図0-2は、人とチームがイノベーションのフロントエンドを拡散と収束を繰り返しながら進む様子を説明している。

図0-2　各段階での拡散と収束

D^4の段階	拡散	収束
機会を定義する Define	解決すべき多くの問題	解決すべき1つまたは少数の問題を選ぶ
アイデアを発見する Discover	問題を解決するための多くのアイデアを探る	最も魅力的ないくつかのアイデアを選ぶ
設計を作り上げる Develop	いくつかの核となるアイデアに基づいて、多くの多様な設計概念を創出する	最も魅力的な1つまたは複数の設計概念を選ぶ
イノベーションを証明する Demonstrate	仮説を知識に換えるさまざまな方法を探る	最も実行可能性の高い最終的な概念に絞り込む

　機会を定義する段階（第1部）では、できるだけ多くのイノベーションの機会を、拡散的な方法で探っていく。全体を導くガイドとして、「片づけるべきジョブ」（テクニック1）を使おう。次に、「エスノグラフィー」（テクニック5）、「9つの窓」（テクニック8）、「ジョブ・スコーピング」（テクニック9）などの手法を使えば、問題をさまざまな形でとらえ直すことができる。

　その後、一連の問題を少数に絞り込むときには、「価値指数」（テクニック4）、「プロジェクト・チャーター」（テクニック12）などを利用しよう。第1部のテクニックのいくつかは、拡散モードにも収束モードにも使える。「ジョブ・マッピング」（テクニック2）や「結果期待」（テクニック3）などがそうだ。

アイデアを発見する段階（第2部）では、まず、問題を解決するためのアイデアをできるだけ多く、拡散的に探っていく。これには「HITマトリックス」（テクニック18）、「コンセプト・ツリー」（テクニック22）などのテクニックを使おう。「ブレーンライティング6-3-5」（テクニック20）などは、イノベーターを自分の事業や業界、今のソリューションのパラダイムの中で、創造性の新しい高みに押し上げてくれるテクニックだ。「強制連想法」（テクニック25）や「構造的抽象化」（テクニック26）のように、イノベーターを今のパラダイムから未知の業界や領域に押し出してくれるテクニックもある。

次の目標は、多くの選択肢やアイデアの実行可能性を予測し、最も魅力的なもの（1つまたは複数）に絞り込むことだ。顧客はこれを買うだろうか？　新製品は採算が取れるほど安く生産できるだろうか？　新しいソリューションは今ある結果期待への大きな不満を確実に解消できるだろうか？　これらの問いに答えて絞り込むには、「価値指数」（テクニック4）、「KJ法」（テクニック30）、「6つの思考モード」（テクニック32）、「一対比較分析」（テクニック39）を使おう。

設計を作り上げる段階（第3部）では、核となるアイデアについて、その設計が果たす必要がある主要な機能に注目して、ソリューションを構築する方法を考える。しかしここでは、信頼性、有用性、保全性などの特定の機能要件を重視した設計を強調しているわけではない。それは、イノベーション・モデルの右側で考えることだ。ただし、設計のアイデアを膨らませていくときにも、これらの側面を心に留めておく必要はある。

たとえば、食品業界のイノベーターが、飲み物やスープ、食事を温める便利な方法を模索しているとしよう。複数の設計概念を探る方法はたくさんある。たとえば、「公理的設計」（テクニック34）、「機能構造」（テクニック35）、「TILMAG」（テクニック37）などだ。しかしここからはすぐに収束的な作業になる。問題を解決し、問いに答えるための最も実行可能性の高い設計概念（1つま

たは複数）に絞り込むために、「ワークセル設計」（テクニック38）、「ビュー・マトリックス」（テクニック40）、「ロバスト設計」（テクニック42）などを使おう。

　さきほどの例では、容器の指定された部分を押すと発熱反応が始まって食品を加熱する自己発熱機能を備えた包装や容器を作る設計アイデアに収束するかもしれない。

　フロントエンドの最後は、**イノベーションを証明する**（第4部）段階だ。ここでは、イノベーターの**想定に対する知識の比率**を劇的に改善しなければならない（知識を増やし、仮説を減らす）。それによって、市場での成功・失敗をより正確に予測できるようになる。

　これには、「イノベーション財務管理」（テクニック13）、「パイロット試験」（テクニック49）、「コンジョイント分析」（テクニック54）などのテクニックを使って、新しいソリューションの設計のテスト、製作、提供など、商品化に向けた活動のさまざまな方法を探る。次に、別のテクニックを使ってイノベーションのポートフォリオに入れる最終的な設計に収束させる。「プロセス挙動チャート」（テクニック55）、「特性要因図」（テクニック56）、「管理計画」（テクニック58）などだ。

　以上のように概略を説明したが、D^{4}の「設計を作り上げる（Develop）」と「イノベーションを証明する（Demonstrate）」の段階で使われる多くのテクニックが、革新的なソリューションをさらに発展させ、商品化し、改良するとき（バックエンドでのソリューションの活用）にも頻繁に使われる。「リーン・シックスシグマ」やオペレーショナル・エクセレンスの専門家は、「機会を定義する（Define）」「アイデアを発見する（Discover）」の段階のさまざまなフロントエンドのテクニックさえ、バックエンドの活動に用いることがある。

　われわれのイノベーション・モデルは、段階を追って進む形で表現され、おおむねそのように実行されるが、本書のテクニック

の半分以上には多様な使い方がある。テクニック自体がしっかりしているので、賢明なイノベーター、最適化を目指す人、ムダを削減したい人、ファシリテーターは、より広い意味でのイノベーションのプロセス、つまりモデルの左端から右端までのどの時点でも使うことができる。要するに、これらのテクニックは、問題解決のためのツールなのだ。

　実際には、左端よりもっと左で使うことができるテクニックもあり、使われてもいる。つまり、イノベーションのプロセスを取り巻くマネジメントの領域で、ということだ。先に述べたように、この領域は本書が扱う範囲の外にあるが、そこでは背景として、イノベーションに適した組織風土と文化を醸成し、組織の方向性を正しいビジョンに向けなければならないことに触れておくべきだろう。そのためには、人材を活用すること、イノベーション・プロジェクトを実行し管理すること、イノベーションの迅速な展開を成功させるためのインフラを導入することなど、そのほかのさまざまな方法で未来へと導くことが必要になる。

　われわれは本書のテクニックを、イノベーターが知っておくべきコア知識と考えている。これらのテクニックをどういう規模で、どのように適用するかは、プロジェクト・レベルのマネジメントと、組織レベルのリーダーシップの問題だ。しかし、ここでの本書の目的は、イノベーターがこれらのテクニックを使って、フロントエンドの各段階を無事に進み、リスクが軽減されたプロジェクト・ポートフォリオを作れるようにすることだ。

バランスの取れた
イノベーション・ポートフォリオ

　イノベーション・プロジェクトの堅固なポートフォリオは、製品、プロセス、ビジネスモデルのイノベーションのバランスが取れていると同時に、その質も漸進的、実質的、急進的のバランスが取れていなければならない（図0-3、28頁）。**プロセス・イノベーション**という語は、顧客に応対しないプロセスか、顧客に応対する

プロセスのどちらかの意味で使っている。前者は**内部プロセス**、後者は**サービス**と呼ばれることが多い。

　製品イノベーションの例は、三洋電機が発売した洗剤不要の洗濯機、アップルのiPhone、プロクター・アンド・ギャンブル（P&G）のホワイトストリップス（家庭でできる歯のホワイトニング剤）などだ。

　顧客応対プロセス（またはサービス）の例は、損害保険会社プログレッシブ・インシュアランスの現場での損害査定、ホテルや空港でのセルフサービス式チェックイン、スカイプでの通話、フェイスブックによるソーシャル・ネットワーキングなどだ。

　非顧客応対プロセス（製品も考えられる）のイノベーションは、サービスの迅速さと質を高める形で、顧客により多くの価値を提供する。ボトムズアップというビールサーバー・システムを販売しているグリンオン・インダストリーズ（www.bottomsupbeer.com）はワシントン州モンテサーノに本拠を置くユニークな新興企業だ［訳注：2012年にインディアナ州インディアナポリスに移転］。ウェブサイトを見ると、ボトムズアップのビールサーバーと補助製品が、**冷たくておいしいビールをすばやく注ぐための伝統的な方法**、つまり人が樽から注ぐ方法に代わる強力なソリューションであることがわかる。

　本書が出版されるころには、同社は「幼少期」を脱しているだろうか？　ウェブサイトのビデオを見ると、業務用のサーバーは1分間に（1人で操作して）44杯のビールを用意することができる。特殊な専用グラスは、**底から**ビールを注入して満たした後、注ぎ口が重力で密閉される。適切な訓練を受けたボトムズアップのビア・ディスペンサー（人）は、泡の量まで正確にビールのグラスを用意することができる。こぼすこともない。伝統的な方法より最高で9倍も速い。

　どうりで、同社が**生ビールを新しい高みに押し上げる**ことをスローガンとしているわけだ。グリンオンは、顧客とソリューション提供者のいくつかの「結果期待」（テクニック3を参照）を見事に満たした。いつも**同じ量のビールが速く欲しい**（顧客の期待）、

ビールを効率よく、ムダなく、**低コスト**で供給する（提供者の期待）などだ。グリンオンはさらに、**速成教育システム**を導入して、確実に結果期待を満たせるようにしている。システムを正しく使って顧客に最大限の価値を提供できるようにスタッフを訓練しているのだ。

このケースは顧客応対プロセスのイノベーションだが、それには顧客の目に入らない、あるいは顧客が気にしない製品とプロセスの要素も含まれている（ボトムズアップのビールサーバー装置本体、舞台裏での研修、機械の能力を最大限に発揮させるように操作するスキル）。したがってこれを、大まかに言って、実質的な（漸進的、急進的ではない）製品とプロセスのイノベーションと見なすことができるだろう。

このほかのプロセスのイノベーションの例には、舞台裏のビジネスプロセスのイノベーションを集積したウォルマートの**エブリデー・ロープライス**がある。アマゾンの**1-Click**で今すぐ買う機能もそうだ。このようなプロセスのイノベーションは、生産性の向上、リードタイムの短縮、従業員の士気の高揚、利益率の改善という形で企業にも大きな価値を与える。

ビジネスモデルのイノベーションの例は、デルが販売チェーンの小売りの部分を回避して、コンピュータを直販の形で顧客に売り始めたのがそうだ（流通チャネルのイノベーション）。管理しなければならない在庫を最小化し（コアプロセスのイノベーション）、顧客には前払い、製造部品の供給業者には延べ払いの支払い条項を課して、運転資金のマネジメント（収益源とコスト構造）の常識を覆した。さらにデルは顧客が自分のソリューションを自分でカスタマイズできるようにし、注文から数日以内にコンピュータを受け取れるようにした（顧客経験のイノベーション）［訳注：日本ではカスタマイズ可能モデルの納期は通常2週間程度となっている］。

イーベイも、かつての効率の悪い「人と人との直接取引」の場の外で、売り手と買い手が出会えるようにして、ビジネスモデルの環境を一変させた。デルと同様に、大きな意味でのビジネスモデルのイノベーションを構成する多くの要素の中からいくつもの

イノベーションを実施することによって、業界（中古品の売買）のルールを変えてしまったのである。

企業は、次の11の構成要素のいくつかにイノベーションを起こすことによって、自らの業界のルールを書き換えることさえできる。[顧客層、顧客経験、流通チャネル、ブランド戦略、収益源、中核商品、補助商品、中核的プロセスと資源、実現プロセスと資源、価値創造パートナー、コスト構造である。]

最近のビジネスモデルのイノベーション例を、中欧の小国リヒテンシュタインに本拠を置く高性能動力工具メーカー、ヒルティ・グループに見ることができる。『ハーバード・ビジネス・レビュー』誌に掲載された論文によれば、ヒルティは、「自社の工具で顧客が達成したいと思っていること（ジョブ）を見直す」というプロセスを取った（「ビジネスモデル・イノベーションの原則」『DIAMOND ハーバード・ビジネス・レビュー』2009年4月号）。

マーク・W・ジョンソン、クレイトン・M・クリステンセン、ヘニング・カガーマン執筆のこの論文は、「建設業者はジョブ（用事）を完了させることによってお金を稼いでいるのであって、自分で工具を所有している必要はなく、片づけるべきジョブ——この場合なら仕様に従って作業を完了させる（われわれ流の言い方であって、論文執筆者がこう言っているのではない）——を達成するためには、工具をレンタルすれば済む」ことを指摘した。

ヒルティは、工具を貸し出すことによって、業者が工具を所有する負担をヒルティに移し、業者が自分たちのジョブを片づけるのを助けるというビジネスモデルの実行可能性を調査した。新しいビジネスモデルを採用すれば、ヒルティは「顧客に最高の工具を最適なタイミングで提供し、工具の修理、交換、アップグレードに迅速に対応し、これらすべてを含む在庫管理を月額制で提供する」必要があった。

論文は次のように結論づけている。「この価値提案に基づいて実施するために、同社は工具管理プログラムを構築し、その過程で、工具の製造・販売からサービスに重点を移す必要があった。つまりヒルティは、新しい利益方程式を編み出し、新しい経営資

源と新しいプロセスを開発しなければならなかった」

よくバランスの取れたイノベーション・プロジェクトのポートフォリオは、重要度（漸進的、実質的、急進的）も分散されていなければならない。当然ながら、漸進的から急進的になるにつれ、必要な投資、リスク、利益への潜在的な影響は大きくなる。

漸進的イノベーションの例には、ホテルや空港でのチェックイン手続きの改善や、従業員提案制度の導入などがある。実質的なイノベーションの例には、通常の電動歯ブラシに代わる音波式電動歯ブラシや、顧客による飛行機のチケットのオンライン購入などがある。それでも歯は磨かなければならないし、飛行機のチケットも取らなくてはならないが、その手段が実質的に変化する。

当然ながら、急進的イノベーションは顧客と企業にきわめて大きな価値をもたらす。抗生物質の発見、印刷機、火薬、飛行機、携帯型コンピュータ、ワールドワイドウェブの発明はすべて急進的なイノベーションの例だ。厳密に言えば、携帯テレビ、自己洗浄機能のある衣類、3Dプリンターなどは、急進的とは言えないかもしれないが、少なくとも実質的なイノベーションではある。3Dプリント（三次元造形）によって、小売客が自宅で製品を設計・製造できるようになった。世界を変える急進的なイノベーションになる可能性があることは間違いないだろう。

漸進的、実質的、急進的なイノベーションを構成する要件を明確に区別することは難しいが、企業はこれらを独自に定義することができる。ロイヤル・ダッチ・シェルの化学事業部門は「イノベーションが急進的（あるいは飛躍的）と分類されるには、1億ドル以上の収益を上げなければならない」と述べたことがある。どういう基準を作るにせよ、あらゆる企業は、つねに新しいイノベーション・プロジェクトをパイプラインに投入し、更新を図る必要がある。

図0-3（次頁）は、典型的なイノベーション・ポートフォリオの相対的な比率を示している。通常は、製品、プロセス、サービスのイノベーションが多く、ビジネスモデルのイノベーションは少ない。また、企業は漸進的と実質的なイノベーションを目指すこ

とが多く、急進的なイノベーションを目指すことは少ない。

　もちろん、[真の競争優位は、多方面でのイノベーションをよく調整して組み合わせることから生まれる。]戦略コンサルティング会社、カイザー・アソシエーツの研究によれば、アップルは3年間でiPod、iPhone、そのほかの製品とiTunesを組み合わせ、700億ドルの株主価値を生み出したという。今日（2012年）、アップルの時価総額は5000億ドルを超え、約1000億ドルの現金資産を有している。

　アマゾンも、ビジネスモデルのイノベーションの追求と実行に高い成果を上げている企業だ。実店舗を持たないという方法に、**1-Clickで今すぐ買う、最近ご覧になった商品、カスタマーレビュー、おすすめ商品**などのサービス・イノベーションを組み合わせた。加えて、アマゾンがその王国に新製品を投入するあの速さ（はっきりとはわからないが、見たところかなりのスピードだ）。しかも、発送予定日より早い発送などの顧客を喜ばせる要素をチェックしつづける。絵に描いたようなビジネスモデルのイノベーションが目の前で繰り広げられている。

　アマゾンについてあなたが知っていること、あるいはあなたの考えを、前述の11のビジネスモデル構成要素のリストに照らし

図0-3　バランスのとれたイノベーション・ポートフォリオ

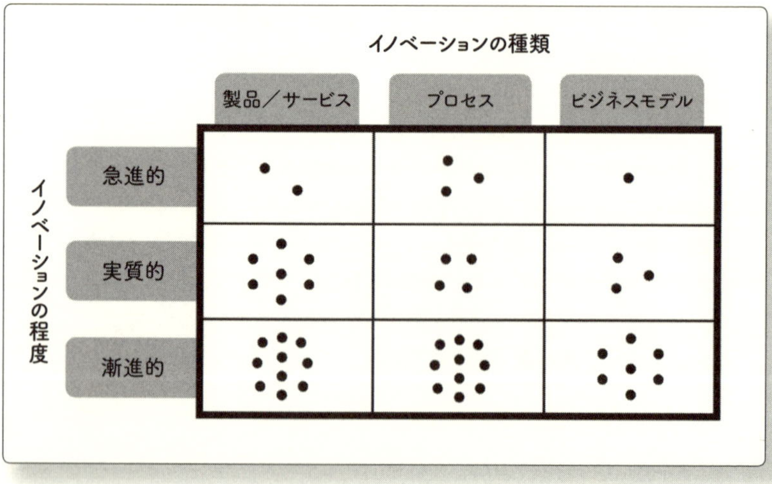

合わせると、アマゾンがいかに幅広くイノベーションを起こしてきたかがよくわかる。たとえば、**顧客層、顧客経験、流通チャネル、ブランド戦略、補助商品**……とにかく、11の構成要素すべてについて自分で考えてみよう。

人はどのように
問題を解決するのか

成長を目指すプロジェクトをどれほど多く特定できても、その問題を解決するのにふさわしい人がいなければ、利益が見込めるイノベーションは1つとして生まれない。そこで、このイントロダクションを終えるにあたって、人はどのように問題を解決するのか、本書のテクニックを使って解決するのに適しているのは（そして適していないのは）どういう種類の問題かをまとめてみよう。

あらゆるイノベーションは、何らかの重要な問題を解決した結果だ。たとえば、どうやって軍隊に海を越えさせるかという問題を解決した結果が軍艦であり、どうやって人を月に立たせるかという問題を解決したのがロケットだ。簡単な問題からも、簡単ではあっても重要度では勝るとも劣らないイノベーションが生まれる。たとえば、魚を捕らえて食料を確保するために網を使ったのはその例だ。ワクチン、携帯型浄水装置、防弾チョッキなどの命を救うソリューションにつながった問題もある。

問題解決のプロセスの各段階には、2つの基本的な認知行動がかかわっている。拡散思考と収束思考だ。拡散思考行動では、問題を詳細に検討し、問題を再定義し、潜在的なアイデアとソリューションの検討・関連づけ・組み合わせを通してアイデアを探し、選択肢を増やしていく。一方、収束思考行動では、価値を判断し、アイデアについて利用可能な情報を活用した後に、優先順位づけと選択を行うことを通してアイデアを評価し、選択肢を絞り込んでいく。

拡散思考と収束思考のどちらの場合も、生まれるアイデアとソリューションは、関連のある技術領域やパラダイムの内側か、境

界上か、外側のどこかに位置する。われわれがこう言うのは、「拡散思考が、いわゆる箱の外で考える独創的な思考で、収束思考が箱の中で考える非独創的な思考だと考えてはならない」ことを強調したいからだ。問題を解決しようとするすべての人は、自分の好むスタイルに応じて、さまざまな認知レベルで、拡散思考と収束思考を行っている。問題解決の領域全体で行われるこうした活動がソリューションを生み出すのだ。

　問題解決へのアプローチについて考えるもう1つの方法は、探索と活用の観点で見ることだ。探索はパラダイムの内側と外側の両方で、新しいアイデアを探すことだが、活用はパラダイムの範囲内でアイデアを利用し、完成させることだ（図0-4）。ビジネス上の問題でも、主に活用が必要なものもあれば、主に探索が求められるものもあるが、すべての問題は両者を何らかの組み合わせで用いることを必要とする。

　トーマス・エジソンは発明家と呼ばれることが多いが、彼の業績のほとんどは、基本的な発見をより良いソリューションに発展させ商業化したことだった。エジソンは電球を発明したとされることが多いが、彼の功績は実際に膨大な実験と分析を行って、ガラス球の中のタングステン線を途切れずに輝きつづけさせる最適な条件を見つけ出したことだ。エジソン自身も確かに探索を行っ

図0-4　問題解決の4つのクラス

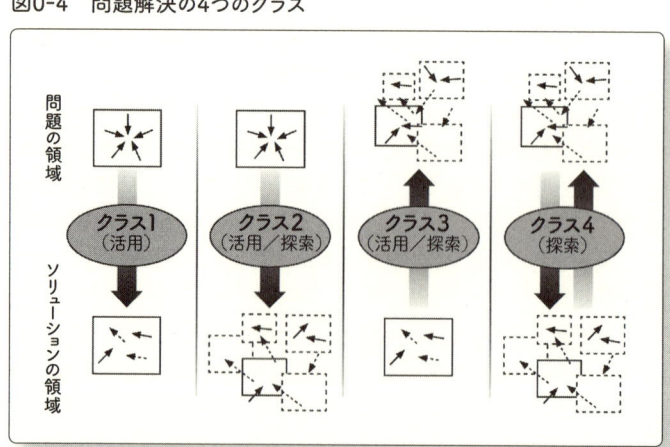

たが、彼が生来の粘り強さを発揮し、情熱を傾けたのは、すでに存在していた問題を解決できるまで、すでに知られていることを磨き上げることだった。

一方、アインシュタインは、主に当時の常識、あるいは知られていたことの枠の外で考えた。そのような探索こそが、まだ試されもせず、立証もされていない方法で問題を解決することの真髄なのだ。アインシュタインの相対性理論は、ニュートン物理学の重要な前提を疑った。アインシュタインは、自分は少し変わっていると言っていた。しかし、よく定義されていない問題を解いたり、かなりよく定義されている問題でも新しい普通でない方法で解いたりするのに必要なのは、変わり者の要素だ。

あなたも含めて組織に属する人は誰でも、エジソンに似ているかアインシュタインに似ているかのどちらかだ。研究と分析、既知の領域での活動（活用）によって問題を解決しようとする人もいれば、新しい領域を探り、前提に疑問を投げかけ、最終的に問題を解決するまでは、ばかげたアイデアを量産する（探索）人もいるだろう。テクニック11の「認知スタイル」では、人が問題解決に用いるこのような2つのアプローチを「適応的」と「革新的」として、その興味深い分析を紹介し、これらがイノベーション・チームの成否を握る重要な側面であるにもかかわらず、見過ごされていることが多い理由を説明している。

繰り返すが、イノベーションの種類によって、問題を解決するために必要な探索と活用の度合いは異なる。図0-4の実線のボックスと矢印は収束思考の活用を、破線のボックスと矢印は拡散思考の探索を表している。

これらの問題解決の4つのクラスを理解すれば、組織の中のどんな問題でもその特徴を見分けることができる。そこから、自分の特定の問題を解決するのに最も適したテクニックを選べばよい。

●クラス1
問題とソリューションのどちらの領域もよく定義されている。その結果、ほとんどが現在のパラダイムの中での活用型の問題解決になる。生産ラインでの欠陥品の発生は、クラス1の問題

の良い例だ。このタイプの問題は、通常、「PDCA（計画・実行・評価・改善）サイクル」「シックスシグマ」「リーン生産方式」などのプロセス改善方法を使って解決される。クラス1の問題を解決するには、主に「設計を作り上げる」と「イノベーションを証明する」段階のテクニックを参考にしよう。

●クラス2

問題はよく定義されているが、ソリューションへの経路がそれほど明白ではない、あるいはすぐには発見できない。したがって、より良いソリューションを求めて新しいアイデアと新しい領域を探索しながら、必要に応じて既知の知識を活用しなければならない。たとえば、暗い部屋を照らすというジョブ（用事）はかつてろうそくで達成されていたが、ろうそくには、ろうが垂れるなどの欠点があった。いくつかの重要な顧客の期待が、ろうそくではあまり満たされていなかったために、より良いソリューションへの道が開かれた。

顧客から製品やサービスにだいたい満足していると言われた場合、クラス1の問題がある。この場合の答えは最適化だ。一方、製品やサービスに満足していないと言われたら、クラス2の問題がある。不満足のギャップを埋めるより良いソリューションを発見するか、発明しよう。つまり、顧客がろうそくにだいたい満足していれば、もっと良いろうそくを作り、顧客が満足していなければ、暗闇を照らすより良い方法を発見するのだ。

●クラス3

クラス3の問題は、クラス2の問題の逆だ。ソリューションははっきりしているが、問題がはっきりしない。今ある技術の新しい応用を考えなければならないクラス3の問題は、なかなか興味深い。技師のリチャード・ジェームズは、1943年に戦艦の馬力を監視するメーターを開発するために引張ばねを使って作業をしていた。ばねの1つが床に落ちるのを見たとき、ばねを別の市場で、別の片づけるべきジョブに使うアイデアが浮

かんだ。こうして生まれたのが、「スリンキー」だ〔訳注：金属やプラスティック製のコイルばね状の玩具〕。

　今あるソリューションを別の用途に使って問題を解決し、新しい市場を開拓できる場合がある。実際、クラス3の問題では、より高いレベルでアイデアを発想する必要がある。今のソリューションの領域を超えて、高い次元のニーズに目を向け、自分のソリューションは今果たしている機能のほかに何ができるだろう、と考えるのだ。

　クラス2と3の問題には、最も豊かなイノベーションの機会が存在する。組織を内側から成長させる努力をここに集中させるべきだろう。本書の58のテクニックを選んだのは、いずれも主にこのような有機的成長の問題を解決するものだからだ。

●クラス4

　問題もソリューションも定義されていない。何らかの問題を解決しなければならないという具体的な任務は何もなく、目的は未知の領域に存在する問題とソリューションをただ探索することだ。たとえば、医学研究者はいつも新しい分子を探している。発見すること自体が目的だ。いったん発見されれば、いつでも研究し、操作し、活用することができる。

　自分が何をしているのかわからないときには、クラス4の問題を解決しようとしている。発見できても商業化への道ははっきりしない、基礎的な研究だ。したがって、本書の範囲から外れている。しかし、「トレンド予測」（テクニック16）、「挑発して動かす」（テクニック24）、「バイオミミクリー」（テクニック29）、「実験計画法」（テクニック53）は、クラス4の問題解決の役に立つ。

テクニック

片づけるべきジョブ	1
ジョブ・マッピング	2
結果期待	3
価値指数	4
エスノグラフィー	5
シナリオ・プランニング	6
発見的再定義	7
9つの窓	8
ジョブ・スコーピング	9
ステークホルダー管理	10
認知スタイル	11
プロジェクト・チャーター	12
イノベーション財務管理	13

第1部
機会を
定義する

PART 1
DEFINE
THE
OPPORTUNITY

第1部

機会を定義する

標的が何かがわかっていなければ、何千本という矢を放っても的には当たらない。同様に、イノベーションのターゲットが定義されていなければ、やみくもにアイデアを発想しても、目標は達成できない。だが、イノベーションとは本質的に、ターゲットがあいまいで、正体をつかみにくいもののようにも思われる。しかし、これは神話だ。そのあいまいさを払拭する方法を身につければ、イノベーションの先端はそれほどとらえにくいものではないことがわかるだろう。とらえることができないのは、それを発見し、自らの利益になるように焦点を絞る方法を知らない人だけだ。

このイノベーションの最初の段階は、何を目的に会社の有機的成長を図るのかを明確にし、**実現可能なイノベーションの機会を作り出すことを可能にする。**「片づけるべきジョブ」「ジョブ・マッピング」「結果期待」「価値指数」の手法を使って、満たされていない顧客のニーズや新しい市場領域を見つけ、それに基づいて、実行可能なイノベーションによって埋めることができるギャップや、潜在性の高いイノベーション・プロジェクトを特定しよう。また、「エスノグラフィー」の手法を使って、顧客が現行のソリューションで苦労をしている様子をじかに観察し、明確に語られていないニーズを理解する助けにしよう。

機会が定義されれば、イノベーション・プロジェクトの範囲を定め、明確にすることができる。「シナリオ・プランニング」の手法は、これから先に起こることを考えるのに役立つ。自分の環境で起こるさまざまな事態を予測する手がかりを作るのだ。その助けになるのは、現行のソリューションのすべての要素とその相互関係を特定する「発見的再定義」の手法だ。同様に「9つの窓」のテクニックも、イノベーションの問題に時間と規模の次元を加えることでこれを助ける。さらに、「ジョブ・スコーピング」は、プロジェクトの焦点を絞り込むのにも、拡大するのにも使える簡単だが有力な手法だ。

　第1部ではそのほかに、人、プロジェクト、イノベーションへの投資リターンのマネジメントの手法も紹介する。具体的には、有機的成長を目指すプロジェクトを支えるために関係のあるすべての人を動員するのに役立つ「ステークホルダー管理」の手法、チームに適切な人材を確保するのに役立つ「認知スタイル」の手法、プロジェクトがスケジュールと想定任務から外れないように管理するために随時更新される文書「プロジェクト・チャーター」、そして、財務面を厳しく管理し、リスクが大きくなりすぎたときにはプロジェクトを断念することさえ可能にする「イノベーション財務管理」のテクニックである。

片づけるべきジョブ

人が本当に
求めているのは
何なのか

「片づけるべきジョブ（用事）」は、現行のソリューションを改良するだけのありきたりのやり方を超えるのを助け、イノベーションに導いてくれる画期的な概念だ。片づけるべきジョブ（Jobs to be Done: JTBD）は、製品やサービスでもなければ、特定のソリューションでもない。より高い次元の目的であり、顧客はそのために製品やサービス、ソリューションを買っているのだ。

たとえば、たいていの人は、芝刈り機を買うのは「芝生を刈る」ためだと言うだろう。それはその通りだ。だが、芝刈り機メーカーがたとえば、「つねに芝生を短く、美しく保つ」という、より次元の高い目的を子細に検討すれば、性能の良い芝刈り機を作る努力の一部を、刈る必要のない遺伝子操作種子の開発に振り向けるかもしれない。

JTBDの概念とテクニックにはこういう威力がある。顧客は製品やサービスを買っているのではなく、多様なジョブを片づけるために、さまざまなときにさまざまなソリューションを「雇って」いることを理解させてくれる。この手法を利用するには、統計専門家に簡単な調査の設計とサンプル抽出を手伝ってもらわなければならないかもしれないが、大部分は専門家の助けは必要ない。

背景

ハーバード・ビジネススクールのクレイトン・クリステンセン教授ら4名の研究者は、『MITスローン・マネジメント・レビュー』（2007年春号）でJTBDの概念を次のように説明している。「ほとんどの企業は、顧客の人口統計学データや製品の特徴によって市

場をセグメント化し、提供する製品やサービスに特徴や機能を加えて差別化している。しかし、顧客は市場について異なる見方をしている。顧客にはただ片づけるべきジョブがあり、それを行うのに最も良い製品やサービスを『雇おう』としているだけなのだ」

だから、顧客がどんな仕事を片づけたいのかがわかれば、新しい市場への洞察が得られ、実行可能な成長戦略を描くことができる。あるJTBD、または関連のあるJTBDのグループに対する良いソリューションが存在していないことがある。そういうときこそ、イノベーションの大きなチャンスだ。

JTBDの内訳

JTBDには、2つの異なるタイプがある。

1. メインのJTBD …. 顧客が達成したいタスク
2. 関連JTBD ………… メインのJTBDに関連して顧客が達成したいこと

そして、この2つのJTBDそれぞれに、次の2つの側面がある。

- **機能的側面** ……… 顧客が求める実用的で客観的な要件
- **感情的側面** ……… 感情や認識に関する顧客の主観的な要件

最後に、感情的側面はさらに次のように分けられる。

- **個人的次元** ……… 顧客がそのソリューションについてどう感じるか
- **社会的次元** ……… そのソリューションを使っているとき、顧客はほかの人からどう見られていると思うか

図1-1（次頁）は、異なるタイプのJTBDと、その側面と次元の内訳を視覚的に表現したものだ。

図1-1　JTBDの内訳

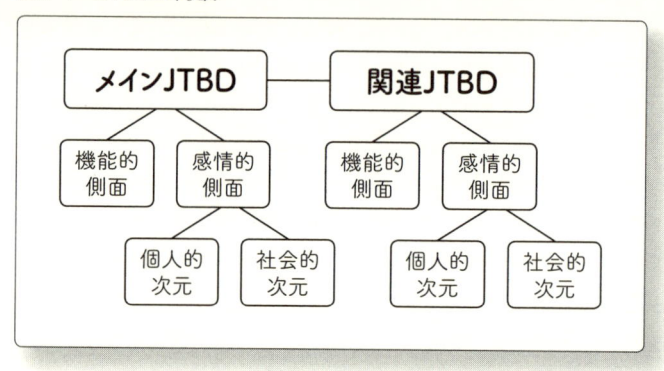

　1つ例を考えてみよう。歯と歯茎を清潔にすることがメインのJTBDだとすると、関連JTBDは、さわやかな息を長続きさせること、歯を白くすることなどになるだろう。洗顔や眉の手入れといった身だしなみまで含まれるかもしれない。

　メインJTBDと関連JTBDは、機能と感情の側面に分解することができる。歯についた異物を取り除き、細菌とそれが原因で発生する口臭も一掃したい。これらは、このJTBDの機能的側面だ。顧客は、歯と歯茎の清掃を心地よい経験であってほしいとも望んでいる。苦痛ではなく、快適でなければならない。自分で気分が良いと感じる（個人的次元）とともに、人からは清潔な歯と健康的な歯茎を持ち、息がさわやかな人と見られる（社会的次元）ようにしてくれるものでなければならない。これらは、感情的側面だ。

　あるソリューションが、このようなジョブのすべてのレベルや側面をうまく満たすことができるほど、市場で成功するチャンスは高まる。また、関連JTBDをうまく達成できるほど、成功の可能性が増す。要するに、JTBDという概念は、思考の枠を超えるよう導き、自分の今のソリューションや、競争相手のソリューションを陳腐化するのを助けてくれるのだ。

　ある企業が、単にニーズを満たすだけでなく、きわめて革新的な成果をたびたび挙げていれば、その企業はJTBDを念頭において考えていることがわかる。たとえば、最近開発が進んでいる自動車や高層ビル用の自己洗浄機能のあるガラスや、傷を塗装修理する必要のない**自己修復性のある自動車用塗料**について考えてみよう。**傷を塗装修理する**ことがJTBDだと考えることもできるが、本当はそうではない。傷を塗装修理することは、**車を傷や汚れのない状態に保つ**というJTBDを達成するためのソリューションの1つなのだ。

　図1-2の古いジョブに対する新しいソリューションの例をよく検討し、「現行の製品やサービスにどんな改良を加えることができるか」ではなく、「思いもよらないもっと効果的な方法で顧客のJTBDを達成するにはどうすればよいか」と考えてみよう。

図1-2　古いジョブに対する新しいソリューション

JTBD	古い ソリューション	新しい ソリューション
薬を投与する	錠剤と注射	皮膚用パッチ剤
大量市場向けに多くの製品を作る	大勢の職人	製造ライン
定型的な法律事務を処理する	弁護士	legalzoom.com
夜間に敵を発見する	照明弾	暗視装置
窓をきれいに保つ	スクイージーで窓掃除をする	自己洗浄ガラス
歯を磨く	歯ブラシ	音波式電動歯ブラシ
情報を探す	図書館	インターネット

三位一体脳

　三位一体脳モデルによれば、われわれの脳は「爬虫類脳（反射脳）」「旧哺乳類脳（情動脳）」「新哺乳類脳（理性脳）」の3つの部分からなるという。爬虫類脳は、基本的な生存や生物学的なニーズに関係がある。お腹がすけば食べ、脅威を感じれば戦うか逃げる、というように。辺縁系からなる旧哺乳類脳は、情動をつかさどり、われわれが行うほとんどの決定を導く。新皮質からなる新哺乳類脳は、知性・知能をつかさどり、論理的、系統的、分析的な機能を持つ。

　心理学者たちは、この3つの部位の間に軋轢があると、爬虫類脳がほかの2つより優勢になることを発見した。情動脳と理性脳が対立するときは、情動脳が勝つ。感情のおもむくままにまずい決定をし、後から自分を正当化するための言い訳を考えることが多いのは、そのためだ。

　では、イノベーションを求める企業にとって、このことは何を意味するだろうか？　まず、脳の3つの部位すべてに訴えるソリューションを考えることだ。特に情動脳と理性脳が重要だ。本当に生死にかかわる（爬虫類脳に訴える）ソリューションはあまりない。アップルが秀でているのはこういうところだ。アップルの製品は機能が優れている（理性脳に訴える）うえに、クールでスタイリッシュだ（情動脳に訴える）。あるユーザーは、iPodに機能的な問題があって6回も返品したと言うが、それでもiPodを使おうとするのは、製品が感情に訴える力がきわめて強いからだ。

　しかし、もう1つ興味深いヒントがある。自分の業界が主にJTBDの機能面を重視する業界であれば、感情的な側面で差別化するのだ。手術器具に、手によくフィットする魅力的なデザインと形状を採用して、見た目も洗練されたものにする。あるいは、イメージや感情主導の業界なら、製品の機能面を強調することを考えてみる。たとえば、ザ・ボディショップの製品の多くはオーガニック（非発がん性）で、肌の質を改善する（アンチエイジング）——機能と感情を融合させているのだ。

　イノベーションの物語を一言でいえばこうだ。もっとよく効く

薬を作ったり、もっと良い法律事務所になったり、炎をもっと明るくしたりすることに取り組んだ企業がある一方で、型を破ろうとした企業がある。どんな新しいソリューションも、古いソリューションを自動的に、あるいは一瞬にして陳腐化するわけではないが、顧客が片づける必要があるジョブを行う新しい方法をわれわれが発見することができれば、その結果、変化が起きることは確かである。

> JTBDについて何か覚えておくとすれば、これだ。「JTBD
> は、特定のソリューション（製品やサービス）にはまったくこ
> だわらない」。顧客のJTBDは時間がたってもあまり変わら
> ないが、製品やサービスは、つねに提供する価値を高め
> ながら戦略的な周期で変わっていくべきだ。

ステップ

1 重点市場を特定する

　重点を置くべき市場は、有機的成長戦略 —— コア成長戦略、破壊的成長戦略、関連ジョブ成長戦略、新しいジョブ成長戦略 —— のいずれかを考慮することで特定できる。

　コア成長戦略は、顧客が達成したいジョブに関連する、達成されていない結果期待を満たすことだ。たとえば、顧客が、ジュースをこぼす（望ましくない結果期待）ことなく、もっと上手にカップに注ぎたい（望ましい結果期待）と思っているとすれば、ジュース瓶の設計を変え、つかみやすいようにくぼみをつける。これは現行のパラダイムを完成させることだから、ほとんどの企業にとって最も簡単なイノベーションの方法だ（これについてはテクニック3「結果期待」で詳述する）。

次に簡単にイノベーションを起こす方法は、**関連ジョブ成長戦略**だ。1つ以上のメインまたは関連JTBDの結果期待を達成するいくつかのソリューションをひとまとめにする。スターバックスはその例で、**カフェイン入り飲料を飲む、健康的なノンカフェイン飲料を飲む、仕事の話を続ける、インターネットをする、リラックスできる環境で勉強をしたり本を読んだりする**などのいくつものジョブに対処している。

　ここで重要なのは、**隣接性**だ。コーヒーを飲みたい、でも、本も読みたいしインターネットもしたい、友だちとおしゃべりもしたい。あるいは、ここからあそこまで行くのにレンタカーを借りたいが、わかりやすい道案内も欲しいのでカーナビもつけてもらいたい、といった具合である。

　新しいジョブ成長戦略は、進化する技術と変化から生まれ、コア成長戦略や関連ジョブ成長戦略より達成するのが難しい。いくつものJTBDを達成するためにソリューションの範囲を広げなければならない。例を挙げると、何十年も存続してきたろうそくメーカーは、電球が登場した後、新しい応用法を探さなければならなくなった。そこで、家の装飾をしたい人や、ディナー用にロマンティックな雰囲気を作りたい人にアピールする製品を作った。もはや明るく照らすことがJTBDではなくなったのだ。

　医療系企業の中には、その技術、特に特許が切れた技術を人間用から動物用の新しいジョブへと転換しているところがある。緊急対応プロセスを熟知した会社が、救急車派遣事業に拡大・参入しているのも、1つの例だ。

　破壊的成長戦略は、文献やイノベーション専門家が**無消費**と呼ぶ状況に注目する。あるソリューションは、あるクラスの人々は利用できるが、もっと多くの人、あるいはすべての人が利用できるわけではない。歯を白くしたいと思ったら、歯医者に行くしかなかったころを覚えているだろうか？　ところが今では、歯を白くするというジョブは、クレスト・ホワイトストリップスのような「破壊的な」市販製品のおかげで、誰もが、ほとんどどんなところででも十分に行える（クレスト・ホワイトストリップスは、発売2年で、P&Gの3億ドル製品になった）。

無消費には4つの要因が作用している。価格、時間、スキル、それに技術またはソリューションへのアクセスだ。ホワイトストリップスの例は、4つの基準をすべて満たしている。ホワイトストリップス以前は、歯を白くするのにはお金がかかりすぎた。時間もかかった。個人は必要な技術にアクセスできず、その技術を家庭で利用するスキルもなかった。

これは、最も実現困難な成長戦略だ。自社と業界他社の現在の製品やサービスを侵食することになるからだ。破壊的成長戦略の例には、家庭でできる妊娠検査、オンライン株取引、自己管理型医療用監視・治療装置などがある。

> コア成長戦略と破壊的成長戦略は既存のJTBDに目を向けるが、関連ジョブ成長戦略と新しいジョブ成長戦略は新規のJTBDに注目する。また、コア成長戦略と関連ジョブ成長戦略は、既存の顧客にサービスを提供するが、新しいジョブ成長戦略と破壊的成長戦略は、新規の顧客を獲得しサービスを提供する。

2 顧客が片づけようとしているジョブ（JTBD）を特定する

顧客をよく研究して、何をしようとしているのかを見極めなければならない。特に、現在利用できるプロセスと技術では不十分なソリューションしかない状況では、これが重要だ。その場しのぎのソリューションしかない、あるいはまったくソリューションがないのは、どういうジョブだろうか。顧客が自分でいくつかのソリューションをつぎはぎしていれば、そこにイノベーションの大きなヒントがある。

顧客がジョブを片づけるのにソリューションを使っている様子を研究するのに良い方法がいくつかある。「エスノグラフィー」（テクニック5）と文化的原型研究は、特に有効だ。そのほかに、観察、インタビュー、顧客のクレーム、フォーカスグループを利用する方法がある。

JTBDが予想外にわかりにくいことがある。たとえば、ある
ファストフード会社は、顧客がフレーバーつきのミルクシェ
ークを買うのは、車での長い退屈な通勤の前だということ
を発見した。朝、手をかけずに栄養が取れる便利な飲み
物を求めているだけでなく、少し時間がかかる朝食を楽し
むことで、通勤時間をもっと面白みのあるものにしたいと思
っていたのだ。

③ JTBDを分類する

　ジョブにはメイン・ジョブと関連ジョブがある。あるジョブが
ほかのジョブの「親」になることもある。たとえば自己実現をし
たいというのなら、このジョブは、その人の身体的、心理的、社
会的、感情的、金銭的、精神的な健康に関するいくつもの下位の
ジョブの親になるかもしれない。

　JTBDを分類する方法は1つだけではない。広く使われている
標準的な方法もない。だから、自分の業界にふさわしい方法を使
うことがいちばんだ。小売業界なら、メインのJTBDは、製品や
サービスに何をさせるか（機能的側面）より、人にどう感じさせる
か（感情的側面）に関係していることが多い。エンジニアリング
業界の、顧客に応対しないジョブの多くは、本質的に感情より機
能に注目する。だが、前にも述べたが、業界の基準に逆行して、
機能的または感情的側面に目を向けることにも大きな価値がある
ことを思い出してほしい。

　ジョブには機能的側面と感情的側面（そして個人的次元と社会的
次元）があることにも触れた。**音楽を自分用に整理・管理するこ
とは、1つのJTBDだ。このジョブの重要な機能的側面は、音楽
を聴くことである。これに関連する感情的／個人的ジョブは、満
足のいくように音楽を整理・管理すること、関連する感情的／社
会的ジョブは、友だちと音楽を共有することだ。インターネット
から曲をダウンロードする、プレイリストを作る、不要な曲を削**

除する、ひまをつぶすなども関連するジョブだろう。

4 ジョブ・ステートメントを作成する

　ジョブ・ステートメントは、JTBDを記述するために使われる。ジョブ・ステートメントの主な構成要素は、ジョブを実行する状況の説明、行動の対象、そして行動を表す動詞だ。**家庭で個人資産を管理する**は、ジョブ・ステートメントだ。図1-3に示した**家庭で衣服を洗う**もそうだ。**ジョギングをしながら音楽を聴く**もジョブ・ステートメントの例だ。

図1-3　ジョブ・ステートメントの構成

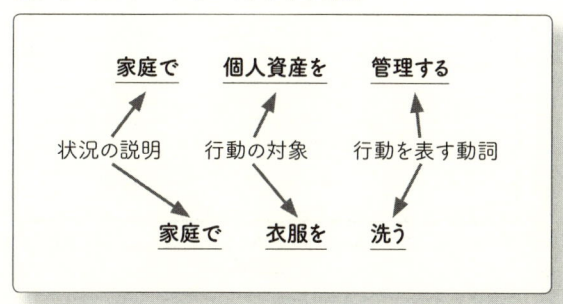

5 JTBDの機会に優先順位をつける

　どの市場にも、顧客が片づけようとしているジョブが何百もある。自社にとって最高の機会になるのは、そのうちのどれだろう？市場に競争相手のいない空間を作る機会があるのはどのJTBDだろう？　ほとんどの状況では、顧客が片づけたいと思っているジョブに対して今、良いソリューションがないものに、イノベーションの最大の機会がある。

　JTBDの優先順位は、いくつかの要素で決まる。そのJTBDの重要度、既存のソリューションに対する顧客の満足度、新しい（または、もっと理想的な）ソリューション開発の一般的な可能性、

それに「結果期待」（テクニック3を参照）をより良く満たす新しいソリューションを作り出すその提供者自体の潜在力だ。図1-4に示すように、重要度-満足度の側面からは、顧客にとっての優先順位が決まってくる。だが、ソリューション提供者の視点からも、新しいソリューションを生み出せる可能性を検討しなければならない。

図1-4　JTBDに優先順位をつける

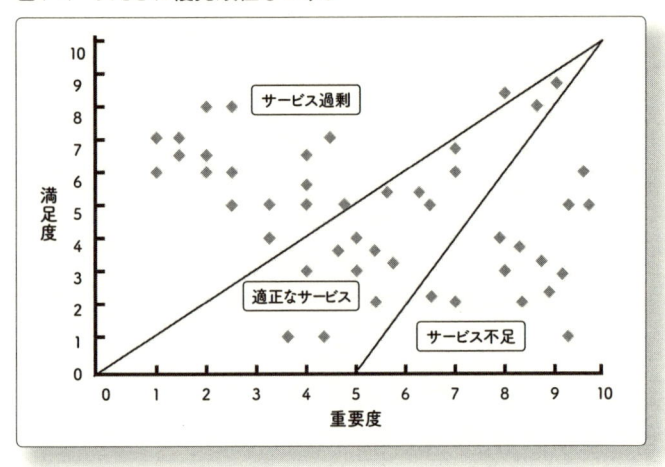

　どのJTBDを優先してイノベーションを行うかは、さまざまな評価法を使って判断できる。ジョブの重要度を測る方法の1つに、適切な**サンプリング**テクニックを用いてサンプルを抽出し、リッカート尺度［訳注：アンケートなどで用いられる回答尺度。回答者は示された文に同意する程度を何段階かで回答する］を使って、顧客にとっての重要度を質問する方法がある。リッカート尺度は、現在のソリューションに対する顧客の満足度を評価するのにも使える。

　いずれにせよ、サービスが不十分なJTBDは、一般的にコア成長戦略（既存のソリューションを改良する方法）を取るのに適しており、サービスが過剰なJTBDに対しては、破壊的成長戦略（既存のソリューションを利用できない層が利用できるようにソリューションを作り変える方法）を考える時期だ。評価の結果、その中間の適

正なサービスを受けている領域に機会があることがわかれば、関
連ジョブ戦略に力を注ぐべきだ。

> ときには、イノベーションは、今の自分のソリューションで
> できる新しいJTBDを見つけるだけでいい場合がある。たと
> えば、ポスト・イットを開発したスリーエムの科学者は、
> 性能の良い新しい接着剤を作ろうとしていた。しかし、で
> きた化合物は接着力が弱すぎて、目標を達成することはで
> きなかった。その10年後、スリーエムの別の科学者が、ソ
> リューションにぴったりのジョブにその接着剤を応用する道
> を開いた。

参考資料

JTBDの概念とテクニックについて、詳しくは以下を参照のこと。

Christensen, C. M., S. D. Anthony, G. Berstell, and D. Nitterhouse. "Finding the Right Job for Your Product." *MIT Sloan Management Review* (Spring 2007): 2-11.

Christensen, C. M., and M. E. Raynor. *The Innovator's Solution: Creating and Sustaining Successful Growth*. Watertown, MA: Harvard Business School Press, 2003.（『イノベーションへの解──利益ある成長に向けて』クレイトン・クリステンセン、マイケル・レイナー著、玉田俊平太監修、櫻井祐子訳、翔泳社、2003年）

Ulwick, A. *What Customers Want: Using Outcome-Driven Innovation to Create Breakthrough Products and Services*. New York: McGraw-Hill, 2005.

Ulwick, A., and L. A. Bettencourt. "Giving Customers a Fair Hearing." *MIT Sloan Management Review* 49, no. 3 (2008): 62-68.

テクニック 2 ジョブ・マッピング

顧客がどのように
ジョブを片づけているかを
見極める

　ジョブ・マッピングは、顧客の「片づけるべきジョブ＝JTBD」（テクニック1）を、8つの行動（定義する、探し出す、準備する、確認する、実行する、監視する、修正する、完了させる）に分解するテクニックだ。顧客がソリューションを採用するかどうかを判断する際に使うと思われる基準（テクニック3「結果期待」）を抽出するための手法である。この基準は、特定のソリューションを志向したり排除したりしない中立的（ソリューション・ニュートラル）な基準である。あえて「ソリューションを採用する」という言い方をするのは、特定のソリューションにこだわらない姿勢を明確にしたいからだ。今、ジョブを片づけることができて、顧客とソリューション提供者にとって最も価値が高くなるソリューションを提供したいのであって、それができればどんなソリューションでもいいのだ。

　たとえば、**自分が今使っている銀行の提携ATMで現金を引き出す**というJTBDを達成することに含まれる微妙な意味を理解したいとする。現在、顧客がこのジョブをどのように片づけているのかを本当に理解し、彼らのソリューション・ニュートラルな採用基準を見つけたい。そのために、JTBDをジョブのさまざまな段階に分解し、そこから結果期待を引き出すのだ。

　ジョブ・マッピングは通常、JTBDの範囲が適正なレベルに定められた後で用いる（テクニック9「ジョブ・スコーピング」を参照）。顧客がJTBDを達成しようとして行う各ステップに関連したニーズを抽出することによって、イノベーションの機会がすばやく特定できるようになる。このテクニックは、「エスノグラフィー」（テクニック5）と併せて用いられることが多い。

ベッテンコートとアルウィックは、『ハーバード・ビジネス・レビュー』誌の記事（2008年4月）で、ジョブ・マッピングの概念を次のように説明している。

> 顧客が片づけようとしているジョブを徹底的にマッピングすることによって、企業は画期的な製品やサービスを作り出す機会を発見できる…（中略）…ジョブ・マップを作成する目標は、顧客がどのようにジョブを行っているかを解明することではない。それでは現在の行動とソリューションのマップしかできない。そうではなく、顧客があるジョブを行うためにさまざまな時点で何をしようとしているか、ジョブがうまく実行されるために、節目節目で何が起こらなければならないかを見出すことが目標なのだ。

したがって、ソリューション提供者が、顧客が片づけようとしているジョブの各段階を分析し、顧客が各段階に期待していることを抽出すれば、成長課題の克服を加速するイノベーションの機会を発見できる（図2-1）。

図2-1　顧客のジョブ・マップ

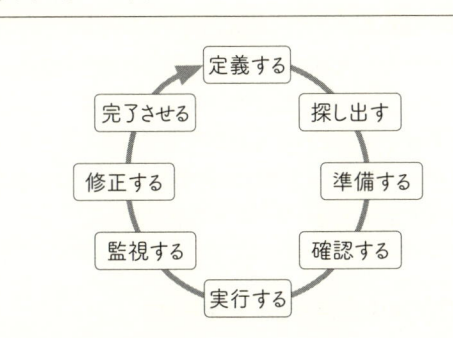

> ジョブを実行する前の知的活動のステップを**定義し**、このジョブの達成を可能にするすべての実現手段を**探し出し**、ジョブを実行できるようにこれらの実現手段を**準備し**、決定されなければならないことがすべて決定され、実現手段がそろっていることを**確認し**、JTBDを**実行し**、顧客の行動を**監視し**、顧客の行動を**修正し**（リアルタイムまたは将来のジョブサイクルで）、一連の処理を締めくくることによって**完了させ**、次のJTBDに移る。

> ジョブ・マップはプロセス・マップ（テクニック51）とは違う。ジョブ・マップは顧客が完了させようとしているステップ（知的活動を含む）に関連した根底にある目標を明らかにしようとするものだが、プロセス・マップは、顧客が行うと思われる実際の各工程（特定のソリューションに固有のもの）を特定する。

ステップ

シナリオ ── 飛行機に乗る前に空港でレンタカーを返却するプロセスのイノベーションを考えてみよう。現在のレンタカーの返却プロセスは、優遇会員でもうんざりするほど時間がかかり、間違いも起きやすい。そこで、このJTBDを中心にイノベーションの機会を見つけることを目標にしてみよう。

1 JTBDは何かを判断する

　観察や会話を通して、顧客が何をしようとしているのかを判断する ── 特に、利用できるプロセスや技術があるのに、不十分なソリューションしか存在していない場合には、これが重要だ。その場しのぎのソリューションや不適切なソリューションしかないジョブは何か？　レンタカーの例では、JTBDは借りた車をレンタカー会社の空港店舗に返却することだ。

2 JTBDの知的活動部分を定義する

　顧客がジョブを片づけようとするとき、知的に処理しなければならない基本的なプロセスは何だろう？　定義する必要のある

JTBDのさまざまな側面すべてのリストを作ろう。これには目的を定めること、アプローチを計画すること、必要な資源を特定することが含まれる。

　レンタカーの例のJTBDでは、目的は車を空港店舗に返却することだ。アプローチには、「飛行機の出発時間のどれくらい前に空港の返却店舗に向かって出発しなければならないか?」「返却店舗への最短ルートは?」「車のトランクへの荷物の積み込みは?」「すべての同行者は返却店舗までどんな方法で移動するのか?」「返却前にどうやってガソリンを満タンにするか?」などが含まれる。

　ソリューション提供者は、顧客が計画しなければならないプロセスを簡素化することによって、顧客の手間と心配を解消することができる。

③　JTBDの達成を可能にする要素を探し出す

　ジョブを片づけるのに必要な(所在を確認する必要がある)すべてのものと情報を洗い出す。これには有形の資源と無形の情報の両方が含まれる。たとえば、**腎臓移植を行う**というジョブでは、手術チームは移植に先立って、手術を行うのに必要なすべての器具の所在を確認する必要がある。レンタカーの例でも、顧客は返却店舗の住所、車とキー、荷物、同行者、携行品、返却時の給油オプションの所在を確認しておかなければならない。

④　探し出したすべての要素を準備する

　このステップでは、JTBDを効率よく行うためのインプットの準備(計画と環境設定)に関連する活動をリストアップする。レンタカーの例では、荷物をレンタカーに積み込んだり、同行者を席に着かせシートベルトを締めさせたり、返却前にガソリンを満タンにしたりしなければならない。ソリューション提供者は、顧客がジョブを片づけるのに必要なインプットを準備するのにかかる時間をできる限り短縮して準備段階を簡素化することによって、イノベーションを起こすことができる。

　ここでの目的は、JTBDを効率よく実行できるように、すべての必要な措置が取られたことを確認することだ。これによって顧客は、すべての準備が整い、ミスをする可能性が最小限になったという安心感を得る。できるだけやり直さなくて済むようにすることも、欠かせないステップの1つだ。

　外科医は、手術を始める前に、患者が手術を受けられる状態になっていて、手術に必要なすべてのものがあるべきところにあることを確認しなければならない。レンタカー返却の例では、借りた人は、車が返却できる状態であること（つまり、燃料計が満タンを示し、契約書が手元にあり、へこみや傷がなく、キーが差してある、など）、すべての荷物が積み込まれていること、ルートが正確であること（カーナビが返却地点を正しく表示している）、車の引き渡しと空港までの移動も含めて、時間に余裕を持って返却店舗に到着できることを確認しなければならない。

　ここでもソリューション提供者はこうした顧客のニーズを予測し、ほかよりも優れていて、迅速で、コスト効率の良いソリューションを考案することができる。

6 JTBDを実行する

　ジョブ・マッピングの中で最もわかりやすく目立つ側面であるこの段階では、JTBDの実行に必要な主要な行動を特定する。顧客がそのジョブを簡単に、最小限の時間で行い、質の良い結果を出せることが重要だ。

　レンタカーを空港店舗に返却するというJTBDの最もわかりやすい実行ステップとしては、レンタカー会社まで車を運転していく、到着後、実際に車を引き渡す場所を見つける、スタッフに車をチェックしてもらう、契約を完了させ受領証を受け取る、荷物を空港行きシャトルバス乗り場まで運んでバスを待つ、荷物を持ってシャトルバスに乗り、空港まで移動する、などがある。

　こうしたステップを細かいところまで深く理解することで、ソリューション提供者はこれらの段階や側面の多くを簡素化したり

自動化したりして、イノベーションを起こすことができる。

⑦　顧客の行動を監視する

このステップは、実行ステップを調整したり修正したりする必要があるかどうかを確認するために行われる。ジョブが正しく実行されたときは、顧客は安心する。正しく実行されなかったときは、顧客にミスを修正するステップ（あるいは方法）を示すことができる。どうすれば顧客にジョブが正しく実行されたかどうかを示すことができるだろうか?

レンタカー返却の例では、ジョブを実行するときに起こり得るミスには、カーナビが返却店舗を見つけられない、または間違った指示を出す、運転者がレンタカー会社への途上でガソリンスタンドを見つけられない、スタッフの合図がわかりにくい、運転手が間違った返却用レーンに車を停める、などがある。さらに、車から降ろすときにスーツケースに傷をつける、スタッフが到着するまでの待ち時間が長い、スタッフによる車両とパフォーマンスのチェックに時間がかかりすぎる、予約したときと異なる料金を請求される、ということも起こり得る。

こうしたミスは、顧客（とソリューション提供者）の時間と資源の浪費につながる。したがって、ソリューション提供者はこうした問題を前もって検討し、ジョブ実行時のエラーを減らす画期的な戦略を考案すればイノベーションを起こすことができる。

⑧　顧客の行動を修正する

このステップには、これまでのステップで学んだことに基づいて、顧客の行動を修正するために行われるすべての活動が含まれる。これには、JTBDの実行中にリアルタイムで修正することと、同じJTBDを将来実行するときの行動を修正することの両方が含まれる。ジョブが期待通りに行われなかったら、顧客はどんな調整を行うべきだろうか?　顧客が必要な修正を行うのに要する時間と労力を最小限にするにはどうすればよいだろうか?

レンタカー返却の例では、カーナビやスタッフの道案内がうま

くいかなかったとき車を実際の返却地点に再度誘導する、ガソリンスタンドへの迂回路を示す、正しい返却地点に駐車し直す、スーツケースのへこみを直す、長く待たされたときにスタッフを呼ぶ、事務所へ行き請求ミスを解決する、といった修正が考えられる。

　当然ながら、これらは好ましい修正ではない。ミスが発生した後で行われるからだ。前述のジョブ・マップのステップや、「ポカヨケ」（テクニック45）、「ロバスト設計」（テクニック42）などを使えば、多くの問題を予測し、それらを回避するための措置を講じることができる。言い換えれば、後のステップを修正する必要を最小化するために、上流で何ができるか、ということだ。

9　ジョブを完了させる

　このステップでは、顧客はジョブを完了させるために必要なすべての知的活動と身体的活動を行うことに注意を集中させる。では、このステップで顧客は、どうすれば付加価値のない活動を最小限にしつつ、付加価値のある活動の処理量と質を高め、所要時間を短縮できるだろうか？

　レンタカー返却の例では、このステップに関係のある活動には、誤請求された額の払い戻しを受ける（ミスが起きた場合）、受領証を受け取る、空港へ移動する、クレジットカードの明細書をチェックして取引が正確に行われたことを確認する、このレンタカー会社を再び使うかどうかを決める、などがある。ソリューション提供者はこれらの活動のいくつか、またはすべてを簡素化することによって、このステップでのイノベーションを起こすことができる。

イノベーションの機会を特定する

ジョブ・マップが完成したら、ジョブの各ステップに関連のある結果期待を特定しよう。これらが、顧客が採用するソリューションを決める際の、ソリューション・ニュートラルな基準である。

レンタカー返却の例では、**定義する**の段階では、顧客はJTBDに関係のあるすべての知的側面を忘れずに定義する可能性を高めることを望むだろう。**探し出す**では、顧客はレンタカーを返却する店舗の住所がもっと簡単に探せるようになることを望むだろう。**準備する**では、顧客は実行を可能にする手段を準備するのにかかる時間を最短化することを望むだろう。**実行する**では、顧客は返却店舗での車の引き渡しにかかる時間をできるだけ短くすることを望むだろう。また、この段階では、顧客は返却店舗から空港への移動時間をできるだけ短くすることも望むだろう。**完了させる**では、顧客はJTBDを完了させるのにかかる時間をできるだけ短くすることを望むだろう。

もちろん、これがジョブ・マップの各ステップの結果期待を網羅しているわけではない。1つのジョブ・マップに対して50から150もの結果期待が特定され、それらがJTBDを完遂するための画期的なソリューションを開発する土台になるのも珍しいことではない。機会が特定されたら、第2部「アイデアを発見する」で紹介するツールを使って、画期的なソリューションを見出すことができる。

参考資料

ジョブ・マッピングのテクニックについて、詳しくは以下を参照のこと。

Bettencourt, L. A., and A. W. Ulwick. "The Customer-Centered Innovation Map." *Harvard Business Review*, April 2008.（「ジョブ・マッピングでイノベーションを見出す」ランス・A・ベッテンコート、アンソニー・W・アルウィック著、『DIAMONDハーバード・ビジネス・レビュー』2008年12月号）

テクニック 3 結果期待

顧客が求める
以上のものを
提供する

　結果期待は、イノベーションを起こそうとするJTBDから直接派生するものであり、既存の製品やサービスより大きな価値と顧客満足を生み出す新しいソリューションを導き出す。たとえば、**衣類を洗う**というジョブには、それに関連して**衣類を洗う**のにかかる**時間を最短化する**、**しみが落ちる確率を高める**、**もっと簡単に洗濯ができるようにする**といった、いくつもの結果期待がある。

　JTBDに基づいてイノベーションを起こそうとするときには、そのJTBDに関連するあらゆる結果期待を明らかにすることが重要だ。これらの期待を理解し、顧客が現在のソリューションでどの程度満足しているか（あるいは不満足か）を見極めることで、特定されていない市場の隙間を特定し、その隙間を現行のものより良いソリューションで埋めることが可能になるだろう。この手法を利用するには、統計専門家に簡単な調査の設計とサンプル抽出を手伝ってもらう必要があるかもしれないが、ほとんどの部分は専門家の助けは不要だ。

背景

結果期待には次の4種類がある。

1. 顧客が達成したい望ましい結果
2. 顧客が避けたい望ましくない結果
3. ソリューション提供者が達成したい望ましい結果
4. ソリューション提供者が避けたい望ましくない結果

このように結果期待を分けて考えれば、顧客が望むことと望まないことだけではなく、提供者が望むことと望まないことという視点からもJTBDをとらえることができる。両者がともにイノベーションの恩恵を受けられなければならない。そうでなければ、ビジネスとして成り立たないだろう。

結果期待は、**採用基準**と見ることができる。「片づけるべきジョブ」という概念の発案者であるハーバード・ビジネススクール教授、クレイトン・クリステンセンが提案した考え方だ。ニューヨークで開催された2009年世界イノベーション・フォーラムで、クリステンセンはこう述べた。「買ったり使ったりするときのさまざまな経験。これらがすべて提供されるとすれば、そのうちのどれを組み合わせればジョブを完璧に遂行することができるだろうか?」

顧客はふつう、望ましい結果（便益）をより多く得られ、望ましくない結果（費用・損害）がより少ないソリューションを採用する。提供者は、顧客にとっても自分にとっても、望ましい結果を最大化し、望ましくない結果を最小化するソリューションを求める。これが達成できれば、顧客のJTBDを競合相手よりもうまく処理する価値の高い（革新的）ソリューションを生み出せる可能性が高まる。

> 人は4分の1インチ・ドリルを買うのではない。4分の1インチの穴を買うのだ。たまたまドリルが、そのジョブを処理するのに利用できる最良の手段であるにすぎない。
> —— テッド・レビット（ハーバード・ビジネススクール）

少なくとも1つ以上の会社が洗剤の効果を高めることでイノベーションを起こそうとしていたとき、ある会社は洗剤がいらない画期的な洗濯機を開発していた。どちらのソリューションがより大きな市場を獲得したり、大きな利益を出したりするだろうか？　それは、どちらの会社が自社と顧客の結果期待をより良く満たすことができるかによる。

ステップ

1　片づけるべきジョブ（JTBD）を定義する

「片づけるべきジョブ」（テクニック1）の章では、ジョブ・ステートメントの作り方と、イノベーションのために優先すべきJTBDを判断する方法を紹介した。これらのステップに従って、どのJTBDに関連する結果期待を特定するかを選ぶ。

2　JTBDに関連する結果期待をリストアップする

　図3-1のような簡単な表を使えば、選んだJTBDに関係のある4つのタイプの結果期待を洗い出すことができる。「顧客は、どんな基準で、採用したり使ったりするソリューションを決定するのだろうか？」と問いつづけよう。時間、コスト、ミスが起きる可能性、質、信頼性、利用しやすさ、使い勝手の良さ、メンテナンスのしやすさ、そのほかのさまざまな満足・不満足の観点から考えてみよう。

　この手法を「機能要件」（テクニック33を参照）と混同してはならない。こちらは、特定のソリューションの性能特性、たとえば、

図3-1　結果期待

家庭で衣類を洗う（JTBD）

	顧客	ソリューション提供者
望ましくない	● 好ましくない臭い ● 衣類の傷み ● アレルゲンまたは有害化学物質 ● 衣類に残る異物 ● 使い勝手が悪い ● コストが高すぎる	● 製造物責任／訴訟 ● 模倣製品 ● 環境に関する苦情 ● 品不足
望ましい	● しみが落ちる ● 簡単に洗濯ができる ● 洗濯時間が短い ● 衣類がさわやかな香りがする ● 衣類がさっぱりと仕上がる ● しわがつかない	● 収益が伸びる ● 安定した利益 ● 顧客ロイヤルティー ● 安定した需要 ● 新しい派生製品 ● 低い製造コスト

ろうそくの**燃焼持続時間**（目標＝32時間）とか、**PCバッテリーの駆動時間**（目標＝6時間）のようなものだ。結果期待は特定のソリューションに関係なく、もっと高い次元にある。特定のJTBDで望まれること、たとえば、**照明時間をのばす**（どんなソリューションを使ってもよい）、**作動時間をのばす**（どんな方法を使ってもよい）というような望みである。

「ジョブ・マッピング」（テクニック2）を参考にして、ジョブ・マップの各ステップについて、結果期待のリストを作ろう。

3 結果ステートメントを作成する

イノベーションの使命は、顧客の期待に今よりも良く応えることだ。標準的な構文を使って、指示的に記述する。

- 状況（どこで、またはどういう事情の下で）
- コントロールの対象（何に対して影響を与えるのか）
- 尺度（時間、コスト、可能性、欠陥、ミスなど）
- 作用の方向（最小化する、高める）

家庭で洗濯した後、衣類がさっぱりと仕上がる可能性を高めるという顧客の結果ステートメントを見てみよう。**家庭で**は状況、**衣類がさっぱりと仕上がる**はコントロールの対象、**可能性**は尺度、**高める**は作用の方向を表している。

家庭で衣類を洗うというジョブに関連する結果ステートメントとしては、ほかにも次のようなものが考えられるだろう。

- 洗濯にかかる時間を最短化する。
- 洗濯のコストを最小化する。
- しみが落ちる可能性を高める。
- 衣類の傷みを最小化する。
- 洗濯にかかる労力を最小化する。
- 衣類がさっぱりと仕上がる可能性を高める。
- 衣類から心地よい香りがする可能性を高める。
- 衣類にしわができる可能性を最小化する。
- 衣類からすべての異物やバクテリアが除去される可能性を高める。
- 洗濯の仕方を簡単にする。
- 洗濯に使う資源（水、エネルギー、洗剤）の使用量を最小化する。

ソリューション提供者の観点からのステートメントの例には次のようなものが考えられる。

- イノベーションによって収益成長率を高める。
- イノベーションから最大限の利益を上げる可能性を高める。
- ソリューションを使用した顧客のロイヤルティーを高める。
- 現行のイノベーションから新製品が派生する可能性を高める。
- ソリューションの開発と提供にかかるコストを最小化する。
- 製造物責任訴訟の可能性を最小化する。
- 製品やサービスを模倣される可能性を最小化する。
- 環境への悪影響を最小化する。

　企業の存在理由には共通性があるため、提供者側の結果ステートメントは似通っていて、違いはあまりないことが多い。公的企業であれ私企業であれ、すべての企業は、価値ある製品とサービスを提供し、利益を上げ、これらの活動を安全に危害を及ぼさずに行うために存在している。

> 結果ステートメントは、片づけるべきジョブについての有益な情報を集める際の一貫性と信頼性を向上させる。再現性を高めて混乱を避けるために、結果ステートメントの構文に従うことが非常に重要だ。

④ 優先する結果期待を決定する

　どの結果ステートメントを直ちに追求するのかを決めるのにはいくつかの方法がある。結果ステートメントの重要性を判定する方法の1つに、適切なサンプリング法でサンプルを選び、リッカート尺度を用いる手法がある。
　顧客とソリューション提供者の結果ステートメントのリストを、各回答者（顧客と提供者）が各ステートメントにどの程度満足しているかという観点から、それぞれのステートメントがどの程度重要であるかを検討する。リッカート尺度を使って、各結果期待

について、すべての回答（たとえば、10段階評価）を平均して点をつけ、**重要度**と**満足度**を導き出す。こうして得られた答えを、図3-2のようにグラフ上に示し、**サービス過剰**、**適正なサービス**、**サービス不足**に分類する。

図3-2　機会に優先順位をつける

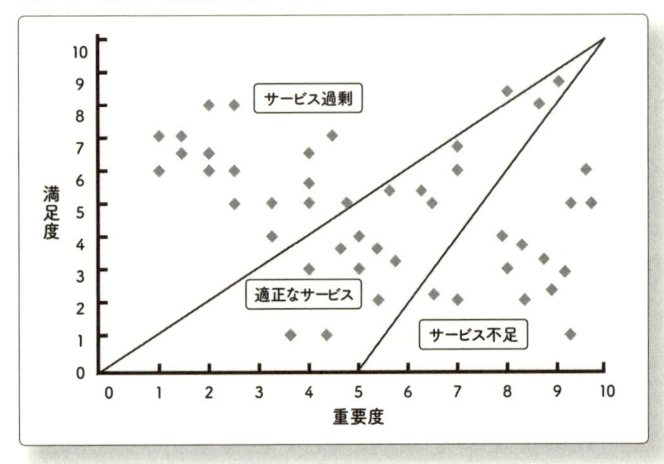

ここでは、競合相手のほうが優先結果期待を満たすもっと良い新しいソリューションを実施する可能性と、提供者（あなた）のほうが新しいソリューションによって競合相手よりも良く期待を満たす可能性についても分析するべきだ（図3-2）。

　一般的に優度が高いのは、サービスが不足している結果期待だ。これらには、ソリューションを改善するというコア成長戦略で取り組むのが最も適している（テクニック1「片づけるべきジョブ」を参照）。サービス過剰の結果期待は、既存のソリューションを簡素化し、価格を下げ、より多くの人（または無消費層）が利用できるようにするべきだろう。つまり破壊的成長戦略の観点から見るのだ（これについても、テクニック1を参照）。サービスが適正な水準である場合は何もする必要がない。ほかの結果期待に注意を振り向けよう。

> 結果期待（またはJTBD）は、**重要度をx軸、満足度をy軸**として、xyグラフで表すことができる。グラフ上の位置から、さまざまなカテゴリーの有機的成長、つまり破壊的成長、コア成長、新しいジョブ成長、関連ジョブ成長のチャンスがどこにあるかを見極めることができる。

参考資料

Christensen, C. M., and M. E. Raynor. *The Innovator's Solution: Creating and Sustaining Successful Growth.* Watertown, MA: Harvard Business School Press, 2003.（『イノベーションへの解——利益ある成長に向けて』クレイトン・クリステンセン、マイケル・レイナー著、玉田俊平太監修、櫻井祐子訳、翔泳社、2003年）

Ulwick, A. "Turn Customer Input into Innovation." *Harvard Business Review,* January 2002.（「真の顧客ニーズを製品開発に結びつける法——顧客にソリューションを求めても始まらない」アンソニー・W・アルウィック著、『DIAMONDハーバード・ビジネス・レビュー』2002年5月号）

Ulwick, A. *What Customers Want: Using Outcome-Driven Innovation to Create Breakthrough Products and Services.* New York: McGraw-Hill, 2005.

Ulwick, A., and L. A. Bettencourt. "Giving Customers a Fair Hearing." *MIT Sloan Management Review* 49, no. 3 (2008): 62-68.

テクニック 4 価値指数

チャンスが潜む ソリューションの 空白を探し出す

　価値指数とは、片づけるべきジョブ（JTBD）に関する、あるソリューションの望ましい結果と望ましくない結果の比率である。たとえば、車を運転する人にとって重要な望ましい結果の1つが、**あらゆる状況での見やすさを高める**ことだとすると、自己洗浄機能のある窓は、自身の手で拭かなければならない窓より価値指数が高い――この場合、自己洗浄機能のある窓はそうでないものとほぼ同じ価格で買うことができ、付加的な短所（望ましくない結果）もないと仮定する。

　この手法の目的は、「自分の今のソリューションの価値は、競争相手のソリューションの価値と比べてどうなのか?」「何らかのソリューションによって望ましい結果がすべて達成され、望ましくない結果がすべて避けられると仮定した理想的な状態に対してはどうなのか?」を評価することだ。

「価値指数」の手法を理解すれば、探索と活用の機が熟している機会、あるいは価値の要素を特定できるようになる（図4-1）。これらの要素に沿ってどれだけ価値を高めることができるかによって、イノベーション・プロジェクトの成否が決まってくる。

図4-1 価値の連続

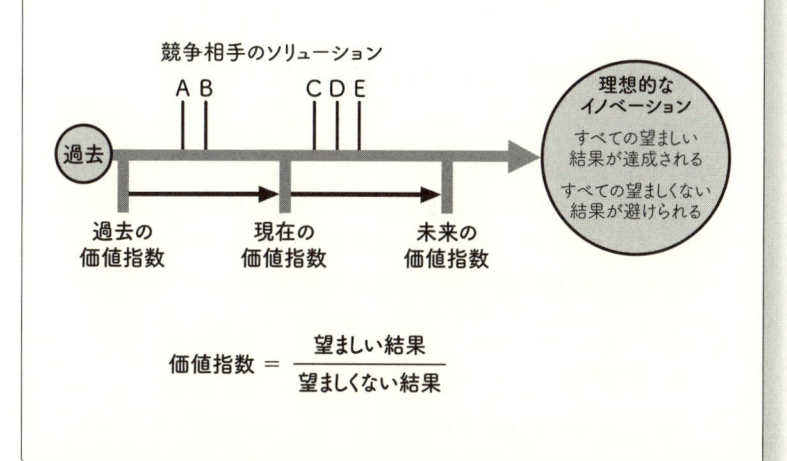

市場に出回っているあらゆる製品、サービス、またはソリューション
には、ほかのものと比較して何らかの価値がある。目標は、望まし
い結果を最大限達成し、望ましくない結果を最大限避けることだ。

競争相手のソリューション

A B C D E

過去

過去の
価値指数

現在の
価値指数

未来の
価値指数

理想的な
イノベーション

すべての望ましい
結果が達成される

すべての望ましくない
結果が避けられる

$$価値指数 = \frac{望ましい結果}{望ましくない結果}$$

ステップ

シナリオ—— ある家電メーカーが、家庭で衣類を洗うというジョ
ブのためのより良いソリューションを開発しようとしているが、
どう進めるべきか、どこから手をつけるべきかがよくわからない。
そもそも、イノベーションの機会が本当にあるのかどうかさえわ
かっていない。イノベーション・チームは、アイデア発想の段階
に深く入り込みすぎる前に、「価値指数」の手法を使ってチャン
スがある領域を理解したいと考えている。

1 片づけるべきジョブ（JTBD）に合意し、文書化する

　家電メーカーは、JTBDを家庭で衣類を洗うとすることにした。イノベーションを起こすジョブを成文化し、優先順位をつける方法の詳細については、「片づけるべきジョブ」（テクニック1）、「ジョブ・マッピング」（テクニック2）、「ジョブ・スコーピング」（テクニック9）を参照のこと。

2 望ましい結果と望ましくない結果を特定する

　家庭で衣類を洗うというジョブについて、図4-2はソリューション提供者と顧客から見た望ましい結果と望ましくない結果の例を挙げている。望ましい結果と望ましくない結果を特定し文章にする方法と、それらの相対的な重要性を判断する方法について、詳しくは「結果期待」（テクニック3）を参照のこと。

3 理想的なイノベーションを描き込む

　重要な結果期待それぞれについて、図4-2の点線で示したように、低いから高いまでのスケールを使って、**理想的なイノベーションを価値グラフ**に描き込もう。理想的なイノベーションを描き込むことで、すべての望ましい結果が達成されすべての望ましくない結果が回避できた状態が想像しやすくなる。

　この状態が、イノベーションの基準線になる。今持っているもの（現在のソリューション）を出発点にするのではなく、完璧なソリューションを頭に描き、そこから後ろに向かって作業をする。JTBDに対する完璧なソリューションを発見したり、開発したり、採用したりしたとすれば、どんなものだろうか、と考えるのだ。

　洗濯の例に戻ろう。ただ1つの簡単な洗濯モードでどんな衣類でも洗える洗濯機はできないだろうか？　洗うたびにすべての衣類からすべてのしみを取ることはできないだろうか？　洗剤を使わずに洗えないだろうか？　汚れを落とすだけではなく、しわをつけずに仕上げることは？

　もっと言えば、そもそも洗う必要があるのか、ということになる。

図4-2　価値分析

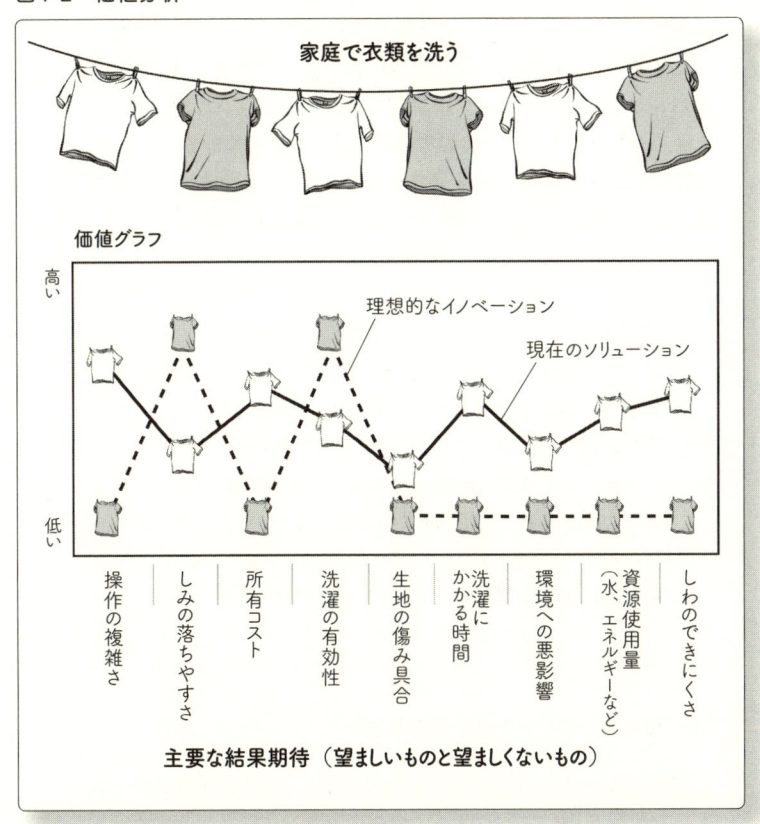

家庭で衣類を洗う

価値グラフ

高い

理想的なイノベーション

現在のソリューション

低い

操作の複雑さ　しみの落ちやすさ　所有コスト　洗濯の有効性　生地の傷み具合　洗濯にかかる時間　環境への悪影響　資源使用量（水、エネルギーなど）　しわのできにくさ

主要な結果期待（望ましいものと望ましくないもの）

中国の技術者はすでに、二酸化チタン（非常にシンプルな無害で安価な化合物）をヨウ化銀などの化学物質と組み合わせ、自浄機能のある衣類を作る工程を開発している。衣類を浸す特殊な混合液に含まれるナノ粒子に、太陽光にあたると自己洗浄する機能があるという。

　繊維に汚れを食べるバクテリアを組み込んで、衣類に自己洗浄機能を持たせることを提案している科学者もいる。自己洗浄性衣類はまだ大規模に商品化されてはいないが、洗濯用洗剤をお払い箱にする日がそこまで来ているのかもしれない、と考えると興味深い。

理想の形を頭に描いてイノベーションを発見するプロセスを始めることと、今やっていることや顧客に提供していることを出発点にすることでは非常に大きな違いがある。思考というものはゴムバンドのようなもので、理想的なイノベーションを思い描くことは、それを引きのばして思考の枠を広げる助けになる。だから、どんなジョブや結果期待を満たそうとしているときも、まず完璧なソリューションを頭に描き、そこから逆算していくことだ。

> 理想的なイノベーションという概念は、発明的問題解決理論（TRIZ：トリーズ）から借用している。TRIZで**究極の理想解**と呼ばれるこの完璧な状態では、価値指数の比率が限りなく大きくなる。つまり、コストも危害もゼロで、ソリューションのすべての利益が得られる。TRIZの用語ではここから出発することを**理想解から逆算する**という。これによってイノベーターは心理的な惰性を打破し、より制約の少ない新しい思考の領域へと入っていくことができる。

4　現在のソリューションを描き込む

　理想的なイノベーションを描き込んだら、次は結果期待のさまざまな要素を用いて同じように現在のソリューションを描き込もう。ここで重要なのは、いくつでも必要に応じてできるだけ多くの異なる方法で描き出してみることだ。理想的なイノベーションや競合するいくつかのソリューションとの比較で自分のソリューションを描いてもよいし、さまざまな結果期待や結果期待の要素を使って描いてもよい。

　このツールでいろいろ遊んでみよう（ただし真面目に）。そして、本当の競争相手は誰なのか、何なのか、を発見し、自分の今のソリューションがそれらと比べるとどうなのかを真正面から見極めよう。

　図4-2は、洗濯機と洗剤を使って家庭で衣類を洗うという現在の標準を土台にしたすべてのソリューションの現在の典型的な状

態を表している。それぞれの結果期待についてのこの評価は、テクニックを説明するための推測値であり、厳密なデータに基づくものではない。現在のソリューションの結果は、理想より劣るのが普通であることを覚えておくべきだ。

⑤ 機会となり得る価値のギャップを特定する

今存在しているものと理想とのギャップはどれもイノベーションのチャンスだが、いちばん重要なのは、イノベーションの機が熟しているのはどの要素かを見極めることだ。その場合、重要度-満足度評価に基づいて、次の3つの状態を探そう。詳しくは「結果期待」（テクニック3）を参照のこと。

- **状態1**：顧客が、その要素は非常に重要だが、満足度は低いと報告している。これは求められる利益や提供される結果の水準を引き上げる機会だ。

- **状態2**：顧客が、その要素はそれほど重要ではないが、満足していると報告している。これは、求められる利益や提供されている結果の水準を引き下げ、それによってコストを下げ、より多くの顧客がアクセスできるようにする（ローエンド破壊）機会だ。

- **状態3**：良いソリューションがないために、顧客は満足しているかどうか答えられない。これは、顧客の期待を上回り、あっと言わせる新しいソリューションを導入する機会だ。

洗濯の例では、**洗濯にかかる時間**という結果の要素は、状態1の機会だ。顧客は、非常に重要だと考えているが、あまり満足していない。**操作の複雑さ**の要素は、状態2の機会だ。顧客は現在のオプションに満足しており、オプションや洗濯モードをもっと少なくしても受け入れるかもしれない。最後に、**しわのできにくさ**の要素は、状態3の例だ。顧客は、洗濯機から出てきた衣類にしわがないことを期待していない。だから、これを提供することができれば、顧客にあっと言わせることができる。

6 価値のギャップを縮める

　価値のギャップを縮めるとは、イノベーションのプロセスを経てさまざまなテクニックやツールを応用しながら、優れたソリューションを構想し、形にしていくことを意味する。たとえば、三洋電機の技術者は、電解液を含む水流を発生させて、洗剤を使わずに洗濯ができる電気洗濯機の特許を得ている（米国特許7,296,444 B2)。これによって、洗濯機の所有コストの削減、環境への危害の削減、資源使用量の削減、洗濯後に衣類に残る細菌の削減など、いくつかの価値のギャップが縮められる可能性が生まれる。

> ソリューションがどの競争相手よりも理想的なイノベーションに近づくことができれば、イノベーションは成功だということを認識しよう。もっと重要なのは、ソリューション（またはビジネスモデル）を理想的なイノベーションに大きく近づけることができなければ、イノベーションに失敗するということだ。

もう1つの例

　映画配信業界に少し目を向ければ、イノベーションが選択肢、利便性、コストという価値の要素に沿ってどのように展開したかを垣間見ることができる。まず、レンタルビデオ・チェーンのブロックバスターの出現で、近所の店へ行ってきわめて幅広い品ぞろえの中から好きな映画を選ぶことができるようになった。映画館で上映しているものやテレビ放映されるものを見るしかなかったころに比べると、とてつもない進歩だった（コスト、利便性、選択の幅の面で）。

次に、ネットフリックスが、メールオーダーのビジネスモデルでそれまでの型を破った。顧客は便利で居心地の良い家にいたままで、どんな実店舗にも収まらないほどの品ぞろえの中から選べるようになった。おまけに期日を過ぎても追加料金を払う必要がなくなった。ブロックバスターは破産に追い込まれた。

　ネットフリックスはその成功が続くかどうかもわからないころから、次のイノベーションの最前線は、ストリーミングだと気づいていた。インターネット帯域が急拡大していることがその大きな理由だった。2012年にこれを書いている時点で、ビデオ・映画ストリーミングでの競争は急速に沸点に達しようとしている。

　マイクロソフトはシルバーライトなどのソフトウエアや、Xボックスなどのハードウエアを通して、ネットフリックスの映画やビデオ配信にかかわっている。2011年、ディッシュ・ネットワークは、死にかけているブロックバスターというブランドを映画ストリーミングのプロバイダーとして再生させる計画で、同社を破産競売で3億2000万ドルで買った。アマゾン、グーグル、アップルも次々に参入している。大規模ケーブルテレビ会社も、膨大な顧客ベースに配信できる映画タイトルの権利を獲得しようと、しのぎを削っている。

　なぜ、映画・ビデオのコンテンツのストリーミングに大挙して参入するのだろう？　顧客と提供者の視点から、結果期待のリストを作ってみよう。頭の中で価値分析チャートを描いてみよう。顧客にとっては、さらに利便性が高まり、選択の幅が広がり、コストが下がる。一方、プロバイダーは、新規顧客の獲得にコストはかかるが、獲得した顧客にサービスを提供するための増分費用は、ほぼゼロである（ネットワークを通して新たな顧客にもう1本の映画を薦めるコストはきわめて低いため）。

エスノグラフィー

顧客を観察して、表明されていないニーズを発見する

エスノグラフィー（民族誌学）は、フィールドワークと観察に基づいて人間社会の現象を説明する学問である。ビジネスでのイノベーションでは、顧客が自社や競合他社が提供しているソリューションを使って、あるいはどちらも使わないで、どのようにジョブを片づけようとしているかを観察する方法として使われる。

たとえば、ソフトウエア会社のインテュイットは、資産管理ソフトQuickenの開発に先立って、人々が個人資産の管理というジョブに四苦八苦している様子を観察した。当時、専門家用の会計ソフトは市販されていたが、個人ではコンピュータの表計算ソフトや紙と鉛筆でこのジョブを行っている人が多かった。しかしどのアプローチも、今日のQuickenほど、ホームユーザーの期待に応えていなかった。

イノベーション・プロセスの早い段階でエスノグラフィーを利用すれば、顧客がはっきりと表明していないジョブや結果期待を発見できるかもしれない。現行のソリューションが失敗したり不十分であったりする場合は、特にその可能性がある。だが、最善の結果を得るには、きちんと訓練を受けたエスノグラファーを雇う必要があるだろう。フィールドで質の良いデータを集め、発見したことを正確に分析するには、熟練が求められるからだ。

懐中電灯が必要な作業（流しの修理など）をしたことがあるだろうか？　仕事を片づけるのに両手を使う必要があると、懐中電灯を口にくわえるか、床に置くことになる。こうして悪戦苦闘する人を見たことから、ブラック・アンド・デッカーは、ヘビのように曲がる自立式のライト、スネークライトを発明した。

1 調査計画を立てる

エスノグラフィーを利用した調査を計画するには、いくつかの重要な決定をしなければならない。

- **いつ観察するか？**　顧客が製品やサービスを買うときか、それとも実際に使っているときか？　隠れているジョブや顧客の期待を発見したいなら、使っているときに観察しよう。また、購入時に観察することは、製品やサービスの価格、評判、包装などについて何が顧客にアピールするのかを知るのに役に立つ。

- **どのように観察するか？**　誰かが製品やサービスを購入するところを、相手に知られないように観察してもよい。または、たとえば誰かが料理をするところを台所に入って見たり、車を買うのについて行ったりして、相手に観察していることがわかるように観察する方法もある。

- **誰を観察するか？**　できれば、製品やサービスの従来の消費者と従来は消費者ではない人の両方を観察しよう。何かを初めて使おうとしている人を見たり、同じジョブを片づけるのに違う製品を使っている人に話を聞いたりすることから学べることは多い。

- **どこで観察するか？**　顧客の家か、仕事場か、公共の場か？エスノグラフィーのポイントは、その人にとって自然な環境で観察することだ。実験室や、会議室でのフォーカスグループの集まりなどではない。

- **エスノグラフィー調査はどれぐらいの期間続け、どれくらいの人を観察するか？**　観察とインタビューを1週間、集中的に行えば十分だろうか？　調査の目的は、統計的データを集めることではなく、顧客のニーズの理解であることを忘れてはならない。したがって、最も重要なのは、被観察者の数ではなく、**質**である。

> エスノグラフィーが明らかにするのは意識されているニーズ
> だけではない。無意識の感情的、生物学的ニーズも明ら
> かになる。したがって、フォーカスグループをもってこれに
> 代えることはできない。フォーカスグループは、参加者が主
> として意識的な意見を提供するものだからだ。

② 被観察者を特定する

被観察者を特定し、調査に参加してもらう許可を得る。調査の
目的、どういう種類の情報を記録するのか、結果をどう利用する
のかを、はっきりと相手に伝えること。店やレストランで相手に
わからないように観察する場合でも、そこのオーナーに許可を求
めるべきだ。

> シティグループの調査を行ったエスノグラファーたちは、地
> 下鉄の乗客がどのように料金を支払っているかを観察した。
> そして、そこでわかった乗客の選好から、キーホルダー型
> のタグを設計した。改札口を通るとき、簡単に読み取り機
> にかざすことができるので、乗客は混雑した駅でコイン型
> 乗車券を探しまわったり、財布を取り出したりしなくてもよく
> なった。

③ 被観察者を観察する

エスノグラフィー調査を始めるとき、主なタスクとなるのは、
人々が自社の製品やサービスに対してどういう行動を取り、どう
思っているかを観察し、記録することだ（図5-1）。このとき、次
のような基本的な質問を念頭に置いておく。

図5-1　エスノグラフィー調査で集めた情報

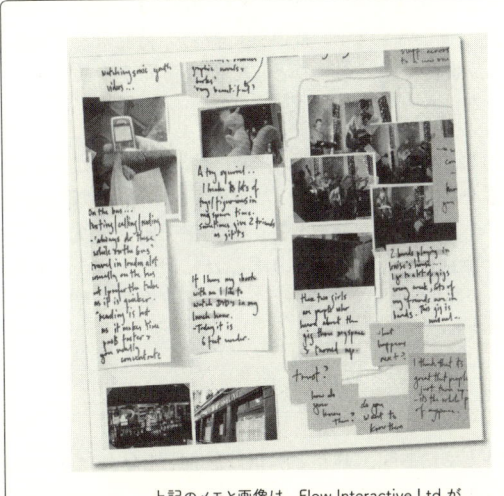

上記のメモと画像は、Flow Interactive Ltd.が、
あるクライアントのエスノグラフィー調査で集めたもの。

- この人はなぜこの製品・サービスを使っているのか？　片づけるべきジョブは何か？　どういうことを期待しているのか？　総合医療サービス大手のカイザー・パーマネンテが、新しい病院の設計に先立って行ったエスノグラフィー調査では、病院に行く人にはさまざまなニーズがあることがわかった。治療を受ける、入院患者を見舞うといった明白なニーズのほかに、食べ物や、託児サービス、宗教的カウンセリングなどを求めている人がいた。

- 製品・サービスは意図したように使われているのか、それとも想定外の使われ方をしているのか？　たとえば、CDを勝手に送りつけてくる会社は、CDを飲み物のコースター代わりに使う人が多いと知ったら驚くだろうか？

- その人は製品・サービスについてどう感じているように見えるだろうか？　喜んでいる、驚いている、イライラしている、混乱している、それとも無関心？　友だちや家族に何と言うだろうか？

- プロセスやサービスを観察している場合、顧客と従業員はスムーズに各過程を進んでいるか？ 顧客は次にどこに行くのか、迷っていないか？ 長い列に並んで待たなくてはならないか？ 顧客に応対しようとして従業員同士がぶつかったりしていないか？

- 文化的なニーズや障壁、誤解などが製品・サービスの使い方に影響を与えていないか？ たとえば、中国の家電メーカー、ハイアールは顧客を観察して、洗濯機で野菜を洗う人がいることを発見した。この発見から、ハイアールは、どちらのジョブ（衣類の洗濯と野菜を洗う）も得意な家電を創り出すことができた。

調査をしている間、観察と解釈は区別しなければならない。裁判の陪審員のように、観察している間は、事実にだけ関心を持つべきだ。集めたデータを分析し結論を出す時間は、後にある。

フィールドノートには、次の項目を含めるとよいだろう。

- 観察をした日時と場所。

- その場所で起きたことの具体的な事実、数字、詳細。

- 感覚的な印象 —— 視覚、音、手触り、におい、味。

- 記録を取ることに対する個人の反応。

- 具体的な言葉、フレーズ、会話の概要、内輪の言葉。

- 今後の調査で明らかにするべき人や現場での行動についての疑問。

- 観察結果を整理しておくためのページ番号。

出典：Hammersly, "Ethnographic Research", We Are Here! Blog, comment posted May 4, 2006, http://wearehere.wordpress.com/home/ethnographic-reasearch/

④ 被観察者にインタビューをする

　被観察者とどの程度のやりとりを望むかによるが、観察した後、インタビューを行ってもよいだろう。エスノグラフィーによって何かを発見するための鍵は、客観的に観察することだが、次の基本を忘れなければ、インタビューからもさらなる洞察を得ることができる。

- はいかいいえの一言で簡単に答えることができない自由回答形式の質問をする。また、「この製品を10点満点で評価すれば何点をつけますか」というような質問をして、あらかじめ決まったカテゴリーに被観察者の答えを限定するようなことは避けなければならない。

- つねに被観察者の考え、意見、不安に配慮すること。質問されて当惑しているようなら、無理に答えを求めてはならない。

- インタビューを録音・録画する許可を求める。回答の検討や分類がしやすくなる。

- インタビューをするのに慣れていない場合、同僚や友人で練習する。あまりよく知らない人に行うのが理想的だ。知らない人にインタビューをするのがどんな感じなのかが理解できる。

インタビューのヒントについては、"A Synthesis of Ethnographic Research", by M. Genzuk, Ph.D., University of Southern California Center for Multilingual, Multicultural Research, www-bcf.usc.edu/~genzuk/Ethnographic_Research.htmlに詳しい。

⑤ アーティファクトを集める

　人類学者が人の手による有形のもの（アーティファクト）を通してある文化についての仮説を立てたり、結論を導いたりするように、企業も製品やサービスについて、人の行動が作り出したものに基づいて結論を出すことができる。観察した内容と一致するものや付加的な情報を提供するものを持ち帰ることができるよう、被観察者や観察が行われた場所の責任者に頼んでみよう。たとえば次のようなものだ。

- 製品またはサービスを実際に使用しているところの写真またはビデオ。

- 自社の製品やサービスと同じジョブ、または似たジョブを達成する、競争相手の製品やサービス、あるいは手作りのもの。

- 被観察者が作成した文書。たとえば、自家製マニュアル、カンニングペーパー、FAQなど。

- プロセスを表現したマップや図表。人とものの流れについてのコメントも。

エスノグラフィー的観察から、顧客自らが市販のソリューションの代わりに考え出した独創的なソリューションが明らかになることがある。MIT教授、エリック・フォン・ヒッペルは、『民主化するイノベーションの時代』（サイコム・インターナショナル訳、ファーストプレス、2005年）で、企業に、業界でのユーザー中心のイノベーションから学ぶよう呼びかけている。

6 データを分析する

エスノグラフィー調査で集めた観察結果、インタビュー、アーティファクトなどのデータを分類する。1つまたは複数の仮説を立てるのに使えるパターンや傾向を探そう。調査を始める前にある理論が頭の中にあった場合、その裏づけが得られるかどうかという視点でデータを検討しよう。

7 仮説を実証する

仮説を立てたら、立証するために、フォーカスグループやアンケートで被観察者を追跡しよう。または、別の集団でエスノグラフィー調査を繰り返してもよい。ただし、仮説に反する新しいデータが出てきても受け入れる柔軟性を保つことが重要だ。

8 わかったことを文書化する

最後に、結論とできるだけ多くのデータを記録した報告書を作成しておくと役に立つ。この情報は、現在または将来、自分の組織のほかの人たちが顧客への理解を深める助けになるかもしれない。

参考資料

エスノグラフィーを利用して顧客への理解を深めるための入門書としては次のものがある。

Mariampolski, H. *Ethnography for Marketers: A Guide to Consumer Immersion*. New York: Sage Publications, 2006.

質的調査の方法については、次を参照のこと。詳細だが読みやすい。

LeCompte, M. D., and J. J. Schensul. *Ethnographer's Toolkit* (7 Vols.). Walnut Creek, CA: AltaMira Press, 1999.

シナリオ・プランニング

変化の
ビジョンを
描く

シナリオ・プランニング（シナリオ思考ともいう）は、人口動態、政治、経済、産業環境などの要素に対してこれから起きる変化に備えるツールだ。現在の状態と、それが将来の出来事と不確実性からどういう影響を受けるかを見極めることによって、組織は変革と生き残りをより有利に進めることができる。

シナリオは、現在の状況が将来の変化によってどういう影響を受けるかを考える枠組みを作るのに役立つ物語だ。予想や現在の傾向からの推定ではなく、起こり得る変化の影響をただ解釈したものだ。将来を予測しようとするのではなく、変化を後押ししているものは何か、変化にどう備えるべきか、どう利用すればよいかを理解するのを助けてくれる。

シナリオ・プランニングから生まれるのは、会社や個人の「することリスト」ではなく、変化にともなうリスクを認識しつつ、変化について深く考えるための一般的な指針だ。このテクニックは、熟練したシナリオ・プランニングのファシリテーターに助けてもらいながらチームで行うと最も良い成果を得られる。

> シナリオ・プランニングは、エネルギー（ロイヤル・ダッチ・シェル）、政治（アパルトヘイト後の南アフリカ）など、さまざまな業界・分野で広く用いられている。

シナリオ —— ヘルシービッツ社は、医師や看護師がWindows CE を搭載したモバイル端末で使う医療用ソフトを開発している会社だ。だが、新しいデバイスやプラットフォームが市場をリードするなか、同社は、最新技術を導入して常時接続、常時待機のより良いサービスを提供しているライバル企業に後れを取っている。

① シナリオ・プロジェクトを特定し、提案書を作成する

　最初のステップは、シナリオ・プランニング作業の焦点と範囲を決めることだ。提案書ではプロジェクトの目的、協力者、予定期間を明確にするべきだ。検討しているプロジェクトの種類によっては、予想される結果と成功の尺度を具体的に記述しておくとよいだろう。特定の変化をよく理解し、それへの対応策を策定することが目標なら、正確に記述しておくほうがよい。自分の事業に影響を及ぼすかもしれないマクロ経済要因について調べるのなら、個々の結果についてはそれほど細かく定義しなくてもよいだろう。

　ヘルシービッツ社は、特定分野向けの高価なプラットフォーム（携帯端末）に搭載されるソフトウエアを提供している。今では、最新技術（iOS、アンドロイド、ブラックベリー、ウィンドウズフォンなど）が市場をリードしており、同社のハードウエア・プラットフォームは時代遅れになった。顧客はヘルシービッツが提供していない特徴と機能を求めるようになった。特定分野向けプロバイダーとしての同社のテリトリーは、競合する医療用ソフトウエア会社が急成長するなかで、縮小している。

　このような背景から、ヘルシービッツは競争力を高めるために、コア・コンピタンス［訳注：競争優位をもたらす自社の中核的能力・得意分野］をどう活用すればよいか、あるいは新しいコア・コンピタンスをどう構築すればよいかを探る必要がある。

始めるのは早いほうがよい。未知のビジネス・シナリオが提示する現実の変化をのみ込むのには時間がかかる。変化する世界を受け入れ、それに適応する備えをするには時間が必要だ。

② シナリオ・プロジェクトに影響を及ぼす力を特定する

シナリオを作成しようとしているプロジェクトに影響を及ぼす出来事、傾向、感情、流行、ブームなどのリストを作ろう。競争相手、供給業者、取引相手など、自分の会社または業界内部のさまざまな状況も含まれるだろう。これらの状況もすべて、経済、新しい社会の動き、政治、環境に配慮した開発・規制、変わりつづける技術動向などのマクロ要因の影響を受ける。

こうした力や要因を特定するには、自分の世界を幅広く、徹底的に分析する必要がある。そうすることで、時代感覚、つまり、自分の会社が今どんな時代にいるのか、どんな時代に入ろうとしているのか、さらにはどんな時代を作ろうとしているのか、その時代とは何で構成されどういう特徴を持っているかをとらえる感覚が養われる。

さまざまな「機会を定義する」テクニックを使って、現在の状況とできるだけ関係の深い、将来を形づくる要因をリストアップしよう。「片づけるべきジョブ」（テクニック1）、「ジョブ・マッピング」（テクニック2）、「結果期待」（テクニック3）、「価値指数」（テクニック4）が参考になる。

また、片づけるべきジョブを明らかにしたり、その適正な範囲を定めたりするときに、シナリオ・プランニングをガイドとして使うこともできる。顧客にとってほかの結果期待より重要な、または重要になると思われる結果期待に沿ってイノベーションを進める意識を持つのにも、シナリオ・プランニングは役立つ。

また、「クリエイティブ・チャレンジ」（テクニック17）、「SCAMPER」（テクニック19）、「挑発して動かす」（テクニック24）、「6つの思考モード」（テクニック32）などの「アイデアを発見する」ツールを使って、支配的な考えに異を唱えることも有益だ。

こうした活動は、将来を形づくる力と要因のリストの独創性と多様性を高めるのに役立つだろう。

> シナリオ・プランニングは、予備的な戦略的計画立案テクニックとして、将来起こり得る状態をもっと幅広く、もっと先まで描き出すのにも有効だ。本書ではその目的上、範囲を限定し、D⁴イノベーション・モデルの「機会を定義する」の段階の前ではなく、その**過程**での具体的な片づけるべきジョブの策定に絞っている。

③ 要因にランクをつける

ステップ2で特定した要因を、重要度と不確実性の程度によってランクづけしよう。目標は、最も影響が大きいが不確実でもあると考えられる要因を特定することだ。それには、ステップ2の力、状況展開、要因を、「確実な要因」と「不確実な要因」の2つのランクに振り分ける。図6-1では、ヘルシービッツ社のイノベーション・チームと思考リーダーが特定したいくつかの要因を挙げている。

図6-1 ランクづけした要因

確実な要因
1. モバイル技術の採用——スマートフォン、タブレット。
2. 「いつでも利用できる」データを支援する必要。
3. 新しい技術に対する購買意欲。
4. ……

不確実な要因
1. 医療分野でのソフトウエアの競争相手。
2. 新しいプラットフォームと携帯機器。
3. 機器の能力の統一。
4. 医療用ソフトウエアに対する規制。
5. ……

4 起こり得る将来のシナリオについて
議論する枠組みを作る

　ステップ3でランクをつけた要因が、起こり得る将来のシナリ
オそれぞれについて議論する範囲を示す枠組みになる。要因の数
と、生まれてくる個々のシナリオは、状況によって変わってくる。
例を挙げると、図6-2は、図6-1の不確実な要因のリストの1と
2だけを使って作成したものだ。図6-1の確実な要因は、目前に
あるあまりにも明白な状況なので、議論の対象ではないため、シ
ナリオ・プランを描くうえでの最善の材料にはならない。

　図6-2では、これら2つの要素の組み合わせを象限で示し（連
続的な差を、より明確に区別して表している）、組み合わせの特徴を
簡潔にまとめている。

図6-2　概念的シナリオ

市場競合者が少ない	市場競合者が少ない
複数の新しいプラットフォームと機器 医療ソフトウエアという特殊性と幅広いプラットフォームをサポートする負担の重さから、競争相手が市場参入しにくい。	**新しいプラットフォームと機器が少ない** 新しい技術への需要が小さい。
市場競合者が多い	市場競合者が多い
複数の新しいプラットフォームと機器 好況な市場が多くの新しいサプライヤーとベンダーを引きつける。	**新しいプラットフォームと機器が少ない** 利益が大きい医療分野の顧客がサプライヤーを引きつけ、市場がサービス過剰になる。

確実な要因と不確実な要因から2つの要因をマトリックスに入れる代わりに、図6-2のように不確実な要素だけを表に入れて分析してもよい。表の縦と横に、要因の影響の相対するレベル（たとえば、少ないと多い、高いと低い）を配置して、表の各セルに対応する要因の組み合わせを記述する。これらにランクをつけることによって、相対的な重要性を判断し、シナリオの物語に含めるかどうかを議論することができる。

5　それぞれのシナリオを構成する

　特定された要因のグループ（図6-2）それぞれについて、これらの要因が全体としてもたらす可能性がある、現実味のある将来を描いた明快なストーリーを書いてみよう。オープンエンドの要因を使って、その結果を強調するストーリーを発想することができる。たとえば、大幅に規制が緩和されるという期待に基づいたシナリオは、その反対の規制が厳しい環境を想定したものとはかなり異なるストーリーになるだろう。図6-1に挙げた要因のいくつかは、すべてのシナリオに共通する、起こり得る将来の側面を表現している。

　図6-3（次頁）に示したヘルシービッツのシナリオは、因果関係を軸に語られており、原因を詳しいストーリーで示し、表題で結果を表現している。これらの表題とそのストーリーが、行動計画で取りあげる必要のある起こり得る将来（そして乗り越えなければならない障害）を定義することになる。

図6-3　起こり得る将来

プロバイダーは 需要に応えるのに苦労する	サプライヤーが 市場を主導する
● 競合プロバイダーは少ない ● 複数の新しいプラットフォームと機器 オープンプラットフォームとオープンソース化が進み、対応しなければならない機器の種類が大幅に増える。アンドロイドやウィンドウズフォンなどの携帯電話ソフトウエアのオペレーティングシステムは、簡単にライセンスを得て、特定ベンダーのハード向けにカスタマイズすることができる。顧客には非常に多くの選択肢があり、すべてのプラットフォームで使えるソフトウエアを期待している。	● 新しいプラットフォームと機器は少ない ● 新しい技術への需要は少ない 医療サービス用ソフトは魅力的ではない。市場参入を企てるプレーヤーはあまりない。法規制とコンプライアンス要求が厳しいため、新しいソリューションの開発と商品化が難しく、時間がかかる。承認プロセスが遅いため、更新はあまり行われず、間隔が空く。病院は長期使用を見越して購入し、新しい技術にあまり投資しないため、需要は少ない。
顧客は選び放題	**ニッチ製品があふれる**
● 競合プロバイダーが多い ● 複数の新しいプラットフォームと機器 買い手市場である。顧客はつねに正しく、欲しいものを手に入れる。ハードウエアもソフトウエアも豊富にある。あらゆる市場セグメントにサービスが行き渡り、すぐに飽和状態になる。サービス需要と好みが新しい開発と統合の選択肢に取り入れられる。	● 競合プロバイダーが多い ● 新しいプラットフォームと機器は少ない 多くのサプライヤーが、同じような機能と結果を提供する能力を持っている。サプライヤーは差別化するために同じソリューションにニッチの付加機能をつけて提供しようとする。システム同士の情報交換がしにくく、一部の顧客には魅力的でない要素も含まれていることが多い。

6 シナリオからその意味することを読み取り、行動計画を策定する

ブレーンストーミングや、そのほかの先進的なアイデア発想テクニックを使って、各シナリオの意味することを読み取り、成功に導く行動を特定しよう。特定された意味（またはリスク要因）を前提とすると、それらはどういう影響を及ぼすだろうか？　たとえば、どの資源は豊富にあり、どの資源は不足するだろうか？シナリオの意味することに基づけば、自社が適切に対応して優位に立つためにはどんな措置を講じることができるだろうか？

これらの行動は、現在の事業とリスク対策の欠陥を特定するものであることが多い。複数のシナリオに共通する行動もあるだろう。それは、今の事業を持続するには見直しが必要だということを警告しているのかもしれないし、変化への対応がすでに機敏に取られていることの現れであるかもしれない。

図6-4（次頁）に、ヘルシービッツの行動計画を示す。

図6-4　意味と行動

プロバイダーは 需要に応えるのに苦労する	サプライヤーが 市場を主導する
● 競合プロバイダーは少ない ● 複数の新しいプラットフォームと機器 **意味** ● 競争が少ない ● 最先端技術に乗り遅れないことが必要 ● つねにプラットフォームに特化したカスタマイゼーションが求められる **行動** ● 再利用を念頭においたソフトウエアを開発する ● 膨大な開発コストを賄うために、割増価格で提供する ● ソフトウエアの相互運用性について業界標準策定を推進する	● 新しいプラットフォームと機器は少ない ● 新しい技術への需要は少ない **意味** ● 技術と医療の両方に通じた開発者が不足するかもしれない ● 雇用機会の減少 ● ソリューションが高額になる ● 厳しいコンプライアンスと規制 **行動** ● 既存の顧客との関係を強化する ● 障壁のあるなしにかかわらず、ローエンド破壊を積極的に追求する
顧客は選び放題	**ニッチ製品があふれる**
● 競合プロバイダーが多い ● 複数の新しいプラットフォームと機器 **意味** ● 競争がかなりある ● 最先端の開発が競争者に差別化の機会を与える **行動** ● 客離れを防ぐために主力製品・サービスを拡充する ● 競合製品・サービスと大きく異なるシステムの開発に投資する	● 競合プロバイダーが多い ● 新しいプラットフォームと機器は少ない **意味** ● 競争が激しい ● 専門特化したソリューションが一般的 ● 新しい技術への投資は限定的 **行動** ● ほかの医療サービス提供者と協働して提供製品・サービスを多様化する ● 生産と開発をスリム化して、低価格・オープンソースのソリューションを提供する

7 シナリオに名前をつける

シナリオ・プランニングのステップがすべて終わったときには、将来がどんなものになるか、それに対応し、生き残るためには自分と会社はどんなことをすればよいのかについて、理解が深まっていることだろう。それぞれのシナリオに、わかりやすい呼び名をつけておくと、どれのことかがすぐにわかり、議論をするのにも便利なことが多い。たとえば、「ゴルディロックス経済」と言えば、「景気過熱でも景気後退でもなく、適度な経済成長が続く状態」がすぐに思い浮かぶ [訳注：イギリスの童話に登場する女の子、ゴルディロックスが3匹のくまの家に入りこみ、熱すぎず冷たすぎず、ちょうどいい温かさのスープを飲んでしまったことにちなんだ表現]。

現実の世界は必ずしも思い描いた通りには運ばない。頻繁に評価を行い、先行指数を特定することで、どのシナリオが現実の世界で起きていることを最も良く表現しているかがわかる。また、非常に重要だと思われた要素がもはや重要ではなくなっている場合、シナリオを再検討する必要があるかもしれない（ドットコム・バブルの崩壊が、当時、あなたの経済の先行きへの見込みにどんな影響を及ぼすことになったか、考えてみるとよい）。

参考資料

Schwartz, P. *The Art of the Long View: Planning for the Future in an Uncertain World.* New York: Currency Doubleday, 1996.（『シナリオ・プランニングの技法』ピーター・シュワルツ著、垰本一雄、池田啓宏訳、東洋経済新報社、2000年）

Chermack, T. J. *Scenario Planning in Organizations: How to Create, Use, and Assess Scenarios.* San Francisco, CA: Berrett-Koehler Publishers, Inc., 2011.

Lindgren, M., and H. Bandhold. *Scenario Planning: The Link Between Future and Strategy*, 2nd ed. New York: Palgrave Macmillan, 2009.

発見的再定義

システムの全体像と
部分像を描いて、
アイデア発想の焦点を絞る

　発見的再定義は、システムの中でイノベーション・プロジェクトを行うべき適切なレベルを定め、焦点を絞るための視覚的なアプローチだ。たとえば、より燃費の良い車を作ろうとしているなら、車のエンジンに影響を与える要素だけでなく、車というシステム全体の中の、燃費を左右するあらゆる要素を視覚的な方法を使って特定する。

　イノベーションを起こすべきジョブ（JTBD）がどこにあるのかよくわからない。あるいは、そのJTBDは本質的に幅が広すぎて的が絞れていない。そして意味のあるイノベーション行動を起こすために、もっと具体性が欲しい。そういうときに発見的再定義を使おう。これは、イノベーション・プロジェクトのポートフォリオを作ろうとしているリーダーには非常に役に立つテクニックだ。

シナリオ —— ペイシェント・クルセーダーズというチームが、歯科患者をもっとリラックスさせるようなイノベーションを起こそうとしている。チーム全体のジョブは、**患者の恐れを軽減し、快適性を高める**ことだ。

① システム全体とその要素を視覚化する

まず、JTBD を達成するためのシステムの説明図を作成し、すべての主要な要素を描き込もう。いくつかの機能が組み合わされているものは、何であれ、大きさにかかわらず、1 つのシステムまたは下位システムとされる。歯科医院の待合室も、歯科医が使う器具トレーも下位システムだ。

そのほかのガイドラインには次のようなものがある。

- 説明図はどんな媒体を用いてもよいが、なるべくシンプルで（電子媒体でないもの）、チームの誰が見てもわかりやすいものにしよう。したがって、フリップチャートかホワイトボードが最も効果的だろう。芸術的なスキルは必要ない！

- システムの要素を数多く探し出すほど、イノベーションへの実行可能な道が見つかる可能性が高まる。

- システムの要素を見つけやすくするために、JTBDについて、**何が、いつ、どこで、誰が、なぜ、どのように**を問うこと。このテクニックに「機能分析」（テクニック15）または「9つの窓」（テクニック8）を組み合わせて、システムまたは下位システムを定義する能力をできる限り強化しよう。

ペイシェント・クルセーダーズは、**患者の恐れを軽減し、快適性を高める**システムの要素を定義するために、次のような問いを設定した。

- **何が起きているのか？**　患者は歯科治療を受けるのが不安であり、痛くはないにしても、強いストレスを感じ、不快だと考えている。

- **それはいつ起きるのか？**　主に治療中だが、治療が近づいてくると、治療前からも始まることがある。

- **どこで起きるのか？**　いちばん多いのは歯科医院だが、次に多いのは治療前の患者の頭の中だ。

- **それは誰に起きているのか。あるいは、誰が起こしているのか？**　患者に起き、歯科医院のスタッフが起こしている。

- **なぜそれが起きるのか？**　歯の治療そのものが怖い。または、不快な治療法が使われている。あるいはその両方である。現実のこともあれば、患者側の受け取り方の問題のこともある。

- **どのようにして起きるのか？**　実際に治療を経験したり、過去の治療を思い出したり、ほかの人が経験した恐ろしい話を聞いたりして。

こうして、できる限り多くのシステム要素を定義し、それらを組み合わせて下絵を描いた。その過程では、多くのスケッチを描き、議論をし、最終的に統一見解に達した。

② システム要素と、それぞれのJTBDとの関係を特定して名前をつける

　次の作業は、各システム要素に、それがJTBDに及ぼす影響——良い影響だけでなく悪い影響も——を簡潔に表現する名前をつけることだ。「この要素は、JTBDや、関連する結果期待にどんな影響を及ぼすだろうか?」と問いかけよう。

　次のように考えて、各要素同士の関係、つながり、影響を検討しよう。

- 要素同士は、どのような関係にあるか?
- 要素同士は、どのように影響し合っているか?
- 自然法則や科学の法則で当てはまるものはあるか?

名前をつけるときは、有能なファシリテーターの下で、活発に議論を交わしながら、細かく目配りをして行うべきだ。こうして、JTBDとの関係と、及ぼす影響についてすべてのシステム要素に名前がつけられた改訂版説明図ができあがる。

　ペイシェント・クルセーダーズが描きあげたのは、患者の恐れを軽減し、快適性を高めるための10要素からなるシステムだ（図7-1）。その中で重点を置くべき領域は次の通りである。

図7-1　歯科医院での患者の恐れを軽減し、快適性を高める

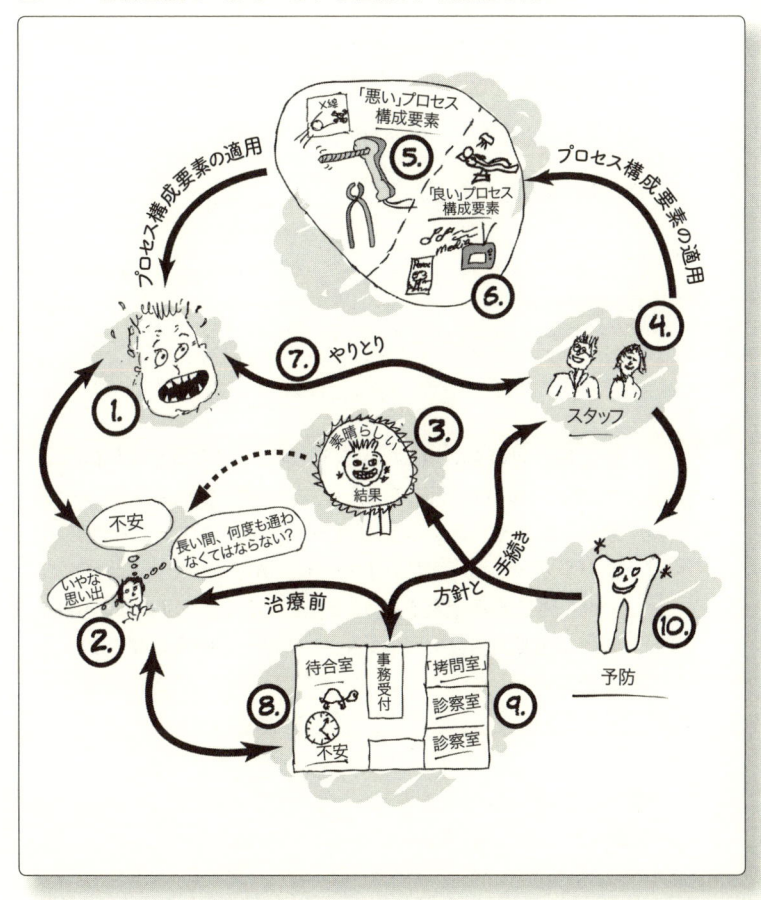

1. 治療中の患者。恐れや不安、不快感を持っている。あるいは、落ち着いていて、受診について良い感情を持っている。

2. 受診が近づいている潜在患者。前向きであるかもしれないが、嫌だと思っているかもしれない。

3. 受診がうまくいった場合の具体的な成果とメリット。

4. スタッフ、および治療を快適で気持ちの良いものにすることに関する彼らのスキル。

5. 平均的な患者に悪いと思われている現在のプロセス構成要素（機器と技術）。

6. 平均的な患者に良いと思われている現在のプロセス構成要素（機器と技術）。

7. 治療中の患者とスタッフのやりとり。

8. 歯科医院の待合室。

9. 診察室。

10. 予防技術。

発見的再定義を応用していて、よく目からウロコが落ちるように感じるのは、JTBDをばらばらに分解した結果、多くの新しい問題や、低い次元のJTBDやジョブのステップが浮かび上がってくるときだ。するべきことがわかっているつもりでも、発見的再定義を行うことによって、実行可能なレベルでの画期的なイノベーションとは何かを明確にすることができる。

3 各要素について問題ステートメントを作成する

　次に、各システム要素を、ジョブ・ステートメント、または**範囲を絞ったJTBD**の形で書き表そう。要素1から始めて、JTBDの達成にどう貢献できるかを考える。要素ごとに、「顧客の採用基準に従って［JTBD］が達成されるようにその［問題ステートメント］が確実に行われるためにはどうすればよいか」と考えよう（テクニック3、「結果期待」を参照）。

> 特殊な問題ステートメントやジョブ・ステートメントを作成するのに助けが必要な場合、このテクニックに「ジョブ・マッピング」（テクニック2）や「ジョブ・スコーピング」（テクニック9）を組み合わせてみよう。

　ここで行っているのは、基本的に、焦点を絞ったり広げたりして、イノベーション・プロジェクトの機会や可能性を探ることだ。そうしながら、ステートメントとして表現された各システム要素の相互関係と、元となる親JTBDとの関係を注意深く検討していく。

　こうして作成された問題ステートメント（図7-2、99頁）が次には、全体システムの中でイノベーションを起こすのに最も適した部分へと誘導してくれる設問になる。

4 イノベーションに最も適した要素を選ぶ

　ここでは、評点方式を使って優先順位をつける。まず、作成した問題ステートメントをマトリックスに書き込もう。次に、各ステートメントが次の3つの基準に及ぼす影響に点をつける。

1. 問題ステートメントが解決できる可能性。
2. 実行しやすさ。
3. JTBDに及ぼすと予想される影響。

点数は次のようにつける。

良い／高い＝3
普通／中程度＝2
悪い／低い＝1

マトリックスの3つの基準の点数を合計して総合点を出す。この結果を重視してイノベーションの重点領域を探そう。会社の戦略やニーズと矛盾しない限り、これらの重点領域がイノベーションへの最善の道であるはずだ。

これに関して、次の点を検討するとよいだろう。

- 問題ステートメントは会社の戦略と矛盾せず、貢献するものであるか?

- リスクの水準が高すぎる、または低すぎることはないか?

- そもそも追求する価値があるか?

- 会社には問題に取り組む意思と合意があるか?

ペイシェント・クルセーダーズは、図7-2の優先順位づけマトリックスに基づいて、最も得点の高い問題ステートメントである4、5、6、7を追求することが、JTBDへの革新的なソリューションを考えるには最善であると判断した。チームは次のように考えた。

- ステートメント1は、それ自体がこの取り組み全体の焦点であり、問題ステートメントとしてはあまり適切ではなかった。ほかのステートメントもすべてが1に向かうと思われた。

- チームは、治療を前にした患者の不安と良い結果の認識についてのステートメント2と3に影響を及ぼすためにできることはあまりない、と判断した。

- ステートメント8と10は実行が難しく、その影響も、JTBDを達成する可能性も最小限であると思われた。

図7-2　問題ステートメント優先順位づけマトリックス

	良い／高い＝3 普通／中程度＝2 悪い／低い＝1 問題ステートメント： 「どうすれば次のことが達成できるか?」	問題ステートメントが解決できる可能性	実行しやすさ	JTBDに及ぼすと予想される影響	合計点
1	**患者**が不安から解放され、不快さが最小限に抑えられ、治療期間を最短化できる。	2	1	3	6
2	**治療を目前にした患者**が歯科治療の有益性に意識を集中し、前向きである。	1	1	1	3
3	患者は自分が受けた治療の**良い結果**を認識し、満足していて、次の受診に不安を持っていない。	1	1	2	4
4	**歯科医院スタッフ**は、患者の恐怖感を軽減し、できるだけ快適にするという意図を持ち、そのための処置に熟練している。	3	2	3	8
5	患者の不安と快適さを考慮して、標準的な治療用**器具、機器、材料**が使われている。	2	2	3	7
6	不安の軽減と快適さの向上に応用できる**さらなる「良い」方法**、アプローチ、機器がある場合、利用されている。	2	2	3	7
7	すべての**スタッフが患者と接するときのやりとり**は、不安を取り除くこと、快適さのレベルを確認すること、治療のメリットが理解されるようにすることに役立っている。	3	2	3	8
8	患者の**待ち時間**はできる限り短く、不安を鎮め、励ましを与える雰囲気で、指示の仕方は好ましい。	1	1	2	4
9	**治療**時間はできる限り短く、不安を鎮め、快適で、励ましを与える雰囲気である。	3	2	2	7
10	治療後の**予防的処置**は、治療効果を高め、患者に自信を与えている。	2	1	1	4

7

発見的再定義

- 最も得点が高かったのは4と7で、興味深いことにどちらもスタッフに関係があった。チームは、この2つを徹底的に推し進めるべきだと感じ、さらに議論した結果、2つのステートメントは密接な関係があるので、1つにまとめられるだろうということになった。

- ステートメント5と6も、密接な関係があり、同じように得点が高かった。チームは、この2つのステートメントから、標準的な実施規範に基づく器具、機器、処置のより良い適用を目指す1つの問題ステートメント（または範囲を絞ったジョブ・ステートメント）を考案できると感じた。

- ステートメント9も得点が高かった。しかし、チームは、ステートメント4、5、6、7を追求すれば、治療時間と雰囲気の問題に好ましい影響を与えることになると考えた。したがって、これらのステートメントを追求する代わりに、9の追求は断念することにした。

ペイシェント・クルセーダーズは、アイデア発想の段階に進む前にいったん立ち止まって、イノベーションへの挑戦を実行しやすくする枠組みが作れたことを祝った。だが、彼らの仕事はこれで終わりではなかった。ここでの成果を次の段階に活かし、問題を解決するためのアイデアを生み出し、磨きあげ、ついに画期的なホスピタリティ・プログラム、一連の新しい技術、ユニークな患者とのコミュニケーション・システムへと結実させた。ペイシェント・クルセーダーズがアイデア実施の優先順位をつけた方法について、詳しくは「KJ法」（テクニック30）を参照のこと。

> 「発見的再定義」のテクニックは、数十年前に創造力を高める技法の研究と開発を始めたドイツ人著述家・コンサルタント、ヘルムート・シュリックサップ博士によって開発された。

もう1つの例

　住宅のエネルギー効率を高めたいというJTBDを仮定しよう。この問題全体に取り組む代わりに、発見的再定義を使って、問題を視覚的に小さな部分に分解することができる。家そのもの、断熱材、日当たり、周りの樹木、窓、スクリーンやブラインド、窓の日よけ、大きな電気製品、家の換気システムなど、関係のあるシステム構成要素のどれにでも、またいくつにでも、焦点を合わせることができる。このように分解することによって、システム全体を見渡して、最も少ない労力と時間、資源の投入で確実に最大のイノベーションを生む部分に絞り込むことができる。

参考資料

　発見的再定義のさまざまな例については、次の書籍を参照のこと。

King B., and H. Schlicksupp. *The Idea Edge: Transforming Creative Thought into Organizational Excellence*. Salem, NH: Goal/QPC, 1998.

9つの窓

9つの異なる
レンズを通して
機会を見る

9つの窓は、時間（過去、現在、未来）と規模（上位システム、システム、下位システム）のすべての次元でイノベーションの機会を検討するのに役立つテクニックだ。たとえば、飛行機の機内食用の金属製のナイフやフォーク —— ただし食事用としてだけ使え、凶器としては使えないもの —— をデザインする場合を考えてみよう。ナイフやフォークそのもののイノベーションだけでなく、その素材（下位システム）や、周りの環境（上位システム）に注目して取り組むこともできる。

このテクニックの核心は、9つのボックスまたは窓からなる簡単なグリッドだ。ボックスを埋めていくことで、自分が特定した問題を見る8つの視点が増え、どのレベルでどのようにイノベーションを起こすべきかを決める助けになる。したがって、イノベーションの機会をより良く見極めるには、プロジェクトの早い段階で9つの窓を活用するべきだ。

ステップ

シナリオ —— 建設・農業用機械のレンタルショップを経営していると仮定して、9つの窓を説明しよう。顧客の仕事の性質上、どうしても店内に土や泥、肥料が持ち込まれる。そこで、目標、または片づけるべきジョブ（JTBD）は店内の床を清潔に保つこととする。イノベーションを起こせる可能性があるのなら、伝統的なやり方を続ける理由はない。

1 9つの窓を用意する

ホワイトボードかフリップチャートに、縦横3つずつのボックスのマトリックスを描こう。最上段のボックス（左から右へ）に、**過去、現在、未来**と表示する。いちばん左のボックス（上から下へ）に、**上位システム、システム、下位システム**と表示する（図8-1）。

2 中心のボックスを埋める

中心のボックスを**現在のシステム**と呼ぶ。これが、残りの窓を組み立てていくための基準点になるからだ。現在のシステムを特定するには、店内の床を掃除する（JTBD）ために使っている現在のソリューションの要素の特徴を明らかにしなければならない。そこで、この窓に、**床、ファン式乾燥機、床用洗剤**と書き込む。

図8-1　9つの窓の構造

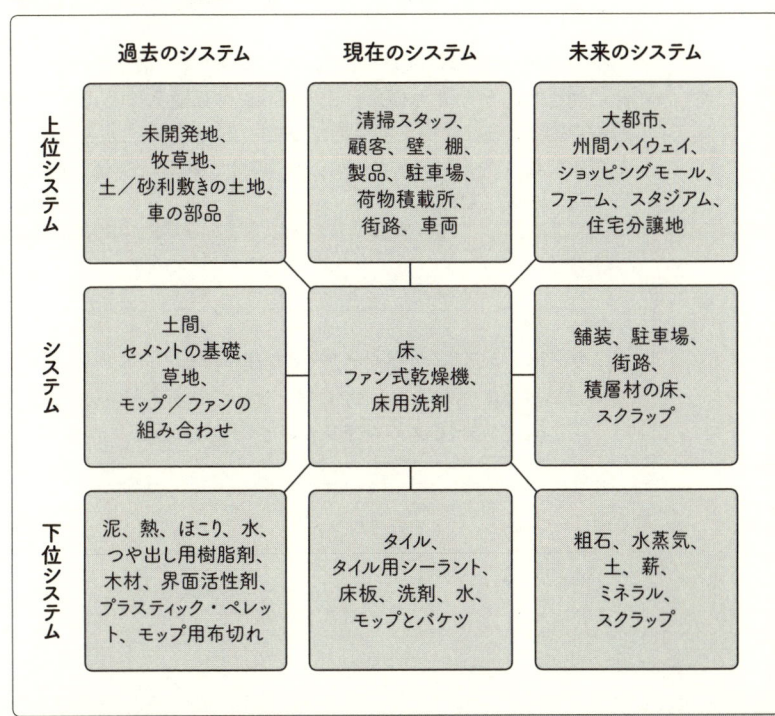

3 上位システムと下位システムを特定する

現在の次元（真ん中の列）の、上と下のボックスに、上位システムと下位システムを記入する。それぞれのボックスには複数の項目を書いて（描いて）もよい。

- 上位システムは、システムまたは対象が周囲の環境とどう影響し合っているかということだ。このボックスに記入するには、「システムや対象を取り巻く大きなシステムは何か?」と考えよう。床に対する上位システムには、清掃スタッフ、顧客、壁、棚、製品、駐車場、荷物積載所、街路、車両がある。

- 下位システムは、現在のシステムまたは対象を、構成要素とその特徴に分解したものだ。このボックスに記入するには、「現在の形の対象は何でできあがっているか?」と考えよう。この例では、タイル、タイル用シーラント、床板、洗剤、水、モップ、バケツである。

4　過去と未来を明らかにする

　ブレーンストーミングや観察を通して、中央のボックスの左と右の過去と未来のボックスを埋める。直近の過去と未来だけに限定しないで、次のように考えることによって、この時間の次元をさまざまな形で実験的に定義してみよう。

- このシステムや対象は、現在の形になる前にはどういう形だったか？　未来はどんな形になるだろうか？

- このシステムや対象は、今の状態になる前は時間軸のどこにあり、未来はどこに位置するだろうか？　答えは、過去未来ともに数秒から数年まで、幅広く考えられる。

- システムまたは対象が生まれてから現在の形または機能になるまでに、何が起きたのか？　今その形が機能しなくなれば、何が起きるだろうか？

- 現在のシステムまたは対象が生まれる前、このJTBDのソリューションはどんなものだったのか？　また、**JTBDに関係なく、現在のシステムの構成要素と特徴だけに目を向けた場合、未来のソリューションの特徴となったり、規定したりする可能性があるのはどれだろう？**

> 指導やコンサルティングをしていると、どこまで突き詰めるべきかという質問をよく受ける。ブレーンストーミングでは宇宙の一歩手前までいくべきか、原子レベルまでいくべきか？　一般的には、答えはどちらもイエスだ。できるだけ現実的に、そして達成しようとしていることとの関連を見失わないようにしよう。しかし、発想は自由に、決めつけはしないように。いろいろやって楽しめばよい。忘れないでほしいのは、9つの窓はアイデアを生み出すためのきっかけにすぎないということだ。だから、失敗はあり得ない。

4つの隅の上位システムと下位システムの過去と未来の状態の
ボックスを埋める。どの順序でもよい。すべてのボックスを埋め
る必要はないが、少なくとも数分間は考えてみる価値はある。行
き詰まったら少し休憩し、頭をすっきりさせてからもう一度やっ
てみよう。

6 機会を再評価する

9つの窓を埋めたら、イノベーションの機会を再評価して、シ
ステム、下位システム、上位システムのどのレベルに、またどの
時間の次元に力を注ぐべきかを決定する。どこに集中すべきかが
明白になるかもしれないし、見当がつかないかもしれない。いず
れにしても、9つの窓のこの最後のステップを使って、未来を創
造するために直ちに実行できる、現実的で具体的なソリューショ
ンのアイデアを創り出そう。

7 ソリューションのアイデアを生み出す

9つの窓それぞれに1行をあてた表を作る。1列目の欄に窓の
タイトルを記入し、次の列の欄にその構成を表す言葉を記入する。
これらの言葉を、ソリューションのアイデアを生み出すきっかけ
として使い、生まれたアイデアを右端の欄に書き入れる（図8-2）。
次のような設問をして、ソリューションのアイデアを生み出そう。

- システムのインプットをどう修正すれば、有害な機能、出来
  事、状態がアウトプットに与える影響を取り除いたり、削減
  したり、予防したりできるか?

- システムの機能をどう修正または完全に変更すれば、JTBD
  や関連する結果期待をもっとうまく処理できるようになるか?

- システムのアウトプットは、どのような是正的（問題が起きた
  後）または積極的（問題が起きるのを予防する）な方法で修正
  することができるか?

図8-2　9つの窓　ソリューションのアイデア

窓	構成 (きっかけになる言葉)	生まれたアイデア
現在の システム	床、ファン式乾燥機、床用洗剤	① 床用ロボット掃除機。 ② 顧客が店に入る前に簡単に着脱できるオーバーシューズを履いてもらう。
現在の 下位 システム	タイル、タイル用シーラント、床板、洗剤、水、モップとバケツ	① タイルの代わりに鉄格子を置き、それを使って泥をこすり落として下の床板に落とす。 ② 静電気の原理を利用してほこりを落とす。水と洗剤が不要になり、その結果、ファン式乾燥機も不要になる。
現在の 上位 システム	清掃スタッフ、顧客、壁、棚、製品、駐車場、荷物積載所、街路、車両	① ドライブスルーで商品を受け取る。顧客は車から出ない。 ② 商品を壁の外側に陳列し、取引処理は内側で行う。
過去の システム	土間、セメントの基礎、草地、モップ／ファンの組み合わせ	① 店舗の中も土間または草地のままにする。 ② 顧客は店の中まで車を乗り入れ、商品を受け取る。
過去の 下位 システム	泥、熱、つや出し用樹脂剤、ほこり、水、木材、界面活性剤、プラスティック・ペレット、モップ用布切れ	① タイルに疎水性（水／泥を弾く）のコーティングを施す。泥を靴から落とさない。顧客は泥をつけたまま帰る。
過去の 上位 システム	未開発地、牧草地、土／砂利敷きの土地、車の部品	① 駐車場から店舗入り口まで泥落とし用の格子を敷き詰める。店内に入る前に顧客の靴についた泥をかなり落とす。
未来の システム	舗装、駐車場、街路、積層材の床、スクラップ	① 屋外のテントの下に棚を設置する。床が不要になる。 ② 店の入り口までの地面に粘着性のコーティングを施し、店に入る前に靴から泥を落とす。
未来の 下位 システム	粗石、水蒸気、土、薪、ミネラル、スクラップ	① 使い捨てタイル。定期的に「はがして」捨てる。 ② 人通りが途絶えたときに、床に空気を噴き出して自動的にほこりを取り除く。
未来の 上位 システム	大都市、州間ハイウェイ、ショッピングモール、ファーム、スタジアム、住宅分譲地	① 配送サービス。オンラインで注文を受け、商品を顧客に届ける。

そのほかの例

イギリスの食品・総合スーパーマーケット、テスコは、ウォルマート（アメリカ企業）、カルフール（フランス企業）に次ぐ世界第3位の小売業者だ。しかし、いくら規模が大きく、成熟した企業だからと言って、イノベーションを行わない、あるいは行えないということはない。14カ国に展開するテスコは、つねに次に拡大できるところを探している。

韓国市場を調査していたとき、テスコは興味深い問いを掲げた。「われわれはこの国で、**店舗数を増やさずに食品小売業第1位になれるだろうか?**」韓国で最大の食品小売業者であるライバル企業は、すでに店舗数で大きくテスコを上回っていて、新店舗の設置にはあらゆる種類の問題と制約があった。

テスコが検討した大きな要素は、韓国人は世界で2番目によく働く国民だということだ。仕事の後は疲れきっていて、食料品のような基本的な生活必需品を買うためでも、これ以上渋滞やレジの列と格闘する気分ではない。だったら、店をお客のところに持っていけばいいじゃないか？　上位システムに目を向けて、新しいビジネスモデルでイノベーションを起こすそもそもの大きな目的にどう貢献できるかと考えればいいのではないか？

テスコはそれを実行した。「ホームプラス」というブランド名の下で、退屈な駅の壁を仮想食料品店の棚に変身させたのだ（www.youtube.com/watch?v=nJVoYsBym88を参照）。このユーチューブのビデオでわかるように、顧客は駅で電車を待ちながら、本物の食料品店の棚そっくりの壁を眺めることができる。そして、スマートフォンで欲しい品物をスキャンすると、帰宅後、まもなく品物が届けられる。

現在のシステムから外に出て上位システムでのイノベーションを人口密集地域で起こす（配送の採算が取れる）ことで、テスコはオンライン市場で第1位になり、オフライン市場でも1位に迫っている。これは少なくとも一部は、仮想店舗によってブランド認知度が上がったおかげだ。

上位システムにイノベーションを起こしたもう1つの例は、屋

上や駐車場、家庭の屋内での食料生産の増加だ。ニューヨークでは野菜を、自宅の屋根の上で土を使う昔ながらの方法、または垂直に並べて水だけで栽培できる水耕法で育てている人がいる。レストランでもこの技術を利用して、建物の周りの敷地で野菜や果物を自家栽培するところが出てきた。

　サンディエゴの新興企業、ホームタウンファームは、都市部の廃校の敷地で栽培と小売りを行う1号店の開設を計画している。同社のCEO、ダン・ギブズはこう言う。「私たちはどうしたらイノベーションを起こせるかと考えたとき、伝統的な農業モデルと農園という枠の外側に目を向けました。栽培技術としては有機水耕栽培を採用しました。有機農法と水耕法を組み合わせ、効率の良い農園と食料を人々が住んでいるところに持ってきたのです」

　ホームタウンファームはこのモデルを、**ディマンドファーミング――人々が求めるものを、消費される場所で育てる能力**と呼んでいる。顧客が住んでいるところで高効率の栽培法を用いることによって、燃料使用量を90％、水の使用量を85％、肥料の使用量を80％、栽培に必要な土地面積を70％削減することができる。こうして生産されるのは、化学肥料を使わない高品質、低価格、地元産、完熟の有機野菜だ。消費者は数時間前に収穫されたばかりの、最も栄養価の高い、新鮮な食品を食べられるようになるのだ。

ジョブ・スコーピング

イノベーションの焦点を広げたり絞ったりする

　ジョブ・スコーピングは、イノベーション機会の照準を、実行可能なレベルに効果的に定められるようにしてくれる。プロジェクトの範囲が広すぎると思われる場合は、ジョブ・スコーピングによって、目標達成を妨げる恐れがある障害を特定してレベルをもう一段階下に定めることができる。狭すぎる場合は、一段階上げて、そもそもなぜ（何のために）イノベーション問題に取り組んでいるのかを考え直すのに役立つ。後でどの道を選ぶにしろ、ジョブ・スコーピングは、イノベーションの機会を別の視点から見る助けになるだろう。

　イノベーション・プロジェクトを行うレベルを定めるスコーピングは、非常に重要だ。機会またはJTBDをどう定義するかで、ありきたりのソリューションになるか、真に画期的なアプローチが生まれるかが決まる。注意深いイノベーション実務家は気づくだろうが、ジョブ・スコーピングと、「9つの窓」（テクニック8）、「発見的再定義」（テクニック7）は、問題の幅が広いか狭いかという観点で分析する点で類似している。これらのテクニックの違いは主として、ジョブ・スコーピングと発見的再定義が問題そのものに注目するのに対して、9つの窓ではソリューションに焦点を合わせることだ。

ステップ

シナリオ——出張者へのインタビューと「エスノグラフィー」（テクニック5）を通して、出張が終わった後、経費報告書を迅速かつ簡単に提出する（JTBD）ことができなくて苦労している人が多いことがわかった。領収書をどこかに置き忘れたり、不便な粘着テ

ープを持ち歩いて白紙にレシートを貼りつけたり、複数の出張の
レシートを整理するのに悪戦苦闘している人が多い。どうすれば
出張者の問題を適正なレベルで解決する画期的なイノベーション
を生み出すことができるだろうか?

① 現在の焦点を明らかにする

　ジョブ・スコーピングのフォーマット（図9-1、113頁）を使っ
て、中央のボックスにイノベーション機会またはJTBDを記入す
る。前出のジョブ・ステートメント形式に沿って、状況説明、行
動の対象、行動を示す動詞を使って表現する。詳しくは「片づけ
るべきジョブ」（テクニック1）を参照のこと。この例では、ジョ
ブ・ステートメントは「出張が終わった後、経費報告書を提出す
る」となるだろう。

② ジョブのステップを特定する

　2つの方法で機会の範囲を絞ることができる。まず、「ジョブ・
マッピング」（テクニック2）を用いて、ソリューションに関係なく、
ジョブの全ステップを特定しよう。各ステップを適切なボックス
に記入する。テンプレートにはいくつかのステップが示されてい
る。たとえば、「払い戻し請求を行う」実行ステップの前に、「領
収書を探し出して準備する」「領収書を整理するための備品をそ
ろえる」「経費請求システムにログインするための詳細を用意す
る」ステップが必要だ。ジョブ・マッピングを通して、すべての
領収書を探し出す過程が場当たり的に行われていることがわかっ
たとすれば、プロジェクトの範囲をそのニーズだけに絞ることが
できるだろう。

③ 根底にある結果期待を特定する

　どんなジョブについても、満たされていない「結果期待」（テク
ニック3）を洗い出すことによって、1つ下のレベルに下りていく
ことができる。これらもテンプレートのそれぞれのボックスに書
き込もう。出張者のケースでは、エスノグラフィー調査から浮か

び上がるのは、領収書がごちゃごちゃ入った箱を手にした出張者が、空港のラウンジで、領収書を整理して紙に貼りつけるための粘着テープを歯で切ろうとしている姿だ。一連のジョブとそれに関連する結果期待に沿ったこのようなニーズは、プロジェクトの範囲を定める多くの可能性を示してくれる。

4 高次の目的を特定する

次に、「より高い次元の目的は何か?」「なぜ(何のために)人はこのジョブを片づけようとしているのか?」という設問によって、プロジェクトの焦点を1つ上のレベルに定めよう。**経費報告書を提出すること**を目的とするのではなく、プロジェクトの狙いをもっと高い目的に定めてもよい。たとえば、**正当な経費の証拠を提出する**、あるいは**出張関係の経費を追跡する**などだ。より高い次元の目的は、1つだけのことも、複数あることもある(テンプレートは3つまで対応できる)。

高次の目的に狙いを定めたプロジェクトから、破壊的イノベーション(テクニック1「片づけるべきジョブ」の成長戦略を参照)が生まれることがある。特に自らジョブを行うソリューション(テクニック4の「価値指数」で触れた、自己洗浄機能のある衣類など)や、容易に利用できる資源を使うソリューション(テクニック14「資源の最適化」を参照)をうまく商品化できれば特にその可能性が高まる。

イノベーション・プロジェクトをそのレベルに設定しないことにした場合も、ジョブ・スコーピングは、少なくとも、ほかの誰かがそのレベルでイノベーションを起こして、出張者が粘着テープと紙の領収書を入れておく入れ物のようなソリューションを使わなくてもよくなるかもしれないと認識させてはくれる。

5 プロジェクトの焦点を決める

ジョブ・スコーピングを適用した後、イノベーション・プロジェクトの実行可能性と効果を高めるために焦点を変えることになる場合もあるだろう。どこに焦点を定めようと、ジョブ・スコーピングは、どんな代替案があるか、どんな選択をする必要があるかを明らかにしてくれる。

図9-1　ジョブ・スコーピング（経費報告書提出）

より高い目的1 JTBDフォーマットで	より高い目的2 JTBDフォーマットで	より高い目的3 JTBDフォーマットで
指針に沿って従業員に払い戻しをする	正当な経費の証拠を提出する	出張関係の経費を追跡する

ソリューション・ニュートラルな記述：片づけるべきジョブ（JTBD）

出張が終わった後、経費報告書を提出する

ジョブ・ステップ「探し出す」	ジョブ・ステップ「準備し、確認する」	ジョブ・ステップ「実行する」	ジョブ・ステップ「監視し、修正する」
領収書、経費報告書書式、テンプレート、ログイン・データ、出張情報をそろえる。	領収書を紙に貼る、システムにログインする、データを入力できるように整理する。	データをシステム、ファックス、eメールに入力する、または領収書をデータ入力に添付する。	システムでエラーをチェックする、承認を待つ。必要に応じて変更または訂正する。

結果期待「探し出す」	結果期待「準備し、確認する」	結果期待「実行する」	結果期待「監視する」
● 領収書が探しやすい ● 必要な領収書すべてが判読できる ● 必要な情報を整理しやすい ● ログイン情報が手元にある	● 短時間で領収書を添付できる ● システムがデータ入力可能な状態になっている ● 領収書が判読できる ● 領収書を添付しやすい	● 短時間でデータを入力できる ● 情報を繰り返し入力する必要を最小限にする ● システムに領収書を簡単に送ることができる ● エラーを最小限にするための指示が与えられる ● 迅速にデータを提出できる	● エラーの表示がわかりやすい ● エラーを訂正する方法が提示される ● 提出済みの報告書を修正してエラーを訂正することが簡単にできる ● 承認と支払いが迅速に行われる

ステークホルダー管理

重要な影響力を
持つ人を巻き込み、
味方につける

　ステークホルダー管理の技術は、主要な利害関係者、つまり、そのイノベーション・プロジェクトに利害関係がある人と、各人の支持と抵抗の度合いを見極めるのに役立つ。現行の製品やサービスを強化するにしても、何か新しいことを加えるにしても、画期的なビジネスモデルを創り出すにしても、基本的には現状を変えることだ。変化があるところには、痛みがあり、痛みがあるところには抵抗がある。

　抵抗はあらゆる形で表れる。あからさまな意見の衝突から微妙な反対、はては無意識の妨害まで、さまざまだ。ステークホルダー管理によって、プロジェクトが遭遇するかもしれない抵抗を特定して理解し、信じない人を信者に変える、あるいは少なくとも彼らが引き起こすかもしれないダメージを最小限に抑えられるようになる。「ステークホルダー管理」のテクニックには3つのツールがあるが、変革のリーダーシップについて系統立った訓練を受けておくことは、この分野でのスキルをより効果的なレベルに高めるのに有効だ。

ステップ

シナリオ── ステークホルダー管理は、重要なイノベーション・プロジェクトへの支持を得るために使うほかに、組織で大きなイニシアチブを推進する場合は必ず利用するべきだろう。たとえば、会社の成長の鍵はイノベーションだと強く信じているCEOから、イノベーション推進のリーダー役を任されたとしよう。ステークホルダー管理は、CEO以外の誰がこのイニシアチブに賛成なのか

を特定し、支持者を活用し、反対者を適切な方向に動かすのを助けてくれる。

1　重要なステークホルダーを特定する

　ステークホルダー診断は、重要なステークホルダーと、その人たちのプロジェクトに対する現在の支持の度合いを特定する（図10-1、次頁）。最も重要なことは、プロジェクトを成功させるために各ステークホルダーにどの程度支援してもらう必要があるかを文書化することだ。ステークホルダー診断を行うときは、次の点に留意しよう。

- **重要なステークホルダー** —— プロジェクトに直接的な影響力を持つ、あるいは直接影響を受ける個人で、ほかのステークホルダーや従業員、ベンダー、さらには顧客にまで影響を及ぼすことができる人。

- **組織内での役割** —— ステークホルダーの役職名を記載する。影響を受ける組織の分野（マーケティングやITのような見落とされがちな分野も含め）を網羅すること。

- **ステークホルダーがプロジェクトから受ける影響** —— それぞれのステークホルダーがプロジェクトからどのような影響を受けるかを予想する。プロジェクトは彼らの仕事のやり方をどの程度変えるだろうか?

- **権力／影響力のカテゴリー** —— この欄には、各ステークホルダーがプロジェクトに対して持っている影響力と、組織の中でどれくらいの力を持っているかを記載する。これはステップ3で行う。

- **現在の／望ましい支持のレベル** —— プロジェクトに対するステークホルダーの**現在**の支持のレベルを推定する。**望ましい**支持のレベルは、ステップ3で決める。

- **抵抗または支持する理由** —— ステークホルダーがプロジェクトに反対または支持する理由を推定して記載する。その理由に確信が持てないときは、直接尋ねよう。

図10-1　ステークホルダー診断

これはイノベーション・プロジェクトの例の、ステークホルダーリストの一部である。この種のイニシアチブは、組織の規模と構造によって、さらに多くのステークホルダーが存在することが多い。

						ステークホルダー診断				
#	重要なステークホルダー	組織内での役割	ステークホルダーがプロジェクトから受ける影響	権力／影響力のカテゴリー	強く反対	反対	中立	支持	強く支持	抵抗または支持する理由
1	W・サテグ	CEO	M（中）	A		［ステップ3］			●●	CEOとして、イノベーションが会社の将来の成長の鍵だと確信している。
2	K・ジャッジ	CFO	L（小）	A		●（現在の支持）		○（望ましい支持）		現在の製品開発プロセスに満足していて、大きな変化は短期的な収益に影響し、株主に不安を与えると考えている。
3	M・リーガー	企画開発部長	H（大）	C		●		○		会社はイニシアチブが疲弊し、経営陣は日々の仕事に追われ、経営資源にかなり限界があると感じている。
4	M・オウエン	CIO	L（小）	C			●●			特に反対はしていない。現在のITシステムは堅固であり、多少変更を加えればイノベーション展開をサポートできると考えている。
5	J・ステープルトン	研究開発部長	H（大）	A		●			○	イノベーション展開は長年のR&Dの取り組みへの批判と受け取り、組織内での権力と尊敬を失うことを恐れているために、抵抗している。
6	K・バーガー	顧客関係部長	L（小）	D				●	○	顧客利益推進の立場から、あらゆる組織は顧客のためにつねにより多くのことができ、イノベーションはそれを示す方法の1つだと確信している。
7	P・スミス	営業部長	M（中）	B			●	○		イノベーション展開のビジョンへの認識が限定的。現場の営業チームの強力なネットワークを擁している。

> ステークホルダー管理のプロセスで明らかになった情報は、秘密情報であることを忘れてはならない。プロジェクト・リーダーとチーム以外の人に使用させてはならない。

② ステークホルダーの権力と影響力を判断する

　誰がステークホルダーで、今どの程度プロジェクトを支持しているかがわかったら、ステークホルダー管理の努力の大半をどこに向けるかを決定する必要がある。**権力と影響力マップ**を使って、各ステークホルダーの組織内での権力と、イノベーション・プロジェクトへの影響力がどういう位置にあるかを示そう。マップ上の各象限は、権力と影響力の割合を表している（図10-2）。

　象限A＝権力、影響力ともに**大きい**
　象限B＝権力は**小さい**が、影響力は**大きい**
　象限C＝権力は**大きい**が、影響力は**小さい**
　象限D＝権力、影響力ともに**小さい**

図10-2　権力と影響力マップ

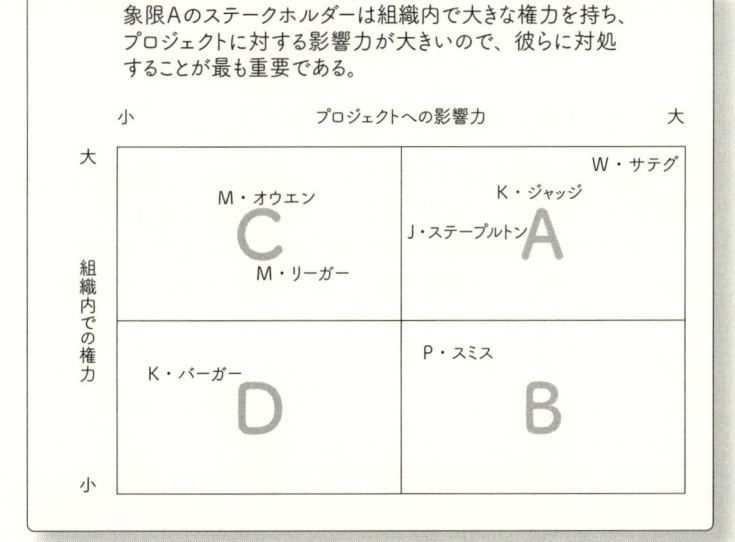

象限Aのステークホルダーは組織内で大きな権力を持ち、プロジェクトに対する影響力が大きいので、彼らに対処することが最も重要である。

例では、M・リーガーは組織内で大きな権力を持っているが、イノベーションの推進に対する影響力は、ほかのほとんどのステークホルダーより劣っている（図10-2）。したがって、彼女が抵抗したとしても、イノベーション推進に関してより大きな影響力を持っているほかの人の抵抗ほど重大な結果を招かないだろう。

3 ステークホルダー診断に戻る

権力と影響力のマトリックスに記入したら、ステークホルダー診断に戻り、残りの項目を記入する。

- **権力／影響力のカテゴリー** ── 各ステークホルダーに該当する象限の文字を書き込む（ステップ2から）。

- **望ましい支持のレベル** ── ステークホルダーの現在の支持のレベルを記入した同じ行に、望ましい支持のレベル（各ステークホルダーに支持をしてもらう必要のあるレベル）を記入する。これは、プロジェクトがステークホルダーに与える影響と、ステークホルダーの権力と影響力のレベルの両方によって決まってくる（Aの人たちには全員に**支持**または**強く支持**になってもらわなくてはならないだろう）。

4 抵抗を減らす計画を策定する

支持を得なければならない人がわかったところで、最も強力で影響力のある反対者を推進者に転向させるために使えるアプローチがいくつかある。各ステークホルダーを適切な方向へ動かすためにどのアプローチを取るかは、そもそも抵抗を生じさせた理由などの多くの要因に基づいて決まる。

- **教育とコミュニケーション** — プロジェクトやその目的について の理解が不足している場合、率直なコミュニケーション と教育に力を入れよう。営業部長にイノベーションに関する 研修を受けてもらったり、イノベーション推進がもたらす利 益について文献を読んでもらったりすることができるだろう。 そうすれば営業部長からより大きな支援が得られ、ほかの人 にイノベーションの利益を伝える役割も果たしてくれるだろ う。

- **参加と関与** — かなり大きな抵抗する力を持つステークホルダー がいる場合、早い段階からプロジェクトに参加して最後 まで関わりつづけてもらう方法を見つけよう。プロジェクト に反対ではなく賛成の方向に影響力を発揮する機会を与える のだ。非常に強い抵抗を示している研究開発部長には、必ず イノベーション展開の早い段階から参加を求め、主要プレー ヤーとしてずっと関与しつづけてもらうべきだ。

- **ファシリテーションと支援** — ステークホルダーが恐れや不 安からプロジェクトに抵抗しているときは、追加のファシリ テーションと支援を提供しよう。不安を感じているステーク ホルダーに、同じような取り組みを経験した人を紹介すると いい。この例では、CFOにこのアプローチを適用すれば、イ ノベーション・プログラムを適切に展開することで、収益性 が脅かされるのではなく向上することを納得させられるかも しれない。

- **交渉と合意** — ステークホルダーまたはグループがプロジェ クトによって悪影響を受ける場合、交渉で双方が満足する妥 協点を見出す方法を探そう。たとえば、企画開発部長とは、 イノベーション展開に必要な経営資源が確保できるように、 通常業務に優先順位をつけ、可能なら仕事の負担を軽減す るよう調整できるだろう。

5 レバレッジ・マトリックスを完成させる

レバレッジ・マトリックスを使って、ステークホルダーがほかのステークホルダーに対して持つ影響力にランクをつけよう。これが役に立つのは、たとえば、ステークホルダーの支持のレベルを**反対**から**支持**に上げる必要があるときだ。別のステークホルダーにこの人を適切な方向に動かす力があると気づくことができる。

マトリックス上の各人の名前の左に番号が振ってある。これに対応する番号がマトリックスの上にも横に並んでいる。各ステークホルダーについて、その行のほかのステークホルダーに対してどの程度の影響力を持っているかを記入していく（◎＝大きい、○＝中程度、・＝小さい）。たとえば、この例のCEO（W・サテグ）はステークホルダー＃2（CFO）と＃4（CIO）に対しては、中程度の影響力しか持っていないが、それ以外の全員に対しては大きな影響力を持っている（図10-3）。

図10-3　レバレッジ・マトリックス

#	重要なステークホルダー	影響を及ぼす相手						
		1	2	3	4	5	6	7
1	W・サテグ、CEO	✕	○	◎	○	◎	◎	◎
2	K・ジャッジ、CFO	○	✕	◎	○	◎	・	・
3	M・リーガー、企画開発部長	○	○	✕	・	○	・	・
4	M・オウエン、CIO	○	◎	・	✕	○	・	・
5	J・ステープルトン、研究開発部長	・	・	○	・	✕	・	○
6	K・バーガー、顧客関係部長	・	・	○	・	・	✕	○
7	P・スミス、営業部長	・	・	・	・	・	○	✕

6　必要に応じて文書を更新する

　ステークホルダー管理は、一度行えば終わりというものではない。プロジェクトが進むにつれ、新しいステークホルダーが登場することや、ステークホルダーの支持状況が変化することがあるので、それに応じてアプローチを変えることが重要だ。

参考資料

ステークホルダー管理と変革のリーダーシップについての詳細は、次を参照のこと。

Kotter, J. *Leading Change*. Watertown, MA: Harvard Business School Press, 1996.（『企業変革力』ジョン・P・コッター著、梅津祐良訳、日経BP社、2002年）

認知スタイル

道を究める人と
道を探す人を
活用する

　認知スタイルとは、問題を解決しようとするとき、その人が好んで用いるアプローチであり、**適応的**と**革新的**を両極とするスケールのどこかに位置している。たとえば、適応的な人は現行のシステムを改良しようとしがちであるのに対して、革新的な人は現行システムに批判的であり、まったく新しい製品やプロセス、モデル、ソリューションなどを創り出そうとする。

　イノベーション・プロジェクトを最初から最後まで推し進めるには、つねにちょうどいい比率の適応者と革新者両方が必要だ。どちらか一方のタイプの人だけではだめだ。また、どんなプロジェクトにも当てはまる正しい比率があるわけではない。

　チームの全員が自分とほかのメンバーの認知スタイルを理解していれば、チームの協働プロセスはずっとスムーズになり、生産性も上がる。無用の衝突や遅れも避けられる。適応的なメンバーは革新的なリーダーにストレスを感じがちだが、違いがわかっていれば、その違いをうまくチームのために活用することができる。

背景

　イノベーション・プロジェクトのチームにおいて、メンバー同士の相互作用とイノベーションの成功に影響を及ぼす要因がいくつかある。1つは**モチベーション**で、そのマネジメントについては多くのアプローチが知られている。もう1つは、(a) 個人の現在の知識やスキルの**レベル**と、(b) 問題解決に関する個人の潜在能力の**レベル**だ。こうした側面についても妥当な評価手段が確立されている（各種のテストやIQ測定など）。そして、材料、資金、機会、ツールなどの**資源**がある。これらはよくわかっていることが多い。

一方、チームのメンバー1人ひとりの**認知スタイル**という重要な側面については、知られていないか理解されていないことが多い。認知スタイルの研究者は、より適応的な人は所与のパラダイムを受け入れ、その範囲で行動することを好み、より革新的な人は新しい角度と視点から問題に取り組み、解決することを好むことを立証している（図11-3および11-4、127頁）。

　各メンバーが好むスタイルと行動の関係を認識することも重要だ。実際の行動は、その人が好むスタイルと、それまでに学習した**対処行動**の組み合わせだ。より適応的なスタイルの人が、ガイドラインや枠組みがはっきりとしていないタスクを実行しなければならないときは、対処行動に頼る必要があり、長い間にはストレスを引き起こす。逆もまた同じだ。

　すべてのイノベーション・プロジェクトには、本質的に適応的な段階と革新的な段階がある。したがって、チームは適切な動機と資源、認知レベル、そして多様な認知スタイルを持ち、協働的である必要がある。だが、認知スタイルが異なる人々はうまくやっていくのに苦労することが研究で示されている。コミュニケーションや信頼、生産性に問題が生じがちだからだ。したがって、チームのメンバーがお互いの認知スタイルをよく理解し、イノベーション・プロジェクトのあらゆる段階で、お互いの強みを活用し、弱みを補い合えるようにするべきだ。

図11-1　適応者と革新者は異なるアプローチで問題を解決しようとする

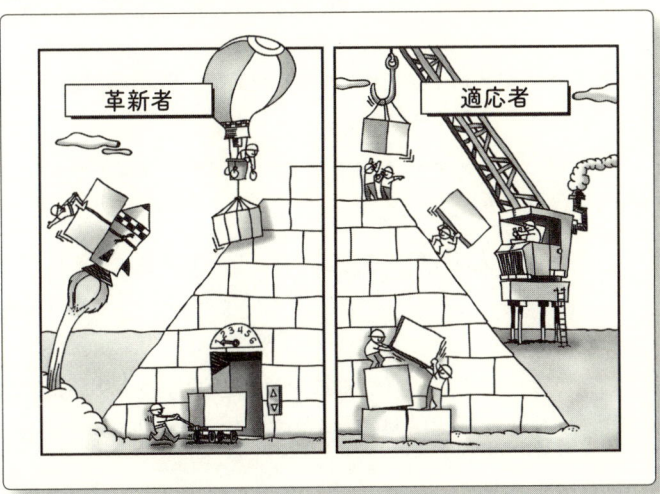

シナリオ── 新しくできた機能横断型チームに配属されたと仮定しよう。チームの任務は、二酸化炭素を排出するのではなく、消費する自動車を開発することだ。きわめて大きな急進的イノベーションが求められることを考えると、チームには多様な経歴とスキル、さまざまな認知スタイルを持つメンバーを選ぶことが望ましい。

1 メンバー候補者を特定する

具体的なジョブ・ステートメントまたはJTBD（テクニック1「片づけるべきジョブ」を参照）に関係のある多彩な技術的・非技術的スキル、経験、モチベーションを持つ人をメンバーに選ぼう。

2 各メンバーの認知スタイルを調べる

ある程度の人数の候補者が集まり、その中から目前のタスクの遂行に最も適した人を選ぶには、各メンバーがそのタスクにどういう認知スタイルで取り組むかに注目する。それには次のいずれかの方法を用いることができる。

1. 各候補者について次の問いに答える（基準となる人と比べて）

- この人は確立されたルールや前提、構造に疑問を呈する傾向があるか?

- この人は細かいことに苛立ったり煩わしがったりするだろうか?

- この人は実行する方法をあまり心配せずに、次々とアイデアを湧き出させるタイプだろうか?

答えがすべて**イエス**なら、この人は適応的というより革新的だ。答えが**ノー**なら、この人はどちらかというと適応的だ。

2. もっと精緻な方法で認知スタイルを判定したいなら、心理学者マイケル・カートンが考案した非常に有効な信頼できる心理測定法、**カートン適応−革新（KAI）インベントリー**を使おう。詳細はwww.kaicentre.comを参照のこと。KAIインベントリーは次のような仕組みだ。

- 参加者は33の記述に対して「非常に簡単」から「非常に難しい」までの答えに印をつけて回答する。

- 認定ファシリテーターが採点して、主要KAIスコアと3つのKAIサブスコアを判定する。主要KAIスコアは、数値化スケールで32（最も適応的）から160（最も革新的）までの正規分布を示し、平均は96である。しかし、世界中のデータから観察された分布範囲は45から145で、平均は95だ。すべてのスコアは相対的である。純粋な適応者や純粋な革新者はいない。そこで、2人の関係を説明するときはより適応的、より革新的と表現することが多い（図11-2）。

- ファシリテーターは参加者個人にKAIテストの結果を知らせ、得点からわかる重要な洞察に注意を向けさせる。

- KAIスコアが近い参加者を集めて、小チームを作る。各チームは15分間で具体的な問題へのソリューションを考案する。

図11-2　認知スタイル分布曲線

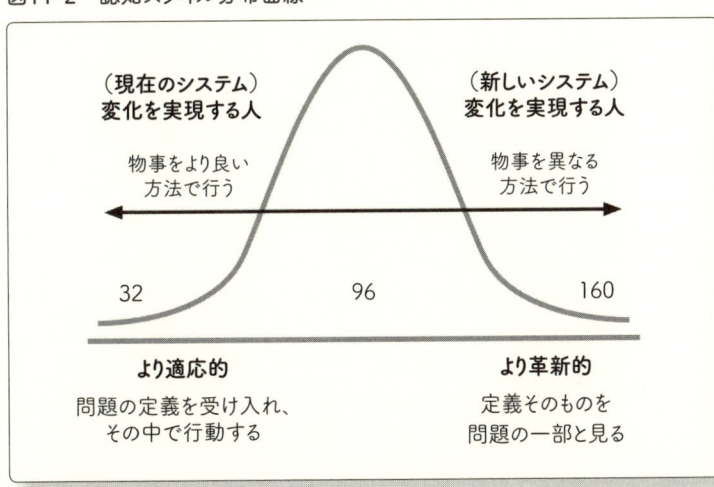

（現在のシステム）
変化を実現する人

物事をより良い
方法で行う

（新しいシステム）
変化を実現する人

物事を異なる
方法で行う

32　　　　　96　　　　　160

より適応的

問題の定義を受け入れ、
その中で行動する

より革新的

定義そのものを
問題の一部と見る

- 各チームは、自分たちのアプローチと考案したソリューションを簡潔にまとめて、全体に報告をする。

- ファシリテーターは、より適応的なチームのアプローチとより革新的なチームのアプローチの違いを指摘して、それぞれのチームの認知スタイルの違いに目を向けさせる。

認知スタイルに関する洞察

1 全般

- すべての人には創造性があり、問題解決を行う。

- 認知**スタイル**（適応的か、革新的か）は認知**レベル**（知識と能力）とは異なり、相関関係はない。

- 最も優れた1つの認知スタイルがあるわけではない。

- その人が好む認知スタイルは、遺伝子で決まり、生涯変わらない。

- あるグループが長期にわたって効果的に機能するためには、適応者と革新者の両方が必要である。

- その人が好む認知スタイル（安心領域）の枠外で行動するよう強いると、ストレスを引き起こす。短期的には問題ないかもしれないが、長い間にはコミュニケーション不全と生産性の低下を招く。

> 成果が上がらないのは、その人の問題解決のレベルやモチベーションが低いことの表れと誤解してはならない。そういうメンバーを性急に交代させる代わりに、彼らの認知スタイルにもっとなじむタスクを割り当てることができないか検討しよう。

2 適応者

- より適応的な人は、どれほど飛躍的でも、**問題の定義または パラダイムの枠内で**、現行のシステムを改良することに力を注ぐ傾向がある。

- 適応者は、すでに試され理解されている方法でソリューションを求める。厳密で信頼でき、几帳面であると見られている。問題を効率よく検討し、解決しようとする。

- 高度適応者は、支持が得られると確信できるとき以外、ルールに異議を唱えることはめったにない。

- 適応者は生み出すアイデアの数は少ないが、それらのアイデアは対処しやすく、妥当で、手堅く、直ちに使っても安全である。高い成功率が期待できる。

図11-3　トーマス・エジソン

トーマス・エジソンは、ほかの人が発見した新しいパラダイムを借用し、それらを組織的、系統的、正確な方法で完成させることを好んだ。エジソンはどちらかといえば適応者だった。

図11-4　アルバート・アインシュタイン

アルバート・アインシュタインは、既成のニュートン学説のパラダイムを疑ったおかげで相対性理論を発見することができた。アインシュタインは、適応者というより革新者だった。

③　革新者

- より革新的な人は、物事を異なる方法で行うことに力を注ぐ傾向がある。問題の定義や現在のパラダイムのパラメーターの外側で行動することが多い。

- 革新者は、目の前の問題の背後にある前提を疑い、それを操作し、再定義しようとすることが多い。適応者からは、考え方に秩序がなく脱線しがちだと思われている。

- 革新者は、規則や構造は進歩を抑えたり遅らせたりすると見る傾向があり、問題をまったく新しい方法で解決しようとする。

- 高度革新者は、自分で素晴らしいと思う非現実的なアイデアをたくさん生み出す。アイデアの失敗率が高くても受け入れる。

④　チームワークと協働

- 適応者は、計画に従って細部まで巧みに実行する。革新者は細部にこだわらずに、実体的な計画がなくても、前進しようとする。

- メンバーの認知スタイルの違いが大きいほど、協働、コミュニケーション、問題解決が難しくなる。

- 高度適応者と高度革新者のコミュニケーションとチームワークを手助けするのが、**橋渡しをする人**だ（図11-5）。

- イノベーション・チームの人選は、どんなプロジェクトの場合でも、求められる変革の程度と性質によって変わってくる流動的な活動である。また、プロジェクトのさまざまな段階で、異なる立場、スキル、知識、認知スタイルを持ったさまざまな人材が必要という意味でも、流動的である。

図11-5　橋渡しをする人の役割

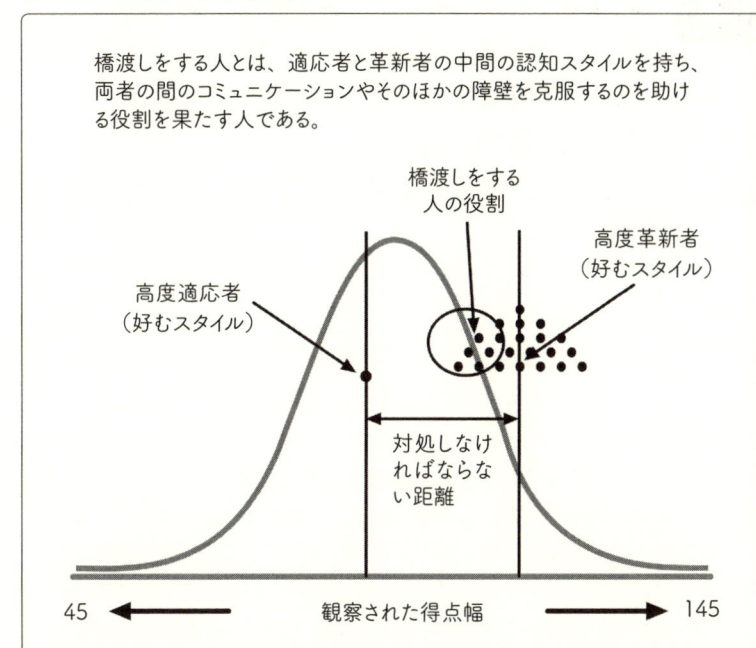

橋渡しをする人とは、適応者と革新者の中間の認知スタイルを持ち、両者の間のコミュニケーションやそのほかの障壁を克服するのを助ける役割を果たす人である。

高度適応者（好むスタイル）

橋渡しをする人の役割

高度革新者（好むスタイル）

対処しなければならない距離

45　◀━━━　観察された得点幅　━━━▶　145

11　認知スタイル

参考資料

Kirton, M. J. *Adaption-Innovation: In the Context of Diversity and Change.* New York: Routledge, 2003.

プロジェクト・チャーター

イノベーション・チームの集中を保ち、軌道からそれないようにする

「プロジェクト・チャーター（憲章)」とは、プロジェクトの発足にあたって背景や目的、実行計画などを明確に定義する文書だ。イノベーション・チームの集中を保ち、軌道からそれることを防ぎ、イノベーションにともなうリスクを細かく、注意深く、効果的に管理するのに役立つ。事業を始めるときは、検討を尽くし、綿密に練り上げた計画なしに取りかかることはないだろう。ましてイノベーションのようなリスクのあることに、目標や重要な想定、予想される投資利益、そのほかの、チームとステークホルダーが同じ認識を持つことを保証する多くのデータを明文化せずに挑戦するべきではない。

達成しようとしているイノベーションの程度に関係なく、必ずプロジェクト・チャーターの作成に時間を割くべきだ。忘れてならないのは、プロジェクト・チャーターは早い段階で作成したらそれで終わりの静的な文書ではなく、プロジェクト期間を通して再検討、改良、更新を重ねるべき動的な文書であることだ。

「プロジェクト・チャーター」と「イノベーション財務管理」（テクニック13）は、本書で最も重要なテクニックのうちの2つだ。結局のところ、素晴らしいアイデアを何千と思いついても、必要とする人や欲しいと思う人がいなければ、費やした時間とお金はムダになる。したがって、プロジェクトの開始時と、プロジェクトの全期間に時間を取り、このイノベーションに市場価値があり、実現可能で、組織に利益をもたらすことができるかをつねに確かめることが重要だ。

シナリオ——パイクスピーク・コーヒーは、西部3州に32のコーヒーショップを展開している。この3四半期、同社はそれまで株主が見慣れていたような成長を達成できずにいる。成長を刺激するアイデアの1つは、健康的で新鮮な朝食商品をメニューに加えることだ。そこで、「フィーディング・フレンジー作戦」というイノベーション・プロジェクトが始まった。競争相手に勝つにはどういうタイプの朝食商品を提供すればいいかを決めるのだ。同社のプロジェクト・チャーターを使って、この重要なテクニックを説明しよう（図12-1、133頁）。

1 管理情報

イノベーション・プロジェクトを分類する情報を簡潔に記述する。これには次の情報が含まれる。

- **プロジェクトの名称**——わかりやすい名前をつける。内容をただ文字通り伝えるのではなく、独創的で想像をかき立てるような名称を考えよう。

- **イノベーションの種類**——イノベーション・プロジェクトの焦点を、製品、プロセス、またはビジネスモデルのイノベーションに分類する。

- **プロジェクト・リーダー**——イノベーションのテクニックの適用と変革チームのファシリテーションを経験している人がプロジェクト・リーダーになるべきだ。

- **イノベーションの擁護者**——イノベーションの擁護者（上層部の後見人）は組織内の障害を取り除き、プロジェクトのチェックポイントごとの見直しにフィードバックを提供する。

- **方法**——D^4モデル、またはほかの任意のアプローチ。

- **イノベーションの程度**——プロジェクトにともなうイノベーションの程度を、結果やもたらされる変化の規模によって、

漸進的、実質的、急進的に分類する。

- **完了日**——段階と達成可能な計画に基づいて、できるだけ正確に見積もる。

② ビジネスケース（投資対効果検討書）

ビジネスケースでは、イノベーションを成功させるために必要な時間、資金、エネルギーの配分が正当であることを示さなければならない。なぜそのプロジェクトが必要で、どんな成果が期待できるかを説得力のある簡潔なストーリーにまとめるべきだ。ビジネスケースには次の設問に対する答えのいくつか、またはすべてを含めることができる。

- このイノベーション・プロジェクトを実行することの、ビジネス上の理由は何か?

- 予想される結果は、会社の戦略目的にかなっているか、または関係があるか?

- このアイデアに採算性はあるか、利益ある成長にどう貢献するのか?

- なぜこれが重要な機会であり、どういう顧客（内部か外部か）の利益になるのか?

- プロジェクトの予想投資利益率は?

- なぜこのプロジェクトが組織にとっての優先事項なのか?

> ビジネスケースは初期の想定に基づいていることが多い（顧客はわれわれのこの革新的な製品を買うだろう、このプロジェクトへの投資は回収できるだろう、など）。プロジェクトを進めながら、これらの想定を検証することを忘れないようにしよう。その想定が妥当でなかったとわかったときには、遅すぎたということになりかねない。

図12-1 イノベーション・プロジェクト・チャーター

これはイノベーション・プロジェクト・チャーターのテンプレートである。
プロジェクトの進行にともなって、つねに改訂される。

イノベーション・プロジェクト・チャーター

プロジェクトの名称： フィーディング・フレンジー作戦 　　 プロジェクト・リーダー： T・ニコルズ
イノベーションの種類： 製品／サービス 　　①　 イノベーションの擁護者： A・マホニー
　　　　　　　　　　　　　　　　　　　　　　　　　　　方法： D⁴
　　　　　　　　　　　　　　　　　　　　　　イノベーションの程度： 実質的
　　　　　　　　　　　　　　　　　　　　　　　　　　完了日： 2013年1月

ビジネスケース ②

パイクスピーク・コーヒー（PPC）は創業以来、2桁の成長を達成してきたが、この3四半期は低迷している。成長は最優先事項だが、この地域でのコーヒー市場は飽和状態だと考える。調査の結果、競合他社の売り上げのおよそ35％を食べ物が占め、そのうち30％が午前中に売れている。このプロジェクトでは、温かい朝食事業での成長機会を探る。

ジョブ・ステートメント ③

出先で健康的な朝食を食べる

顧客 ④

- 外部顧客：コーヒーを求めるお客で、通勤途上で温かい健康的な朝食をとりたい人（主要顧客）；運動をする人、親、学生（二次的顧客）
- 内部顧客：なし

満たされていない結果期待 ⑤

- 忙しい朝に朝食をとるのに必要な時間を短縮する
- 健康的な朝食がとれる可能性を高める
- 自宅外で朝食をとる際の利便性を高める
- 朝食をとった後の片づけの手間を軽減する
- 朝食を外で買うコストを軽減する

競合するソリューション ⑥

- 朝食オプションを提供しているファストフード・チェーン
- 電子レンジで調理できる／家庭で調理する朝食用食品
- スムージー（ストローで吸う朝食）
- 着席・フルサービスの朝食を提供しているレストラン
- 旅行者向けに宿泊費に朝食代を含めているホテル

検証すべき重要な想定 ⑦

- 収益15％増
- 単価4.95ドルで朝食を提供
- 1店舗あたり1日平均売上80食
- 貢献利益率40％
- 新商品によって飲み物の売上高は減少しないだろう
- 顧客はコーヒーショップで朝食を買うだろう
- 資本支出は6カ月で回収できるだろう
- 新商品は、コーヒーの注文周期時間に大きな影響を及ぼさないだろう
- 新商品は、競合他社のものとの違いが際立ったものになる

予想される財務への影響 ⑧

- 第1四半期：収益75万ドル／純利益30万ドル
- 第2四半期：収益120万ドル／純利益48万ドル
- 第3四半期：収益130万ドル／純利益52万ドル
- 第4四半期：収益140万ドル／純利益56万ドル

マイルストーン／タイムライン　　予定　実際 ⑨

	予定	実際
定義する：	2012年6月8日	
発見する：	2012年7月30日	
作り上げる：	2012年9月15日	
証明する：	2013年1月1日	

プロジェクトへの投資 ⑩

定義する：	5,000ドル
発見する：	7,000ドル
作り上げる：	10,000ドル
証明する：	30,000ドル
商品化：	246,500ドル

チーム ⑪

M・チョウ、A・ジョーンズ、D・マクドナルド、A・パーキンズ、S・ゴンサレス、D・ロバーツ、E・ロバーツ

3 ジョブ・ステートメント

ジョブ・ステートメントは、片づけるべきジョブ（JTBD）を特定のフォーマットでまとめたものだ。つまり、**状況**（出先で）、**対象**（健康的な朝食を）、**動詞**（食べる）だ。ジョブ・ステートメントは、ソリューション提供者の視点（たとえば、新しくメニューに加えた商品で利益を上げる）からではなく、顧客の視点で書かれるべきだ。詳しくは、「片づけるべきジョブ」（テクニック1）を参照のこと。

4 顧客

しっかりとしたプロジェクト・チャーターにするには、イノベーションの結果から恩恵を受ける顧客を特定することが重要だ。人口統計や製品ライン、地理による区分ではなく、達成しようとしているジョブによって、既存の顧客と潜在顧客をセグメント化しよう。たとえば、パイクスピーク・コーヒーの新メニューのターゲットとしてすぐに思い浮かぶのは、コーヒーを求めるお客で、通勤途上で健康的な朝食を取りたい人たちだ。ほかには、朝の運動を終えた人、子どもを学校に送っていった帰りの親、通学途中の学生などがあるだろう。

5 満たされていない結果期待

顧客に真の価値を提供するイノベーションにするには、今あるソリューションでは達成されていない主要な結果を理解することが重要だ。「結果期待」（テクニック3）を使って、JTBDに関連のある期待のリストを作ろう。それには、**状況**（忙しい朝）、**行動の対象**（朝食を）、**尺度**（取るのに必要な時間を）、**方向**（短縮する）というフォーマットを使う。

> 表明されていない結果期待を特定するには、フォーカスグループや、「エスノグラフィー」（テクニック5）を使うことを検討しよう。

6 競合するソリューション

イノベーションを成功させ、利益を上げるためには、競争の状況を理解することが欠かせない。ポイントは、そのJTBDに対して現在どんなソリューションがあるかを特定することだ（考えられる競争相手をリストアップするだけでは不十分だ）。現在このジョブを遂行している（十分に、不十分に、その中間）製品、サービス、またはプロセスのリストを作ろう。

> 競合し合うソリューションを比較対照するには、「価値指数」（テクニック4）を使うことができる。

7 検証すべき重要な想定

ほとんどのビジネス事業は、機能、結果、価値、プロセス、価格などについての一連の想定から展開していく。イノベーション・プロジェクトのために検証する必要がある重要な想定を特定するには、アイデアの中に組み込まれている想定をすべて洗い出すことから始めよう。「イノベーション財務管理」（テクニック13）のアプローチは、このタスクを行う助けになる。あらゆる想定を網羅したリストができたら、優先順位をつけ、イノベーションの成功に最も大きな影響を及ぼすものを選びだす。これらをプロジェクト・チャーターに列挙する。

> **一般的な想定のカテゴリー**
>
> - 利用できる妥当なソリューション。
> - 顧客がイノベーションに対して払ってもよいと考える価格。
> - そのビジネスモデルは、イノベーションをどう支えることができるか。
> - サプライチェーンのロジスティクス。

- 運用能力。
- 規模拡大の速さ。
- 文化的受容度。
- そのほかの戦略的観点。

イノベーション・プロジェクトの初期には、立証されていない想定に対する立証された知識の比率は低いだろう（わかっていないことが多い）。プロジェクトの進行とともに、想定を検証し、妥当かどうかを確認することが重要だ。そうすれば知識ベースが増え、情報に基づく決定がしやすくなる。また、全額を投資する前に、必要であれば、イノベーションへの取り組みを放棄する機会もできる。

8 　予想される財務への影響

イノベーション・チャーターで最も厳しく検証される側面は、財務予想であることが多い。経営陣が資金を出すべき限られた数のイノベーション・プロジェクトを選ぼうとしているときは特にそうだ。ほとんどすべての財務予想に含まれるのが、収益予測だ。あるいは、「イノベーション財務管理」（テクニック13）を使って、**採算性**を見積もってもよい。いずれにせよ、プロジェクト・チャーターに盛り込む財務予想は、イノベーションを顧客の手が届くものにするという観点から見積もり、会社の現在の会計周期（月ごと、四半期ごと、1年ごと）に合わせるべきだ。

モトローラが想定を検証していれば、イリジウム（衛星電話）製品で数十億ドルを失うのを避けられたかもしれない。アップル・コンピュータはハンドヘルド機器のニュートンの損失を3億5000万ドル圧縮できただろう。イノベーションとビジネスの失敗を避けたければ、自分の想定をできる限り厳しく、何度も検証しよう。

9 マイルストーン／タイムライン

重要な成果物を特定して、何をイノベーション・プロジェクトの進捗の節目（マイルストーン）とするか、いつごろそれを達成するか（タイムライン）を策定しよう。マイルストーンは、イノベーションに使う方法論に則って決めることが多い（決められた段階の最後に見直しをする）。あるいは、**ビジネスケース、実現可能性検証、予備設計、詳細設計、パイロット／プロトタイプ、先行発売、発売**などの、最終結果へ向けての主要な段階を指標としてもよい。

10 プロジェクトへの投資

プロジェクトへの投資の最初の見積もりを作成するには、イノベーションを商品化するまでにかかる原材料、人材、研修、時間、設備投資などのコストを特定する。「イノベーション財務管理」（テクニック13）を使って、想定に対する投資コストを算出することができる。

11 チーム

イノベーション・プロジェクトのチームメンバーを選ぶには、まず、イノベーションを市場に投入するまでどのような技術的スキルと変革のリーダーシップ・スキルの組み合わせが求められるかを特定しよう。適切なメンバーの数は、イノベーションの複雑さの度合いと要件によって決めるべきだ。効果的で多様な人材の組み合わせができるように、候補者の問題解決における認知スタイル（テクニック11「認知スタイル」を参照）を調べるのもよい。

イノベーション財務管理

想定に対する
知識の比率を
高めつづける

　イノベーション財務管理のアプローチには、従来の財務評価より明らかに有利な点がある。イノベーション・プロセスの早い段階で想定を明確にしなければならないので、過大な時間、資金、資源を投入する前にイノベーションの実現可能性を体系的に評価することができるのだ。

　ユーロディズニーのケースを検討してみよう。ウォルト・ディズニー・カンパニーがパークを建設したときの重要な想定の1つは、訪問者がパーク内のホテルで平均4日間過ごすというものだった。だが、実際の平均滞在日数はわずか2日であることがわかった。最初のころ、ユーロディズニーの投資利益率が良くなかったのは、この想定のせいだけではない。しかし、ほかの多くの立証されていない想定とあいまって、最初の2年間に10億ドル近くの損失を出す原因になったと考えることはできる。

　イノベーションにはリスクがつきものだ。イノベーション財務管理は、プロジェクトが進むにつれ、立証されていない想定に対する立証された知識の比率を高めることによって、このリスクを軽減する。実行しながら学ぶこの方法を使えば、できるだけ正確で新しい情報が得られ、どの時点でも、自信を持ってプロジェクトを進めるか、あるいは断念するかを判断できるようになる。

背景

　イノベーションが失敗するのは、企業に市場を理解し、ブランドを築き、顧客を探し出し、従業員を選び、プロセスを組織し、戦略を推進するための適切なツールがないためであることが多い。

割引キャッシュフローや純現在価値などの従来の財務分析ツールでは、イノベーションの重要性、成功の確率、投資の価値が正しく評価されない傾向がある。こうしたアプローチは、一定の想定を組み込んでいて、最初に投資が決定された後、それらの想定が検証されることはめったにない。

　イノベーション財務管理はこうした方法に代わるもので、重要な想定を特定、追跡、更新し、これらの想定を確かめながら投資の意思決定プロセスに関連づけてゆく。

> イノベーション財務管理は、これまでに確立された複数の財務管理アプローチを融合させたものだ。詳しくは次を参照のこと。
>
> McGrath, R. G., and I. C. MacMillan. "Discovery-Driven Planning." *Harvard Business Review*, July-August 1995.
>
> Sykes, H. B., and D. Dunham. "Critical Assumption Planning: A Practical Tool for Managing Business Development Risk." *Journal of Business Venturing* 10, no. 6 (1995) : 413-424.
>
> Dewar, J. A., and C. H. Builder, et al. *Assumption-Based Planning: A Planning Tool for Very Uncertain Times*. Santa Monica, CA: RAND Corporation, 1993. www.rand.org/pubs/monograph_reports/2005/MR 114.pdf.

　プロジェクトの早い段階でイノベーション財務管理の文書をどの程度完成できるかは、達成したいイノベーションのレベルによる。漸進的イノベーションの場合、知識対想定の比率（図13-1、次頁）は実質的および急進的イノベーションより高いだろう。いずれの場合も、プロジェクトの期間を通して、新しいデータが明らかになれば、関連財務文書とプロジェクト・チャーターを更新するべきだ。

シナリオ——引きつづき「プロジェクト・チャーター」（テクニック12）のパイクスピーク・コーヒーの例を使って、イノベーション財務管理の基本を紹介しよう。同社はこのアプローチを使って、健康的な持ち帰り可能な朝食商品をメニューに加えることの採算性を判断することができる。

図13-1　知識／投資マップ

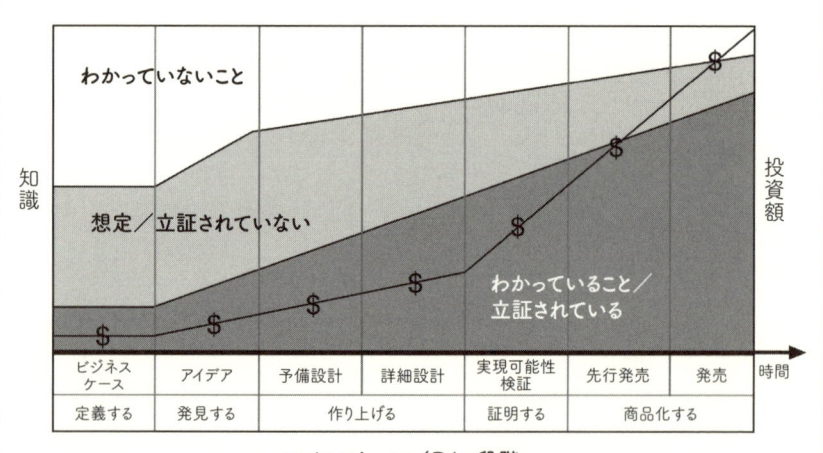

イノベーション・プロジェクトの初期には、立証されていない想定とわかっていないことに対して、立証された情報とわかっていることの比率が低いかもしれない。この段階では、投資額も少ないことが理想だ。プロジェクトが進むにしたがい、投資額に応じて、立証された知識が増えるはずだ。

わかっていないこと

知識

投資額

想定／立証されていない

わかっていること／
立証されている

ビジネスケース	アイデア	予備設計	詳細設計	実現可能性検証	先行発売	発売	時間
定義する	発見する	作り上げる		証明する	商品化する		

マイルストーン／D⁴の段階

1　最初の想定を文書化する

　プロジェクト・チャーターが完成していれば、イノベーションについてのビジネスケースはもうできている。ここからがイノベーション財務管理の出番だ。すでにわかっていること（立証された知識）と、明らかにする必要があること（立証されていない想定

と、わかっていないこと）を洗い出していく。

　たとえば、パイクスピーク・コーヒーは、現在32店舗を持っていて、革新的な朝食メニューが実現可能だと証明されたら、すべての店舗で提供することがわかっている。まだわかっていないのは商品の詳細、価格、需要、あるいはコスト（材料費、人件費、新規設備）だ。しかし、イノベーション財務管理は、これらの想定について、わかっていることから推測するよう求める。重要なのは、知識を示すことではなく、行動しながら学ぶことなのだ（図13-2）。

> 想定とは、自説が正しいこと、または間違っていることを立証する十分な証拠なしに、こうであると見なしている事柄。

図13-2　初期の想定

	1店舗当たり	全店舗
店舗数	1	32
販売量	29,293	937,376
単価	$ 4.95	$4.95
収益	$145,000	$4,640,000
生産延べ日数	365	11,680
1日の生産能力	160	5,120
従業員数／店舗	1	32
従業員賃金／店舗	$22,500	$720,000
1商品当たり材料費	$1.63	$1.63
1商品当たり包装材料費	$0.17	$0.17
資本コスト	$8,500	$272,000
設備寿命（年）	5	5
諸経費	$9,970	$319,040

2 逆損益計算書を作成する

　いくつかの基本的想定を明らかにしたら、次のステップは、イノベーションの直接の結果として上げたい**利益**（収入ではない）の額を決めることだ。プロジェクトを価値あるものにする利益率と利益額を決める。次に、逆損益計算書を使って、初期投資額と継続的なコストを差し引いてこの利益を出すために、どれくらいの収入が必要かを計算する。

　たとえば、パイクスピーク・コーヒーは、健康的な朝食商品を加えることで、32店舗全体で年間180万ドルの利益増を見込んでいる。逆損益計算書（図13-3）は、この目標を達成するためには、新商品から年間460万ドルの収益（経費控除前）を上げる必要があることを示している。

　逆損益計算書は、提案されているイノベーションからの予想収益ではなく、見込んだ利益に基づいて基本的な数値を算出するものだ。

図13-3　逆損益計算書

　必要な収益（4行目）を求めるには、必要な利益（1行目）を必要な貢献利益率（2行目）で割る。

必要な利益	$1,856,000
必要な貢献利益率	40％
許容原価	$2,784,000
必要な収益@40％ ROS（売上利益率）	$4,640,000

収益＝利益／貢献利益率

3 営業コストの詳細を見積もる

投資コストのほかに、継続的な営業コストがイノベーションからの収益から差し引かれる。諸経費を特定し、見積もるには、**営業コスト詳細見積もり**（図13-4）を使おう。これには、賃金・給与、原材料費および在庫、製造原価、保険、輸送、マーケティング・広告宣伝、そのほかの、イノベーションによって現在の営業経費を超えて発生するかもしれないあらゆる年間経費を含める。また、年間減価償却費などの、イノベーションの利益性に継続的に影響を及ぼし得るあらゆるファクターも含める。

図13-4　営業コスト詳細見積もり

営業コスト詳細見積もりには、イノベーションを実施するのに必要なすべての測定可能なコストを記載する。

	1店舗当たり	全店舗
販売		
年間販売量	29,293	937,376
1店舗当たり1日の販売量	80	2,560
生産		
年間生産能力	58,400	1,868,800
1日当たり生産能力	160	5,120
店舗数	1	32
経費		
必要な従業員数	1	32
従業員の賃金	22,500	720,000
原材料費総額	47,850	1,531,200
包装材料費総額	4,980	159,360
マーケティング費用	5%	5%
資本		
総資本コスト	8,500	272,000
年間減価償却費	1,700	54,400

APQC（米国生産性品質センター）プロセス分類フレームワークは、営業コスト詳細見積もりを作成するために、すべての関連コストを詳細に記載しようとする際に役立つツールである。www.apqc.org/process-classification-frameworkからダウンロードできる。

4　損益計算書を更新する

　営業コスト詳細見積もりを作成したら、損益計算書（図13-5）を更新して、最初の利益予想がまだ妥当かどうかを確かめよう。コーヒーショップの例では、総経費は逆損益計算書で予測した額より少なくなりそうなので、利益予想額は増える。もちろん、営業コスト詳細見積もりで予想される経費が最初の予想より多くなっていれば、経費を削るか、収益予想を増やす必要がある。

図13-5　更新された損益計算書

必要な収益	$4,640,000
直接経費	
追加の従業員賃金	$720,000
食品原価	$1,531,200
包装材料費	$159,360
設備の減価償却費	$54,400
直接経費——小計	$2,464,960
管理費、マーケティング間接費	$232,000
経費総額	$2,696,960
予想利益	$1,943,040
最初必要とされていた利益	$1,856,000

⑤　最重要想定を特定する

チェックされなければイノベーションの財政に重大な影響を及ぼし得る重要な想定をリストアップしよう。その多くは、損益計算書と営業コスト詳細を作成する際に、すでに記述しているはずだ。次の項目を含める。

- 競争、市場規模、小売価格、平均注文額、アップセル（より高額の商品購入を顧客に促すこと）の可能性、そのほかの収益に関係のある想定。

- 設計スケジュール／コスト、プロトタイピング／パイロット試験での予想、試験スケジュール、そのほかの研究開発コストに関係のある想定。

- 生産スケジュール／タイムライン、販売サイクル、材料費、運送費、在庫コスト、給与、賃金、そのほかの諸経費に関係のある想定。

- マーケティング、広告宣伝、包装、再設計、そのほかの販売促進コストに関係のある想定。

このようなよくある危険な想定を避けよう

- 顧客はつねに技術的に優れた製品やサービスを好む。
- 顧客は自分のニーズをどう表明すればよいかわからない。
- より良い製品を作れば、顧客は殺到する。
- 当社の新しいソリューションのことを聞いたら、顧客は今のソリューションを捨てて当社のソリューションに乗り換えるだろう。
- 当社のソリューションは非常に優れているから、余分に努力しなくても自然に売れるだろう。
- 流通チャネルが、今扱っている既存の製品やサービスより当社の製品やサービスを宣伝してくれるだろう。
- 当社には、ソリューションを創り出し、1回で成功させるのに必要な専門能力と資源がある。

- ライバルには当社の計画に対抗できる能力はない。
- 社内のすべてのステークホルダーが一致団結して、当社の新しいアイデアを後押ししてくれるだろう。
- 当社は業界をリードしている。

6　各マイルストーンで検証する重要想定を決める

　マイルストーンは、イノベーションの取り組みを予定通り進めるか、方向を変えるかを決める助けになるチェックポイントだ。自分のイノベーションのマイルストーンのリストを作ろう。プロジェクト期間とその後の両方の重要なターゲットを含めよう。そして各マイルストーンの作業が完了するまでに、どの重要想定を立証しなければならないかを決定する（図13-6）。

7　想定を検証し、妥当性を立証する

　重要な財務上の想定それぞれについて、その妥当性を立証するテストを考案する。マイルストーンごとに、次に進む前に想定をまとめて検証してもよい。あるいは、もっときめ細かく、それぞれの想定を立証するテストを考案する必要があるかもしれない。いずれにしても、想定が明快に述べられ理解されていなければならない。また、想定を立証するために使われるデータと方法は妥当なものでなければならない。

　すべての想定の妥当性を確認することを、パイロット試験またはプロトタイプの段階まで待つ必要はない。パイクスピーク・コーヒーの想定の多くは、3カ月にわたって3店舗で新しい朝食商品を提供するパイロット試験で検証されるが、ほかの多くの重要な想定もパイロット試験の前や後で検証される必要がある（図13-6）。

図13-6　マイルストーンと想定

マイルストーン	想定	テスト計画
ビジネスケース	収益が15％増える 単価$4.95で朝食メニューを提供 1店舗当たり1日平均80食の売り上げ 貢献利益率40％	競合他社と比較する
発見と設計	資本支出は6カ月で回収 新しい商品は競合他社のものとの違いが際立つ	代替メニューを探る
実現可能性検証	1店舗当たり1日の生産能力 設備への資本コスト 設備の寿命 生産日数 1店舗当たりの増員数 従業員賃金の増加分 食品コスト 包装コスト	資本、材料、人の利用可能性とコストを特定する
パイロット試験	単価 量 食品コスト 包装コスト 新商品からの収益 試験販売コスト 新商品は飲み物販売からの収益を減少させない 顧客はコーヒーショップで朝食を買うだろう 新商品はコーヒーの注文周期に大きな影響を与えないだろう パイロット試験中、営業コストは収益の増加分で相殺される	新商品の売れ行きを測定する
先行発売	単価 収益 利益率 マーケティング・広告宣伝コスト	集めたデータを分析し、事業計画を更新する
発売	マーケティング・広告宣伝コスト パイロット試験の再現の成功 成長率 市場規模	運営方法を継続的に改良する

8 会計書類を再検討する

　プロジェクトのマイルストーンを通過し、想定を検証していくにつれ、イノベーションの潜在能力についての知識が増えていく。したがって、マイルストーンに達するたびに、損益計算書を計算し直すべきだ。そのときまでにわかったことによっては、営業コスト詳細見積もりを再検討する必要があるかもしれない。最初の想定を立証し、新しい想定が生まれるにしたがって、最重要想定のリストは変わっていくだろう。

> D^4イノベーション・プロセスに則っている場合、プロジェクトを会社のイノベーション・ポートフォリオに入れる前に、想定の妥当性が確認されたことを立証しよう（実現可能性を示す）。

第2部
アイデアを
発見する

テクニック

資源の最適化	14
機能分析	15
トレンド予測	16
クリエイティブ・チャレンジ	17
HITマトリックス	18
SCAMPER	19
ブレーンライティング6-3-5	20
空想ブレーンストーミング	21
コンセプト・ツリー	22
ランダム刺激	23
挑発して動かす	24
強制連想法	25
構造的抽象化	26
分離原則	27
物質−場分析	28
バイオミミクリー	29
KJ法	30
アイデアの仕分けと精緻化	31
6つの思考モード	32

第2部

アイデアを発見する

　イノベーションが成功するかどうかは、満たされていない顧客の期待を優れた方法で達成する機会をいかにうまく活用するかにかかっている。しかしその優れた方法を見つけるのは決して簡単ではない。ほとんどの機会には、その中心に難しい問題が隠れているからだ。たとえば、顧客はしわにならない衣類を求めているが、今のところ、この期待に十分に応えるソリューションはない。これは、イノベーションの問題であると同時に、機会の問題でもある。

　イノベーション・プロセスのこの第二段階の目標は、賢く範囲を絞ったプロジェクトの枠の中で、結果期待とのギャップ（あるいはイノベーションの機会）を埋める現実的なアイデアを考案することだ。だがその前に、「資源の最適化」「機能分析」「トレンド予測」「クリエイティブ・チャレンジ」のテクニックを使って、**機会を絞り込む必要があるだろう**。

　次に、「HITマトリックス」「SCAMPER」「ブレーンライティング6-3-5」「空想ブレーンストーミング」「コンセプト・ツリー」「ランダム刺激」「挑発して動かす」のテクニックを使って、思考を最大限活性化し、創造プロセスを加速する必要がある。これらはすべて、**潜在的なブレーンパワーを活用して**、今の意識にあること、あるいは従来のブレーンストーミングで浮かんでくる以上のことを引き出せるテクニックである。

しかし、チームの集合的思考力が、満足できるイノベーションのアイデアを発想するには十分ではないかもしれない。その場合の処方箋は、自分の外にある**知識ベースを探索**して、ヒントや方向性を見つけることだ。知識ベースの１つが、自分と近い、または遠く離れた業界や事業が持っている問題解決の知恵だ。たとえば、他業界のソリューションに注目するテクニック「強制連想法」などが有効だ。

　これでも足りなければ、あらゆる発明者の経験全体を探るテクニック、「構造的抽象化」「分離原則」「物質−場分析」が役に立つだろう。さらにもう１つの知識ベースは、人類より圧倒的に長い間、生き延びる力を証明してきたヒト以外の種と自然の奇跡的な適応能力だ。「バイオミミクリー」のテクニックを使って、自然の奇跡をイノベーションに利用する方法も探ってみるべきだろう。

　イノベーションのこの段階の最後は、アイデアをふるいにかけ、**さらに開発と設計を進めるのに最適な少数の候補を厳選すること**だ。イノベーションに最も適したコンセプトに絞り込むには、「KJ法」「アイデアの仕分けと精緻化」「6つの思考モード」が役に立つ。

テクニック 14 資源の最適化

利用できる
資源は
すべて使う

「資源の最適化」とは、既存の資源を利用して、イノベーションが必要な問題を解決し、ソリューションの価値を現行オプションより高めることだ。たとえば、ケチャップやシャンプーなどの液体用の倒立ボトル（注ぎ口が上ではなく底についている）を考案したメーカーは、重力という無料で利用できる資源を利用して、最後の一滴までイライラせずに簡単に使いきるという問題を解決した。

今あるものより高い価値を提供するソリューションのアイデアを考え出さなければならないとき、あるいは、具体的なソリューションの設計を練り上げ、最適化する必要があるときに、「資源の最適化」テクニックを使おう。ポイントは自分のシステムや重点領域の内側と外側にある資源をできるだけ多くリストアップすることだ。その後で、さまざまなアイデア創出テクニックを使って、利用可能な資源を創意工夫が必要な問題にどう適用できるかを見つけよう。

背景

独創的なアイデアが切実に求められている状況で、資源の最適化が真剣に検討されることはめったにない。ほとんどの場合、意識にさえのぼらない。ふつうは、資金を注ぎ込み、問題をさらに複雑にして解決しようとするからだ。

何かを付け加えて問題を解くアプローチのほうが、すぐに利用できる資源を使った見事なソリューションを考えるより簡単なものだ。

　では、資源とはいったい何なのか？　機械、人、設備、資金？　確かにそうだ。だが、重力や空気、真空、はては廃棄物、こういう資源はどうなのか？　創造性を働かせるのはここからだ。利用できるとは思ってもみなかった資源を使って、ライバルの先を行くイノベーションを起こすのだ。

> 　手が届くところにあって、それほど時間も努力も経費もかけずに、すぐにでも問題解決に利用できる資源にはどんなものがあるだろう。車のエンジンから出る熱は、寒い日の暖房に利用されている。ワインの空き瓶は、麺棒の代わりに使われている。重力は、衛星を軌道上に保つのに必要な向心力を生み出している。

　それには、自分のシステムのすぐに認識できる資源を特定するだけでなく、システムの外（上位システム）、システムの内部（下位システム）の資源、さらには広い環境の中にある資源（たとえば湿気など）も特定しなければならない。

　また、過去に利用できた資源と、将来利用可能になる資源も検討するべきだ。たとえば、NASAの技師は、月着陸船のヘッドライトの開発に多額の資金を費やした。電球に必要な真空状態を作り出すために、ガラス製のバルブを金属の土台に完璧に固定する接合部を考案するのに苦労していた。だがそのうちに、今後手に入る資源を使えばいいことに気づいた。月の大気には真空特性があるため、技師たちはガラス製のバルブはまったく必要がないという結論に達した。

　イノベーションの問題を解決するときに検討すべき資源には次のようなものがある。

- **物質資源**。廃棄物、原料、改質材料、安価な材料など。

- **時間資源**。並列操作、機能前作業、機能後作業など。

- **情報資源**。データ利用、コンピュータネットワーク、公的データ、情報。

- **場の資源**。システム内のエネルギー（力学、熱、化学、電気、磁気など）や、環境内のエネルギー（重力、真空、光、波動、地熱など）。

- **空間資源**。空きスペース、入れ子構造の部品、寸法再構成など。

- **機能資源**。有害な機能の有益な機能への転換、機能の二次的効果の強化。

> エンジニアは、自然の資源を人間に利益をもたらす形で利用できるようにし、最適な方法で経済的に成果を挙げるシステムを提供する活動に携わっているのである。
> —— L・M・K・ボールター（エンジニア・教育者・イノベーター）

ステップ

シナリオ ── 資源最適化の専門家の中には、**タイタニック号**は、船上にあったあらゆる資源を使っていれば、全員の命を救うことができたと主張する人たちがいる（**図14-1**）。確かにそうだったかもしれないが、危機的状況がそれを妨げた。幸いなことに、イノベーション・プロジェクトではタイタニックのような危機の真っただ中にあることはないだろうし、使われていないが利用できる資源を最大限利用する方法を探る時間が必ずあるはずだ。

1 問題を形にする

イノベーションの取り組みの焦点になるのは、どういうジョブや問題、タスクだろうか？ それに関連のある顧客やソリューション提供者の結果期待は何だろう？ プロジェクト・ステートメントまたはジョブ・ステートメントはもう作成しただろうか？ 「片

図14-1　タイタニック号

づけるべきジョブ」「結果期待」「プロジェクト・チャーター」（テクニック1、3、12）を参照しよう。

　タイタニック号のシナリオでのジョブは、救命ボートには1,178人分の席しかないが、船上の2,223人全員を救うことだ。救難船が到着するにはまだ約4時間かかるが、そのまま何もせずにいたら、船は2時間で沈没する。また、大西洋の氷のような冷たい海中に放り出されたら、人は4分で凍死してしまう。

2　資源リストを作る

　すべての資源を洗い出してリストを作る。まず、自分のシステム内にあるすべての資源をリストアップする。次に、システムの外にあるすべての資源をリストアップする。次は内部と外部の資源の副産物である資源をすべてリストアップする。タイタニック号の例では、適切な項目だけを挙げて説明する（図14-2、157頁）。全長269メートル、全幅28メートル、型深さ（竜骨からデッキまでの距離）19.7メートル、重さ4万6,328トンの船の上にあるすべての利用可能な資源をリストアップするスペースはないからだ。

3 資源リストを分析する

　このステップで重要なことは、創意が必要な問題を、望まれない副作用を起こさずに解決できるように、システムを変える力や潜在力が最も高いものにリストを絞ることだ。どんなシステムでも、望ましい変化が起きるときは、望ましくない変化も付随して起きるものだ。したがって、イノベーションを起こす機会が豊富にあるのは、ほかの場所で不都合を引き起こすことなく変化をもたらしたり、資源をより良く利用できたりする領域である。

　ただで利用できる資源を探しているときや、ある資源をイノベーションへの経路としてより良い方法で使いたいときは、$y = f(x)$という式を使い、変数 y に望ましい結果を代入し、変数 x に提案されている資源を代入する。期待される結果（y）を達成するには、x 資源は、複雑さを高めたり望ましくない作用を引き起こしたりすることなく、機能を果たさなければならない。

　資源の使い方には次のような種類がある。

- **資源の利用** —— 既存の資源を新しい資源に転換する（燃料を燃やして熱を発生させる）。

- **資源の蓄積** —— 装置や物質を使って資源の量を増やし、解放する（ダムで水をためる）。

- **資源の組み合わせ** —— ある資源を別の資源に加える（水に塩を加えて、浮力を調整する）。

- **資源の集中** —— 資源を効果的な水準にまで集中させる（電子レンジ、眼科手術用レーザー）。

- **資源の進化** —— システムの進化を構想する。どの資源をどのように進化させることができるか（植物を使って酸素を発生させる）。

- **資源の規模を変える** —— 資源の特性の規模や大きさを変える（濃縮されたワクチンが、注射後、希釈される）。

図14-2　タイタニック号上にあった資源

日付：1912年4月10日　R.M.S. ★ Titanic　目的地：ニューヨーク		
時間資源	**物質的資源**	**情報資源**
沈没まで2時間 救難船到着まで4時間 凍死まで4分	救命ボート 船 工具 水 斧 調理用ラード 鋼鉄 石炭 衣類 調理器具 楽団の楽器 スーツケース ロープ 家具 帆布 食料 車 車のタイヤ 救難船 ベッドのマット 　レス 木材 救急箱 救命用具 バスタブ デッキチェア ごみ容器 毛布 地図	知識／スキルのセット 通信機器／無線
自然資源		**場の資源**
海水 クジラ／そのほかの魚 氷山		化学的エネルギー 　（石炭から） 熱エネルギー 　（エンジンの熱）
チーム／人資源		**空間資源**
乗客 乗組員 技師 医師 機関長 主任設計技師 船長		デッキ バスタブ、 スーツケース、 家具などの 　空きスペース
		機能資源
		エンジン 航行システム 操舵システム

いくつかの資源の使い方次第で、**タイタニック**に乗っていた人全員を救えた可能性がある。たとえば、チームを組織して、さまざまな機能を割り当てることができたかもしれない。あるチームは、浸水を遅らせるために、衣類やごみ、マットレス、キャンバスなどで船にできた穴をふさぐ。別のチームは船から氷山へ人を運び、救難船が到着するまで凍えないようにする。またあるチームは、船にある資源を使って各種の水に浮く装置を作る、というように。

　そのほかに、次のようなことが考えられる。

- 救命ボートを使って、近くの氷山まで人を運んで往復する。

- ロープと調理器具を使って、氷山からの落下を防ぐ。

- マットレスと毛布を使って、体温の低下を防ぐ。

- 救命用具を乗客と氷山の間のクッションとして使って、体温と安全を保つ。

- 体に調理用ラードを塗って、冷たい海水から身を守り、低体温を防ぐ。

- 空のスーツケースや木製家具をミニ救命ボートとして使う。

- 車のタイヤを救命浮き輪として使う。

- エンジニアとしての経験を活用して、救助システムを考え実行する。

同様の例

- 利用できる資源を最も巧みに使った例は、アポロ13号だろう。地上クルーと乗組員が、電力と酸素の厳しい制限を克服して、3人の宇宙飛行士を無事に地球に生還させる方法を考え出したことだ。彼らは月着陸船を宇宙での救命ボートとして使い、宇宙船の中にある材料を使って空気ろ過装置を作って取りつけた。

- GEのイエンバッハ・ガスエンジンは、特許技術を使った温室、企業、家庭向け発電装置だ。1つの装置で、天然ガスのほかに炭鉱や下水、埋め立て地から発生するガスも利用できる。イエンバッハは、放っておけばムダになるこれらの利用可能な資源を活用することを目的に設計された。

- ある発電所が、セレンを排出していた。これは飲み込んだり吸い込んだりすると有害である（廃棄物）。発電所の技師たちは、高価なセレン分離システムを設計した後で、あることに気づいた。ブタクサとガマが、セレンを吸収するのだ。自然を教師として、彼らは池を作り、ブタクサとガマを植えた。そこにセレンを廃棄すると、ブタクサとガマがセレンを吸収して、組織に吸着する。その後、収穫された植物は、綿花とタバコの栽培農家に肥料として販売された。

テクニック
15 機能分析

システムを
詳細に
調べる

「機能分析」は、すべての有益な機能を維持または向上させ、すべての有害な機能を制限または排除し、不十分な機能を改良することに焦点を合わせつつ、システムの価値を評価し、高めるためのプロセスである。たとえば、ある医療機関では現在、外来の患者に注射器と注射針で投薬している。これを部分（押子、注射筒、薬剤、看護師、針、患者）と機能（動く、導く、位置を定める、穿刺する）に分解すれば、システムを再検討しイノベーションを起こす機会ができる。

アイデア発想の初期段階で「機能分析」を用いて、未来のソリューションの「価値指数」を高める機会を特定しよう（テクニック4を参照）。簡単な「機能分析」は、エンジニアや専門家に助けてもらわなくても実行できる。だが、複雑なシステムの詳細にわたるケースでは、必須とまでは言えないが、経験のあるバリューエンジニアリングの専門家の助けを得るほうが望ましい。このテクニックをほかの高度なテクニック、たとえば「公理的設計」（テクニック34）や「機能構造」（テクニック35）などと組み合わせるときは、特にそうだ。

背景

あらゆるシステムは、数百の接続し合う要素で構成されている。どれか1つの下位システム、構成要素、あるいは工程パラメーターが変わっても、良い結果または悪い結果、あるいは両方の結果の連鎖反応を引き起こす可能性がある。すべての因果関係がどう相互に影響を与えるかを深く理解していなければ、どんな変化でも、いくつもの意図しない結果を引き起こしかねない。

機能分析の作業と価値は、**機能図**を軸に展開する。これには、システム内のすべての因果関係と、それらが望ましいか、望ましくないか、あるいは不十分であるかといった多くの情報が示されている。機能図が完成すれば、次のようなメリットが生まれる。

- 既存のシステムや提案されているシステムの機能が明確になり、ソリューションのアイデア発想と開発に、直接、役立てることができる。

- 利用可能な資源を使ってシステムを改善したり、問題を解決したりできるところが割り出しやすくなる（テクニック14「資源の最適化」も使う）。

- **物理的または技術的矛盾**を発見し、排除することが容易になる。詳しくは、「構造的抽象化」（テクニック26）と「分離原則」（テクニック27）を参照のこと。

- 必要ではない要素または機能を**トリミング**（刈り込み）して停止させ、それによってコストを削減し、システムを理想的なイノベーションに近づけることが容易になる。

> 問題を形にすることは、その解決より重要であることが多い。解決は数学的または実験的スキルの問題にすぎないかもしれないからだ。　　　　　── アルバート・アインシュタイン

ステップ

シナリオ── 不動産取引の仕組みはよく知られている。売り手と買い手双方の不動産業者が、物件リスト作り、広告、物件見学、オファーとカウンターオファーの交渉、契約締結、不動産査定、権原保険、取引完了などの多くの機能のスムーズな進行を助けている。このシステムをもっと価値重視的（革新的）にして、望ましい結果を増やし、望ましくない結果を減らすにはどうすればよいだろうか？

機能図を作成して機能分析を行う前に、システムと問題について、できるだけ多くの情報を集めよう。次の設問が役に立つ。

- システムの最も役に立つ機能（設計意図）、あるいは主要なJTBDは何か？
- システムの要素は互いにどう作用し合っているか？
- 問題を解決するためにどういう資源が利用できるか？
- システムにはどういう制約があるか？　それらは必要なものか？
- 過去にはどういうソリューションが試みられ、どの程度成功または失敗したか？　成功しなかった場合、その理由は？

不動産の例では、不動産取引のプロセス、特に専用データベースであるマルティプル・リスティング・サービス（Multiple Listing Service: MLS）［訳注：住宅販売物件情報の共有システム。取引の迅速性・透明性を大幅に高めた］に登録している業者が提供するサービスを、より効率よく完了させたい。

> このテクニックは、「公理的設計」（テクニック34を参照）を利用して機能的要件を設計パラメーターに変換するときのシステムへの影響を評価するときに役立つ。

2 システムの機能モデル（機能図）を作成する

機能とは何だろう？　本書の目的に関して言えば、機能とは、2つの変数、すなわち入力（独立）変数と出力（従属）変数の間で起きる活動、行動、プロセス、または状態である。入力と出力の間には、**価値の変容**がある。なぜなら、機能はその部分の添加値（入力）より大きな価値の総和を生み出すからだ。機能のおかげで、価値が付加される。

望ましい機能は数多くあるが、望ましくないものもある。高価すぎるものや有害なものもある。さらに、システムのあらゆる機

能は、任務の遂行あるいは価値変容において十分であるか、不十分であるか、どちらかだ。また、機能は、システムの内側か外側にある要素またはものによって遂行され、何らかの結果をもたらす。図15-1は、機能図の作成に必要な基本的な記号と構造をまとめたものだ。

機能図の狙いは、システムの中の関連のあるすべての機能を、因果関係として（y＝f（x）を思考の指針として）描くことだ。システムの重要な作用因子である入力（x）と出力（y）が相互に作用（f）して、システムの目的を遂行する。

まずは、次の問いと、それに続く追加の問いに答えて、システムの最も求められている機能を特定することから始めよう。

1. この機能は別の機能を生み出すか？　もしそうなら、その結果生じる機能は望ましい（そして十分）か、望ましくない（有害）か、不十分（必要だが十分ではない）か？

2. この機能は別の機能によって生み出されたものか？　もしそうなら、それを生み出している機能の影響は望ましいか、望ましくないか、それとも不十分か？

これらの質問は、図15-1で示したように、機能を「望ましい」「望ましくない」または「不十分」の矢印に結びつける際の指針になる。

不動産取引のプロセスについて、様式化した大まかな機能図を作成した（図15-2、次頁）。図ではいくつかの機能を特定したが、ここに含まれていないものもある。たとえば、不動産鑑定、権原保険、家屋査定、契約書作成、広告、登記、融資を受ける、抵当保険に加入する、住宅所有者保険に加入する、取引を完了する、などだ。

図15-1　機能図の記号

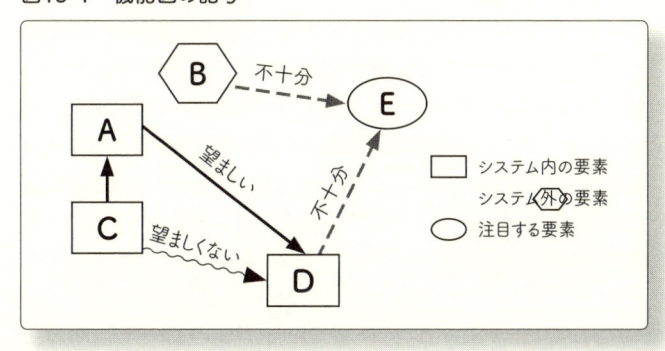

図15-2を見ると、望ましい機能と望ましくない機能、不十分な機能がそれぞれいくつかあることがわかる。たとえば、不動産業者の手数料は望ましくない機能だ。理想的なイノベーションの特徴とは言えず、相当な額の不必要なコストが加わるからだ。

図15-2　不動産取引の簡易機能図

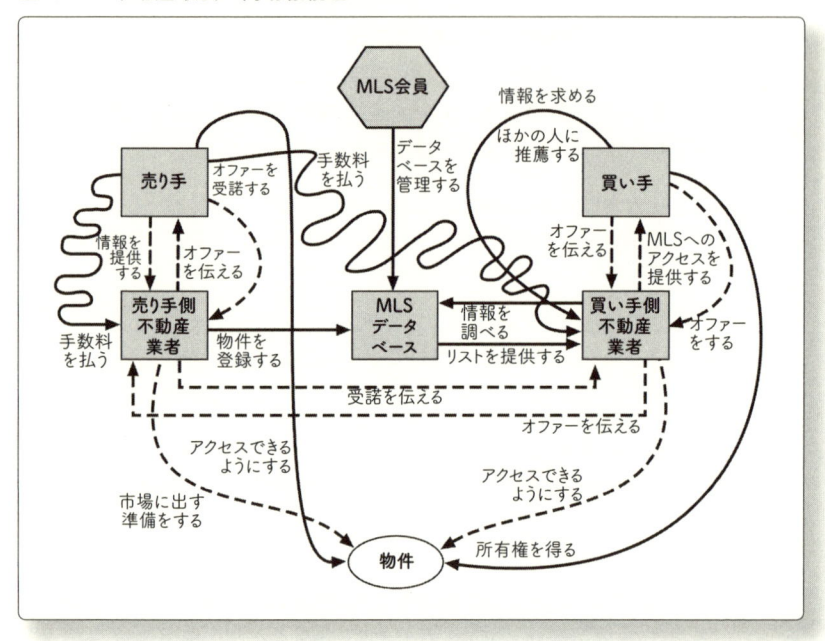

3　機能分析を実行する

　機能分析を進めるには、グループでモデルを分析するのがいちばん良い。ここでのタスクは、基本的には、機能図を詳しく検討して、システムにより多くの価値を与えるように修正することだ。望ましい機能のうち、強化できるのはどれか？　望ましくない機能のうち、取り除けるのはどれか？　不十分な機能のうち、十分にすることができるのはどれか？　これに答えるには、本書で紹介するさまざまなアイデア発想のテクニックを使って探ることが求められる。

> システムのすべての重要な因果関係を書き記すには「特性要因図」（テクニック56）を使おう。その後、「因果関係マトリックス」（テクニック57）を使って、これらの関係に優先順位をつける。次のトリミング・ワークシートを使ってシステムの不必要な要素を取り除いていく段階では、この優先順位の低かったものがまず検討対象になる。

すぐにアイデアを生む1つの方法は、**トリミング・ワークシート**（図15-3、次頁）を使うことだ。

- すべての主要な機能について、どういう機能を果たしているかを考え、その入力と出力を特定する。

- その機能が望ましい（そして十分である）か、望ましくない（有害である）か、不十分である（必要だが十分ではない）かを記入する。

- その機能が必要かどうかを考える。必要なら、次の2つの問いに答えることによってトリミングの対象候補になる。

　　（1）この機能の受け手は、自分でその機能を行えないか？
　　　　　―― できるとすればどのように？

　　（2）ほかの資源（できれば、システム内のもの）でこの機能を遂行できないだろうか？ ―― できるとすればどのように？

トリミングのための質問は非常に重要だ。不必要な要素を排除して、システムの複雑さを軽減できるからだ。システムのコストも削減され、価値が高まる。

その機能が必要でなければ、排除する候補になる。

不動産取引システムのいくつかの要素をトリミングすることによって、**図15-4**（167頁）のような、すっきりとシンプルでコストも軽減されたシステムを構想することが可能になる。もちろんこの刷新されたシステムは、様式化された簡略なものだ。現実には、機能分析はもっと詳細に行われ、リスティング、交渉などの図に描かれた機能だけでなく、不動産取引のあらゆる側面が示される。

ここに描かれた不動産業者を介さないセルフサービスのシステムでは、物件情報を提供する中央機関を通して、売り手と買い手に多くの資源を提供することが考えられる。市場に出ている物件についての情報と写真やビデオだけではく、弁護士、権原会社、不動産鑑定会社、保険会社、金融機関などが広告を出したり、自らの専門分野に関連のある機能、または片づけるべきジョブを遂行する方法について情報を提供したりすることもできるだろう。

　　セルフサービスの顧客は、たとえば、権原調査の方法や権原会社の雇い方についての説明一式をダウンロードしたり、契約書のテンプレートをダウンロードしてカスタマイズし、オファーとカウンターオファーのやりとりに利用したりすることもできるだろう。あるいは、わずかな料金でプロセス全般について指導してくれる在宅の不動産専門家を雇うことさえできるようになるかもしれない。

図15-3　機能分析とトリミング・ワークシート

不動産取引システム

機能提供者	機能	受け手	機能は望ましいか、望ましくないか、不十分か?
売り手側 不動産業者	データを入力する	MLS	望ましい
買い手側 不動産業者	物件を案内する	買い手	望ましい
買い手	オファーを伝える	買い手側 不動産業者	不十分
買い手側 不動産業者	オファーを伝える	売り手側 不動産業者	不十分
売り手側 不動産業者	オファーを伝える	売り手	不十分
売り手	カウンター オファーを伝える	売り手側 不動産業者	望ましい
売り手側 不動産業者	カウンター オファーを伝える	買い手側 不動産業者	不十分
買い手側 不動産業者	カウンター オファーを伝える	買い手	不十分
売り手	手数料を払う	売り手と買い手側 不動産業者	望ましくない

図15-4　不動産取引のイノベーションの機能図

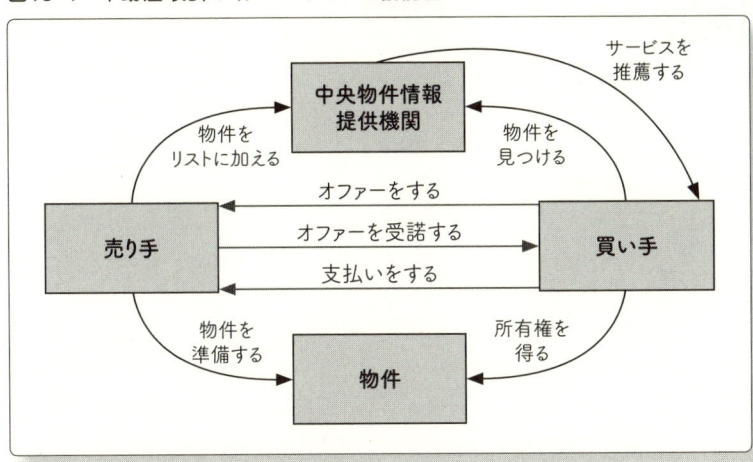

	機能は必要か？	トリミングのための質問（システムの簡素化、またはコスト削減のため）	
		受け手は自分でその機能を遂行できるか？	ほかの資源でその機能を遂行できるか？
	必要	たぶん可能——自治体登録の公的データを使う	可能——売り手が制限つきで公的な中央物件情報提供機関に入力することができる
	必要	可能——買い手がひとりで見にいける	可能——買い手と売り手が直接、アレンジできる
	必要	不可能	可能——売り手と買い手が、インターネットなどで直接、オファーを交換することができる
	必要	可能——どちらかの業者だけでよい	可能——売り手と買い手が、インターネットなどで直接、オファーを交換することができる
	必要	不可能	可能——売り手と買い手が、インターネットなどで直接、オファーを交換することができる
	必要	不可能	可能——売り手と買い手が、インターネットなどで直接、オファーを交換することができる
	必要	可能——どちらかの業者だけでよい	可能——売り手と買い手が、インターネットなどで直接、オファーを交換することができる
	必要	可能——買い手は売り手側不動産業者から受けることができる	可能——売り手と買い手が、インターネットなどで直接、オファーを交換することができる
	不必要	不可能	不可能——手数料は支払われる。広告、契約などの費用のみ、可能

テクニック 16 トレンド予測

進化の
遺伝子コードから
学ぶ

「トレンド予測」は、現在のシステムが将来どのように進化するかを推定する、知識ベースの強力なテクニックだ。この推定を用いて、自分のイノベーションの計画を立てることができる。たとえば、すべてのシステムは、**人間の関与が減少**する傾向がある。工場でのロボット機能、自動化された情報システム、1人の人間（顧客）しか必要としないオンラインでの株取引や航空券予約などがその例だ。

　このテクニックを利用するには、約35のよく知られている普遍的な技術の傾向を広く理解しておく必要がある。そのどれもが、ますます価値の高い理想的なイノベーションに向かって進んでいる。このテクニックを利用するには相当な量の知識と時間が必要だが、あらゆる製品やサービスのイノベーションの根底にある傾向を明らかにしてくれる。その結果、不十分なソリューションを作り出したり、不適切なタイミングで新しい製品やサービスを開発したりすることを防げるようになる。

背景

　業界の傾向を予測する方法は数多くあり、有効な成果を挙げているトレンドの大家も大勢いる。われわれは発明的問題解決理論（TRIZ）の創始者、ゲンリッヒ・アルトシューラーの業績を高く評価している。最も実証的なアプローチの1つだからだ。英国で活動しているダレル・マンの業績も支持する。マンは、アルトシューラーの**体系的技術革新**のパラダイムを発展させ、さらに使いやすく磨きあげた。

トレンド予測の背景にある基本的な考え方は、進化は無秩序なものではなく、予測可能な一定のパターンと段階に従う、ということだ。これらのパターンと段階がどういうものかを知っていれば、難しいイノベーションの問題を解決し、技術関連の戦略的な機会を定義することができる。

　トレンド予測を利用する際の基礎は、時間の経過とともに、新しいものが古いものを上回り、あるものが次のものに取って代わられることを示すS曲線の概念を理解することだ。各S曲線は着想から誕生へとゆるやかに進み、続いて誕生から成熟へと急速に成長し、またゆるやかに成熟から引退へと進む。その後は、問題のシステムまたはソリューションは、次第に衰え、価値が衰退する（図16-1）。

図16-1　典型的なS曲線

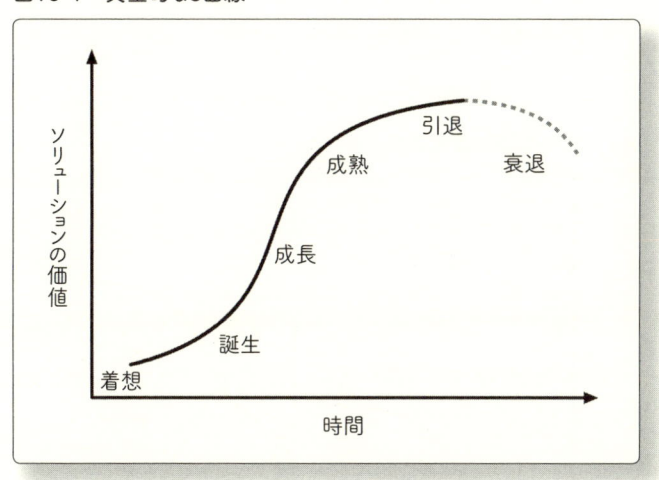

　この引退／衰退への変曲点は、新しく発達しつつあるシステムやソリューション —— 明らかに画期的な技術やプロセス、ビジネスモデルによって引き起こされている —— によって生じる市場の力によって決まる（図16-2、次頁）。ターゲットまたは期待される結果は、現在のシステムが提供できる水準を超えていること、だからこそイノベーションが求められていることに注意しよう。

トレンド予測の妥当性の根拠は、世界中の特許データベースのシステム力学を研究したことにある。時間の経過とともにシステムや製品、サービスがなぜ、どのように変化するかに関係のある力学と原則が理解できれば、イノベーションを発想する秘密兵器を手に入れたことになる。

　あるS曲線がもう1つのS曲線を日陰に追いやった例は無数にある。新しい技術を次々に採用しながら、われわれは馬車から鉄道、自動車、飛行機、宇宙ロケットへと進んできた。石に書いていたのが紙に書くようになり、大量印刷へ、さらにはあらゆる形のデジタル・コミュニケーションへと進んできた。マクロなシステムのレベルから最も小さなミクロのレベルまで、さまざまなS曲線の軌跡は進化する世界を物語っている。

図16-2　S曲線の世代交代

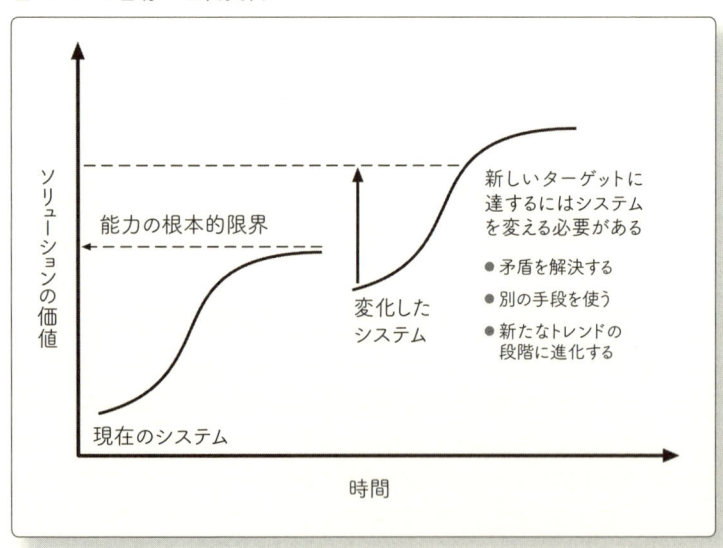

　　　　　　　　　　　第2部　アイデアを発見する

イノベーションの進化には、35のよく知られている普遍的、一般的な傾向がある。イノベーションの染色体と呼んでもいい。製品やサービス、システム（ソリューション）を、この文脈で検証することができる。それによって、自分のアイデア発想の取り組みを、明白な確立された歴史的パターンに照らして評価することができる。次のことも可能になる。

- 代償が大きいイノベーションの失敗を避け、優れた顧客経験を提供しつづける。

- 技術の新しい破壊的な変化によって、組織が不意打ちを食らうのを防ぐ。

- 製品戦略を新しい技術プラットフォームに移行させる必要があるときを判断する。

- 自社の知的財産を競合相手の攻撃から守る、重要特許の傘を創造する。

トレンド予測の35のトレンドは、図16-3（次頁）のように、3つの主要カテゴリーに分類される。特定の一つづきのS曲線に沿ってソリューションを推し進める（漸進的イノベーション）にしろ、1つのS曲線を次のS曲線で置き換える（急進的、またはブレークスルーのイノベーション）にしろ、これらがイノベーションの指針になる。

組織がライフサイクル曲線（S曲線）上の自らの位置を自覚でき、曲線の傾きを意識していれば、その組織は自分の技術がどこに向かうのかを判断する優れたメカニズムを持っていると言える。その動きの相対的な速度も判断できる。この力学を理解することから、製品・サービス開発と研究開発をどの方向に向けるべきか、また、新しい技術上の要請を見越してコア・コンピタンスをそれにどう合わせていくかについて、ユニークな洞察が得られる。

製品、サービス、ソリューションのレベルで作用する**技術ト**
レンドに加えて、アルトシューラーやマンたちは、36のビジ
ネス・トレンドも特定している。しかしこの分野の研究は比
較的新しく、有効性はまだ厳密には検証されていない。

図16-3　技術のトレンド

インターフェース関連トレンド

1. 単一 - 二重 - 多重（類似）
2. 単一 - 二重 - 多重（多様）
3. 単一 - 二重 - 多重（異なるものを含む）
4. 減衰
5. 感覚の相互作用
6. 色彩の相互作用
7. 透明性
8. 顧客の購入の焦点
9. 市場の進化
10. 設計のポイント
11. 自由さの度合い
12. 境界の破壊
13. トリミング
14. 可制御性
15. 人間の関与
16. 設計方法論
17. エネルギー転換を削減する

空間に関するトレンド

1. スマート材料
2. 空間の細分化
3. 表面の細分化
4. 対象の細分化
5. マクロからナノスケールへ
6. ウェブとファイバー
7. 密度の減少
8. 非対称性
9. 境界の破壊
10. 幾何学的進化（線的）
11. 幾何学的進化（量的）
12. 可動性の向上

時間に関するトレンド

1. 動作の調整
2. リズムの調整
3. 非線形性
4. 単一 - 二重 - 多重（類似）
5. 単一 - 二重 - 多重（多様）
6. マクロからナノスケールへ

（図中：インターフェース／空間／時間）

出典：*Hands-On Systematic Innovation*, by D. Mann, Clevedon, UK: IEF Press, 2007,
www.systematic-innovation.com

　　　　　　第2部　アイデアを発見する

1 技術のトレンドを知る

　35の技術のトレンドそれぞれを理解すれば、これらの確立された進化のパターンの観点から自分の製品、サービス、またはソリューションを検討できる。鍵は、それぞれのトレンドは進化の可能性のスケールに沿って、進化が進んでいない状態からより進んだ状態へと推移していく点に留意することだ。空間に関するトレンドの1つである**可動性の向上**は、**図16-4**に示したように、時間の経過とともに、システム、製品または部分がいくつかの段階を経て、固定された状態から柔軟な状態へと進化することを示している。

図16-4　可動性向上のトレンド

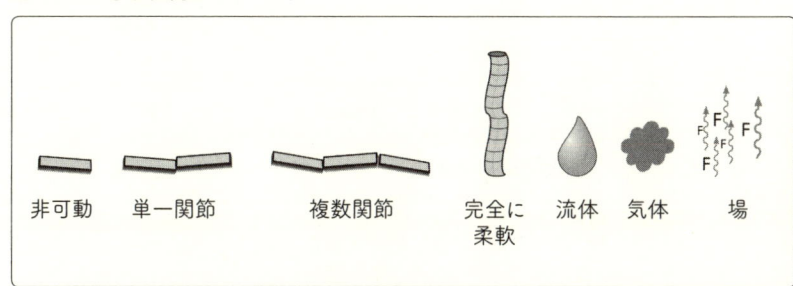

| 非可動 | 単一関節 | 複数関節 | 完全に柔軟 | 流体 | 気体 | 場 |

　もう1つの普遍的なトレンドは、システムが**マクロ**から**ナノ**の規模へと進化する傾向だ。この傾向が実際に起きたのが初期のコンピュータだ。最初のコンピュータは重量27トン、1万7,468本の真空管、7万個のレジスタ、1万個のキャパシタを有し、人手ではんだづけされた接合部は500万カ所に及んでいた。このIBMのENIACコンピュータの大きさは、2.6メートル×0.9メートル×24.4メートルだった。それに比べると、今日のノートパソコンはきわめて小さい。

> それぞれの進化トレンドについての詳しい解説と例について
> は、*Hands-On Systematic Innovation*, by D. Mann,
> Clevedon, UK: IEF Press, 2007, www.systematic-
> innovation.comを参照のこと。

2 進化の可能性を見極める

　レーダー・チャートを使うと、より良い製品やサービスのアイデア発想の準備ができる。レーダー・チャートは、図16-5に示したように、あるシステムや製品、サービス、またはソリューションの状態を、ほかのものと比較して視覚的に表す方法だ。ここでは、35の技術トレンドのうちの18を使って、架空の例のレー

図16-5　レーダー・チャート

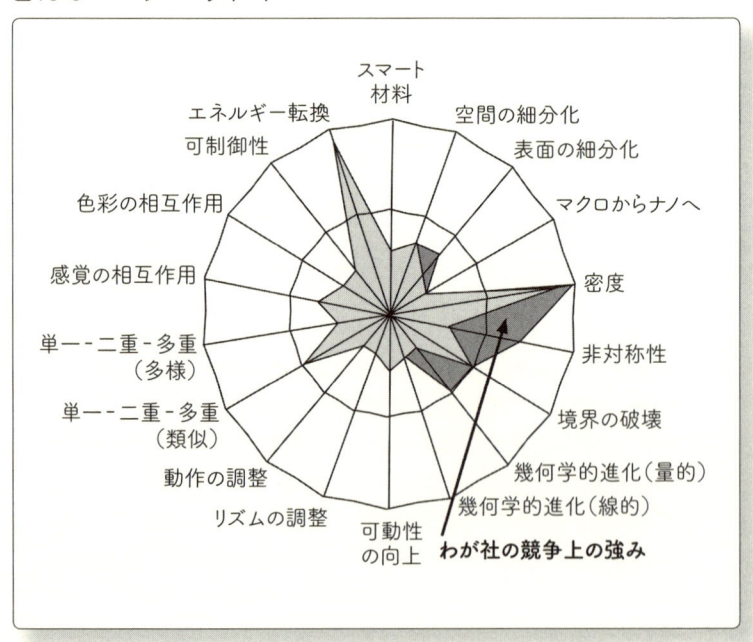

第2部　アイデアを発見する

ダー・チャートを作成した。レーダー・チャートの放射状にのび
る線はそれぞれが、S曲線に沿った進化の推移を中心点を起点と
して表している。濃い色の領域は、今日の競争力の現実をもっと
理想的なイノベーションの方向へ拡充するようにソリューション
を進化させる可能性を表している（理想的なイノベーションの概念
について詳しくは、テクニック4「価値指数」を参照）。

　このような進化の展開を予測するには、多くの技術または科学
的な項目を検討するとともに、実行可能性、コスト、発明に要す
る時間、予想される顧客の反応などについても検討する必要があ
る。こういうときには、「イノベーション財務管理」（テクニック
13）と「結果期待」（テクニック3）が役に立つ。

3　進化のギャップを埋める

　トレンド予測だけを使ってイノベーションのアイデアを実行可
能な設計まで推し進めることはできるが、進化のギャップを埋め
るという難しいジョブは、本書で紹介するほかのアイデア発想テ
クニックを使えばより簡単になる。これによって、新しいソリュ
ーションの開発に時間と資源を使う前に、最も優れたアイデアが
浮上し、テストされることになる。

例

シナリオ —— 配達されたピザが冷めているという顧客の不満をき
っかけに、科学者グループが、配達の間もピザを温かく、パリッ
とした状態に保つためのより良いソリューションの開発に乗りだ
した。トレンド予測をガイドとして使って、科学者たちは目標を
達成した（米国特許第5,472,139号を参照）。

　最初のタスクは、この挑戦または問題に当てはまるかもしれな
い進化のトレンドを発見することだった。慎重な検討を重ねた結
果、研究チームは**表面の細分化**と**線構造の幾何学的進化**のトレン

ドに焦点を絞った。図16-6は、この2つのトレンドが、標準的な
進化の段階を経て進む様子を描いている。

図16-6　表面の細分化

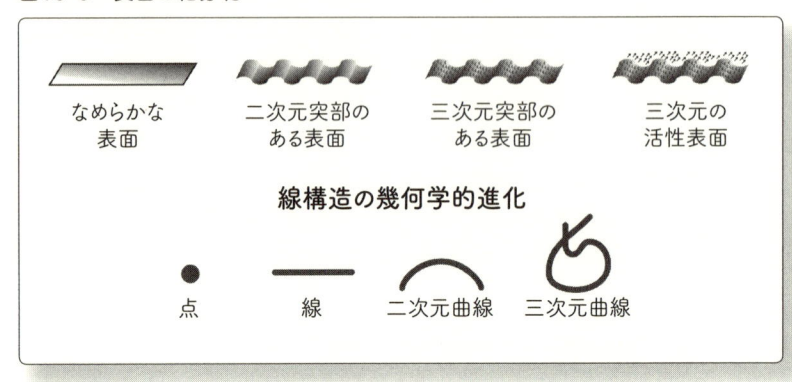

チームは、すべての関係のある進化のトレンドを洗い出し、計
画しているイノベーションを描き出すレーダー・チャートを作成
した。そして、特定された2つのトレンドそれぞれで、進化の尺
度を一目盛り進めることができそうだと考えた。表面の細分化に
関しては、線状だったところを新しいデザインでは二次元曲線に
した。線構造の幾何学的進化については、二次元の突部を持って
いた表面を三次元の突部を持つものにできると判断した。

当時あったソリューション（薄色の部分）に対するこれらの進化
の段階を、図16-7に示す。濃い色の部分が、計画された進化的
拡大の程度を示している。

従来は、ピザの油分が箱にしみこむため、ピザの温度が下がり、
湿っていた。科学者たちは、特定された2つのトレンドを検討し、
底がアーチ状のエアポケットになった新しい箱を開発した。これ
が熱の放散を防ぎ、油切れも良く、既存のどのソリューションよ
りもピザが**温かくてパリッとしている**という期待に応えることが
できるようになった。新しくデザインされたピザ用箱とその革新
的な要素を図16-8に示した。

図16-7　ピザ用箱の進化

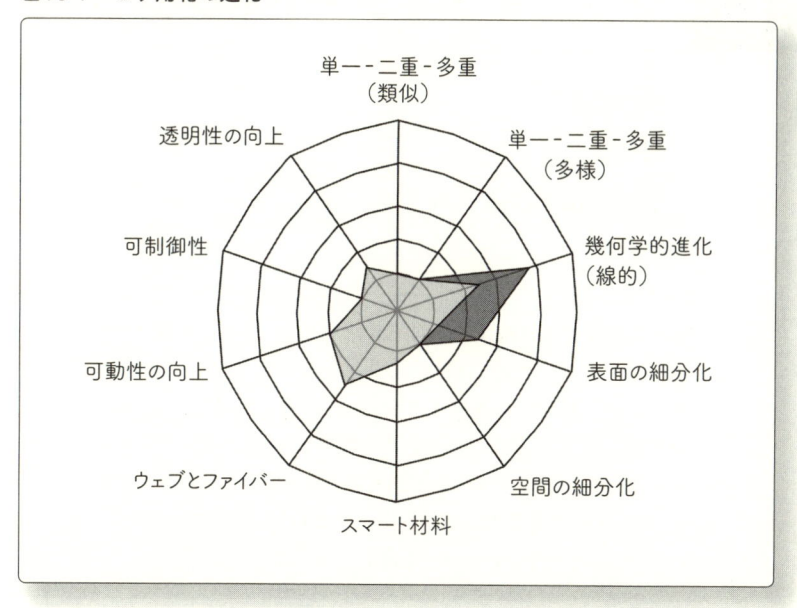

図16-8　新しいピザ用箱（米国特許第5,472,139号）

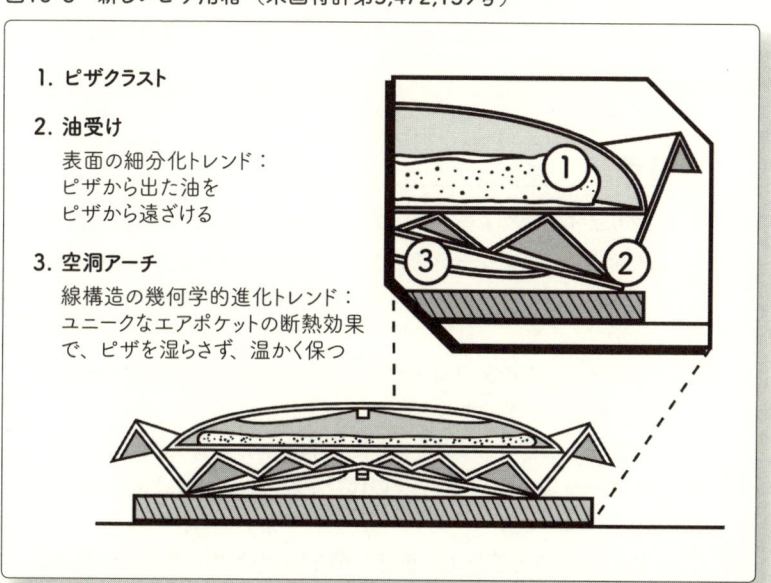

1. ピザクラスト

2. 油受け

表面の細分化トレンド：
ピザから出た油を
ピザから遠ざける

3. 空洞アーチ

線構造の幾何学的進化トレンド：
ユニークなエアポケットの断熱効果
で、ピザを湿らさず、温かく保つ

クリエイティブ・チャレンジ

聖なる
牛を
犠牲にせよ

「クリエイティブ・チャレンジ」の目標は、ある具体的な片づけるべきジョブ（JTBD）に対する今のソリューションを疑うことだ。考えてみれば、世界は現状にチャレンジするソリューションに満ちている。飛行機の電子チケットは、急速に伝統的な紙のチケットに取って代わろうとしている。電子メールとインターネット・マーケティングは、ダイレクト・メールを駆逐しようとしている。ダウンロード可能なMP3によってCDは不要になりつつある。CDが、カセットやレコードを廃れさせたのと同じだ。

「クリエイティブ・チャレンジ」は、現在のソリューションやアプローチの必要性、有効性、ユニークさを検証する助けになる。したがって、このテクニックはイノベーション・プロジェクトのアイデア発想段階で非常に役立ち、より理想的なソリューションを追求するために今のソリューションを捨てるのに必要な刺激を与えてくれる。

背景

クリエイティブ・チャレンジは、手当たり次第に頭に浮かんだことを出し合うブレーンストーミングのテクニックではない。ここで活用するのは、Ｅ／Ｒ／Ａという異なるアプローチだ。

- Ｅ——現在のアプローチから何らかの要素を**取り除く**(eliminate）ことができるか？
- Ｒ——現在のアプローチを使う**理由**（reason）は何か？
- Ａ——現在のアプローチの**代替手段**（alternative）はあるか？

Ｅ／Ｒ／Ａを使って、現状に関する支配的な考え方や想定、

制約にチャレンジし、イノベーションの「価値指数」（テクニック4を参照）を高めるアイデアのリストを作ろう。

> クリエイティブ・チャレンジに続けて、不十分な機能を改善したり、望ましくない機能を取り除いたりするために「機能分析」（テクニック15）を行ってもよい。

ステップ

シナリオ —— クレジットカードは間違いなく現金より持ち運びしやすく安全だろうが、それでも紛失したり、権限のない第三者に使われたりすることがある。その結果、クレジットカード会社の不正利用被害は何百万ドルにも達し、消費者は個人情報窃盗に遭うリスクが高まっている。だが、クレジットカード会社が新しい、不正利用されない支払い方法を探して、現状にチャレンジするとしたらどうだろう？　クリエイティブ・チャレンジがこのジョブの達成をどう手助けできるのか、見てみよう。

1 フォーカス・トピックを選ぶ

このトピックは、イノベーションの機会でも、製品やサービスでも、あるいはシステム、プロセス、ビジネスモデルでもよい。変えたいもの、チャレンジしたいものなら何でもよい。クレジットカードの例では、目標は、使いやすいが、個人情報窃盗犯が盗むのは実質的に不可能なタイプのクレジットを考案することだ。

> プロセスやシステムのどの部分にチャレンジしてもよい。たとえば、ホテルの中には、タオルを毎日交換しないで、再使用するよう宿泊客に呼びかけているところがある。この場合、ホテルは、メイドサービスのすべてではなく、大量の水とエネルギーを使う部分だけにチャレンジした。

2 　現在のソリューションを検証する

「SIPOCマップ」（テクニック50）か「プロセス・マップ」（テクニック51）、またはその両方を使って、現在のソリューションの入力、出力、顧客、サプライヤー、それに関連するあらゆるプロセスを文書化しよう。この情報を使って、フォーカス・トピックに関連のあるプロセス、ステップ、システム、上位システム、構成要素のリストを作る。たとえば、クレジットカードを持ち歩くのは、クレジットカードを使うというプロセスの一部であるが、物理的なカードは、紛失したり盗まれたりして、なりすまし犯に使われることがある。

3 　想定を特定する

　ステップ2で作ったリストに、現在のソリューションについて当然と思っているすべての想定を加えよう。これには、事実に基づくデータ、物理的特徴、基になっている考え方や哲学、現在のソリューションの制約を含めよう。クレジットカードを例として、想定のいくつかを次に挙げる。

- すべてのクレジットカードはプラスティック製で、大きさは85.65ミリ×53.98ミリ、データを収めた磁気テープまたはICチップがついている。

- クレジットカードを本人が直接その場で、または電話やインターネットで使って、製品やサービスを購入することができる。

- 消費者は複数のクレジットカードを持ち、1つ以上のクレジット口座に繰越残高があることを当然と思っている。

- クレジット供与は、つねに貸し手に利益をもたらさなければならない。

> クリエイティブ・チャレンジは決して攻撃や批判ではない。
> 新しいアイデアと方向性を発見するために、現在の考え方
> に疑問を投げかける1つの方法である。

④ E／R／Aを適用する

E／R／Aのチャレンジ・プロセス（図17-1）をリストの各項目に適用する。

図17-1　E／R／Aチャレンジ・プロセス

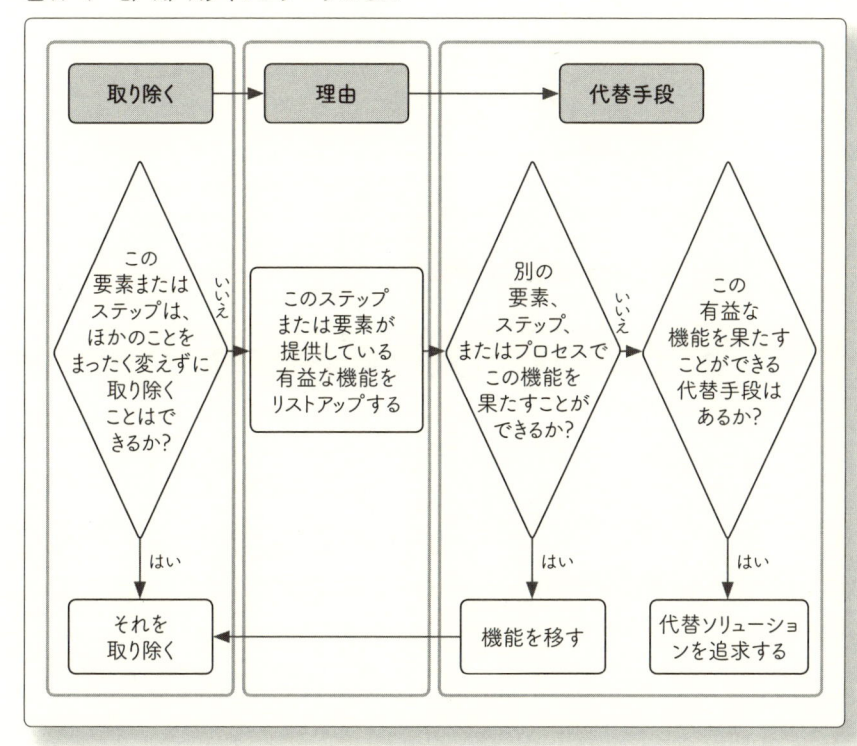

- **取り除く** —— プロセスの各ステップ、要素、または想定の必要性を問う。これはまだ必要だろうか、それとも、悪影響を及ぼさずに取り除けるだろうか?

- **理由** —— そのステップ、要素、または想定が必要な場合、どのような機能を果たしているだろうか?

- **代替手段** —— ソリューションの独自性を問う。これは、必要な特徴／機能を提供する唯一の方法だろうか?　代替手段はないだろうか?

クリエイティブ・チャレンジ・マトリックス（図17-2）を使って、各項目について自分のアイデアと決定を記録しよう。

> 決して今の方法がただ1つの方法だと思い込んではならない。何一つイノベーションを起こすことができなくなる。

5　代替手段のリストを作る

E／R／Aのチャレンジ・プロセスを終えたら、さらに深く検討したい代替手段のアイデアのリストを作ろう。

図17-2　クリエイティブ・チャレンジ・マトリックス

プロセスのステップ、要素、または想定	取り除く この項目は悪影響なしに簡単に取り除くことができるか？	理由 なぜにこの項目を取り除くことができないのか？これが提供している機能または特徴は何か？	代替手段 この機能または特徴を提供する代替的な方法はあるか？
その場で支払いをするために、クレジットカードを携帯していなければならない。	いいえ	クレジットカードの実物の所持と、カードと領収書の署名の一致が、認定使用者であることを証明する。	網膜スキャン、指紋、またはスマートフォン・アプリを使って、本人確認と、クレジット口座の利用可能額を確認する。
クレジットカードは85.65ミリ×53.98ミリのプラスティック製で、データが入った磁気テープまたはICチップがついている。	いいえ	業界標準である。	キーホルダーなどの小さな装置に組み込んだRFID（無線IC）チップに、クレジットカード口座情報を安全に格納する。
クレジットカードをその場で、または電話やインターネットを使って製品／サービスを購入することができる。	いいえ	ほかの支払い手段（現金、小切手）より簡単に持ち運び、使うことができる。	スマートフォンのアプリを使って口座に請求する。
顧客は複数のクレジットカードを持ち、1つ以上のクレジット口座に繰越残高があることを想定している。	いいえ	クレジットカード会社は1人当たり一定額の与信枠を与えて、債務不履行のリスクを多数の借り手に分散させている。	多数のクレジットカード会社が共同出資して、すべての人に出生時に1つのクレジット口座を割り当てる。
クレジット供与は、つねに貸し手に利益をもたらさなければならない。	いいえ	営利事業である。	政府が運営する非営利融資。

18 HITマトリックス

今あるソリューションを比較して、ブレークスルーのひらめきを得る

「HITマトリックス」は、一見関係のなさそうな2つの製品やサービスの特徴を比較して、新しいアイデアを創出する。高速広帯域インターネット接続と超高解像度の視聴機器の特性を組み合わせたら、何ができるだろう？　ほかの特性も考慮に入れれば（光ファイバーケーブル、強化された無線信号、高品質イヤホンなど）、自宅のどこででも素晴らしい映画鑑賞ができるようになる。

　HIT（Heuristic Ideation Technique：発見的アイデア発想テクニック）は、マーケティングの教授であるエドワード・タウバーによって開発された。彼は、**新しい**製品は、通常、2つ以上の**既存**の製品の特徴を組み合わせたものであることを発見した。「HITマトリックス」は、イノベーションのアイデアを探しているチームの創造性を活性化させるシンプルだが有益なツールだ。

ステップ

シナリオ──厳しい競争にさらされている旅行業界では、大多数の会社は、余分なものを省いた格安サービスによって、大量の低価格帯顧客を獲得することを目標にしている。しかし、イノベーティブ・レイルウェイズ社は、中距離ビジネス旅行者向けのぜいたくな旅行体験を提供して、数は少なくても高価格帯の顧客にアピールしようと考えている。HITマトリックスは、同社が顧客の期待に応える革新的なソリューションのアイデアを開拓するのに役立つだろう。

1 今ある項目を選ぶ

明白なつながりがなさそうに見え、これまでになかった組み合わせの2つの製品、サービス、またはブランドを選ぼう。自分の会社が提供しているものでも、競争相手や別の業界のものでもよい。意味が近すぎるものは避けよう。コーヒーカップとガラスのコップの組み合わせでは、出てくるイノベーションのアイデアは、ガラスのコップと自転車の組み合わせ（キャメルバック社の自転車用ボトルを思い出そう）より少ないだろう。イノベーティブ・レイルウェイズ社のチームは、**豪華な会議サービスとファーストクラスの国外旅行**の組み合わせを選んだ。

> 発見的アイデア発想の反対は、**逆方向アイデア発想**だ。**不成功に終わった製品やブランドの特徴を検討して、新しい**アイデアとソリューションを作りだす。詳しい情報は、グーグルで"Backward Ideation Technique for Generating New Product Ideas", by O.A. Mascarenhas, *Vikalpa* 8, no. 2 (1983)を検索すれば得られる。

2 特徴をリストアップする

ステップ1で選んだ2つの項目に関係のある特徴をリストアップする。それらはどういう特徴と構成要素でできているか、と考えよう。また、それはいつ、どのように、なぜ使われるのだろうか？　それぞれについて、同じ数の特徴を考えよう（通常は、それぞれ5から7）。特徴が多すぎるなら、「ピュー・マトリックス」（テクニック40）を使ってリストを絞ろう。

あまり厳密に考える必要はない。たとえば、飛行機のファーストクラスの座席の特徴を挙げる場合、**ゆったりとした足元の空間や倒せばベッドになる**などが考えられる。これは、エコノミークラスの座席より足元が25センチメートル広いとか、座席は160

度倒せる、などと特定するより、創造性を発揮する余地が大きい。

> 選んだ項目の専門家である必要はない。それに関連した
> 顧客の期待を理解していることが重要だ。詳しい情報は、
> 「結果期待」（テクニック3）を参照のこと。

3 HITマトリックスに書き込む

HITマトリックス（図18-1）の最上段に、1つの項目の特徴を
左から右へ、左端の列に、もう1つの項目の特徴を上から下に書
き込む。次に、それぞれの項目から特徴を1つずつ選んでペアに
し、すべての欄を埋める。この例では、豪華な会議サービスの特
徴を上段に、ファーストクラスの国外旅行の特徴を左端に記入す
る。

図18-1　HITマトリックス

HIT マトリックス		豪華な会議サービス		
		無線接続	スパ・サービス	
ファーストクラスの国外旅行	リクライニングシート	無線接続 リクライニングシート	スパ・サービス リクライニングシート	
	座席備えつけの充電器	無線接続 座席備えつけの充電器	スパ・サービス 座席備えつけの充電器	
	グルメ料理	無線接続 グルメ料理	スパ・サービス グルメ料理	
	1人ひとりへの気配り	無線接続 1人ひとりへの気配り	スパ・サービス 1人ひとりへの気配り	
	迅速なサービス	無線接続 迅速なサービス	スパ・サービス 迅速なサービス	

4　質の高いアイデア

マトリックスのすべての欄を検討し、2つの特徴を組み合わせるメリットについて議論する。現在のアイデアが書き込まれた欄や、意味をなさない欄（スパサービスと座席備えつけの充電器のような組み合わせ）は除外する。しかし、すぐにアイデアを捨て去ってはならない。これらには技術的または物理的矛盾が含まれている可能性があり、「構造的抽象化」（テクニック26）や「分離原則」（テクニック27）を使って矛盾を克服できるかもしれないからだ。

5　アイデアを選ぶ

ソリューションになる可能性がある特徴のすべての組み合わせを特定する。たとえば、パーソナルシェフとグルメ料理には可能性があるし、専任コンシェルジュと1人ひとりへの気配りもそうだ。また、3つ以上の特徴の組み合わせも模索しよう。専用ラウンジ、無線接続、座席備えつけの充電器、1人ひとりへの気配りの組み合わせなどだ。さらに可能性を探るアイデアのリストを作成しよう。

	パーソナルシェフ	専任コンシェルジュ	専用ラウンジ
	パーソナルシェフ リクライニングシート	専任コンシェルジュ リクライニングシート	専用ラウンジ リクライニングシート
	パーソナルシェフ 座席備えつけの充電器	専任コンシェルジュ 座席備えつけの充電器	専用ラウンジ 座席備えつけの充電器
	パーソナルシェフ グルメ料理	専任コンシェルジュ グルメ料理	専用ラウンジ グルメ料理
	パーソナルシェフ 1人ひとりへの気配り	専任コンシェルジュ 1人ひとりへの気配り	専用ラウンジ 1人ひとりへの気配り
	パーソナルシェフ 迅速なサービス	専任コンシェルジュ 迅速なサービス	専用ラウンジ 迅速なサービス

19 SCAMPER

7つの重要な問い

　このテクニックは、現在の製品やサービス、またはソリューションをより優れた（より理想的な）ものに進化させるのに役立つ一連の質問を使う。一例を挙げると、「SCAMPER」から、ひげそりに関する2つのソリューション、つまり、かみそりとシェービングクリームを組み合わせた製品が生まれた。かみそりの柄にクリームが入っていて、クリームが直接顔に押し出されるものだ。SCAMPERは、すでに1つのアイデア、または1組のアイデアがあって、さらに良いものにする必要があるときに、最も力を発揮する。多くのソリューションが競合する成熟市場では特に役に立つ。

SCAMPERは、次の単語の頭文字を覚えやすく並べたものである。

- **S**ubstitute（代用する）
- **C**ombine（組み合わせる）
- **A**dapt（適合させる）
- **M**odify/Mirror/Distort（修正する／真似をする／変形させる）
- **P**ut to other purpose（ほかの用途に転用する）
- **E**liminate（除去する）
- **R**earrange/Reverse（再配置する／逆転させる）

シナリオ──50の店舗を持つ会社で、販売アプローチにイノベーションを起こすことを任務とするチームが結成された。各店舗が会社の最新の製品や技術、方針、手続きをつねに把握しているようにすることが目標だ。当時は、各店舗で四半期に一度、数人の講師による現場研修を行っていた。チームは、知識移転プロセスを改善するアイデアを生み出すために、「SCAMPER」テクニックを使った。

1　片づけるべきジョブを定義する

このツールを使う前に、現在のプロセスや製品は、片づけるべきジョブ（JTBD）を遂行するためにどのような使われ方をしているのかを、はっきりと理解しておくべきだ。JTBDと、それを解決するために現在使われているアプローチを明確に書き表そう。現在のソリューションを少し改善するだけではなく、画期的なソリューション（価値指数が高まった）を創出できるよう、チームにJTBDに集中することを意識させよう（詳しくは、テクニック1、3、4の「片づけるべきジョブ」「結果期待」「価値指数」を参照のこと）。

> 「SCAMPER」のバリエーションに「SCAMMPERR」がある。2つのMは、Magnify（拡大する）とMinify（縮小する）、2つのRはReverse（逆転させる）とRearrange（再配置する）を表している。

② 「SCAMPER」を適用する

グループ全体で「SCAMPER」の問いを1つずつ議論し、チームのアイデアをリストにする。次の点に気をつけよう。

- 1つの問いにつき、1人が1つずつアイデアを出すという簡単なルールを決めて、チーム全員を参加させる。

- 質問はアイデアを促すために使う。1つひとつに答えを出そうとして行き詰まらないようにしよう。この作業の間は、アイデアの批判や評価はするべきではない。

- アイデアは問いに直接関係していなくてもよい。

- いくつかの質問に対して適切であれば、同じアイデアが繰り返されてもよい。

図19-1（192頁）は、チームが思いついた販売研修プロセスを改善するためのアイデアを示している。

③ アイデアを検討する

すべての質問に答えてアイデアを出し尽くしたら、リストを見直して重複しているものを探そう。類似したアイデアは組み合わせて1つにしよう。しかし、この時点ではどのアイデアも捨ててはならない。さらに発展させるのに最も適したアイデアを選ぶには、「KJ法」（テクニック30）や「アイデアの仕分けと精緻化」（テクニック31）などのテクニックを使おう。

参考資料

Michalko, M. *Thinkertoys: A Handbook of Creative-Thinking Techniques,* 2nd ed. Berkeley, CA: Ten Speed Press, 2006.（『ア イデア・バイブル――創造性を解き放つ38の発想法』マイケル・マ ハルコ著、齊藤勇監訳、小澤奈美恵、塩谷幸子訳、ダイヤモンド社、 2012年）

図19-1　SCAMPERの指針と例（販売方法にイノベーションを起こす）

S	代用する S	製品・サービス、またはプロセスの一部をほかのもので代用することを考える。代用できるものを探すことで、新しいアイデアが浮かぶことがよくある。 **典型的な質問**：改善するために、ほかのものに替えてもいいのは何だろう？　これをあれに替えたらどうなるだろう？　場所、時間、材料、または人を何かで置き換えられないか？
C	組み合わせる C	問題の2つ以上の部分を組み合わせて、これまでとは異なる製品・プロセスを創出し、相乗効果を高める。 **典型的な質問**：どんな材料、特徴、手続き、人、製品、あるいは構成要素を組み合わせることができるか？　相乗効果を生みだせるのはどこか？
A	適応させる A	問題を取り除くには、製品・サービスまたはプロセスのどの部分を適応させることができるか、または、どうすれば製品・プロセスの本質を変えることができるか、と考える。 **典型的な質問**：製品のどの部分を変えることができるか？　代わりに何を使うのか？　構成要素の特徴を変えるとしたら？
M	修正する M	現在のソリューションのすべて、または一部を変えて、通常とは違う方法で変形させることを考える。人は強制的に新しい仕組みを考えさせられると、代替製品、サービス、またはプロセスを思いつくことが多い。 **典型的な質問**：特徴または構成要素をねじ曲げたり、誇張したりすると、どうなるだろう？　何らかの方法でプロセスを修正したら、どうなるだろう？
P	ほかの目的に 転用する P	現在のソリューションをほかの用途に転用できないかと考える。または、自分のイノベーションの問題を解決するためにどこかからのアイデアを再利用できないかと考える。自分の片づけるべきジョブを達成する別の方法を考えたり、自分の製品を売る別の市場を探したりしてもよい。 **典型的な質問**：この製品を使うことができる別の市場は何だろう？ほかの誰、または何がこの製品を使うことができるだろうか？
E	取り除く E	製品・プロセス・問題のさまざまな部分を取り除くとどうなるかと考え、その状況でどうするかを検討する。こう考えることで、問題に取り組む別の方法を考えるようになることが多い。 **典型的な質問**：ある構成要素やその一部を取り除いたらどうなるだろう？　通常の方法以外で解決するにはどうすればいいだろう？
R	逆転させる R	問題・製品・プロセスの一部が逆に作用したり、異なる順序で行われたりしたら、どうするかと考える。 **典型的な質問**：逆の順序で行ったらどうなるか？　通常行われたり使われたりしている順序を逆転させたらどうなるか？　反対の効果を得るにはどうすればよいか？

例： オンライン研修、講師とのチャット、会議（ビデオ、オーディオ）、コンピュータで行う研修、図書館（電子図書館、実際の図書館）、従業員の自習、オン・ザ・ジョブ研修、録画教室（常時利用可能、何回かに分割。誰でも、どの部分でも、2度視聴できる）、グループ討論、メールで行う研修。

例： 教室研修とオン・ザ・ジョブ研修、図書館での学習と講師／面談、自習とオンライン講師／面談を組み合わせる。場所を組み合わせる（場所の数を減らす）。可能な限り新人研修と組み合わせる。仕事と研修を組み合わせる。混成グループ（既受講者と未受講者）で行い、既受講者が未受講者に研修をする。

例： 参加者同士の意見交換、研修教材を絵／フリップチャートに替える、混成グループ（既受講者と未受講者）で行い、既受講者が未受講者に研修をする。1つの研修／1人の講師を録画して複製し、配布する（再利用）。

例： 研修を提供する媒体を変える。教室での研修からコンピュータでの研修へ、教室からオーディオ／ビデオ研修へ、オン・ザ・ジョブ研修、研修の方法を変える、紙と鉛筆からウェブでの学習へ、研修場所を減らす、1回の研修の量を増やす、集中研修、いつでも研修。

例： 研修教材を図書館の参考資料として使う、講演会場での研修、映画／ドラマ形式の研修、ゲーム／パズル形式の研修、1組の受講者に研修の一部を実施し、各組が学んだ部分の社内講師になって、ほかの人に研修を行う。

例： 教室を使わない、教室以外で研修、講師なし、バーチャル講師、時間の制約を取り除く、いつでも研修、1つの研修／1人の講師のビデオを再利用する。

例： 学習者が講師になる、講師を養成する、図書館を作る、社内で研修内容と講師を用意する。

ブレーンライティング6-3-5

アイデア発想の
平等な機会を
促す

「ブレーンライティング6-3-5」は、チーム全員に平等な参加を促す従来のブレーンストーミングの変形で、アイデアを口頭で発する代わりに文章で表現する。たとえば、チームの半数が新しい製品ラインを発売したいと思っていて、後の半数がそれに抵抗している場合、「ブレーンライティング6-3-5」はチームのメンバーに注釈や批判をせずにアイデアを表明する機会を与える。

　このテクニックは、グループ内で特定の参加者が優勢になる恐れがあるときや、グループの人員構成が原因でメンバーが遠慮するかもしれないときに特に役に立つ。だが、もっと枠にとらわれないアイデアが欲しいなら、「挑発して動かす」（テクニック24）や「クリエイティブ・チャレンジ」（テクニック17）のほうが効果が大きいだろう。

> 「ブレーンライティング6-3-5」という名称は、6人の人が、3つのアイデアを、5分間で書きとめることに由来している。現実には、人数が若干少なくても多くても、うまくいく。

シナリオ──あなたの会社は、オンライン研修コースに顧客が登録できるウェブサイトを持っているが、ある問題に気づいた。登録手続きを始めた人の35パーセントが手続きを完了できなくて、サイトから出ていっているのだ。チームは「ブレーンライティング6-3-5」を使うことによって、この行動の考えられる理由をリストアップし、問題を軽減するアイデアを発見することができる。

1 参加者を選ぶ

　8人より多いときは、同人数の2つのグループに分けよう。4人に満たないときは、別のアイデア創出アプローチ、たとえば「空想ブレーンストーミング」(テクニック21)や、「ランダム刺激」(テクニック23)を使おう。いずれにしても、問題によく通じている人と、新しい視点を推進できる外部の人の両方からなる混成チームを作ろう。

> グループ内に緊張があるときは、「ブレーンライティング6-3-5」を使って感情的な状況を緩和させ、参加を促すことができる。

2 アイデアを創出する─第1ラウンド

「ブレーンライティング6-3-5」用ワークシート(図20-1)を各参加者に配布する。参加者はワークシートの1段目に、片づけるべきジョブ(JTBD)を達成できる可能性のある3つのアイデアを書き入れる。5分間、静かに自分のアイデアを書く(ただし、最初の数ラウンドまでは、それほど時間がかからないかもしれない)。ほかのメンバーが読めるようにはっきりと書くよう注意を促す。

> 「ブレーンライティング」は沈黙のうちに行われ、すべての
> アイデアが記録されるまで、話すことは許されないと覚えて
> おこう。そうすることで、参加者はワークシートに書かれた
> ことだけに基づいて、ほかの人のアイデアを解釈できるよう
> になる。

3 アイデアを創出する─第2ラウンド

　全員が3つのアイデアを書き終わったら、ワークシートを隣の
人に渡す。各自が新しい3つのアイデアを書き加えるか、リスト
に挙げられているアイデアを膨らませる。どちらの場合も、2段
目に書き込む。このときも、与えられる時間は5分だ。

> シートを隣の人に回す代わりに、全員が書き込み終わった
> シートをテーブルの中央に置き、参加者がそれぞれ自分の
> ペースで、重ねられたシートの中から抜きとって書き込んで
> もよい。

4 アイデア創出を続ける

　すべての参加者が3つのアイデアをすべてのワークシートに書
き込むまで、アイデア創出のサイクルを繰り返す。6人のチーム
なら、108のアイデアが出てきたはずだ。次に十分な時間を取っ
て、議論し、明確化し、練り上げ、類似したアイデアを組み合わ
せる。そして、ほかの「発見」テクニックを使ってさらに分析す
るアイデアのリストを作る。

図20-1　ブレーンライティング6-3-5

片づけるべきジョブ ウェブサイトで取引が完了しない件数を減らす		日付：2013年10月30日 チーム：1 メンバー：エリザベス
1	2	3
顧客が適切な時点で再スタートできるように、プロセスを開始する前にログインを提供する。	コースが識別できる簡易コードを掲載した紙のカタログを提供し、予約のときに顧客プロファイルとともに使えるようにする。	取引が完了されなかった理由を尋ね、支援を提供するEメールを自動送信する。
ユーザー情報をローカルに保存し、システムがそれらを認識できるようにする。	ウェブサイトの検索機能の精度を向上させ、ユーザーに使いやすくする。	完了されなかった取引について電話でフォローする。
複数の顧客が最小限の努力で同じコースを予約できるようにする。	顧客が取引を最初から再スタートしなくても、コース選択の詳細を部分的に修正できるようにする。	支払いが完了するまで、コース予約を24時間保留できる方法を提供する。
顧客が書き込まなければならない欄の数を減らす。	ウェブサイトを使いやすくする。	顧客にインセンティブを提供する（ボーナス資料または特別価格）。
顧客が1回の取引で複数のコースを予約できるようにする。	オンライン注文プロセスを簡素化する。	1回の取引で予約が完了した場合、値引きをする。
ユーザーがログインしたとき、予約履歴と完了しなかった取引のリストを提示する。	取引を完了させずにブラウザを閉じようとしていることをユーザーに注意喚起するポップアップ・ウィンドウを加える。	ユーザープロファイルに基づいてコースを薦める。

テクニック
21 空想ブレーンストーミング

創造性の
ために、
ばかになる

実用性へのこだわりが創造性を妨げることがある。「空想ブレーンストーミング」はそんな実用性から離れるのに役立つ。たとえば、**東南アジアで市場シェアを獲得**しようとしていると仮定しよう。「空想ブレーンストーミング」では、**市場シェアを珍しい動物**と置き換えて、**東南アジアで珍しい動物を獲得する**と考えることに集中する。この空想のシナリオのソリューションをブレーンストーミングした後、元の問題に戻って、出てきたアイデアを適用していく。

特定の領域を中心に画期的なアイデアを生み出そうともがいているときに、「空想ブレーンストーミング」は遊びの雰囲気を醸し出してくれる。大胆で突拍子もないアイデアを出してもいいし、問題の専門的な事柄を詳しく理解していない人でも参加できる。

架空のブレーンストーミングをする前に通常のブレーンストーミングを行うと、わかりきったありきたりのアイデアが出てくるだろう。その後の「空想ブレーンストーミング」で、チームにこういうアイデアを超えるよう促そう。

ステップ

シナリオ──地元の大学の歴史学部の教授になったつもりになろう。教授たちは、学生に課題を期限までに提出させるのに苦労している。週に一度の教授会で毎回問題になり、毎回同じアイデア

が出るが、まったく効果がない。このジレンマを解決する新しい
アイデアを出すのに、「空想ブレーンストーミング」がどう役に立
つのかを見てみよう。

① 現実の問題の要素を特定する

現実に起きている問題、または片づけるべきジョブ（JTBD）を
検討して、次の重要な要素を特定する。

- 何が起きているのか？［行動］
- その行動を受ける人または物は何か？［対象］
- その行動はどこで起きているか？　その範囲は？［状況］
- 誰がその行動を取っているか？［主語］

歴史学部の例（学生に課題を期限までに提出するよう促す）では、
行動（促す）、対象（学生）、状況（期限までに課題を提出する）を
特定することができる。主語（教授たち）ははっきりとは示されて
いないが、暗に示されている。自分のケースの回答を、「空想ブ
レーンストーミング」のワークシートに記入しよう（図21-1）。

② 空想の要素をブレーンストーミングする

ステップ1で特定した現実の要素それぞれについて、それらを
置き換えるいくつかの空想の項目を考える。たとえば、**学生をゴ
リラ、サイクリスト、エイリアン**などで置き換えることができる。
課題を期限までに提出するは、**ゴミ出しをする**とか、**耳の後ろを
よく洗う**とすることができる。

> 標準的なブレーンストーミングは通常、意識の表面近くに
> あるアイデアを明らかにする。「空想ブレーンストーミング」
> は、架空の状況を利用して問題をより深く掘り下げて、無
> 意識の創造性に火をつける。

③ 空想の問題ステートメント（またはJTBD）を作成する

　最も苦労している要素を1つ選び、架空のものに置き換えて、空想のステートメントを作ろう。われわれの例では、**課題を期限までに提出する**を想像の要素で置き換えると、問題は**学生に期限までに耳の後ろを洗わせる**となる。

> アイデアを元の問題ステートメント、またはJTBDに再び転換しやすいように、一度に1つの要素だけ置き換えるようにしよう。

④ 空想の問題を解く

　次は、架空の問題を解く方法をブレーンストーミングする。たとえば、汚れた耳がキャンパスで本当に問題になっているとすれば、**公開の場で耳の検査を実施する、トイレに香りつき石けんを備えつける、最も耳が清潔な学生に賞を与える**ことなどが考えられる。

⑤ 空想のアイデアを現実の問題に応用する

　できるだけ多くのアイデアを考えたら、それぞれのアイデアを元の問題に関連づけよう。アイデアを次の3つのカテゴリーに分類するとよいだろう。

1. 何も変更せずに元の問題に直接応用できるアイデア。

2. 元の問題に応用する前に修正や変更が必要なアイデア。

3. 使うことも修正することもできないが、新しいアイデアをひらめかせるかもしれない要素を含むアイデア。

　実行可能なアイデアが十分に出てこない場合は、別の要素を置き替えてもう1つの空想ステートメントを作り、もう一度各ステップを実行しよう。あるいは、「クリエイティブ・チャレンジ」（テクニック17）や「ランダム刺激」（テクニック23）などの、アイデア創出アプローチを試してみよう。

図21-1　空想ブレーンストーミング

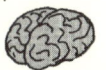

1. 現実のJTBD				
学生に課題を期限までに提出するよう促す				

2. 現実の問題の要素			5. 架空の問題に対するアイデア	6. 現実の問題への応用
行動	何が起きているか?	促す	公開で耳の検査を行う	クラス全体の前で学生の名前を呼んで課題を手渡しする
対象	その行動を受ける人または物は何か?	学生	学生全員が別の学生の耳の後ろの清潔さをチェックする	● 学生にグループで課題を仕上げさせる ● 学生にお互いの課題の「評価」をさせる
状況	その行動はどこで起きているか?その範囲は?	課題を期限までに提出する	魅力的な石けんを提供する	● 学校のカフェで無料の飲み物つきの放課後課題グループを発足させる ● 課題の数を減らす
主語	誰がその行動をとっているか?	教授たち	清潔な耳コンテストを開催する	● 最優秀の課題を校内雑誌に掲載する ● 特定の課題に沿ったコンテストを開催する ● 課題の代わりに試験をする
3. 架空の要素			いつも耳を洗っている学生に賞を与える	● 期限までに提出すれば加点する
行動	何が起きているか?	楽しませる、わいろを贈る、防ぐ	ものすごく汚い耳の写真を見せる	課題を完成させなければどんな結果が待ち受けているかを学生に説明する（落第、メインホールに成績不振者リストを張りだす）
対象	その行動を受ける人または物は何か?	ゴリラ、サイクリスト、エイリアン	汚い耳の臭いと質感を模した模型を提示する	大学教育の価値を示すことができる講演者を招く
状況	その行動はどこで起きているか?その範囲は?	ゴミ出しをする、耳の後ろを洗う		
主語	誰がその行動をとっているか?	歌手、猫、サッカー選手		
4. 空想のJTBD				
学生に期限までに耳の後ろを洗うよう促す				

テクニック
22 コンセプト・ツリー

現在のアイデアを利用して
多くのアイデアを
創出する

「コンセプト・ツリー」は1つのアイデアから出発して、そのアイデアを使ってコンセプトを特定し、そこから代替アイデアを引き出すテクニックだ。ここで言うコンセプトは元のアイデアを新しいアイデアに結びつける役割を果たす。たとえば、香水デザイナーは新しい香りのアイデアの背景にあるコンセプトを探り、その後、人のフェロモンを自然に強化する方法を創造できるだろう。

今持っているアイデアを、活用されていないアイデアのインスピレーションの源として使う「コンセプト・ツリー」は、古い問題へのユニークなアプローチをもたらしてくれることがある。元のアイデアが一般的すぎたり、制約が多すぎたり、すぐに実施可能ではなかったりするときにも、役立つ。

このテクニックを、**コンセプト・ファン**（扇）、**コンセプトの抽象化**、**代替手段**と呼ぶ人もいる。詳しくは、*Lateral Thinking: Creativity Step by Step,* by E. de Bono (New York: Harper Paperbacks, 1973)の"Generation of Alternatives"を参照のこと。

シナリオ —— 自分の会社のイメージを向上させたいとする。幅広いアイデアはいくつかあるが、「コンセプト・ツリー」のテクニックを使えば、多くの実行可能なアイデアを発想できる。

1 片づけるべきジョブについて合意する

　ホワイトボードかフリップチャートに、片づけるべきジョブ（JTBD）を書く。われわれの例では、会社のイメージを良くするという、かなり範囲の広いジョブを課せられている。「ジョブ・スコーピング」（テクニック9）または「9つの窓」（テクニック8）を使ったほうが、より良い定義ができるだろうが、このJTBDに答える一般的なアイデアがすでにいくつかあるので、「コンセプト・ツリー」がどういう結果をもたらしてくれるか見てみよう。

2 アイデアをリストアップする

　JTBDを達成するための自分のアイデアをリストアップしよう。われわれの例では今のところ、**環境への影響を軽減する、地域社会に還元する、PRキャンペーンを開始する**というアイデアがある（図22-1、205頁）。

> **アイデア**と**コンセプト**という用語は区別しないで使われることが多いが、このテクニックの文脈では異なる意味を持つ。コンセプトは目標を達成する一般的な方法を表し、アイデアはより具体的で実行可能なものである。

③　コンセプトを創出する

　元のアイデアそれぞれについて、関係のある、しかし特定的ではないコンセプトをブレーンストーミングする。元のアイデアと同じにならないように気をつけよう。たとえば、**環境への影響を軽減**しようとしている場合、**環境に優しくする**というコンセプトを提案する人がいるかもしれないが、実際にはこのアイデアを別の表現で言い直しただけだ。

④　代替的なアイデアを創出する

　ブレーンストーミングした各コンセプトについて、頭に浮かんだ新しいアイデアをリストアップする。これは、通常のブレーンストーミングのやり方でできるが、各アイデアはコンセプトに関連していなければならない。コンセプトをもっと増やす必要があるなら、増やそう。そこから新しいアイデアが生まれるかもしれない。

> コンセプトは、元のアイデアと、「コンセプト・ツリー」の助けによって生み出される代替的アイデアを結ぶ点である。

⑤　続ける

　チームのメンバーからコンセプトとアイデアが出尽くすまで、ステップ3と4を繰り返す。最初に元のアイデアが複数ある場合（われわれの例のように）、ほかのアイデアにも忘れずに「コンセプト・ツリー」を適用しよう。終わったときには、アイデアの長いリストができているはずだ。これは「KJ法」（テクニック30）などのテクニックを使って整理できる。

図22-1　コンセプト・ツリーのフォーマット

この例では、**会社のイメージを向上させる**ための3つの一般的なアイデアから出発した。
ここでは、この3つのうちの1つだけ（環境への影響を軽減する）にコンセプト・ツリーを
適用して、元のアイデアより具体的で実行可能な19のアイデアを創出した。

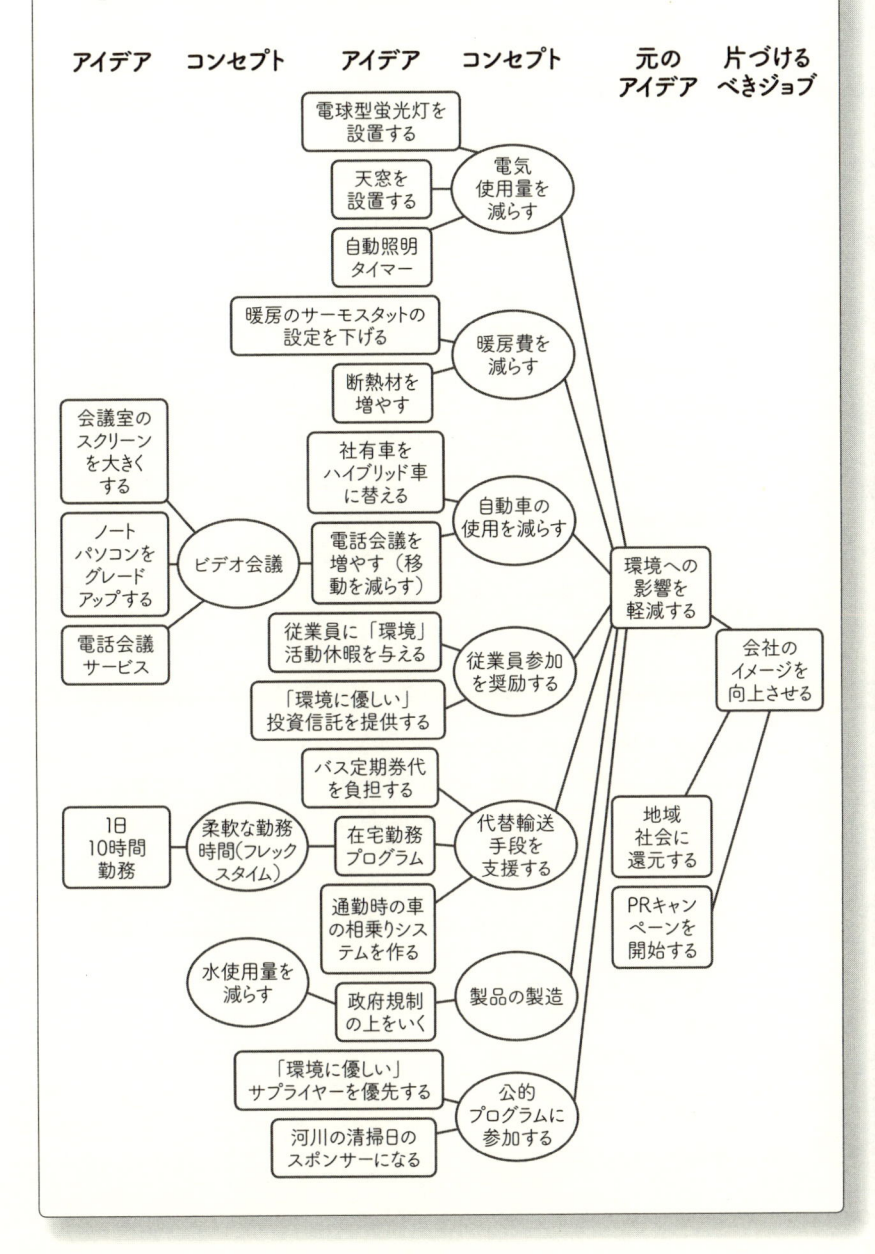

テクニック 23 ランダム刺激

関係のない絵や言葉を使って、新しいアイデアを生み出す

　このテクニックでは、参加者は任意の言葉やイメージから自由に連想して、新しいアイデアを生み出す。たとえば、レーシングカーの写真を見て自動車レース場が思い浮かび、それがきっかけで海水を淡水化する新しい技術を思いつく、ということもあるかもしれない。

「ランダム刺激」のようなテクニックは、最初、支離滅裂でとうてい新しいアイデアをもたらすとは思えないかもしれないが、惰性的な思考を断ち切ることこそが必要なのだ。人間は長い間、情報を処理していると、どうしても思考回路がパターン化して、創造的に考えるほうがかえって不自然になってしまう。創造的思考に火をつける唯一の方法はこういうパターンから脱却することであり、「ランダム刺激」はその方法の1つだ。

> **ランダム刺激**は、思考を目下の関心とそれに関連することから、それ以外の新しい場所に強制的に向かわせるものであれば、どんな種類の信号でもよい。言葉でも画像でも、音やにおいでもよい。

シナリオ——途上国ではこれまで以上に多くの社会階層で可処分所得が増えており、自動車会社はこれらの層をターゲットとして新しい自動車を提供し始めている。タタ自動車のナノや復活した日産のダットサン・ブランドなど、こうした商品の多くは、これまでの顧客層より低所得の運転者向けに設計されている。これら新規の運転者から、もう1つの市場機会が生まれようとしている。それは、自動車保険の需要だ。

1 片づけるべきジョブ（JTBD）と結果期待を特定する

　グループで、何が「JTBD」（テクニック1を参照）と関連のある「結果期待」（テクニック3を参照）であるかについて合意する。自動車保険の例では、片づけるべきジョブは、**途上国の新興低所得層ドライバーに保険を提供する**ことだ。このジョブに対するソリューションに求められる望ましい顧客期待としては、**迅速な購入と発効、使い方が簡単（請求とサービス）、できるだけ低コスト、法的基準を満たす契約内容**などが考えられるだろう。望ましくない顧客期待には、**オプションが多すぎて保険料が高すぎる、購入してから実際に補償開始となるまでの待ち時間が長すぎる**などが考えられる。

　保険会社にとって望ましい結果期待は、**新規顧客プレミアムを獲得する、より高い顧客満足度を達成する**などがある。望ましくない結果としては、**事故と請求件数の過度の増加、危険な運転習慣を持つ顧客、保険料を支払わない顧客**などが考えられる。

　これらの結果が、「ランダム刺激」によるアイデア発想セッションの枠になる。

> 「ランダム刺激」テクニックは、JTBDのソリューションのアイデアを創出するのにも使える。さらには、結果期待を考えるときにも使える（**図23-3**がその例）。

② ランダム刺激を選ぶ

　JTBDに直接関係のない言葉や画像を選ぼう。言葉を選ぶ場合、次の一般的な方法のどれか（または自分なりの方法）を使って名詞を選ぶ。

- 辞書か類語辞典を使って、無作為に何ページ目の何番目の見出し語にするかを選ぶ（たとえば、169ページの10番目の見出し語。これがランダムワードになる）。あるいは、雑誌や新聞を使って、無作為に何ページ目、何番目の段落、何番目の単語にするかを選ぶ。

- ランダムワード・リスト（図23-1）を使って、リストの何番目の単語にするかを選ぶ。

- www.randomwordgenerator.comにあるようなランダムワード生成ソフトウエアを使ってもよい。

> 図23-1の150語のリストを使って、素晴らしい新しいアイデアを生み出そう。しかし、自分が好きな単語や画像を選ぶことはやめよう。ランダムに選ぶことが重要なのだ。ランダム刺激がJTBDからかけ離れているほど、既成概念にとらわれないアイデアが生まれる可能性が高まる。

　画像を使いたいときは、何をしているかがはっきりとわかり、ポジティブな感情を起こさせるものを選ぼう。次のヒントも覚えておくとよい。

- 本物の写真を使う。できればカラーのほうが良い。色はより多くの感情を呼び覚ます。クリップアートやマンガは使わない。これらはすでに特徴づけが行われているため、自由連想の独創性を抑える恐れがある。

- 賛否が分かれるもの、不快なもの、気が滅入るようなもの（たとえば、戦争、裸体、葬儀などの写真）を避ける。参加者自身の写真で恥ずかしい思いをさせるものは使わない。

　　　　　　　　　　　　第 2 部　アイデアを発見する

● 旅行、映画、スポーツ、時事問題、自然が主題の雑誌や本は、良い写真が見つかる宝庫だ。

> www.brainstorming.co.uk/onlinetools/randompicture.htmlには、自動ランダムピクチャー生成機能がある。

図23-1　ランダムワード・リストのサンプル

> 舌　プラスティック　レンチ　星　グルメ　お金
> 懐中電灯　さいころ　ウィンドサーファー　リボン
> カメラ　缶　鉛筆　ピン　スイカ　ソーダ　テープ
> ネックレス　カビ　雨どい　宝石　家　溝　燃料
> 音楽　くずかご　X線　カップ　ペンキ　子羊
> 胃　雨　望遠鏡　ひざ　棒　シャンパン　コマ
> 豆　天使　学生　唇　サケ　肺　ガソリン　おけ
> キツネ　煙突　ビキニ　刑務所　税金　イグルー
> 暖炉　斧　煙　レフェリー　コルク　小川　惑星
> 金魚　ツタ　爆弾　傘　円錐　洪水　カエル
> 肋骨　テーブル　椅子　タオル　窓　ロッカー
> おもちゃ　演壇　ソーサー　虹　アメーバ　ディスク
> カタツムリ　米　草　垣根　馬　小屋　葉　鳥
> トラクター　オリンピック　ストロー　鏡　章
> 真空　パン　サイクロン　グレービー　エメラルド
> ギャング　ペンチ　双眼鏡　スタジオ　インコ　爪
> 牧草地　コウモリ　縁石　ジッパー　排水溝
> コンセント　ひじ　雑草　紙　かつら　道　サウナ
> コード　アヒル　床　本　アナウンサー　おむつ
> ケーキ　花　サンドウィッチ　湖　稲妻　ろうそく
> 王冠　ジャム　化石　ペット　定規　サーカス
> プラグ　コーチ　壁紙　ハム　封筒　俳優　暴動
> 粘土　列車　テレビ　ガレージ　スタジアム
> 金型　刑事　雑誌　メダル　冷蔵庫　ソナー　車

③ 連想をブレーンストーミングする

　ランダムな言葉または画像を選んだら、チームにランダム刺激から連想することを尋ねる。われわれの例では、ある日の『ウォール・ストリート・ジャーナル』紙の一面から、**倉庫**という刺激語を選んだ。この単語から**ホイッスル、在庫、フォークリフト、安全、無線自動識別、流通、棚**といった言葉が連想されるかもしれない。

　連想した言葉を、ランダムワードまたは画像から放射状にのびる線に１つずつ書き入れる（図23-2）。あらゆる答えを、判断を下したり、立ち止まってアイデアをさらに深く探ったりせずに受け入れる。

> 画像を使う場合、参加者に、絵の中で何が起きていると思うかと質問し、いつ、どこで、誰が、なぜ、どのように、についても尋ねる。

④ アイデアを創出する

　それぞれの連想について議論し、どうすればそれらをJTBDに関連した具体的なアイデアにすることができるかを探る（関連のある結果期待を念頭に置いて）。たとえば、**フォークリフト**という連想からは、**迅速な購入と発効**という顧客の望ましい結果期待を満たすために、保険会社を顧客のところに連れていく、というアイデアが生まれるかもしれない。あるいは、**ホイッスル、安全、棚**という言葉から、保険会社が**リスクの大きい運転習慣**を持つ顧客に悩まされつづけるという望ましくない結果期待を避けるためのアイデアやイノベーションが生まれるかもしれない。

　最初は連想されたこととJTBDの間につながりを見出すことは難しいと思われるだろうが、とにかく試しつづけることだ。たいてい誰かが連想が働き出すきっかけを作り、そういう連想からそ

図23-2　言葉を使ったランダム刺激

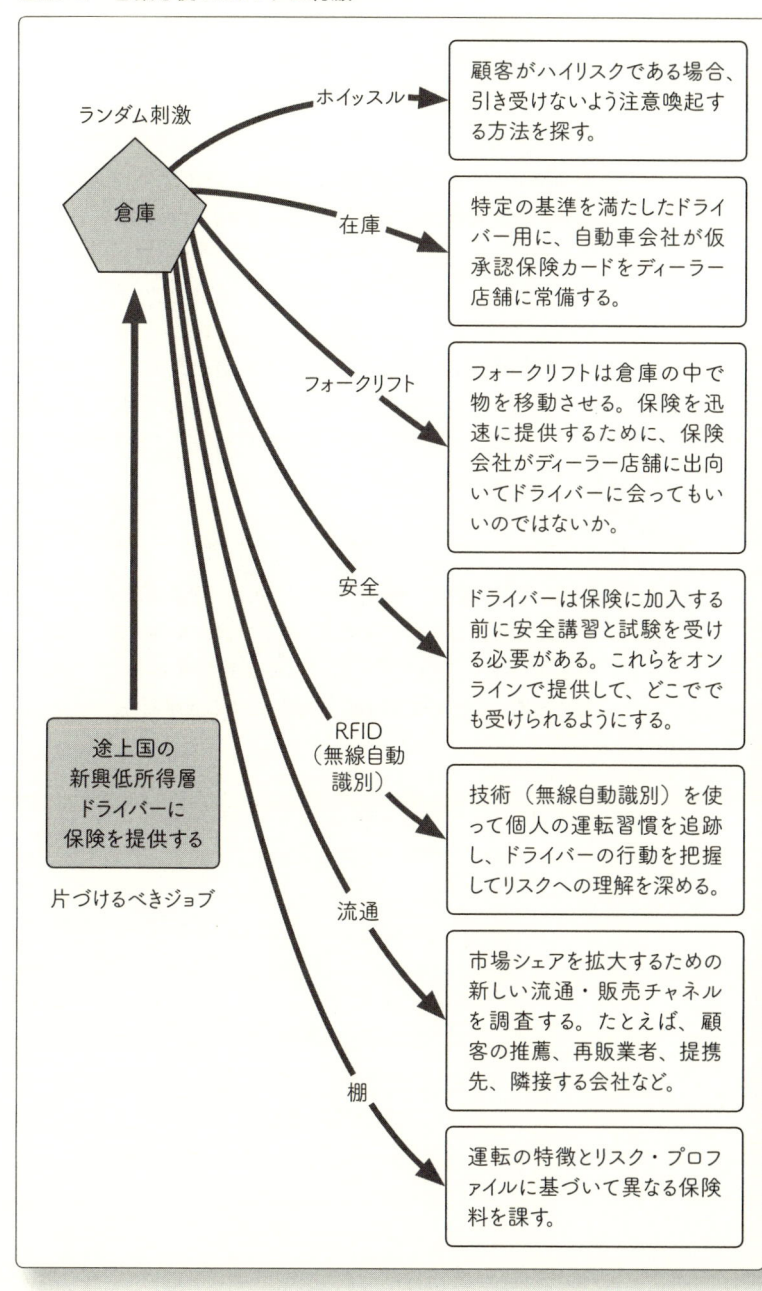

のうち画期的なアイデアが生まれるものだ。うまくいかなければ、別のランダム刺激語を選び、もう一度やってみよう。

> これは当然のことだが、「ランダム刺激」のアイデア創出段階では、できる限り創造的、革新的になろう。未来より過去に目を向けた、退屈な、使い古された、独創性のないアイデアは、イノベーターの目的を否定するものだ。

アイデアを出し終わったら、リストを見直そう。まだアイデアが必要なら、別の刺激語を使ってステップを繰り返す。または、「挑発して動かす」（テクニック24）などの別のアイデア創出テクニックを試してみよう。

> 図23-3は、画像を使って新しいアイデアを創出する、「ランダム刺激」のもう1つの例だ。ここでは、**業務における従業員の士気を高める**というJTBDの結果期待の1つの、**活動に関連するコストを最小限に抑える**ことが目標だ。

図23-3　画像を使ったランダム刺激

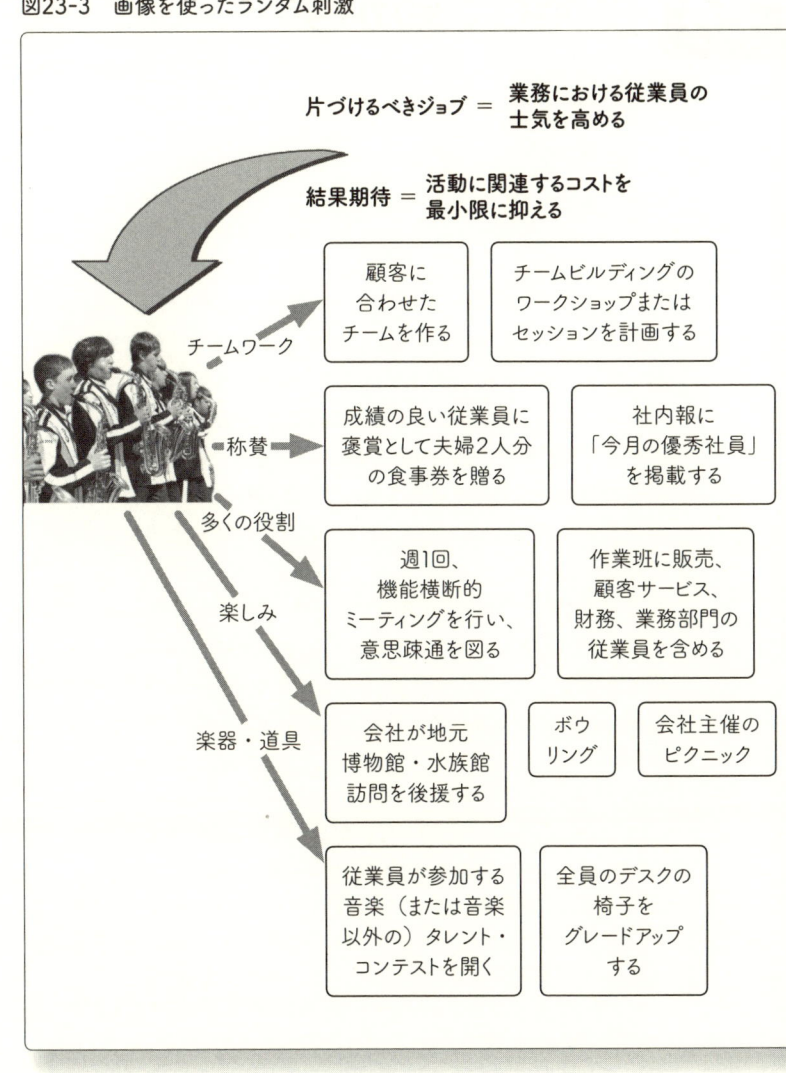

片づけるべきジョブ ＝ 業務における従業員の士気を高める

結果期待 ＝ 活動に関連するコストを最小限に抑える

チームワーク
- 顧客に合わせたチームを作る
- チームビルディングのワークショップまたはセッションを計画する

称賛
- 成績の良い従業員に褒賞として夫婦2人分の食事券を贈る
- 社内報に「今月の優秀社員」を掲載する

多くの役割
- 週1回、機能横断的ミーティングを行い、意思疎通を図る
- 作業班に販売、顧客サービス、財務、業務部門の従業員を含める

楽しみ

楽器・道具
- 会社が地元博物館・水族館訪問を後援する
- ボウリング
- 会社主催のピクニック
- 従業員が参加する音楽（または音楽以外の）タレント・コンテストを開く
- 全員のデスクの椅子をグレードアップする

テクニック 24 挑発して動かす

思考を妨げる
障害を
打破する

　人はどうしても、いつも通りの方法で考えようとする。「挑発して動かす」テクニックの狙いは、この**心理的惰性**の枠の外に人を押し出すのに十分なほど衝撃的なステートメントを考案することだ。たとえば、「収益を上げるには顧客が必要だ」と言えば、当たり前だと思われるだろう。しかし、「収益を上げるために顧客は**必要ではない**」と言えばどうだろう。この挑発がこれまでとは異なる方向を指し示し、新しいアイデアを生む議論を喚起するのは必至だ。

　このように、「挑発して動かす」のは、既成の枠にしばられないアイデアを創出するための最も良いツールの1つなのだ。もし、現状を疑うことに対して柔軟であり、**もし～ならどうだろう?**と想像し、自分にショックを与えて新しい現実に向き合おうとするならば。

> 挑発の原因となり、より良い製品やサービス、あるいはソリューションを求める動きを刺激する最初の力は、苛立ちであることが多い。すべてのクレジットカードの先駆けとなったダイナーズクラブのカードは、食事代をいつも現金で払わなければならないことへの苛立ちから生まれた。今日では、世界はクレジットカードでの取引からスマートフォンやタブレット型コンピュータでの取引へと大きく進化しようとしているが、誰も驚かない。

ステップ

シナリオ──プライベート・プールズ社は、個人宅向けにオリン

ピックサイズのプールの設計と建設を行っている。だが、このところ住宅市況の悪化もあり、利益が激減している。そこで結成された機能横断的チームは、「挑発して動かす」テクニックを使って、会社の市場シェアを拡大するための画期的な方法を発見したいと考えている。

> 「挑発して動かす」テクニックの目標は、結果に対する満足度を上げること、あるいは片づけるべきジョブをもっと良く達成できるようにすることである。

1 焦点を定める

アイデアが必要な製品、サービス、プロセス、ビジネスモデルなど、焦点を合わせる主題を決めよう。その主題の現在の特性、特徴、様態のリストを作る。リストを作るには、ブレーンストーミングや、「クリエイティブ・チャレンジ」(テクニック17) などの方法を使うことができる。

> 最初、ばかげていると思われないアイデアには、何も期待できない。　　　　　　　　── アルバート・アインシュタイン

2 現実ステートメントを作成する

特徴のリストから1つの項目を選んで、今の現実を表すステートメントを作成しよう。このステートメントで表現されることが多いのは、不十分にしか満たされていない顧客の期待や、ソリューションに問題があるジョブである。あるいは、当たり前だと思われていることや、めったに疑問を呈されることがないことだ。たとえば、プライベート・プールズ社のチームは、**個人宅用プールを設置するには、広い屋外エリアが必要である**というステートメントを選んだ。こういう伝統的な考え方を無視することで、広い裏庭がない人や、冬に気温が下がる地方に住んでいる人にも製品を提供できるようになるかもしれない。

> 挑発は、イノベーションの価値指数（詳しくはテクニック4
> 「価値指数」を参照）に注意を払いながら、非論理的な思
> 考から役に立つアイデアを生み出す足掛かりである。

3 挑発的思考ステートメントを考案する

ステップ2で作成した現実ステートメントを基に、普通でない、とっぴな、常軌を逸した非論理的な形で現実から乖離する「挑発的思考（PT）」ステートメントをいくつか考えよう（図24-1）。この挑発は、そのまま受け取り、判断は保留すること。今はまだステートメントの妥当性に疑問を呈したり、過激な創造性の自由な流れを妨げたりする段階ではない。一般的に、PTステートメントは次の4つのカテゴリーのどれかに該当する。

1. **否定**── 今の現実を否定するステートメントで対抗する。

2. **逆転**── 今の現実ステートメントの条件を逆にする。

3. **誇張**── 今の現実ステートメントを、考えられないような、または極端な状態（どちらの方向でもよい）にまで持っていく。

4. **夢**── もし……だったら今の現実はどう違ったものになるだろうか、と想像する。

> 心理学の世界では、極端な否定は一種の精神疾患と考えられている（コタール症候群）。しかし、イノベーションの世界では、片づけるべきジョブの想像もしなかったようなソリューションをもたらすなら、少しばかり常軌を逸していることも役に立つのかもしれない。

4 動きからアイデアを創造する

ステップ3で考案した挑発的な思考に刺激されて、チームは通常の枠組みの外で考え始めたはずだ。次のステップは、各ステー

トメントに**動かす**テクニックを適用して、PTステートメントをより現実的で実行可能なものにすることだ。**動かす**アイデアは次のように分類される。

- **次から次へ** —— 挑発的な考えが実施されたら何が起きるかを視覚化しよう。たとえば、アメリカのすべての家がプールつきになれば（夢PT）、プール市場は劇的に広がり、価格は大きく下がるだろう。それに応じて、公共プールの利用は減るだろう。

- **コンセプトを抽出する** —— 挑発的な考えの背後にあるコンセプトを見極め、新しいアイデア創出の足掛かりとして使う。

図24-1　挑発して動かす

今の現実	挑発		動き		アイデア
個人宅用プールには、広い屋外スペースが必要である。	否定	個人宅用プールには、広い屋外スペースが必要ではない。	コンセプトを抽出する	プールが地面にある必要はない。	大きなプールと同じ機能を備えた小さなプールを開発する。
	逆転	広い屋外スペースには、個人宅用プールが必要である。	コンセプトを抽出する	前庭、屋上、公園などの広い屋外スペースにプールを造る。	水が入った泳ぐための「チューブ」を作る。
	誇張	個人宅用プールは、バスタブほどのスペースしか必要としない。	違いに焦点を合わせる	屋外対屋内 広い場所対狭い場所 深い対浅い 静水対流水	プールに、冬にはスケートリンクに転換できるキットをつける。
	夢	アメリカのすべての家に個人用プールがあれば？	次から次へ	プールの市場は急拡大するだろう。価格は大幅に下落するだろう。公共プールの利用は減少するだろう。	特定の泳法を練習できる余裕があるバスタブを設計する。 屋上プールを設計する。

たとえば、逆転PT（広い屋外エリアにはプールが必要である）を使って、前庭や屋上、公園などの広い屋外エリアにプールを作るというコンセプトを引き出す。

- **違いに焦点を合わせる** ── 挑発的思考と現在の現実との違いのリストを作ろう。たとえば、個人宅用プールとバスタブ（誇張PT）の違いは、屋外対屋内、大きい対小さい、深い対浅い、静水対流水（蛇口から）などがある。これらの違いのいくつかを使って、チームはまったく新しい方法でプールについて考えるようになるかもしれない。

> 挑発的思考は、提案されたラジカルなアイデアを達成できる何らかの実効性のある動きをともなっていなければ、実行不可能で、非常識で、荒唐無稽と思われるだろう。

5 アイデアを見直す

　PTステートメントに動きを適用した結果、より深く探索するべき画期的なアイデアのリストができたはずだ。アイデアがそのままソリューションになるかもしれない。だが、挑発と動きによって、チームはおそらく実現可能な範囲の極限にまで押し出されたことだろう。その場合、そのアイデアに内在する物理的または技術的矛盾を克服するために、「構造的抽象化」（テクニック26）や「分離原則」（テクニック27）を活用する必要があるだろう。

現実にあった例

　ドクター・G・ベンカタスワミー（1918 〜 2006年）は、長い人生を母国インドの失明（と失聴）の撲滅に捧げた眼科医・眼科外科医としてよく知られている。ベンカタスワミーが夢を現実にした1つの方法は、白内障の手術の新しい方法を開発したことだ。彼は大量生産とコモディティ化の原則を援用して、インドでの手

術費用を300ドルから50ドル以下にまで引き下げた（米国での白内障手術の費用は、約2,500ドルである）。

このような抜本的な変革を起こし、そのシステムと方法を完成させるために、ベンカタスワミーは、当時の想定、設備、治療の進め方に刺激を与えつづけ、容赦なく挑戦した。彼を導いたのはただ1つの問いだった。「どうすれば死活的に重要な眼科治療を、ほとんどが1日2ドル以下で生活している膨大な貧困層の人々が利用可能なものにできるか?」

1977年にベッド数30の最初の病院（アラビンド・アイ・クリニック）を開いたドクターは、現状に対して挑発し、揺さぶりつづけている。2011年までに、アラビンドの眼科治療システムは、8つの病院（総ベッド数4,000）、農村地域の40のビジョン・センター、7つの地域眼科センターで3,200万人の外来患者を治療し、400万件の手術を行った。

2011会計年度だけでも、アラビンド・システムは延べ260万人の外来患者を診察し、推定30万件の手術を実施している。

世界中の保健医療当局とシステムがアラビンドのモデルから学ぼうと研究していることは、何ら驚きではない。あらゆる分野の医療・手術の手順の一部または大部分、あるいはすべてを、同じようにコモディティ化することができたら、何が起こるだろう? 手始めとして、心臓バイパス手術のように複雑で高価な手術の代替的な方法の開発がすでに進められている。このような手術は米国では約5万ドルかかるが、同様の手術はインドでは2,000ドルである。

参考資料

「挑発して動かす」アプローチについて、詳しくは次を参照のこと。

de Bono, E. *Serious Creativity: Using the Power of Lateral Thinking to Create New Ideas*. New York: HarperBusiness, 1993.

強制連想法

他業界の
ソリューションに
注目する

現行の製品であれ、自分の業界や問題解決アプローチであれ、今日のパラダイムから離れ、一見何の関係もなさそうな分野からソリューションを発見するよう促してくれるのが、「強制連想法」である。

歴史上最も重要な進歩の中には、他業界のソリューションから学び、それを適用した結果生まれたものがある。たとえば、1400年代中ごろ、大量印刷を可能にした活版印刷機を完成させる最後の決め手となった構成要素は、金属の活字から紙に像を転写する部分だったが、これはワイン製造業界の圧搾機を応用したものだった。

視野を広げるために、さまざまな業界や学問分野、趣味、文化に浸ってみてもよい（病院でのボランティアや、外国の新しい文化の中で働くことなど）。多くの業界と観点に視野を広げられるような人員構成のチームを編成してもよい。あるいは、「強制連想」のテクニックを使って、自分とチームのメンバーを自らのパラダイムの外に積極的に押し出し、自分たちの問題をすでに解決していた例を探すこともできる。

> ナインシグマ社、イノセンティブ社やAlliedMindStorm.comなどの、研究開発業務を請け負うオープンイノベーションという業態の成功は、業界を飛びだして自分のイノベーション問題を解くのに必要なミッシングリンク［訳注：失われた環。生物の進化・系統において、想定されるが発見されていない存在を意味することから、系列完成上欠けている部分、隠れたつながりをいう］を発見することがいかに重要であるかを示している。

シナリオ—— カリフォルニア州イーストベールのある酪農場では、第2の生産物である肥料（牛ふん）への需要が増大している。唯一の問題は、未処理の肥料は水分を多く含んでいるため、輸送するには重く、買い手にとってはすぐに使用できないためにあまり魅力がないことだ。酪農業者は、肥料から余分な水分を除去する方法を見つける必要がある。

図25-1　カリフォルニア州イーストベールの酪農場

ホルスタイン種の乳牛が、健康に良く、質の良い牛乳を生産できるよう配合された飼料を食べている。乳牛の糞は農場で肥料として使われるとともに、ほかの農業・造園用に市場で販売されている。

① 問題を特定する

　最初のステップは、解決しようとする問題についてチームで合意することだ。酪農場の例では、酪農業者たちは**肥料から過剰な水分と湿気を取り除く**ことが必要だと特定した。

② 中核的機能を抽象化する

「強制連想法」を行う問題の準備として、問題から中核的な機能を抽象化しなければならない。言い換えれば、機能だけに集中できるように、問題ステートメントから業界用語を取り除いて簡素化するのだ。酪農業者の例なら、**過剰な**と**湿気**を削除し、**肥料**を**物質**に替えることによって、問題をより一般的にすることができるだろう。簡素化された問題ステートメントは、**物質から水分を取り除く**となるだろう。

　次のような例も考えられる。

特殊な問題── インクジェットのカートリッジの中のインクが乾くのを防ぐ。

一般的な問題── 液体が蒸発するのを防ぐ。

特殊な問題── 損傷（摩耗、穴あき、ほころび、かぎ裂きなど）しにくく、安価で、軽くて快適な衣料用素材を生産する。

一般的な問題── 軽量でも強い物質を作る。

特殊な問題── 地面が乾燥すると感知して、自動的に作動するスプリンクラーのシステムを設計する。

一般的な問題── 水分量を測定し、システムを作動または停止させる。

特殊な問題── パソコンの冷却ファンの音を小さくする。

一般的な問題── 作動部にともなう音を小さくする。

3　機能データベースまたは機能ベンチマークを参照する

　技術的ではない問題の場合、この一般的なプロセスを熟知している人を探そう。技術的な問題の場合、http://function.creax.com で閲覧できるような機能データベースを使って、自分の技術的な問題の既知のソリューションを探すことができる。このソフトを使うには、問題ステートメントを一段と簡素化する必要があるかもしれない。

　酪農業者たちは**除去する**という機能と、**液体**という形態を選んだ。すると、物質から水分を除去することができる方法が十数件、データベースから返ってきた。たとえば、遠心分離機、蒸留、静電気、親水性、浸透、共振などだ。これらの方法を1つひとつ問題に当てはめてみて、ソリューションを見つけるのに適用できそうかどうかを判断する。

4　他業界のソリューションを調べる

「強制連想法」の目標は、ほかの業界が目下の問題の解決に使ってきた方法を調べることだ。問題が技術的なもので、機能データベース（ステップ3）から何らかの可能性のあるアプローチが判明すれば、それらが使われている業界に狙いを絞ることができる。酪農業者が物質から水分を除去する問題については、この問題が解決されているほかの業界には、次のようなものがあった。

- 雨の日に野球の試合があるとき、球場整備員は球場にたまる雨水を除去しなければならない。これには2つの方法がある。1つは、球場を防水布で覆って水分がたまるのを防ぐこと。もう1つは、水分を吸収するクレーを土に混ぜ、外野にはローラーをかけて余分な水分を取る方法だ。

- ダイソン・エアブレードのハンドドライヤーは、非常に小さい2つの開口部から時速400マイルもの空気を手に吹きつけて、約12秒で乾かす（www.dysonairblade.com/technology/dysontech.asp）。

- ジュース生産者は、果汁からほとんどの水分を除去して冷凍濃縮果汁を作る製造方法を開発した。果汁から水分を除去する主な方法の1つは、親水性化合物を使う方法だ。親水性（hydrophilic）とは、**水を好む**という意味だ。

- チワワはお風呂から出たり、雨の中から屋内に入ったりするとすぐに体を激しく震わせて、毛から水を振り払う。

> 「強制連想法」のテクニックは、「構造的抽象化」（テクニック26）同様、自分がよく知っている領域の外でソリューションを探そうとするときに効果がある。問題が高度に技術的でない場合、まず、「強制連想法」を試してみよう。高度に技術的である場合は、構造的抽象化から始めるほうがよいだろう。あるいは、自然の中にソリューションを探そう（テクニック29「バイオミミクリー」を参照）。

⑤ 類似したソリューションが適用できるかどうかを探る

　ステップ3と4を終えれば、問題に対する潜在的なソリューションを網羅したリストができているはずだ。そこで、自らの業界知識を使って、各ソリューションが目下の問題に関してどの程度実現可能かを判断する。

　われわれの例では、酪農業者たちは、肥料から余分な湿気と水分を除去するヒントになりそうなアイデアをほかの業界からいくつか見つけた。

- エリアを防水布で覆う。

- 水分を吸収するクレーを混ぜる。

- ローラー・スクイージーをかける。

- 空気を高速で吹きつける。

- 親水性化合物を加える。

- 激しく振動させる。

肥料には元々水分が含まれているので、防水布は使えないし、牛に吸水クレーを食べさせるのはソリューションとしてはあり得ない。高速の空気を吹きつければ目も当てられない結果になる。肥料を何かの容器に入れて揺さぶるのは実現可能かもしれないが、相当の設備投資が必要だろう。

　しかし、ローラー・スクイージーのアイデアと親水性化合物のソリューションには類似性があるように思われる。酪農業者たちは、これらのソリューションを実行するのは比較的シンプルでコストも安いだろうと考えた。最終的に酪農業者たちは、オレンジジュース業界の親水性化合物を使うソリューションを使ってみて、結果に満足した。

そのほかの例

　1990年代にゼネラル・モーターズ（GM）の経営陣は、保証コストを数十億ドル単位で削減するという任務を負っていた。GMでは新車発売時期の偶発的ミスの保証コストが膨大になっていたのだ。会社がこのような偶発的なエラーを把握するのに70日かかっていた。画期的なソリューションを創出するために、GMは「偶発的に発生したエラーを把握するのが最も得意な人は誰だろう?」と考えた。彼らは、疾病管理予防センター（CDC）は、しばしば食中毒の原因を72時間以内に発見することができることに気づいた。アトランタのCDCが用いているプロセスを研究することによって、GMは自分たちの問題を解決する複数のアイデアを考え出した。

構造的抽象化

40の立証済みの原理を
イノベーションの
指針とする

「構造的抽象化」は**技術的矛盾**、つまり互いに対立する2つの変数を解消するために用いられる。たとえば、より馬力の強い車を作りたい（A）、しかし、そうすれば燃費が悪くなる（B）。きわめて重要なシステム要素Aを改善したいが、そのために取る行動が要素Bの悪化を招く。このトレードオフを回避する必要がある。

「構造的抽象化」のテクニックは、イノベーションへの道に立ちはだかる機能的矛盾が特定されたとき、そしてほかのアイデア発想テクニックでは不十分なときに、役に立つ。「構造的抽象化」は科学、工学、発明的問題解決理論（TRIZ）に深く根差しているため、このテクニックを使う場合には専門家の助けを求めたほうがよい。

またこのテクニックを用いるには、*Matrix 2003: Updating the TRIZ Contradiction Matrix* の書籍も必要だ。書籍の入手方法についての詳細は、この章の末尾、参考資料の項を参照のこと。

このテクニックは約50年前から使われてきたが、その発明者たちは誰も、これに正式な名称をつけなかった。TRIZに携わる大多数の人はこのテクニックを**矛盾マトリックス**と呼んでいる。イノベーターが使えるようにあらゆる研究が集められ、マトリックス状に示されているからだ。われわれが**構造的抽象化**という名称を好むのは、このテクニックを適用しているイノベーターが行っていること、つまり、構造化された枠組みとプロセスの中で抽象的に思考することを端的に表しているからだ。

背景

TRIZは、1946年からロシアの科学者やエンジニアたちによって着想・開発され、今もなお進化し、ビジネスに影響を与えつづけている。TRIZは実証的研究（世界中の特許データベース）に基づいているため、おそらくTRIZ実践家は、悩んでいるイノベーターには**心配しなくてもいい**と言うだろう。エンジニアが直面するあらゆるイノベーション問題の90パーセント以上は、少なくともどこかで、いつか、何らかの業界で解決されているからだ。

しかし、不可能とも思われるほど難しいのは、膨大な数の発明やイノベーションの山をかきわけて、過去に自分の今の問題とよく似た問題を持っていたのは誰かを探し出すことだ（世界には膨大な数の特許が登録されている）。それに、なんとかして自分の問題によく似た問題を解決した特許発明を見つけても、自分の特殊な分野の特殊な問題の解決に役立てるには、そのソリューションの特徴をどうとらえればよいのだろう？

TRIZの起源と構造的抽象化

　これと同じ疑問に駆られて、ロシアで大掛かりな調査が始められた。それを主導したのが、TRIZの父、ゲンリッヒ・アルトシューラーである。ロシア人を主体とする仲間とともに約30年を費やして、約200万件にも及ぶ当時（1940年代末から1970年代末）の世界の特許データベースをしらみつぶしに調べ、分析し、分類した。この偉大な業績のおかげで、イノベーターたちは「構造的抽象化」をはじめとするTRIZのツールを使って、イノベーションのプロセスへの理解を深め、迅速化することができるようになった。

> われわれのアプローチが、数十年にわたって実践されてきた伝統的なTRIZとは少し異なることを、読者には理解していただきたい。われわれのアプローチには、ダレル・マンと英国での彼の研究組織の膨大な研究に基づく重要な進化が反映されている（この進化はもっと早く起きるべきだった）。いくつかの問題パラメーターの表現、問題パラメーターが矛盾マトリックスに提示される分類の仕方と順序が変わり、9つの新しい問題パラメーターが加えられている（**問題パラメーターと矛盾マトリックス**という用語については、次のステップの項で詳述する）。

　このテクニックがどのように開発され、組織されたかを、その始まりから説明しよう。はじめのころ、研究者たちは世界の特許を精査して、それらがどういう技術的矛盾を解決しているかを調べた。その結果、39の一般的な問題パラメーター、または**矛盾パラメーター**── 目下の技術的矛盾の有害または有益な特徴── を特定することができた。

この作業を終えた初期の研究者たちは、**40の発明原理**も考案した。簡潔だがきわめて効果的なこれらの40の原理の1つまたはいくつかに基づいて、イノベーターたちは、何百万もの技術的矛盾を解決し、迅速に特許を獲得して、自らのソリューションを競争相手から守ってきた。

　図26-1は、「構造的抽象化」の問題解決プロセスを大まかに示している。目下の特殊な技術的矛盾（イノベーションを起こすべき問題）から一般的矛盾へと移行する。次に、矛盾マトリックスを使って、特殊な問題を解決できそうな一般的な発明原理を特定することができる。さらに創造的ブレーンストーミング、開発段階、指針に沿った試行錯誤を通して、特殊な技術的矛盾を解決する特殊な画期的ソリューションを見つけることができる。

図26-1　問題解決アルゴリズム

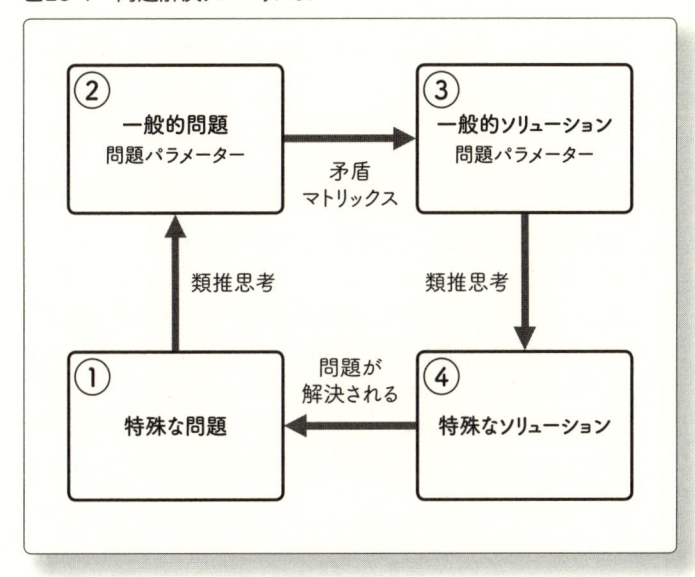

最近の動向

「構造的抽象化」は過去50年の間、数えきれないほどのイノベーターに情報を与え、助けてきたが、**システムはまだ完成されていなかった**。矛盾マトリックス（非常に大きなスプレッドシート）の多くのセル（1482のうち、ゆうに200以上）は、有効性が確実な発明原理が出現していないため、イノベーターには手がかりがなかった。この段落を読んでまったく意味がわからなくても、ステップの部分を読み進めるうちに理解できるようになるはずだ。

> 驚かないかもしれないが、イノベーションを簡素化し、問題解決の有効性を向上させるために、「構造的抽象化」が特定のセクター、たとえば、ソフトウエア開発向けにカスタマイズされ始めている。独自の問題パラメーターのリストを作成した企業もある。基本的には、その企業が活動している環境に関係のないパラメーターを除くことになる（法律事務所または銀行と化学会社の研究開発組織、それぞれの環境を比べてみればよい）。

2000年から2003年にかけて、英国のダレル・マン率いる研究者グループ（ダレル・マン、サイモン・デウルフ、ボリス・ズロティン、アーラ・ズスマン）は、1985年以降の特許15万件を調査した。その結果、伝統的な矛盾マトリックスの空欄の問題を解決することができた（相互参照問題パラメーターのスプレッドシートのいくつかの欄には、発明原理はない）。

そのような空欄、または発明の穴が存在した理由を、マンは次のように説明している。

　　　　　　　　　　　第2部　アイデアを発見する

……最初の矛盾マトリックス、特に**情報量**のパラメーター（これについてはマトリックスには多くの空欄がある）から明らかなのは、マトリックスの成長は徐々に明らかになるイノベーションの世界の物語であって、新しいパラメーターが設計のプロセスで重要になってくることだ。たとえば、安全や騒音、環境などの要素は、今日では1970年代より、はるかに重要視されるようになった。

— "Updating the Contradiction Matrix", by Darrell Mann, Simon Dewulf, undated paper, www.systematic-innovation.com/Articles/02,%2003,%2004/Jan03-Updating%20the%20Contradiction%20Matrix.pdf.

　要するに、マンたちの業績によって、「構造的抽象化」のテクニックは、より堅固な役に立つものになった。また、マンの組織はこの2003年の成果よりもさらに分析を拡大し、その多くの部分を**マトリックス2010**と呼ばれる成果に結実させている。だが、本書では2003年版のマトリックスを用いている。2003年版はパブリックドメインになっていて、マトリックス全体を無料でダウンロードできるが、2010年版は購入しなければならないからだ。

　とはいえ、ゲンリッヒ・アルトシューラーと同僚たちがいなければ、今日この強力なテクニックが存在していたかどうかは疑わしいということは、明確にしておかなければならない。イノベーションは類推的な方法で体系化できるのではないかというビジョンを最初に抱いたのはアルトシューラーであり、そのビジョンをイノベーターたちのために利用可能な現実にする試みを先導したのは彼にほかならない。

1 矛盾を特定する

技術的な矛盾を特定するにはどうすればいいのだろう？ 技術的な矛盾は、どのような試みや技術の分野でも、明白でよく知られていることが多い。あるシステムに通じたエンジニアや技術者は、技術的な矛盾を引き起こす対立する力学を理解している。

技術的な矛盾を特定し、特徴を明らかにするには、2つの関連する変数、またはシステムやプロセスの部分について考える。変数の1つを改善する。たとえば、**車の速度を上げる**。するとその作用はもう1つの変数を悪化させ、**燃費が悪くなる**。イノベーションの課題が何であれ、多数ではなくても少なくとも1つの技術的な矛盾をはらんでいることが多い。

2 問題を抽象化する

矛盾と、改善される要素と悪化する要素を特定したら、次のステップではそれぞれの要素を関連する問題パラメーターに言い換える（問題を一般化する）。図26-2に示すように、改定版 TRIZ には48のそのようなパラメーターがある。

言い換えをするときは「対立するそれぞれの側の本質は何だろう?」と考える。これは、矛盾する要素それぞれを48の問題パラメーターを用いてとらえ直すという抽象的な思考だ。

たとえば、あるシステムでより多くの熱が必要だが、その熱のせいでシステムの安全性が損なわれるとしよう。48の問題パラメーターを参照して、熱が必要ということは**温度**（22番）のパラメーターに言い換えることができ、安全に対する負の影響は**システムによって引き起こされるそのほかの有害な影響**（31番）という一般化されたパラメーターに言い換えることができる。

あるいは、システムの空気の流れを増やす必要があるが、その空気の流れが表面の温度を冷やすという望ましくない結果を招くかもしれない。より多くの空気の流れが必要ということは、一般

的なパラメーター 7番の**動いている物の体積**に言い換えられ、表面温度の低下はパラメーター 22番の**温度**に言い換えられる。

図26-2　48の問題パラメーター

1. 動いている物の重さ	26. 時間の損失
2. 静止している物の重さ	27. エネルギーの損失
3. 動いている物の長さ／角度	28. 情報の損失
4. 静止している物の長さ／角度	29. 騒音
5. 動いている物の面積	30. 有害な排出
6. 静止している物の面積	31. システムによって引き起こされるそのほかの有害な影響
7. 動いている物の体積	32. 適応性／汎用性
8. 静止している物の体積	33. 互換性／接続性
9. 形	34. 訓練可能性／操作性／制御性
10. 物質の量	35. 信頼性／頑健性
11. 情報の量	36. 修理可能性
12. 動いている物が作用する時間	37. セキュリティ
13. 静止している物が作用する時間	38. 安全性／脆弱性
14. 速度	39. 審美性／外見
15. 力／トルク	40. システムに作用するそのほかの有害な影響
16. 動いている物によって使われるエネルギー	41. 製造可能性
17. 静止している物によって使われるエネルギー	42. 製造の精密性／一貫性
18. 動力	43. 自動化
19. ストレス／圧力	44. 生産性
20. 強度	45. システムの複雑さ
21. 安定性	46. 制御の複雑さ
22. 温度	47. 検知／測定能力
23. 照度	48. 測定の正確さ
24. 機能の効率	
25. 物質の損失	

26

構造的抽象化

最初の伝統的な39の問題パラメーターの概要と説明は、TRIZを扱った文書やほとんどのTRIZカリキュラム、無数にあるオンライン・サイトでたいてい入手できる。だが、TRIZの将来の方向に興味があるなら、www.systematic-innovation.comのダレル・マンの著作を参照することだ。

3 発明原理にたどり着く

　このステップでは、**矛盾マトリックス**（図26-3）を用いる。これには、48のパラメーターを相互参照する合計2,304のマトリックスのセルがある。2,304の異なるタイプの矛盾（48×48＝2,304）ということだ。同じ問題パラメーター同士が対立する48の場合を除くと、矛盾マトリックスには2,256の利用可能なセルが残る。

　自分の問題について、一般的な有益な特徴（パラメーター）と一般的な有害な特徴を特定する。次に矛盾マトリックス上のそれ

図26-3　矛盾マトリックス・クロスセクション

		問題パラメーター（合計48）		
有害な特徴		17 静止している物によって使われるエネルギー	22 温度	26 時間の損失
問題パラメーター（合計48）	7 動いている物の体積	35, 38, 33, 19	10, 39, 18, 31	10, 19, 2, 6, 34
	20 強度	35, 14, 17, 4	35, 40, 9, 31	19, 3, 10, 5
	32 適応性／汎用性	35, 16, 1, 19, 3	35, 5, 19, 36	28, 15, 29, 35
		発明原理（合計40）		

有益な特徴

らが交わるところのセルを探す。そのセルには、矛盾の解決に使える40の発明原理（図26-4）の番号が書かれている。

　40の発明原理の鍵は、数百万件にも及ぶ特許を得たイノベーションの広範な分析と分類から導き出されたことだ。特許を取得したイノベーションすべてが、40の発明原理の少なくとも1つを使って、何らかの特定された技術的矛盾を解決していた。そのために、これら40の原理をイノベーションの遺伝コードと呼ぶ人もいる。TRIZ専門家が、どんな矛盾も、別の分野の誰かが、どこかの時点ですでに解決しているというのもそのためだ。

図26-4　40の発明原理

1. 細分化	23. フィードバック
2. 分離・抽出	24.「仲介」
3. 局部的性質	25. セルフサービス
4. 非対称性	26. 模倣する
5. 組み合わせ	27. 安価で寿命が短い
6. 汎用性	（高価で耐久性のあるも
7.「入れ子人形」	のの代わりに使う）
8. 反－重量	28. 機械的方式の転換
9. 予備応力	29. 空気力学と水力学
10. 先取り作用	30. 柔軟な殻と薄膜
11. 緩衝物質の事前挿入	31. 多孔性材料
12. 等位性	32. 色を変える
13.「逆転」	33. 均質性
14. 回転楕円形	34. 部分の放棄・変形または
15. ダイナミック性	再生成
16. 部分的または過剰解決	35. パラメーターの変移
17. 他次元への転換	36. 位相変相
18. 機械的な振動	37. 熱膨張
19. 周期的なアクション	38. 強力酸化剤
20. 有益な作用の連続性	39. 不活性な環境
21. 超高速作業	40. 複合材料
22.「災い転じて福となす」	

［訳注：用語は『TRIZの理論とその展開──システマティック・イノベーション』（産業能率大学CPM TRIZ研究会監修、産業能率大学出版部、2003年）を参考にした］

40の発明原理のもっと具体的な例については、www.triz-journal.com/archives/contradiction_matrixを参照のこと。特殊なイノベーション問題を解決するために、発明原理をどう適用すればよいかを考えるときに考慮しなければならない多くの内容を、本書よりはるかに詳しく説明している。また、建築、化学、教育、金融、ミクロ電子工学、サービス業務管理などの多くの分野において発明原理が持つ意味とその応用への理解を助けてくれる一連の記事も掲載されている。

　矛盾マトリックスの各セルには、どんな矛盾を解決するのにも役立つ4つか5つの発明原理が示されている。たとえば、消費財関係の業界の場合、必要なソリューションは宇宙産業や農業、あるいはそのほかの分野ですでに発見されているかもしれない。イノベーターは、技術的矛盾のアルゴリズムに従って進み、必要な発明原理にたどり着けばいいだけだ。

　たとえば、空気の流れの量を増やしたいが、表面温度は一定に保ちたい場合、どうすればよいだろう？　矛盾マトリックス（図26-3）でこれらのパラメーターを相互参照すれば、発明原理10、39、18、および31に進むよう指示される。

　発明原理10、39、18、および31を見ると（図26-4）、それぞれ次のような記載がある。**先取り作用、不活性な環境、機械的な振動、および多孔性材料**。これで、空気の流れ／表面温度の矛盾を解消するための重要なヒントが4つ手に入った。

④　発明原理を適用する

　さて、決定的瞬間だ。実際に発明原理を適用して、自分の技術的矛盾を解消する。これには、優れた類推思考のスキルが必要だ。なぜなら、特定された発明原理をガイドとして、自分の最初の特殊な問題または技術的矛盾についての特殊なソリューションを考え出さなければならないからだ。

　　　　　　　　　　　第2部　アイデアを発見する

これには明らかに、類推思考だけでなく、主題についての深い専門知識が必要だ。ここでも、発明原理を真剣に検討する前に、非常識だとして切り捨ててしまう心理的惰性の犠牲になる危険がある。抽象的思考に習熟し、習慣的な考え方を脇において見ることができれば、求めている画期的なソリューションが見つかるかもしれない。

参考資料

以下の書籍を参照。

Matrix 2003: Updating the TRIZ Contradiction Matrix, by Darrell Mann, Simon Dewulf, Boris Zlotin, and Alla Zusman, www.aitriz. org（General Store/Books）.

*Matrix 2010*も入手可能だが、われわれはクライアントとの仕事では*Matrix 2003*を使っている。矛盾マトリックスの更新とその理由について速やかに理解するには、Darrell（Systematic Innovation）とSimon Dewulf（CREAX）共著の以下の論文を参照のこと。

"Updating the Contradiction Matrix". www.systematic-innovation. com/Articles/02,%2003,%2004/Jan03-Updating%20the%20 Contradiction%20Matrix.pdf.

この章の資料の一部は、次の書籍から許可を得て掲載している。

Silverstein, D., N. DeCarlo, and M. Slocum. *Insourcing Innovation: How to Achieve Competitive Excellence Using TRIZ*. Boca Raton, FL: Auerbach, 2007.

TRIZ専門家の助言が必要な場合の連絡先は次の通り。

BMGI（www.bmgi.com）.

そのほかの記事やブログ、参考資料、専門家についての情報は、次からも入手できる。

Real Innovation (www.realinnovation.com)
TRIZ Journal (www.triz-journal.com)
Altshuller Institute (www.aitriz.org)

テクニック 27 分離原則

イノベーション問題を 4つの方法で 分離する

「分離原則」は、イノベーションへの道に何らかの**物理的矛盾**が立ちはだかり、最小限のトレードオフで、またはまったくトレードオフなしに、矛盾を解決する必要があるときに役に立つ。たとえば、システム中の水の温度を、ある機能のためには高く、ほかの機能のためには低く保つ必要があるような場合や、優れた経営判断をするためにあらゆる情報が欲しいが、すべての情報を吟味する時間はないから全部はいらないという場合だ。

物理的矛盾が特定できたとき、そしてほかのアイデア発想テクニックでは十分に解決できないときに「分離原則」を利用しよう。イノベーション・プロジェクトの性質と難易度によっては、専門家の助けが必要になるかもしれない。

> 「分離原則」は、発明的問題解決理論（TRIZ）を起源としており、さまざまな専門家により少しずつ異なる定義をされている。わかりやすくするために、本書では「分離原則」の特徴を、**時間、空間、規模、条件**の矛盾する特性を分離することとする。

ステップ

①　物理的矛盾を特定する

ここで重要なのは、どの変数、システム、またはシステムの部分が、自己矛盾しているかを見極めることだ。これがすぐにわからない場合は、何を最大化したいのか、そしてその要素を最小化

または排除もしたいのはなぜかを特定しよう。物理的矛盾の例をいくつか挙げよう。

- 車を停止させるために急ブレーキが必要な氷雪や雨の条件下で、操舵性を確保し、横滑りを回避するためには、タイヤの回転が必要である。しかし、車を停止させなくてはならないため、タイヤには回転してほしくない。

- 飛行機には離着陸を容易にする着陸装置が必要であるが、抵抗が生じるので着陸装置はないほうがよい。

- 宇宙船から外がよく見えるように大きな窓をつけたいが、宇宙船が重くなるので窓はつけたくない。

- オンラインで飛行機便を探すときはさまざまな選択肢がほしいが、閲覧するのに時間がかかりすぎるので選択肢はほしくない。

2 分離ヒューリスティクスを検討する

時間、空間、規模、および条件の4つの「分離原則」を適用できる例は、無限にある。どの原則を適用すれば物理的矛盾が解消できる可能性があるかを判断するには、次の点を検討する。

- **時間の分離** —— この原則の戦略は、時間1に変数が特性（＋P）を持っていて、時間2に特性（−P）を持っているということだ。たとえば、今日のジェット戦闘機は、戦闘状態でも、着陸時にも操縦性を維持しなければならない。翼の形状に求められることは、それぞれの場合に大きく異なっている。低速時（時間1）に最も良い翼の形状は後退角のない翼（＋P）であるが、高速時（時間2）に最も適しているのは後退翼（−P）である。これらの矛盾する要件は可変翼（図27-1）の発明で解決された。

図27-1　時間の分離（システムと構成部分の間）

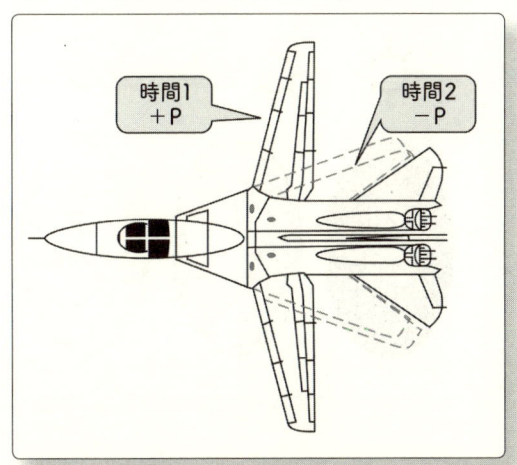

- **空間の分離**—— この原則の戦略は、場所1では変数は特性（+P）を持っていて、場所2では特性（−P）を持っていることだ。この原則の典型的な例には、コーヒーポットやティーポット、保温瓶などがある。またホログラフィック会議という新しい技術の核心にもこの原則がある。この技術を使って、インドのバンガロールにいるエグゼクティブのホログラフィー像がカリフォルニア州サンノゼにいるもう1人のエグゼクティブと話をしているところを、観衆は見ることができる。どちらの人も一方の場所では人間としての特性を持ち、もう一方の場所ではホログラフィーとしての特性を持つ。

- **規模の分離**—— この「分離原則」は、図27-2のように、システム全体が特性（+P）を持っていて、その構成要素が特性（−P）を持っている場合に適用される。もう1つの例は、鎖である。鎖はシステムのレベルでは柔軟だが、個々の輪には柔軟性がない。

- **条件の分離**—— この「分離原則」は、システムが条件1のとき特性（+P）を示し、条件2のとき特性（−P）を示す場合に適用される。その好例が、感光性調光コーティングを施した調光レンズだ。紫外線の量に応じてレンズの色が濃くなったり薄くなったりする（図27-3）。

図27-2　規模の分離

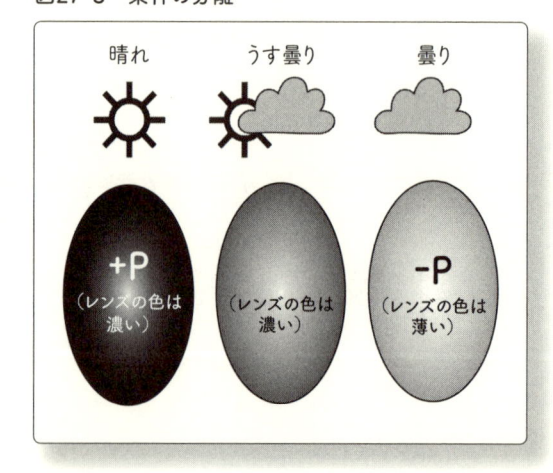

図27-3　条件の分離

③ 物理的矛盾を解決する

　ステップ２で特定した物理的矛盾の矛盾している要素または特徴をＸとする。これが自己矛盾する要件に応えなければならない特徴だ。

　次に物理的矛盾に関する時間帯を次のように定義する。

- T1 ── 事象の前
- T2 ── 事象の間
- T3 ── 事象の後

　次に、論理ステートメントＡとＢを完成させる。

> A:（有益な作用を記入）の有益な作用を（改善、保持）するためには、ＸはＴ（1、2、または3）の間、（存在する、大きい、熱い、など）でなければならない。

> B:（有害な作用を記入）の有害な作用を除去するためには、ＸはＴ（1、2、または3）の間、（存在しない、小さい、冷たい、など）でなければならない。

　ステートメントＡが、Ｘは（存在する、大きい、熱い、など）であれば、ステートメントＢは、Ｘは（存在しない、小さい、冷たい、など）となる。
　これを、物理的矛盾として表現する。

　Ｘは、Ｔ（　）の間は（　　　　　　）でなければならず
　Ｘは、Ｔ（　）の間は（　　　　　　）でなければならない。

　次に、適用する「分離原則」（時間、空間、規模、または条件）を選び、矛盾を解決する。

例

シナリオ —— 電気めっきでは、めっき溶液が高温であるほど金属の電着速度が高まる。しかし、溶液の寿命は温度の上昇とともに著しく減少する。溶液の劣化を最小限に抑えつつ電着速度を上げるには、どうすればよいだろう?

1. 問題

- 電気めっき溶液は、熱くなければならないときと冷たくなければならないときがある。

- 特徴は、溶液の**温度**である。

- 時間帯は、T1、T2、T3である。

  A) 電着速度を上げるために、T2（実際の電気めっき）の間、溶液は熱くなければならない。

  B) 寿命を保つために、溶液はT1（電気めっきの前）、T2、T3（電気めっきの後）の間、冷たくなければならない。

2. 物理的矛盾

- 溶液の温度は、T2（電気めっき）の間、熱くなければならない。

- 溶液の温度は、T1、T2、T3の間、冷たくなければならない。

3. 分離

- 対立する要件を**空間**によって分離する。

4. 資源

- **熱**、空間、機器。

5. ソリューション

- 部分を熱する —— 接触面では熱く、それ以外の部分では冷たくする。

そのほかの例 ── オフィスで働くマネジャー

- マネジャーのベスは管理できるように情報がほしいが、すでに情報が多すぎるので、情報はほしくない。**ソリューション** ── 情報を**時間**で分離するために、周期的管理レビューを採用する。

- ベスは非常に重要なプロジェクトに参加する必要もあるが、オフィスではほかの人にじゃまをされるので非常に重要なプロジェクトに参加したくない。**ソリューション** ── 週に2日、ほかの場所で働き、**空間**を分離する。

- ベスはそれでもまだ仕事量が多すぎるので、同僚の何人かを選んで任務の一部を担当してもらう。彼女は問題を解決するために、**規模**を分離した。これは権限移譲ともいう。

- 監督しなければならない問題の量と複雑さを減少させるために、ベスは、影響が20人以上に及ばない問題は彼女の検討を求めないよう部下に要請する。彼女は**条件**によって分離した。

参考資料

TRIZ Journalには、多くの参考資料、論文、解説が掲載されている。ウェブサイトで*Separation Principle*を検索すれば、良い情報が得られる。

TRIZ Journal (www.triz-journal.com).

物質−場分析

物質がどのように場と
相互作用してソリューションを
形成しているかを学ぶ

「物質−場分析」（Substance Field Analysis: SFA）は、既存のシステムをモデル化して、システムの欠陥を特定し、さらに画期的な戦略を使ってその解決に取り組むものだ。システムの欠点の解消に取り組む戦略は、5つある。その1つによって、たとえば、冷却システムの冷却物質に発光物質を加えて、ほかの方法では検知できない冷却物質の漏れを可視化することを思いつくかもしれない。

このテクニックはイノベーションの機会が（1）よく定義されていて、（2）システムに少なくとも1つの欠陥がある場合に有効である。このツールを用いるには専門家の助けが必要な場合があるかもしれない。もちろん、自分で適用できるだけの知識とスキルがある場合は別だ。また、問題が簡単な場合は、この章の説明で十分だろう。

背景

TRIZ（発明的問題解決理論）専門家は通常、**76の標準解**（ソリューション）と組み合わせてSFAを用いる。その名の通り、76の標準解を5つのクラスに分類したものだ。だが、この伝統的な分類方法は、専門のエンジニアではない、TRIZのテクニックに精通していないほとんどの人には、面倒で、理解しにくく、使い方が難しいかもしれない。エンジニアでさえ、このテクニックは複雑すぎることがあると認めている。そのうえ、SFAのモデリングの方法は、TRIZ専門家によって異なる。

ロイヤルメルボルン工科大学の思考・問題解決の教授でTRIZ

マスター（免許番号75）のユーリ・ベルスキは、この難しさを痛感し、物質−場（substance-fieldまたはsu-field）モデルを作るための慣例とルールの標準化だけに集中した。そして、システムの欠陥の解消に取り組む5つの基本的な戦略を考案した。

どんなシステムでも、互いに作用し合う一組の物質と場としてモデル化することができる。物質（対象−S_1、主体−S_2）が何らかのエネルギーの場を通して相互に作用する様子を注意深く観察すれば、システムを改善する機会を特定できる。矛盾や害を起こしている相互作用、または片づけるべきジョブを十分に達成していない相互作用を分析して、画期的な改善策を見つけるのだ。

よく機能しているシステムの基本的な相互作用は、基本的な三角モデルで表される（図28-1）。

図28-1　よく機能している基本的な三角モデル

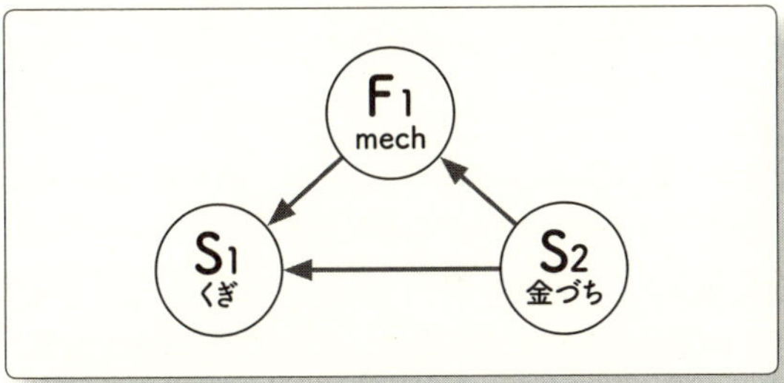

対象S_1（たとえば、くぎ）は**受動的**であり、場F_1（たとえば、力学的エネルギー）を通して**主体S_2**（たとえば、金づち）から影響を受ける。物質は、どのような部分、材料、構成要素、人、あるいは環境であってもよい。システムのエネルギー源は、力学的、熱的、化学的、電気的、磁気的、重力的などの物理的場、あるいは、光、音、嗅覚などの場のどれでもよいし、いくつでもよい。三角モデルにおける物質の相互作用は、その作用の性質の特徴を表す矢印を用いて表現される。

S_1、S_2、F_1の組み合わせとそれらの相互作用が、システム全体を表すのに必要な最小限の情報を構成している（図28-1）。くぎを打ちこむ作用で、最小限の物質−場の三角形が説明できる。

手が金づち（S$_2$）にエネルギーを伝達し、金づちが力学的場（F$_1$mech）をくぎ（S$_1$）に伝達する様子が、S$_2$からF$_1$mech、F$_1$mechからS$_1$へ向かう矢印で描かれている。モデルの底辺のS$_2$からS$_1$へ向かう矢印は、結果についてのわれわれの**認識**である。図28-2の破線で示した矢印は、不十分な結果（たとえば、金づちが曲がる、くぎがつぶれるなど）を表している。

図28-2　十分に機能していないシステムの物質－場モデル

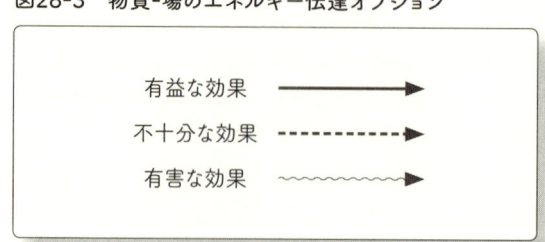

図28-3に示したように、もう1つのよくある結果は、有害と認識される変化（波線で示されている）である。

より複雑なシステムは、通常、はるかに多くの物質と場の相互作用によって描かれる。その場合、それぞれの三角形を個別に分析し、その理想的なソリューションと別の三角形のソリューションを組み合わせて、システム全体を改善することができる。

ベルスキ教授による表28-1には、さまざまな場と、それらと物質との相互作用から生じる結果が示されている。

図28-3　物質-場のエネルギー伝達オプション

有益な効果　⟶

不十分な効果　------→

有害な効果　〜〜〜→

> 私が解決した問題1つひとつが規則となり、後にほかの問題の解決に役立った。　　——ルネ・デカルト

表28-1　場のエネルギーの源

場	物質の相互作用
力学的	重力、衝突、摩擦、直接接触、振動、共鳴、衝撃、波、気体／流体力学的力、風、圧縮、真空、機械的処理と加工、変形、混合、添加物、爆発。
音響的	音、超音波、可聴下音、キャビテーション。
熱的	加熱、冷却、断熱、熱膨張、相／状態変化、吸熱・発熱反応、火、燃焼、熱放射、対流。
化学的	反応、反応物質、元素、化合物、触媒、阻害物質、指示薬（pH）、溶解、結晶化、重合、臭気、味覚、色変化。
電気的	帯電、導体、絶縁体、電場、電流、超電導、電解、圧電、電離、放電、スパーク。
磁気的	磁場、磁力と磁性粒子、磁気誘導、電磁波（X線、マイクロ波など）、光学、視覚、色／半透明変化、像。
分子間	亜原子（ナノ）粒子、毛細管、細孔、核反応、放射線、核融合、放出、レーザー、分子間相互作用、表面効果、蒸発。
生物学的	微生物、バクテリア、生体、植物、菌類、細胞、酵素。

出典：Iouri Belski, TRIZ4U, www.triz4u.com.

28

物質―場分析

物質−場問題を分析する

「物質−場分析」の適用の成功は、物質−場相互作用のシナリオ（1つまたは複数）を特定することが前提となる。そこでは、$S_1 \rightarrow F_1 \rightarrow S_2$の相互作用が十分、不十分、または有害となる。分析のプロセスは次のように進む。

- 矛盾するシナリオに含まれるすべての物質をリストアップする。リストに挙がった物質すべてが必ずしも新しいソリューションに関係がないことが多い。新しいソリューションを探しているときは、望ましい機能を果たす新しい物質か場、またはその両方を導入するか、既存の機能の改善／革新を行うべきだ。

- 完全な物質−場モデルを描く。**すべての物質**を場を通した相互作用によって関連づけ、その相互作用の性質（有益、有害など）を明らかにする。このプロセスから問題のある三角形が複数出現することがある。

- 問題を表す三角形それぞれについて、ソリューション戦略を1つひとつ使って、**モデル・ソリューション**に転換する。

- 表28-1の「場のエネルギーの源」を参照して、**ソリューションのアイデア**を特定する。必ずしも関係があるようには見えないかもしれないが、斬新なアイデアが見落とされないように、すべての種類の場を検討しよう。

- すべてのアイデアを検討して、自分のイノベーション問題（技術的または物理的矛盾）を解決するのに最も適したソリューションを探す。

5つのソリューション戦略

　5つのソリューション戦略それぞれが、問題の三角形を解決する可能性に思考を巡らせるヒントを与えてくれる。特定された三角形すべてに戦略を当てはめてみるべきだ。次のような、家庭での日常的なタスクについて考えてみよう。

床のほこりを取る

　前述のプロセスに従って、関係のあるすべての物質をリストアップすることから始めよう。このケースでは、われわれが相互作用を持ちたい唯一の物質はほこりだ。最初の物質-場モデルはかなりシンプルだ（図28-4）。

　矛盾は床の上にあるほこりから始まる。ほこりは望まれていない。そして、それ自体がなくなることはない。

図28-4　最初の物質-場モデル

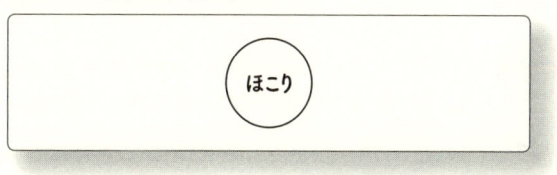

> 矛盾の三角形は、明確に理解されていることを確認するために、言葉で表現してもよい。

ソリューション戦略1

物質（S_2）を加える。それが場（F_1）を生じさせ、場がS_1に影響を及ぼす。図28-5に簡単なソリューションを示している。次に、表28-1の場を1つひとつ検討して、ソリューションを見つけるためのヒントを探す。

力学的── ほうき（S_2）との直接接触を通して、力学的作用（Fmech）によりすべてのほこりを特定の場所に集める。真空の場を利用することによって、すべてのほこりを集めることができる。

図28-5　ソリューション戦略1：モデル・ソリューション

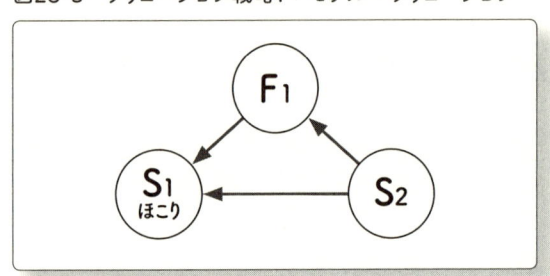

音響的── 音波（Facoustic）を発生させて床のほこりを吹き飛ばしたり、集めたりする装置（S_2）を作ることができるかもしれない。

熱的── 熱反応（Fthermal）によって、床の上のほこりを燃やしたり破壊したりすることができるかもしれない。もう1つの可能性は、真空でほこりを吸い取り、熱で分解することを組み合わせた熱−力学的装置を使うことだ。

化学的── ほこりを液体に溶かし（Fchemical）、集めやすくすることができるかもしれない。ほこりと結晶化する物質を混ぜて、集めやすくすることができるかもしれない。今のモップを使う方法は、力学的装置と化学反応を組み合わせたものだ。

電気的── 電場を適用することによって、ほこりの粒子をイオン化し、逆帯電した装置を使って集めることができるかもしれない。P&Gの製品、スウィッファーは、静電気の力を使っ

てほこりを引きつけるというこの中心的アイデアに基づいている。水も洗剤も使わずに床のほこりを掃除できる。

磁気的 —— 理論的には、ほこりの磁気特性を利用して、床からほこりを引き離して集めるシステムを作ることができるだろう。これにはさらに研究と検証が必要だ。

分子間 —— ほこりの粒子の分子間の特性を利用して、床からほこりを取り除く装置を着想できるかもしれない。

生物学的 —— ほこりを食べる微生物を導入できるかもしれない（ほこり以外は食べないことを確認すること！）

　紙数に限りがあるので、可能性のあるアイデアをすべて検討することはできないが、分析を徹底的に行うためにあらゆる可能性を考慮するべきだ。斬新なソリューションは思いもよらないところに潜んでいるものだ。

　ソリューション戦略1では、新しい物質（S_2）と新しい場（F_1）の両方を導入した。すでにS_2とF_1があり、それが矛盾状態を作り出している場合、たとえば、ほうきではすべてのほこりを集められないようなときも、同じルールが適用される（図28-6）。このように問題を定式化すれば、新しい物質と新しい場を必要とするソリューションが探しやすくなる。

図28-6　ソリューション戦略1

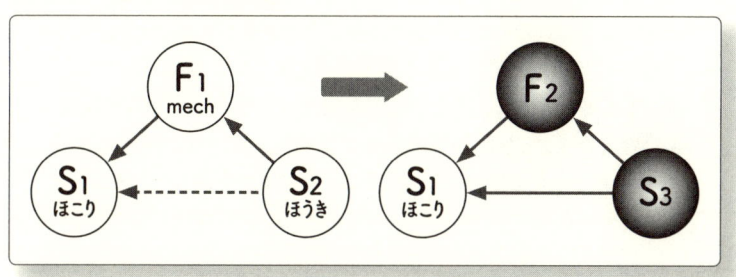

　ほかのソリューション戦略の狙いは、現在の対象（S_1）と主体（S_2）を保持したまま、今の矛盾の三角形を改善できるかもしれない方法を探る手助けをすることだ。

　主体（S_2）が場（F_1）を生じさせる能力は、新たな物質（S_3）を導入し、それが場（F_2）を生じさせ、さらにその場がS_2を修正することによって改善されるかもしれない（図28-7）。

　実際にはこれは、ほうきに影響を与える場を発生させる新しい物質を加え、ほうきが力学的にほこりを集める能力を高めることを意味する。アイデアを生み出すために、表28-1に掲げたすべての場を検討しよう。

図28-7　ソリューション戦略2

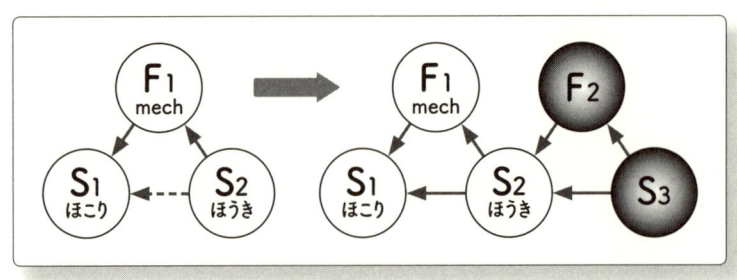

　なかには、必ずしも合理的ではない案があるかもしれない。たとえば、ほうきに熱源（熱的な場）をつけるのは、はじめは実用的なアイデアに結びつかないかもしれない。しかし、それでほこりを集める能力を高めることはできないだろうか？　熱源をつければ、床にこびりついたほこりが落ちやすくなるかもしれないし、ほこりを燃やして破壊することもできるかもしれない。帯電させたほうき（電気的な場）はほこりの粒子を引きつけるだろう（その場は新しい物質で作り出さなければならないだろう）。ほうきの穂先に粒子を凝集させる化学物質（化学的な場）を加えても同じだ（やはり新しい物質を導入して化学的な場を作り出さなければならないだろう）。

ソリューション戦略3

　主体（S_2）が対象（S_1）と相互に作用する能力は、場（F_2）を生じさせ、S_1に影響を及ぼす新しい物質（S_3）を加えることで改善できることがある。

戦略2では、第3の物質と第2の場をほうき（S_2、主体）に加えてみた。戦略3では、ほこり（S_1、対象）に第3の物質と第2の場を加える。

では、ほこりを集めやすくするためには、どのような場と、関連する物質をほこりに加えればよいのだろう？　ぬれたほこりは重力（力学的な場）と新しい物質が加わり、掃き集めやすくなる。物質と新しい場（磁気的）を導入して、ほこりの色を変えれば、これまで見逃していたものが見えやすくなり、集めやすくなるかもしれない。

図28-8　ソリューション戦略3

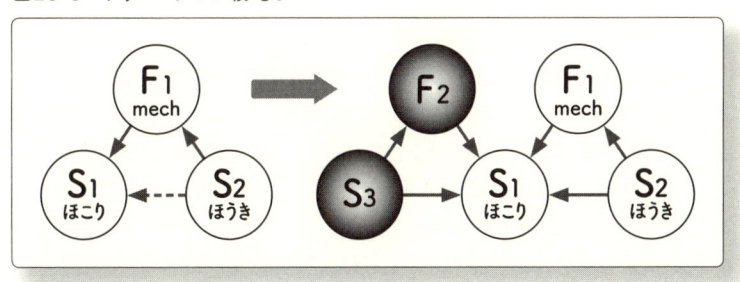

ソリューション戦略4

ソリューション戦略4は、主体（S_2）と対象（S_1）の間に新しい物質（S_3）と新しい場（F_2）を加えて、どちらかに影響を及ぼそうとする。物質S_2が新しい場（F_2）の影響を受けるとき、場F_1は物質S_3に影響を及ぼし、F_1の効果がS_1に適用され、矛盾が解決される。S_1が新しい場（F_2）によって影響を受ける場合、場F_1の相互作用が改善され、矛盾が解消される（図28-9）。

図28-9　ソリューション戦略4

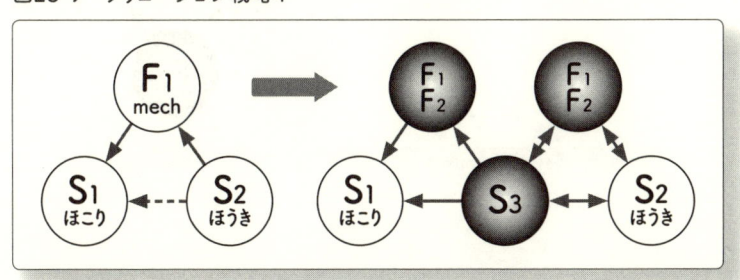

ほこりを集めやすくするために、ほこりとほうきの間にどんな物質または場を導入することができるだろう？　圧縮空気を吹きつけてほこりを片隅に集めれば、掃き取りやすくなるかもしれない（力学的）。ほこりの粒子は細かいので、ほうきで掃くと穂先の間に入り込みやすい。ほうきを布で覆って粒子をとらえると、集めやすくなる（力学的）。もう1つのアイデアは、真空または空気の噴射を利用してほこりをほうきのほうに導き、効率よく集めるという方法だ。

ソリューション戦略5

ソリューション戦略5は、図28-10に示したように、対象S_1と主体S_2の**両方**と相互作用して問題の三角形を改善する新しい場（F_2）の導入を必要とする。

新しい場（F_2）は、S_1とS_2に、同時に、または順次、作用する。イノベーションの機会が見落とされたり、軽視されたりしないように、どちらの可能性も検討するべきだ。

この方法によるアイデアとしては、電場を使ってほこりの粒子に帯電させ、ほうきの素材には逆帯電させて、ほこりがほうきに引きつけられるようにすることが考えられる。

図28-10　ソリューション戦略5

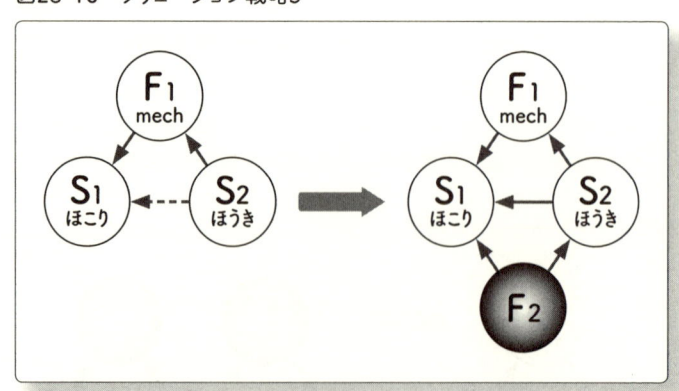

　　第2部　アイデアを発見する

この定式化と、章のはじめに示した**表28-1**のエネルギー源を見れば、戦略5の提案は戦略1から戦略4までとかなり重複しているように見えるかもしれない。しかし、戦略5は、それまでの戦略では検討されなかったが無視されるべきではない新たな視点を提供してくれる。どんなアイデアにも、大変革を起こす可能性はあるのだ！

　5つのシンプルな戦略を用いれば、「物質−場分析」の実践者は、76の標準解を細部まで熟知していなくても、長い間解決されていなかった問題を解決する多くの新しいアイデアを発見することができるだろう。

参考資料

5つのソリューション戦略の詳細については、以下を参照のこと。

Belski, I. *Improve Your Thinking: Substance-Field Analysis.* Melbourne, Australia, 2007.

次の組織からも参考になる情報が得られるかもしれない。

Altshuller Institute (www.aitriz.org).
BMGI (www.bmgi.com).
European TRIZ Association (www.etria.net).

テクニック
29 バイオミミクリー

数十億年にも及ぶ
自然の経験に
答えを探る

「バイオミミクリー」（生物模倣。バイオミメティックスともいう）は、自然の巧妙なソリューションから学び、それらを模倣することによって、複雑な問題を解決しようとするものだ。想像してみよう。コオロギが巣穴を使って鳴き声を増幅することに基づいて高性能のスピーカーを作る。ハコフグにヒントを得て、空気抵抗係数を60パーセント削減したコンセプトカーを開発する。あるいは、クモの糸のように自己組織化によって作られ、鋼鉄の5倍もの強度を持つ繊維を作り出す。

これらは実際にバイオミミクリーを応用したものだが、非常に興味深いこのアプローチのほんの一端でしかない。自然は数十億年という時間をかけて、システムとプロセスを設計し、完成させ、相反する制約と厳しい要求の下で見事に最適な解を見つけてきた。科学と工学の目標はよく似ている。最小限のインプットと最小限の資源を使って最適な結果を出すことだ。解決しなければならない問題があるなら、すでに自然が解決している可能性が高い。

バイオミミクリーは、自然を最も基本的なレベルで観察することに習熟した人によって用いられることが多いが、必ずしも高価で時間のかかる研究を行う必要はない。専門的な研究者でなくても利用できる自然の問題解決能力の例は多い。本書が扱う範囲からすれば、バイオミミクリー全般について教えることはできないが、自然から学び、その膨大な知識の宝庫を活用するための一般的な指針のいくつかを示すことはできる。

1 視点を変える

　この本のほかのテクニックを使って、すでにJTBDの範囲を定め（テクニック1「片づけるべきジョブ」を参照）、関連する「結果期待」（テクニック3を参照）を特定した。では、「自然はどうやってこの問題を解決するだろう?」と考えてみよう。そうすれば、自然は自分のソリューションを設計するうえでの制約や環境条件ではなく、お手本と考えて出発点にすればよいことに気づくだろう。自然からインスピレーションを得て、次のような自然の原理を指針にしたいなら、この微妙な視点の転換は重要だ。

- 自然は太陽の力で働く。
- 自然は必要とするエネルギーしか使わない。
- 自然は形態を機能に合わせる。
- 自然はあらゆるものをリサイクルする。
- 自然は協力に報いる。
- 自然は多様性に投資する。
- 自然は地域の知恵を働かせる。
- 自然はおのずから過剰を抑える。
- 自然は制約の力を活かす。

> ——J. Benyus. *Biomimicry: Innovation Inspired by Nature.* New York: William Morrow, 1997 (『自然と生体に学ぶバイオミミクリー』ジャニン・ベニュス著、山本良一、吉野美耶子訳、オーム社、2006年) より。

> 自然のデザインは有機的だ。手に入る資源とエネルギーを最大限活用して、再生可能な廃棄物だけを生産し、すでに存在する自然のライフサイクルに融合する。

2 既存の知識を探る

　バイオミミクリーについては、考えられるあらゆるトピックについて専門家が著した文献が豊富にある。こうした情報の多くはオンラインで入手できる。遠慮せずに専門家に接触しよう。さまざまな分野の専門家との協働から、ひらめきに満ちたソリューションが生まれる可能性がある。

> 計算機群知能（Computational Swarm Intelligence）と総称される探索的コンピュータ科学の一体系は、鳥が群れる行動やアリの採餌行動を模倣して複雑な最適化の問題を解く（A. Engelbrecht. *Fundamentals of Computational Swarm Intelligence*. Hoboken, NJ: John Wiley & Sons, 2006を参照のこと）。

3 フィールドトリップを計画する

　問題のソリューションが既存の知識ベースに見つからない場合、フィールドトリップを行う必要があるだろう（複数回に及ぶかもしれない）。バイオミミクリーでの経験が豊かな人が正しい方向を示してくれる場所は、フィールドだ。最低でも、自分の問題と類似した問題を解決している生物、生態系、またはプロセスを特定し、そのソリューションを自然環境の中で研究できるところへ行く必要があるだろう。ソリューションのアイデアは、意外な環境で見つかるかもしれないことを忘れてはならない。たとえば、湿った空気を乾かす方法を求めている場合、熱帯で探してもよいが、ゴキブリが空気中の水分を取り入れている砂漠に行ってもよい。

> 地球の歴史を1年のカレンダーにすると、細菌は3月に登場した。人類が登場するのは、大みそかも午後11時45分になってからだ。自然のさまざまな種が、それぞれ独自の挑戦と問題を解決して生き残るために、進化、適応、自己変革を遂げてきた方法からわれわれが多くを学べることは明白だ。

4 　観察して学ぶ

　フィールドに行ったら、自分のデザインのためのヒントを集める方法はたくさんある。覚えておいてほしいのは、自然のソリューションは、一見してそれとわかりにくく複雑であると同時に、機能的にはシンプルであることが多いことだ。環境に入り込んで、じっくりと時間を過ごそう。根気よく観察すれば、考えたこともなかったような機能性が見えてくる。観察をするときには、次のヒントを心に留めておこう。

- **メタファーを探す** ── 自然は、人工的に構築された多種多様なシステムに適用できる多くのメタファーを与えてくれる。たとえば、シロアリの中には、アリ塚の中の空気の流れを調整して内部の温度と湿度をほぼ一定に保つものがいる（図29-1）。ハラレ（ジンバブエ）とロンドン（イギリス）の高層ビルの設計は、同じような原理を使い、環境制御コストを大幅に削減することができた。

図29-1　アリ塚

アリ塚は奇妙なほど摩天楼に似ているところがある。空気の流れと温度と湿度を効率よく調整している点は特にそうだ。

- **反ソリューションを特定する** ── 自然はどのように問題を解決しているかと考えるとき、自然が問題を解決しようとしないことについても考えよう。たとえば、軍事用に防護遮蔽体を製造するには、金属を高温で成型する必要があるが、これには膨大な量のエネルギーが必要だ。一方、真珠層（真珠母）もきわめて強靱であるが、有機的に形成され、資源を過剰に消費する必要がない。

- **両極端を検討する** ──自分の問題を、自然がどちらかの極端に向かうことでどのように解決してきたかを探る。たとえば、砂漠に

29

バイオミミクリー

住む甲虫は、親水性のある（水を引きつける）鞘翅を使って水を必要なところに導く。一方、ハスの葉は疎水性（水を寄せつけない）デザインを使って、望ましくないところに水がたまるのを防いでいる（図29-2）。

図29-2　ハスの葉

葉が水を弾いている。人間が作るソリューションでもよく求められる特徴である。

- **相互作用を調べる** —— 自然の中のあらゆるものは、その環境と相互に作用し合っている。インスピレーションの源を見つけたら、それが自然のほかの要素に及ぼしている影響を考えてみよう。たとえば、動物は水飲み場などの資源をほかの動物と共有するが、衝突を避けるために時間をずらして資源を利用している。人工物も相互作用を活用し、再利用することができる。ブレーキがかかっている間に充電される電池を動力とする多くのハイブリッド車の設計はこの例である。

> あなたは何からインスピレーションを得ようとしているのだろうか。生物、プロセス、それとも生態系だろうか？　どの場合でも、負の影響をともなわずにうまく模倣するには、システムを詳しく理解する必要があるだろう。

5　ソリューションのアイデアを記録する

自然が持つ類まれな才能を探索した結果、さらに詳しく調べてもよいアイデアがいくつか見つかったはずだ。

ほかの例

Wired.co.ukのライター、マーク・ブラウンはブログ（2012年4月27日）で、MITの研究者が、「ぎらつきと反射がなく、曇らず、水滴を小さなゴムのボールのように弾く新しいタイプのガラスを開発した」ことについて書いている。ガラスの表面の構造はハスの葉とガの眼から発想したものだという。今のところ、この新しいガラスの製造プロセスは高価だが、「ナノテクスチャーの驚異のガラスがスマートフォンやテレビの画面、ソーラーパネル、車のウィンドーはもとより、建物の窓にも使われる日が来るかもしれない」

実現するかどうかは、新しいガラスが、豪雨の雨滴や飛来する花粉、砂粒、汗、霧、スマートフォンに熱中するユーザーの頻繁なタッチに対してどの程度回復力があるかを現実の世界で確かめ、検証を深めていくことにかかっている。今のところ、このガラスの成功の見込みは「予測にすぎず、確かめられたわけではない」。

出典：www.wired.co.uk/news/archive/2012-04/27/mit-fog-free-glass.

参考資料

バイオミミクリーの例、ケーススタディ、参考資料、専門家の助言などが得られる優れたウェブサイトをいくつか挙げる。

Bioinspiration & Biomimetics Journal (http://stacks.iop.org/bioinsp).
Biomimicry Database (http://database.portal.modwest.com).
Biomimicry Institute (www.biomimicryinstitute.org).

次のサイトで、バイオミミクリーについての素晴らしいプレゼンテーションが視聴できる。

"Janine Benyus: 12 Sustainable Design Ideas from Nature", www.ted.com/index.php/talks/view/id/18.

テクニック 30 KJ法

類似したアイデアを
グループ化し、
整理する

「KJ法」は、チーム内でイノベーションのアイデアを整理・精緻化し、対話を促し、発展させる価値があるのはどのアイデアかについて合意に達する方法を提供してくれる。**親和図法**とも呼ばれるKJ法が最も力を発揮するのは、頭の中だけで容易に処理できる程度以上に多くのアイデアがあるときだ。

通常、KJ法では、参加者に伝統的なブレーンストーミングを通じてアイデアを**生み出す**よう促す。しかし、本書で紹介したように、強力なアイデア発想ツールはほかにもあるので、ここではすでに生み出した高度に独創的で革新的なアイデアを整理し、優先順位をつけるためにKJ法を使うことを勧めたい。

> KJ法は、多才な文化人類学教授、川喜田二郎にちなんで名づけられた。川喜田は、1960年代にネパールで広くフィールド研究を行った後、環境や人口、人間関係、ヒエラルキー、宗教といった要素の質的データの統合・分類の仕方を改善するためにKJ法を開発した。

シナリオ——ペイシェント・クルセーダーズのチームが、歯科患者の治療中の快適性を向上させ、不安を軽減させるためのアイデアの整理と優先順位づけに、KJ法がどのように役に立ったのかを見ていこう（テクニック7「発見的再定義」も参照）。

> KJ法に最適なチームの人数は、6人から8人までだ。これより少ないと優先順位づけが主観的になりすぎ、これより多いと合意に達するのが難しくなる。

1 アイデアを準備する

出てきたアイデアを1つずつ粘着メモ用紙に書き、ホワイトボードか広い壁にランダムに貼りつける。「片づけるべきジョブ」（テクニック1を参照）と、それに関連する「結果期待」（テクニック3を参照）も掲示して、チームがこれらを忘れないようにしよう。

2 アイデアを分類する

グループ全員で、機能性、特徴、実施方法、結果などに基づいて、アイデアを分類する。意味のある分け方であればどのような分け方でもよい（正しいカテゴリー、間違ったカテゴリーというものはない）。どのカテゴリーにも当てはまらないアイデアは、保留にしておく。ユニークなアイデアがいくつあるかわかるように、よく似たアイデアは重ねて貼りつけておく。

> 参加者には、ステップ4の投票まで、意味を明確にする場合を除いて、アイデアについて議論しないよう求めるべきだ。最終的に断念することになるアイデアに時間を費やすリスクを避けるためだ。

3 カテゴリーに名前をつける

　分類されたアイデアを見直して、全員でそのグループのアイデアの背後にあるテーマまたはコンセプトを表す名前をつける。名前は、**歯科技術**、**患者コミュニケーション**などのように簡潔なものにしよう。同じ名前や類似した名前を複数のカテゴリーにつけてはならない。そういうときは1つのカテゴリーに統合しよう。名前をつけていくうちに、1つのグループを複数のカテゴリーに分けるか、カテゴリーの論理にもっと良く合うように、アイデアのいくつかを別のカテゴリーに移す必要が出てくるかもしれない（図30-1、266頁）。

> カテゴリーに名前をつけるのは、チームがテーマまたはシステムの観点から提案を評価するのに役立つ。そのうえ、カテゴリーが**コンセプト**になれば、チームは、「アイデアの仕分けと精緻化」（テクニック31）を使って付加的なアイデアを生み出すことができる。

④ アイデアに投票する

　KJ法は、アイデアの分類と優先順位づけの両方を行うテクニックだ。優先順位づけは通常、チームのメンバーが最も有望と思うアイデアに投票することによって行われる。投票の方法はいくつかある。

- 各メンバーに3票から5票を割り当てる。同じアイデアに投票しても、複数のアイデアに投票してもよい。最も多くの票を獲得したいくつかのアイデアを、さらに議論したり展開させたりする。

- 各メンバーが100パーセントのうちの一定のパーセンテージを1つまたは複数のアイデアに分配する。各アイデアに分配されたパーセンテージをそれぞれ合計し、票を投じた人の数で割り、加重得点を算出する。

- 各アイデアについて議論し、最も強力ないくつかのアイデアについて意見の一致を図る。この方法は投票より時間がかかるが、長期的にはより強い支持が得られることが多い。

- **カテゴリー**が多すぎるとき、排除できるものがないかどうかを確かめるために、まずカテゴリーについて投票する。次に、残ったカテゴリーの中の個々のアイデアについて投票する。

　ペイシェント・クルセーダーズのチームは、**歓迎の手紙、確認の電話、治療後の温かいタオル**などの、シンプルでお金のかからないアイデアを直ちに導入することに投票した。また、ほかのいくつかのアイデアを、実行可能なソリューションになる見込みがあるとランクづけして、後日再検討することにした。

> KJ法を使ってもまだアイデアが多すぎる場合は、「ピュー・マトリックス」（テクニック40）を使って優先順位を決めよう。

図30-1　KJ法（親和図）

ペイシェント・クルセーダーズのチームは、現在のアイデアを
3つのカテゴリーに分類した。

片づけるべきジョブ：	患者の不安を軽減し、快適性を向上させる
望ましい患者の期待：	快適である、痛みがない、速い
望ましくない患者の期待：	不安、ミス

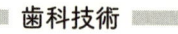

歯科技術

より良い材料 ──より強い ／使いやすい ──治療時間 が短くなる	エアーアブレ ーション（サン ドブラスター） ──小さな虫 歯に使われる ──麻酔注射 不要
歯科用レーザ ー・ハンドピ ース（ドリル） ──麻酔（注 射)不要	CERECマシー ン──1日でか ぶせ物を作り、 装着できる
意識下鎮静 法──患者は 鎮静状態にあ るが、意識は あり反応する	

診察室にテレ
ビを置く──
地域放送にチ
ャンネルを合
わせる

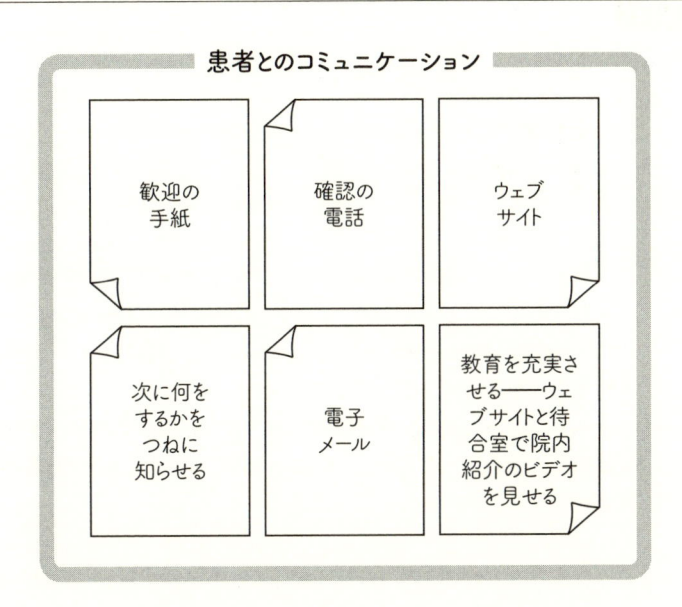

患者とのコミュニケーション

歓迎の手紙	確認の電話	ウェブサイト
次に何をするかをつねに知らせる	電子メール	教育を充実させる——ウェブサイトと待合室で院内紹介のビデオを見せる

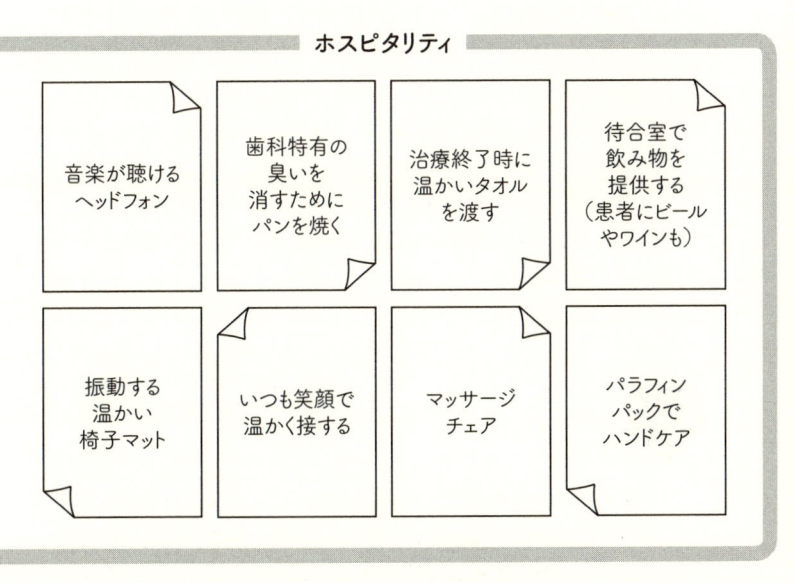

ホスピタリティ

音楽が聴けるヘッドフォン	歯科特有の臭いを消すためにパンを焼く	治療終了時に温かいタオルを渡す	待合室で飲み物を提供する（患者にビールやワインも）
振動する温かい椅子マット	いつも笑顔で温かく接する	マッサージチェア	パラフィンパックでハンドケア

テクニック 31 アイデアの仕分けと精緻化

アイデアを整理・再構成して、数を増やす

「アイデアの仕分けと精緻化」は、アイデアをより実用的で実行可能なものにするとともに、イノベーション・プロジェクトへの資金提供者(ステークホルダー)にとってより魅力的なものにする簡単で効果的な方法だ。バッテリーの性能を高めるアイデアを何十も考えついた後は、生分解性バッテリーを開発するという考えは捨ててしまうだろうか? それとも、この考えに何か価値を見出せるだろうか?

ほかのアイデアについてはどうだろう。すぐに使えるだろうか? それともコストや時間、資源、認識などの制約を克服しなければならないだろうか? 「アイデアの仕分けと精緻化」は、これらの問いに答え、リストからさらに展開させるのに最も適したアイデアを選ぶのを助けてくれる。

> 苦労して種を蒔いたのに、作物を4分の1しか収穫しない農夫は、あまり尊敬されないだろう。しかし、創造的思考のセッションの成果に対して、ほとんどの人はこの農夫とそっくり同じことをしている。 ——エドワード・デ・ボノ

ステップ 仕分け

シナリオ——あなたの属する組織が新しいイノベーションを展開しようとしていると仮定する。あなたのチームは、組織の内部と外部にプログラムの成功を宣伝するための多くのアイデアを考え出した。「仕分けと精緻化」のテクニックを使って、これらのアイデアを整理し、さらに良いものにすることができる。

すでに思いついている1つひとつのアイデアを、アイデア仕分けマトリックス（図31-1、次頁）の次のようなカテゴリーに分類していく。

- **幅広い概念** ── 1つ以上の概念をつなぐ理論または考え方。
- **概念** ── 一般的なアプローチまたは方法。
- **具体的なアイデア** ── 価値があり、実用的で、有効なアイデア。
- **初期のアイデア** ── 興味深い出発点にはなるが、まだ実施可能ではないアイデア。

たとえば、イノベーション・プロジェクトの宣伝のためのアイデアとしては、ケーススタディを書く、プレスリリースを発行する、プロジェクト・フェアを開催する、革新的な製品の1つをハリウッド映画に提供する、などが考えられる。これらのアイデアには、具体的で実行可能なものもあれば、さらに検討しなければならないものもある。

> **概念**はアイデアのグループを結びつけ、**幅広い概念**は、すべての概念を1つの傘の下にまとめる。概念も幅広い概念も、主観的なものだ。片づけるべきジョブの役に立つ限り、正しい答えも間違った答えもない。

2 アイデアを増やす

アイデア仕分けマトリックスにある空欄を埋めて、アイデアや概念の収穫を増やそう。初期のアイデアを具体的なアイデアに変えられないだろうか？　初期のアイデアすべてについてこう考えてみよう。行き詰まったら、後の精緻化の段階でもう一度考えるために、印をつけておこう（次のステップを参照のこと）。また、アイデアの背後にある概念と幅広い概念をすべて書き表したかどうかも検討しよう。これらの空欄を埋めることで、イノベーション

31

アイデアの仕分けと精緻化

の機会を異なる観点から見ることができ、より多くのアイデアが浮かぶかもしれない（図31-2）。

> 初期のアイデアの列の空欄は、追加のアイデアを思いついたのでなければ、埋める必要はない。

図31-1　アイデアの仕分け――ビフォー

片づけるべきジョブ：イノベーション・プログラムの成功を宣伝する			
幅広い概念	**概念**	**具体的なアイデア**	**初期のアイデア**
◯	社外への宣伝	広報とともにプレスリリースを作成する	飛行機から宣伝のチラシをまく
		1年後にプロジェクトについてケーススタディを執筆する	✕
		◯	ハリウッド映画へのプロダクト・プレースメント
		翌年のイノベーション世界会議で講演を行う	✕
		◯	業界誌
		◯	ブログ
	社内での宣伝	社内報でイノベーション・プロジェクトを特集する	プロジェクトのケーススタディ
		CEOが社内を回ってプログラムを売り込む	✕
		◯	プロジェクト・フェア（オープンハウス）
		◯	表彰プログラム
		イノベーションによる収益の上昇を温度計のように示すボードをロビーに設置する	✕

図31-2　アイデアの仕分け──アフター

イノベーション・プロジェクトの例について、関連のある初期の
アイデアから生まれた4つの具体的なアイデアを追加し、幅広
い概念の欄も埋めた。

片づけるべきジョブ：イノベーション・プログラムの成功を宣伝する			
幅広い概念	概念	具体的なアイデア	初期のアイデア
イノベーションは規模拡大可能であり、信頼性があり、再現可能であることを示す	社外への宣伝	広報とともにプレスリリースを作成する	飛行機から宣伝のチラシをまく
		1年後にプロジェクトについてケーススタディを執筆する	
		???	ハリウッド映画へのプロダクト・プレースメント
		翌年のイノベーション世界会議で講演を行う	
		*Industry Week*に寄稿する	業界誌
		プロジェクト・リーダーが週に2〜3回、イノベーションに関するブログを書く	ブログ
	社内での宣伝	社内報でイノベーション・プロジェクトを特集する	プロジェクトのケーススタディ
		CEOが社内を回ってプログラムを売り込む	
		毎年行うフェアで最も成功したプロジェクトを特集する	プロジェクト・フェア（オープンハウス）
		プロジェクト・リーダーをCEOとのグループランチに招待する	表彰プログラム
		イノベーションによる収益の上昇を温度計のように示すボードをロビーに設置する	

シナリオ——「アイデアの精緻化」では、見込みがないアイデア
に実行可能性を持たせて強化し、実用的で価値のあるアイデアに
する。たとえば、会社のイノベーション・プログラムの宣伝のた
めに新製品の1つをハリウッド映画に登場させる［訳注：プロダク
ト・プレースメントと呼ばれる］というのは、空想的なアイデアだ。
最初はとても達成できないように思われるかもしれないが、この
アイデアを強化し、実行可能なものにすれば達成できるかもしれ
ない。あるいは、それに関連した、より現実的なアイデアを思い
つくかもしれない。

1　アイデアの制約をリストアップする

　特有の制約（コスト、合法性、スケジュール、技術的実現性など）
があるアイデアを選んで、そのアイデアに関係のあるあらゆる制
約を洗い出そう。

> アイデア精緻化のメリットの1つは、提案されたアイデアを
> 組織の特定の戦略に沿うよう調整できることだ。たとえば、
> 間違って摂取すると命にかかわる製品はどんなものも作ら
> ないというのが会社の方針であれば、アイデアがこの要件
> を確実に満たすように実行可能性を持たせる必要があるだ
> ろう。

2　アイデアを実行可能にする

　それぞれの制約を克服できる方法をブレーンストーミングしよ
う（図31-3）。どんな提案に対しても、批判してはならない。実
行可能なものもあるだろうし、いつかさまざまなアイデアのきっ
かけになるものもあるかもしれない。独創性を働かせて、元のア

イデアをより実行可能性の高い選択肢に作り直そう。

> アイデアを**実行可能**にすることは、アイデアに疑念を抱かせる制約を克服するのに役立つ。アイデアを**補強**することは、アイデアをステークホルダー・グループにとってより魅力的なものにするのに役立つ。

図31-3　アイデアの精緻化——アイデアを実行可能なものにする

片づけるべきジョブ：イノベーション・プログラムの成功を宣伝する
アイデア：ハリウッド映画へのプロダクト・プレースメント

アイデアの制約	アイデアを作る
誰もハリウッドに知り合いがいない	映画制作者に直接電話をかける 独立系映画制作者と仕事をする 社員にハリウッドに知り合いがいないか尋ねる
プロダクト・プレースメントには膨大な費用がかかる	映画会社が主催するコンテストに応募する ユーチューブ用の動画を制作する
製品市場と映画の観客のミスマッチ	企業向け研修ビデオへのプロダクト・プレースメント 映画を消費者の家庭に届ける（有料視聴放送、DVD） 顧客や潜在顧客のための上映に資金を提供する 製品を扱ったアニメを制作する
宣伝は早い時期に行う必要がある	ユーチューブ用の動画を制作する 映画館で宣伝する

3　アイデアを強化・補強する

　次に、同じアイデアをステークホルダーにとってより魅力があるものに補強しよう。個々のステークホルダーをリストアップするのではなく、組織のレベル、顧客のタイプなどでセグメント化したいくつかのグループを特定する。グループごとにアイデアに対するステークホルダーの観点のリストを作る。そのグループのニーズや欲求は何だろう？　彼らはどういうことを心配したり、反対したりするだろうか？　次に、各ステークホルダー・グループのニーズを満たす（あるいは、反対に対処する）ように、アイデアを改善する方法を考えよう（図31-4）。

「アイデアの仕分けと精緻化」が終われば、イノベーションの機会にふさわしいソリューションになるかもしれない実行可能なアイデアが増えているはずだ。これらのアイデアは、「6つの思考モード」（テクニック32）や「ピュー・マトリックス」（テクニック40）を使ってより深く評価することができる。

図31-4　アイデアの精緻化──アイデアを補強する

片づけるべきジョブ：イノベーション・プログラムの成功を宣伝する
アイデア：ハリウッド映画へのプロダクト・プレースメント

ステークホルダー	観点	アイデアを補強する
経営陣	WIIFM（What's in it for me?　私にどんなメリットがあるのか）を知りたい	宣伝が注目を集める可能性を示す
	ROI（Return on investment 投資利益）を知りたい	ROIを示すデータを集める
	私はこの件に対してどれくらい権限を持っているか？	映画の完成前に経営陣向けに特別試写を行う
	これをすでに実行しているのは誰か？	競争相手との比較を示す
	誰もこれを実行していないのはなぜか？	アイデアの試行を行い、うまくいけば同じことを繰り返す
	これが会社の戦略とどう結びつくのか？	専門家とともに戦略的計画レビューを行う
マネジャー	私のどういう資源が必要とされるのか？	映画での通行人やエキストラの役をオファーする
	コストはどれくらいかかるだろうか？	経営陣向けに用意したROIからコストのデータを示す
	完了したプレースメントに対する私の権限はどれくらいになるだろうか？	内輪の試写会
	私の担当製品を映画で使いたい／使いたくないのはなぜか？	すべての主要プロジェクトのスケジュールを策定する
従業員	私はこのためにどれくらい余分な仕事が増えるだろうか？	映画での通行人やエキストラの役をオファーする
	どういう報酬が得られるのだろうか？	超過勤務手当と映画の無料鑑賞券を提供する
	私の担当製品を映画で使いたい／使いたくないのはなぜだろう？	すべての主要なプロジェクトのスケジュールを策定する
	これは私個人の成長にどのように役立つだろうか？	プロジェクトへの参加経験を履歴書に書くことができる

32 6つの思考モード*

6通りの方法で
ソリューションの
アイデアを評価する

「6つの思考モード」は、さまざまな見方を活用し、チームが最適なアイデアを評価するのを助けてくれる。このアプローチは、画期的な新しいビジネスモデルなどの賛否両論があるアイデアに対して特に効果を発揮する。提案されているソリューションを客観的にも主観的にも考え、利点と欠点の両方を評価する時間ができるからだ。

「6つの思考モード」は、アイデアを発想するときにも使えるが、たくさんのアイデアをいくつかの実行可能な選択肢に絞り込んだ後で使っても、同じように効果的だ。グループが脱線しないようにするのは難しいことがあるので、このテクニックを使う際には研修を受けるか、経験豊かなファシリテーターに入ってもらうことを検討したほうがよいだろう。

---

* 「6つの思考モード」テクニックは、「Six Thinking Hats」の登録商標を有するエドワード・デ・ボノの著作に基づいている。BMGIはデ・ボノと提携関係はなく、同氏からは後援も承認も受けてはいない。

背景

「6つの思考モード」は、1980年代にエドワード・デ・ボノによって開発された水平思考の1つの方法だ。これを行う間、チームのメンバーは比喩的にいえば、思考モードを表すさまざまな色の帽子をかぶる（図32-1、279頁）。

1. 黒は、批判的で、困難さや危険、落とし穴を警告する。

2. 黄色は、つねに楽観的で、アイデアのプラスの価値と利点を探ろうとする。

3. 白は、既知の情報または必要な情報を求め、感情的に中立で、事実を求める。

4. 赤は、説明や判断をせずに、感情、気持ち、直感を表現する。

5. 緑は、創造的思考を奨励し、新しいアイデアや可能性、通常とは異なる手段を探そうとする。

6. 青は、プロセス重視の思考を表す。ファシリテーターはつねに青い帽子をかぶる。

　それぞれの色は、問題解決に対するさまざまな姿勢を表している。したがって、チーム全員が白のモードで考えれば、すべてのコメントや提案は事実やデータに基づくものになるはずだ。その間は、感情的（赤モード）、批判的（黒モード）、楽観的（黄色モード）、とっぴな（緑モード）思考は許されない。

> 「6つの思考モード」はそれ自体とても楽しいが、チームの強化にも役立つ。チーム全員の知性と経験を活用し、建設的な批判を促すからだ。その結果、チームの能力と成果は向上する。

シナリオ ── グリーンジーンズ・ソフトウエア社は、家計簿ソフトを販売している。同社は市場シェアの拡大を期待して、インターネットでのサービス提供の実現可能性を探ろうとしている。チームの大多数はこのアイデアに賛成だが、このサービスを安全に提供でき、最小限の再編で確実にサポートできることを上層部に納得させる必要がある。

1 **ファシリテーターを任命し、基本原則を定める**

つねに青の思考モードのファシリテーターの役割は、中立を保ち、ミーティングの最初から最後まで参加者を導くことだ。始める前に、ファシリテーターは基本原則を説明しなければならない。たとえば、次のようなものだ。

- ミーティングを行う理由。ここでは、「片づけるべきジョブ」（JTBD、テクニック1を参照）、それに関連した「結果期待」（テクニック3を参照）、チームがこれから「6つの思考モード」を使って評価する主要なアイデアに簡単に触れる。

- 各思考モードの視点。

- 思考モードを利用する順序。この順序は、議論の主題、参加者の主題についての知識、参加者同士がお互いをどの程度知っているか、解決しようとしている問題の種類などによって変わってくることに留意しよう。

- 各モードに割り当てられる時間。一般的に、各モードに1 〜 5分かけるのが良い。ただし、赤のモードは1分以下にするべきだ。

> モードの順序に関係なく、ファシリテーターはチームに活動させつづけなければならない。重要なのは、さまざまな見方でアイデアを見ること。6つのモードをいくつ使ってもよいが、どれか1つの見方にこだわらないことだ。

図32-1　思考モード

それぞれの色は、問題解決に対するさまざまな姿勢を表している。

2 **書記を任命する**

セッションに加わらない誰かに記録係を依頼する。セッションはすべて口頭で行われるので、議論とその結果を記録するためにこの役割は重要だ。あるいは、各参加者に粘着メモを渡して、進行するに従って、コメントをフリップチャートかホワイトボードに貼りつけてもらってもよい。

3 **思考モードと順序を選定する**

すべての思考モードがすべての問題に適用されるわけではないし、すべてのモードが必ずしもあらゆるチームの役に立つとは限らない。したがって、チームのファシリテーターは（1）適用できるすべてのモードを選び、（2）使う順序をよく考えることが重要だ。その際、ファシリテーターが頼りにするのは、その問題に直接携わった経験とチームのメンバーとのそれまでの交流だ。直接的な経験や交流が少なくても、多くのイノベーション・チームと仕事をした一般的な経験に基づき、目下の任務を正確に把握していれば、使うモードとその順序を計画することはできる。

> すべての思考モードを平等に扱う必要はない。使う状況と方法による。1回のミーティングでは1つのモードだけを使ったほうがよいチームもあれば、目的を達成するにはいくつかのモードを組み合わせて、特定の順序で使う必要があるチームもある。また、適当に選んだいくつかのモードだけで、イノベーション問題が解決するチームもある。

たとえば、これまで、役に立ちそうもないとっぴなアイデアばかり思いついてきたチームは、白と黄色のモードで考えることが大いに役に立つかもしれない。白は、チームにより良い、あるいはより正確な知識に基づいて考えさせるのに役立つだろう。黄色は、チームのアイデアが実際にどのように問題を解決したり、

JTBDや結果期待を達成したりするかを、文書にまではしなくても、少なくとも想像するよう仕向けるだろう。

　純粋にアイデア発想のモードで新しいアイデアを考えつくことが課題のチームもあるかもしれない。この場合、優秀なファシリテーターは、緑と青以外のすべてのモードを避けるだろう。緑は、新しいアイデアを生むことが狙いであり、独創的であればあるほどよい。青は、アイデア発想のプロセスに注目するものであり、イノベーションを起こすには欠かせない思考だ。

　そのほかのヒントをいくつか挙げよう。複雑な技術的環境でブレークスルーを起こす必要があるチームは、白、黄色、黒を重視しよう。仕事の進め方についての合意や明確な手順（文書化されたプロセス）がないチームには、白のモードを使おう。感情的な側面を多く含む問題に対しては、まず青を、続いて赤のモードを使おう。すでに出てきたアイデアをさらに評価したり、判断を下したりする必要がある場合は、すべてのモードを使おう。

④　セッションを実施する

　アイデアの発見と展開の段階でチームを導くには、チームの人員構成とその任務に応じて、いくつのモードをどの順序で使ってもよい。前述したように、あらゆるチームのファシリテーターは、セッションの最初から最後まで青の思考モードを用いる。

　グリーンジーンズ・ソフトウエアのチームの例では、白、黄色、黒、緑、赤、青の順に思考モードを用いることにする。各モードについて少し詳しく説明し、そのモードを使っている間に検討するべき点を挙げよう。

白

　白のモードは客観性を表している。参加者は、事実情報を重視しなければならない。たとえば、提案されたアイデアを評価するために必要な追加の情報が出てくれば、メモを取っておく。検討すべき問いには次のようなものがある。

- われわれはなぜ、このアイデアがJTBDを満たす、あるいは目的とする結果期待を達成すると考えるのか?

- このアイデアを裏づけるどんなデータがあるのか?

- 先に進む前にどのような情報が必要か?

グリーンジーンズのチームは、新しいオンライン・サービスについて白のモードで議論する間、提案されている仕様を検討し、会社の既存のインフラを修正することを提案した。

> 白のモードのときは、事実確認や真偽についての議論で横道にそれることがないようにしよう。正しいかどうかは後で確認できる。

黄色

黄色の思考モードは、アイデアのプラスの側面を探る。提案されたソリューションの価値を明確にするのに加えて、さらに精緻なビジョンを描き出してアイデアに新しい方向性を与えてくれる。重要な問いをいくつか挙げよう。

- このアイデアはどんな利益をもたらすか?

- われわれはなぜこのアイデアが良いと思うのか?

- このアイデアを実施して得られる最高のシナリオはどういうものか?

たとえば、家計簿ソフトをオンラインで提供すれば、グリーンジーンズ・ソフトウエアはパッケージソフトを廃止でき、製造・販売コストを劇的に削減できる可能性がある。また、つねに最新のウェブベースの技術をサービスに取り入れることができれば、ライバル製品と差別化できる。

> 「6つの思考モード」で重要なのはその名の通り、思考モードと、それらが行動にどう関係するかだ。特定の人またはグループに固有の思考モードがあるわけではない。誰もが、どのモードの考え方でも身につけることができるし、6つの視点のうち、どの視点からでも問題に取り組めるようになる。

黒

アイデアの実施がもたらすかもしれないリスクとマイナスの結果を明らかにするためには、黒のモードを使おう。黒のモードのセッションの効果を高める鍵は、慎重さ、論理、批判的思考だ。批判的質問には次のようなものがある。

- このアイデアがもたらす負の側面は何か?

- このアイデアの弱点は何か?

- このアイデアを実施した場合、どんな不都合が起こり得るか?

グリーンジーンズのチームは、黒のモードでは安全性とコストの懸念について議論した。経営陣もこれらの懸念を持っていたため、ソリューションを経営陣に提案するときに予想される反対について、チーム全員に受けて立つ準備をさせるという二重の目的も果たすことになる。

> 黒のモードの使いすぎに気をつけよう。目標は、失敗する恐れがある点に注意を促すことであって、提案されているソリューションをすっかり諦めたり、別のアイデアを考えたりすることではない。

緑

　緑が象徴するのは創造性と前向きな思考だ。緑のモードでは、チームはできるだけ多くのアイデアを創出し、ためらわずにあらゆる可能性を検討しようとする。このモードのときに検討するべき問いには次のようなものがある。

- どうすればこのアイデアをもっと良いものにできるだろうか?

- どうすればこのアイデアをもっと実用的または魅力的にできるだろうか?

- このアイデアをどう宣伝すればよいか?

　グリーンジーンズのチームは、緑のモードでの議論の間、オンライン・サービスについての安全性の懸念を払拭する方法と、競争相手のサービスから差別化する方法を提案した。

> 「6つの思考モード」を使う目標が、いくつかの重要なアイデアを評価することではなく、新しいアイデアを創出することであるときは、緑のモードから始めよう。

赤

　赤のモードは、中立的な場で、全員に自分の意見を表明する機会を与える。このモードの間、参加者は自分の発言の正当性を主張したり、立証したりする必要はない。主観的になるべき時間なのだ。鍵となる問いは、「あなたはどう感じるのか」だ。緑のモードのセッションで出てきたアイデアのバリエーションについて、赤の議論のモードを使って票決する、という使い方も可能だ。

　グリーンジーンズ・ソフトウエアのチームの中には、オンラインでサービスを提供しても、何年も先行している競争相手より目立って大きな価値を提供することができないのではないかと懸念

している人が何人かいた。思考を妨げている障害を取り払い、赤のモードの思考を促すまで、チームはそのことに気づいていなかった。

> 議論のテーマが、賛否が分かれるものである場合、まず赤のモードで全員の感情を表に引き出そう。そうするまでは、ほかの観点についても、望ましい集中が得られないだろう。

青

　セッションの最後に、全員が青のモードを採用して、次のステップや課題などの大筋を描こう。青のモードによってイノベーション・チーム自体とアイデア展開のプロセスが安定し、予測可能になる。さらに、範囲と時間の制限が定まり、チームは正しい方向性を保ち、スケジュールを守ることができる。要するに、青のモード（とファシリテーター）は、チームが混沌ではなく秩序を保って進むようにするのだ。

参考資料

de Bono, E. *Six Thinking Hats*. Boston, MA: Little, Brown, 1999. （『会議が変わる6つの帽子』エドワード・デ・ボノ著、川本英明訳、翔泳社、2003年）

第3部
設計を
作り上げる

テクニック

機能要件	33
公理的設計	34
機能構造	35
形態的マトリックス	36
TILMAG	37
ワークセル設計	38
一対比較分析	39
ピュー・マトリックス	40
工程能力	41
ロバスト設計	42
設計スコアカード	43
設計故障モード影響解析	44
ポカヨケ	45
離散事象シミュレーション	46
ラピッド・プロトタイピング	47

設計を作り上げる

ほとんどの組織は、まず自分たちの製品やサービスが本当に妥当なものであるかを疑うこともなく、いきなり改善に取りかかろうとする。だが、本書のイノベーションのプロセスに従ってこの段階まで来たなら、あなたの新しいソリューションは（1）十分に定義され、（2）徹底的かつ広範にわたるアイデア発想のプロセスを経ることで、妥当性はすでに確立されているはずだ。

イノベーションの第3の段階である本パートでは、ホワイトボード上の素晴らしいアイデアを実行可能なモデルに変えていく。ここでは次のようなことを問わなければならない。

- それはどういう機能を果たすのか？　どう設計すればよいか？

- 性能をどう評価するか？

- どのような代替案があるか？

- ソリューションを確実なものにし、試してみることにともなうリスクを管理することができるか？

まず、顧客が新しいソリューションに望む結果期待に基づいて機能を特定し、**設計を組み立てる**。これには、「機能要件」のテクニックを使おう。次に、「公理的設計」「機能構造」「形態的マトリックス」「TILMAG」「ワークセル設計」のテクニックを使って、初期設計の概念を生み出し、さらに磨きをかけよう。

　次のタスクは、**設計に優先順位をつけ、1つを選ぶ**ことだ。いくつかの概念をふるいにかけ、1つになるまで絞り込み、さらに練り上げる設計を選ぶ。特に役立つのが、「一対比較分析」と「ピュー・マトリックス」だ。この2つのテクニックは、イノベーション・プロセスの早い段階で、アイデア発想のセッションから生まれたアイデアが顧客の結果期待にどれくらい応えられるのかを評価するときにも使える。

　どのソリューションをイノベーションのポートフォリオに加えるかを決めたら、次は**設計の有効性を確認**し、**設計を最適化する**段階だ。それには、「工程能力」「設計スコアカード」「設計故障モード影響解析」「離散事象シミュレーション」「ラピッド・プロトタイピング」のテクニックを使おう。「ポカヨケ」「ロバスト設計」も参考にしよう。これらは、制御不能な事象や状況でも狙い通りに機能するソリューションを作るのに役立つテクニックだ。

33 機能要件

顧客がソリューションに
求めることを
特定する

　製品やサービスに対する顧客満足の基盤になるのが、「機能要件」とそれがソリューションによって満たされる程度だ。たとえば、ダイエットソーダを飲む人は、一定の味とカロリー量を期待している。どちらかが満たされなければ、顧客は自分の期待により良く応えてくれる競合ソリューションに乗り換えるかもしれない。

「結果期待」（テクニック3を参照）は、特定のソリューションにこだわらない（ソリューション・ニュートラル）、単にジョブを片づけるための採用基準（テクニック1を参照）を示しているが、「機能要件」は特定のソリューション独自の要件を示すものであり、設計はそれを満たすように立案する。したがって、機能要件とは、特定のソリューションを念頭に置いて結果期待を直接変換したようなものだ。

　ソリューションの細部の設計は、顧客の視点で機能要件を理解し、正確に表現することから始まる。機能要件は、その設計が果たす2種類の機能 —— 有益な機能と有害な機能 —— に限界を設定する。たとえば、ろうそくの明るさは有益な機能だが、すすが発生することは有害な機能だ。そこで、ろうそくの設計の機能要件で、明るさとすすの量の目標と限界を定めることになる。

　機能要件を適切に見極めるには、アンケートやフォーカスグループ、インタビューなどで「顧客の声」のデータを集める方法をある程度は理解しておく必要があるだろう。

背景

　機能要件には、客観的であいまいさのない測定可能な方法で記述されるものがある。そういう機能要件には、操作的な定義、測定の単位、求められる目標範囲を含めなければならない。たとえば、製品の重さ、サービス提供のリードタイム、製品やサービスのコスト、それに、耐久性、信頼性、保全性（維持・管理のしやすさ）といった製品の質的特徴などだ。もっと主観的で、あいまいで、測定困難な機能要件もある。たとえば、使いやすさ、外見や感触、事業のしやすさ、適時性などだ。

　「顧客の声」という概念は、さまざまな名前で呼ばれている。たとえば、ニーズ、ウォンツ、要件、基準、CTQ（品質に重要な影響を与える）要因、CTS（顧客満足に重要な影響を与える）要因、顧客感動などだ。これらはよく混同されるが、顧客の期待を「結果期待」（特定のソリューションにこだわらない）、あるいは「機能要件」（特定のソリューションに依存する）として定義することによって、この混同を避けることができる。

　同様に、「顧客」自体も、従来、混同や誤解を招くカテゴリーに分類されていた。たとえば、内部顧客、外部顧客、パートナー、患者、クライアント、パトロン、ゲスト、ファンなどだ。実際には、すべての顧客は、その役割から、最終使用者、仲介者、または修正者と定義することができる。

- **最終使用者**は、何らかのJTBDを満たすためにソリューションを買う（または雇う）。

- **仲介者**は、最初のインプットから最終使用者によって購入される複雑なアウトプットまでの一連のプロセスのどこかで、価値を付加する。また仲介者は、ソリューション提供者がソリューションの価値を高めることができるように、顧客の期待をソリューション提供者に伝える。小売店、車のディーラー、薬剤師、旅行業者などがこれにあたる。

- **修正者**は、最終使用者の期待により良く応えられるように、製品やサービスをそのライフサイクルの間に、修理、改良、修正、追加、削除によって改善する個人または組織である。

ソリューションを設計するときに、あらゆる顧客グループのJTBDや結果期待、機能要件を検討できるように、3種類の顧客すべてを理解することが重要だ。そうすれば、「公理的設計」（テクニック34）、「機能構造」（テクニック35）、「TILMAG」（テクニック37）を使って、それらの期待に最も良く応える方法を決めることができる。

ステップ

シナリオ── インターネットを介して電話ができるVoIP（Voice Over Internet Protocol）サービスを設計または採用したい場合を例に、説明しよう。VoIPは家庭やオフィス用の従来の固定電話に代わる安価なサービスだ。ここでの目標は、VoIPシステムの「機能要件」を抽出することだ。

1 JTBD、結果期待、設計に選ばれたソリューションを見直す

　まず、顧客が片づけようとしているジョブを見直し、顧客が適切なソリューションを採用する際に用いる、ソリューション・ニュートラルな基準（結果期待）をリストアップする。このシナリオでは、JTBDは、**ビジネス用に遠隔通信を行う**ことだ。**図33-1**（294頁）は、このJTBDに関する結果期待のリストの一部を示している。われわれはいくつかの選択肢から、VoIPを「雇う」ことを選んだ。自ら設計するより、満たされていない重要なニーズ、または結果期待をよく満たせるからだ。

2 顧客を特定する

　顧客によって求める機能は異なるから、顧客の種類を特定することが重要だ。前述したように、顧客は最終使用者、仲介者、修正者の3種類に分けられる。

　顧客の役割は流動的であることに留意しよう。その時々のソリューションとの関係によって変わってくる。たとえば、レストランでの最終使用者は、食事をしている人だ。ウェイターは仲介者だが、非番の夜に食事をしに来るときは、最終使用者になる。レストランで食事をしているレストラン評論家は、最終使用者であると同時に修正者でもある。彼の批評の影響で、レストランがより良い製品やサービスを提供するようになるかもしれないからだ。

誰がソリューションの本当の最終使用者かを慎重に考えよう。たとえば、飛行機のエンジン（ターゲットのソリューション）の最終使用者は、航空機メーカーだ。飛行機（最終ソリューション）の最終使用者は、航空会社だ。乗客は、実際には、航空会社が提供する輸送ソリューションの最終使用者だ。

---

3 結果期待を集める

　各顧客セグメントのJTBDと結果期待を検討する。次に、これらの結果期待を、VoIPに特有の「機能要件」に変換しよう。図33-1に示したように、これらの機能要件は、有益な機能を強化し、VoIPのシステムによって生じる有害な機能を最小限に抑えることを重視している。こうして導き出した機能要件は、顧客へのアンケートやフォーカスグループ、インタビューなどで、妥当性を確認できる（結果期待の機能要件への変換について、詳しくはテクニック34「公理的設計」を参照のこと）。

具体的なアプローチは、ソリューションに含まれるイノベーションの程度にもよるだろう。たとえば、見たこともないまったく新しい製品やサービスについてのアンケートに回答するのは難しいだろうが、よく知られている製品に新しい特徴を加えるだけなら、アンケートを利用するのが適切だろう。ほとんどの場合、フォーカスグループは効果がある。自由回答の質問をすることができるし、グループ内の相互作用で、個別インタビューよりも活発な議論が起きることが多いからだ。

図33-1　機能要件

OE*	結果期待	機能要件	
1	いつでも電話サービスが利用できる可能性を高める	VoIPシステムが利用できること	
2	電話の発信・受信にかかる労力を最小限にする	VoIP通話を開始するための労力	
3	発信者にも受信者にも通話が明確に理解される可能性を高める	通話の明瞭度	
4	通話中の背景雑音を最小限に抑える	背景雑音のレベル	
5	通話にかかるコストを最小限に抑える	VoIP 1カ月当たりのコスト	
6	コンピュータや携帯端末からしか接続できない場所からも通話できる可能性を高める	VoIPサービスへのアクセス	
7	通話に関するシステム関連の問題解決にかかる労力を最小限に抑える	VoIP顧客サービス	
8	システム障害による技術的問題の解決にかかる時間を最小限に抑える	VoIPサービス停止時間	
9	システム障害による技術的問題の解決にかかる時間を最小限に抑える	VoIPサービスが問題解決までに要する時間	

* （結果期待）番号

一般的に、「機能要件」は大きく5つに分類される。使いやすさ、適時性、コスト、オプション、確実性である。確実性とは、信頼性、メンテナンスのしやすさなどの一連の品質指標を意味する。

	測定単位	目標
	利用可能時間の割合	>99.999%
	通話を開始するためのクリック数、またはボタンを押す回数	電話番号と同じか、それより少ない桁数
	標準明瞭度検査	>98%
	雑音が許容できないレベルになる時間が通話時間に占める割合	<1%
	ドル	地元の固定電話接続業者の料金の50%
	あらかじめ指定したデバイス（コンピュータ、携帯端末、通話機器）からのアクセス	100%のアクセス
	顧客満足度評価	>90%
	分	90%<2分
	分	90%<15分

4 　期待を種類によって分類する

「機能要件」を抽出したら、それぞれについて、明確な操作的定義、目標、その測定方法を決めよう。主観的な機能要件については、強い相関性がある代替的な測定値を使ってもよい。たとえば、**VoIP顧客サービス**は、顧客満足度評価値を使って測定することができる。

> どのようなソリューションについても、**信頼性**などの性能への期待は、**平均故障間隔**と呼ばれる評価指標で追跡することができる。この評価指標は、そのソリューションの「設計スコアカード」（テクニック43）に含めることができる。

5 　顧客セグメント間で、期待を調整する

　各顧客タイプの「機能要件」が十分に理解できたら、次は利益が衝突する可能性を探し、それらの問題を最小限に抑えるか解決する方法を決めよう。たとえば、顧客が求めるカスタマイゼーションのレベルが高すぎると、修正者が製品の修理を行うのが難しくなるかもしれない。この場合、ソリューション提供者は、最終使用者向けのカスタマイゼーションの選択肢を減らして、修正者の**修理がしやすい**という結果期待を満たす選択をすることができる。

> 最終使用者の期待を満たすことはきわめて重要だが、そのために仲介者や修正者を疎外しないように気をつけよう。最も成功している組織は、さまざまな顧客セグメントの期待をうまく調整して、衝突を最小限に抑えている。

6　期待を設計パラメーターに変換する

「公理的設計」（テクニック 34）などの設計テクニックやツールを
使って、まずは機能要件から始めて、顧客の期待を実現性のある
設計に変換していこう。

> 「機能要件」は、シックスシグマ用語でいえば、設計と最
> 適化の努力を振り向け、長期にわたって設計スコアカード
> やプロセス挙動チャートで追跡する、「Y（アウトプット変数）
> 関係の」重要業績評価指標（KPI）である。

テクニック 34 公理的設計

顧客の要望を、最善の製品やサービスに変える

「公理的設計」は、顧客の**片づけるべきジョブ**と**結果期待**（JTBD とOE）を**機能要件**（FR）に、次に**設計パラメーター**（DP）に、さらに**プロセス変数**（PV）に転換していくプロセスである。FRの数が多く、したがってDPとPVの数もさらに多く、ときには1000を超えるような複雑なシステムに使うと特に力を発揮する。ジャンボジェットや強力なソフトウエア・アプリケーションが、この例だ。

> この章および本書全体では、伝統的な公理的設計の用語である**顧客属性**の代わりに、**片づけるべきジョブ**と**結果期待**という用語を使っている。公理的設計に習熟したエンジニアや、公理的設計純粋主義者は、このことに留意していただきたい。

背景

「公理的設計」の根底には2つの公理がある。独立公理と情報公理だ。

独立公理は、すべてのFRとそれらに関連するDPは独立を保たなければならない、とする。したがって、あるFRを満たすためにあるDPを調整する場合、ほかのFRに影響を及ぼさないように行わなければならない。独立公理を満たさない設計は、**干渉設計**と呼ばれる。独立公理を満たす設計には、**独立設計**と**準独立設計**がある。

つねに独立または準独立設計を目標にするべきだ。可能な限りモジュール的で独立性のある設計になるからだ。そうすれば、システムのどの部分が正常に機能しなくなっても、望ましくない結果がシステム全体に伝播することはない。また、独立した設計では、非常に複雑で広範にわたるシステムを扱う場合に、技術作業をセグメント化することが可能になる。

情報公理は、端的にいえば、「最良の設計は、情報量が最少で、なおかつ独立公理を満たしているものだ」という情報理論に基づいている。情報量は確率で定義される。プロセス・パラメーターの変化、顧客使用条件の違い、反復使用による変化の影響を少なくできる設計であるほど、情報公理をよく満たしている。

情報公理を満たしている設計を**ロバスト（堅固な）設計**という（テクニック42を参照）。継続的に仕様（プロセス変数またはPV）を満たす確率を最大化するからだ。たとえば、**引張強度**や**データ入力エラー**などのプロセス変数は、ゼロから完璧までの幅のどの点でも狙い通り機能することができるが、現実には、つねに両極端の中間あたりで機能している。

> 「公理的設計」を考案したのは、MITの機械工学名誉教授、ソ・ナムピョ博士である。

独立公理と情報公理を満たす設計をする際、公理的設計の実践者は、図34-1に示したような**ジグザグ思考**という難しく厳密なプロセスに取り組む。基本的には、ジグザグ思考とは、FRが対応するDPとPVに変換されるプロセスだ。その間、設計が仕様通りに機能する可能性をできるだけ高めるように、FRの独立性を保ち、なおかつ情報公理も満たすようにしなければならない。

独立公理

　独立公理は、2つのDPと2つのFRの関係によって表すことができる。これほど簡単な2×2の設計には、公理的設計は必要ないかもしれないが、公理的設計は実際にはきわめて複雑であるため、高度な公理的設計の仕組みを説明するにはこれが最も適しているのだ。これから紹介する例は、説明をわかりやすくするために、極度に様式化されている。実際には、はるかに広範にわたって詳細に行われる。

1. 干渉設計

　図34-2を見ると、水流（FR1）と水温（FR2）はどちらも、冷水栓（DP1）の角度と温水栓（DP2）の角度両方の影響を受けることがわかる。したがってこれは干渉設計だ。サービスの例では、新しく採用された人の質（FR1）と採用プロセスの速さ（FR2）はともに、面接者の数（DP1）と面接のスケジュール作りの方法（DP2）の影響を受ける。

図34-1 公理的設計の領域

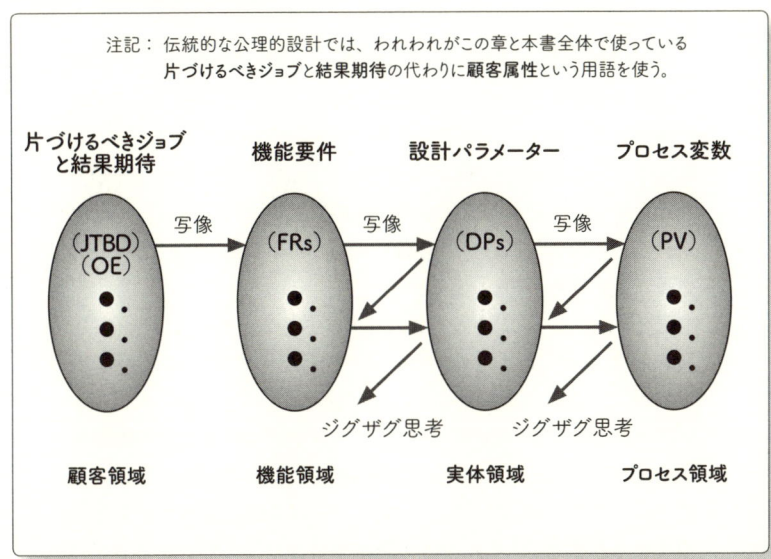

注記： 伝統的な公理的設計では、われわれがこの章と本書全体で使っている
片づけるべきジョブと結果期待の代わりに**顧客属性**という用語を使う。

片づけるべきジョブと結果期待		機能要件		設計パラメーター		プロセス変数
(JTBD)(OE)	写像	(FRs)	写像	(DPs)	写像	(PV)

ジグザグ思考　　ジグザグ思考

顧客領域　　　　　機能領域　　　　　実体領域　　　　　プロセス領域

図34-2　2×2のFR-DPマトリックスによる干渉設計

干渉設計とは、どの機能要件も、設計パラメーターを調整する
ことによって、ほかの機能要件に影響を与えずに独立して達成
することができない設計である。

水栓

採用プロセス

FR 1 ＝ 水流
FR 2 ＝ 水温
DP 1 ＝ 冷水栓の角度
DP 2 ＝ 温水栓の角度

FR 1 ＝ 採用された人の質
FR 2 ＝ 採用プロセスの速度
DP 1 ＝ 面接者の数
DP 2 ＝ 面接スケジュール作りの方法
　　　（速いまたは遅い）

2. 準独立設計

　準独立設計は、干渉設計より望ましい。図34-3には、自動車のクランク軸で作られた電力を利用するためのプーリーとベルトの設計の2つずつのシンプルなFRとDPが示されている。ベルトはシステムの稼働中、横に滑ってはならない（FR1）し、移動方向にも滑ってはならない（FR2）。準独立設計では、FR1とFR2はプーリーの設計（DP1）の影響を受けるが、減摩設計（DP2）の影響を受けるのはFR2だけである。

　図34-3に示されたもう1つの例は、ウェブ上でのオンライン電子取引である。ここでは、FR1とFR2はともにDP1の影響を受けるが、DP2の影響を受けるのはFR2だけだ。言い換えれば、トップページの設計（DP1）によって、トップページに何を掲載するか（FR1）が決まり、さらなる検索（FR2）が可能になるが、検索アルゴリズム（DP2）によってホームページに掲載するものが決まることはなく、それ以外の販売製品の特定が可能になるだけである。

3. 独立設計

　独立設計は、干渉設計や準独立設計より好ましい。図34-4には、2つのFRと2つのDPがある水栓が示されている。水量調節栓（DP1）が水流（FR1）に影響を与え、冷温混合栓（DP2）は水温（FR2）に影響を及ぼす。DP1/FR1の組み合わせは、DP2/FR2の組み合わせとはまったく関係がなく、それぞれのFR/DPの組み合わせの独立性が確保されている。

　サービスの世界での独立設計についても、オンライン購入に関する2つのDPと2つのFRで説明しよう。図34-4では、買い物かごの設計（DP1）がわかりやすい決済（FR1）に影響を及ぼし、安全な支払いシステム（DP2）が顧客からの支払い金の送金（FR2）に影響を及ぼしている。

図34-3　2×2のFR-DPマトリックスによる準独立設計

準独立設計とは、どの機能要件も、設計パラメーターを調整することによって、ほかのものとは独立して達成することができる設計である。ただし、少なくとも1つの設計パラメーターは2つ以上の機能要件に影響を及ぼす。

ファンベルトによる交流モーター

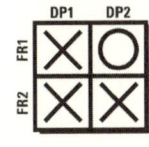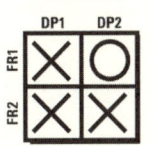

オンライン電子取引

FR 1 ＝ ベルトの横滑りを防ぐ
FR 2 ＝ ベルトの移動方向への滑りを防ぐ
DP 1 ＝ プーリーの設計
DP 2 ＝ 減摩設計

FR 1 ＝ トップページに掲載される主力商品
FR 2 ＝ さらに検索できるようにする
DP 1 ＝ トップページの設計
DP 2 ＝ 検索アルゴリズム

図34-4　2×2のFR-DPマトリックスによる独立設計

独立設計とは、どの機能要件も、対応する1つの設計パラメーターだけによって、ほかのものから独立して達成することができる設計である。

水栓

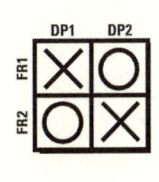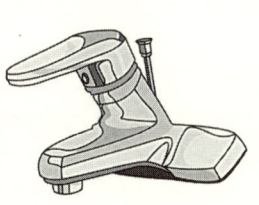

電子取引の決済

FR 1 ＝ 水流
FR 2 ＝ 水温
DP 1 ＝ 水量調節栓
DP 2 ＝ 冷温混合栓

FR 1 ＝ わかりやすい決済機能を提供する
FR 2 ＝ 顧客の支払い金を送金する
DP 1 ＝ 買い物かごの設計
DP 2 ＝ 安全な支払いシステム

例——情報公理

　情報公理の説明には、図34-5を使うのがいちばん良いだろう。どのような設計の成功確率も、設計範囲（通常は許容範囲）とシステム範囲（プロセスの変動で表現される）を使って計算できることが示されている。設計の情報量は、共通領域（A_{CR}）を使って計算され、次の方程式で表される。

　情報量＝$I = \log_2 (1/A_{CR})$

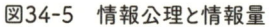

図34-5　情報公理と情報量

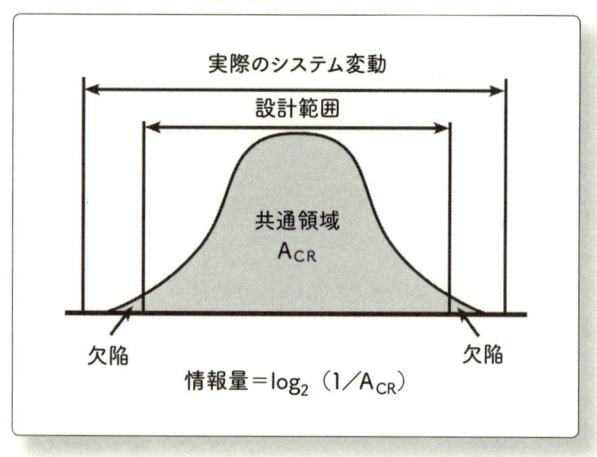

　この式から、$A_{CR} = 1$、つまり、設計範囲とシステム範囲が等しい場合、情報量がゼロになることは明らかだ。その設計が考えられる最適なものだという意味だ。情報量がゼロより大きい場合、欠陥や障害のリスクがあり、したがってその設計は最適または最良ではない可能性がある。

　これはまた、どんな設計でも、プロセスの変動に関係なくシステムの変動範囲が設計範囲に収まっている限り、その設計は良いものであることも意味している。だが、システムの変動範囲が設計範囲を超えている場合は、欠陥やエラー、障害が起きるだろう。

システムの範囲が設計範囲を超える程度は、潜在的な失敗のリスクの程度である。

> 公理的設計の第一の目標は、機能要件に関して可能な限り独立性のある設計にすることだ。その後で、「ロバスト設計」（テクニック42）、「設計故障モード影響解析」（テクニック44）、「ポカヨケ」（テクニック45）などのテクニックを使って、情報公理に従い、可能な限りロバスト（堅固）にする。

ステップ

1 片づけるべきジョブと結果期待を決定する

JTBD（片づけるべきジョブ）とそれに関連するOE（結果期待）は、どの方法をいくつ使って定義してもよい（これらは伝統的な公理的設計の用語では、「顧客属性」と同義であることに留意しよう）。繰り返すが、JTBDは、特定の製品やサービス、ソリューションとは関係なく、顧客が達成しようとしていることだ。一方、特定のソリューションが念頭にあるときは、OEが、顧客の期待やニーズ、欲求に従ってそのソリューションを設計するのを助けてくれる。

2 結果期待を機能要件に変換する

このステップでは、顧客の言葉から、設計者の言葉へと移行する必要がある。つまり「そのソリューションに何をさせるか」だ。顧客なら「見栄えがいいほうがいい」というところを、設計者は「透明な青色でなければならない」と言い換えるかもしれない。顧客が大西洋を横断するフライトで、時間通り安全に到着したい（結果期待）なら、設計者は、その顧客とほかの乗客を望み通りにそこまで運ぶために、20万ポンドの利用推力を必要とする（機能要件）。

設計者が、対処する必要がある何らかの**設計上の制約**を特定するのも、このステップだ。そのような制約（たとえば、コスト）は、許容できる設計ソリューションの限界、あるいは、次のステップで機能要件（FR）を対応する設計パラメーター（DP）に変換するときに対処しなければならない現実を表している。

> 制約には、**インプットの制約**と**システムの制約**の2種類がある。インプットの制約は、設計の仕様の一部として課せられる。システムの制約は、設計ソリューションがその中で機能しなければならないシステムによって課せられる。

3　機能要件を設計パラメーターに変換する

　次に設計者は、それぞれのFRを実体領域の対応する一組のDPに変換する。これらのDPは、重要な実体的またはサービス上のターゲットおよび仕様である。たとえば、ある部品を青色にすることがFRである場合、そのFRに対するDPは、RGBカラースケール［訳注：赤、緑、青の3原色で色を表現する方法］で、0/0/255（青）、誤差プラスマイナス5ポイントを目標にすることになるかもしれない。

4　設計パラメーターからプロセス変数へのマッピング（写像）を行う

　公理的設計の最終段階は、設計仕様が新しいソリューションを何度でも、失敗なく提供できるように、プロセスへの写像を行うことだ。設計者は、FRをDPに変換したときと同じ方法で、各DPを一組の対応するプロセス変数（PV）に変換する。たとえば、DPがRGBカラースケールで0/0/255、プラスマイナス5ポイントであれば、その部分にこの仕様を満たさせるプロセスの変数は何になるだろう？　これらが関連PVである。

　FRをDPに、DPをPVに変換するのにともなうプロセスは、階

層的に反復して行われることに留意しよう。高いレベルから始まり、より詳細なレベルに分解されていく（図34-1）。これが公理的設計のジグザグ思考の側面だ。FRがDPに分解され、DPがPVに分解される。各レベルで、それぞれの領域に関する設計が決まる。これがジグザグのジグの部分だ。次に、設計チームは機能領域に戻り、1つ下のレベルを決定し、その上のレベルですべての領域でなされた設計上の決定を反映させる。これがザグの部分だ。

　ジグザグに行ったり来たりする間、設計者は低い次元のFR、DP、PVの各組が可能な限りの独立性を保ち、情報公理も満たすようにしなければならない。

参考資料

詳しくは、次の参考文献を参照のこと。

El-Haik, B. *Axiomatic Quality: Integrating Axiomatic Design with Six-Sigma, Reliability, and Quality Engineering*. Hoboken, NJ: Wiley Interscience, 2005.

Suh, N. P. *Axiomatic Design: Advances and Applications*. New York: Oxford University Press, 2001.（『公理的設計 —— 複雑なシステムの単純化設計』Nam Pyo Suh著、中尾政之、飯野謙次、畑村洋太郎訳、森北出版、2004年）

機能構造

ソリューションが
全体と部分でどのように
機能しているかを特定する

「機能構造」は、設計が全体として果たすよう意図された機能を、無理なく実行できるまとまった下位機能に分解して、エラーのない開発に役立てようとするものだ。たとえば、冷蔵庫を設計しているときに、機能要件（冷凍庫の温度をマイナス18度に保つ）から設計パラメーター（気温が設定された温度より高くなったり低くなったりすると、コンプレッサーを入れたり切ったりする）に移行するときに、機能構造を用いる。

　設計概念を考え出す必要があり、機能要件を設計パラメーターに変換するときに、「機能構造」のテクニックが使われる。だが、機能構造は必ずしも要件とパラメーターの独立性の問題に対処しないため、公理的設計（テクニック34を参照）と併せて用いるのが最も効果的だ。機能構造のテクニックを用いるときは、資格のあるエンジニアに手伝ってもらうのがいちばん良い。

ステップ

シナリオ――「機能構造」を説明するために、自動洗髪機の設計を見てみよう。美容院でカット前の下準備をする人の代わりをする装置だ。

1 設計の対象である問題を明確化する

その設計の全体的な意図、つまりその設計が遂行しなければならない機能は何だろう？ 「機能構造図」の中央のボックスに、その機能を書き込もう（図35-1）。例としたシステムの意図は、**自動的に髪を洗う**ことだ。

図35-1　主要機能とそのインプットとアウトプット

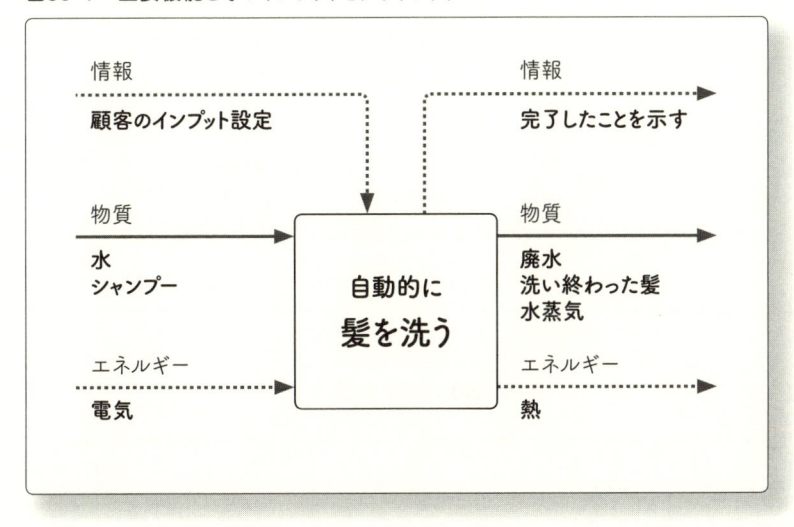

2 機能のインプットとアウトプットをリストアップする

機能の左側に、インプットをリストアップする。システムが全体としての機能を遂行するのに必要なものは何だろう？ 右側には、アウトプットをリストアップする。システムが生み出すのは何だろう（意図したものと意図しないものの両方）？ **物質**、**エネルギー**、**情報**のカテゴリー別に、すべてのインプットとアウトプットをリストアップしよう。

図35-1は、自動洗髪システムに関して挙げられたインプットとアウトプットを示している。

3 全体としての機能を識別可能な下位機能に分解する

次にこう考えよう。「主要な機能を果たすために必要な対応する下位機能は何だろう?」これらの下位機能を主要機能の下に挙げていき、すべて出尽くしたら、起きる順に並べよう（図35-2）。このとき、次の点に留意する。

- 下位機能は、システムまたはメカニズムによって実行される何らかの物理的プロセスまたは活動を通して遂行される。

- 下位機能ステートメントには、名詞と動詞が含まれていなければならない（たとえば、圧力を下げる、顧客を登録する、髪をすすぐ、など）。

- これ以上分解できなくなるまで下位機能を分解しつづけることはできるが、あまり実用的ではない。下位機能を特定するのは、設計の種類によって、適切なレベルまでにしよう。

図35-2　機能構造

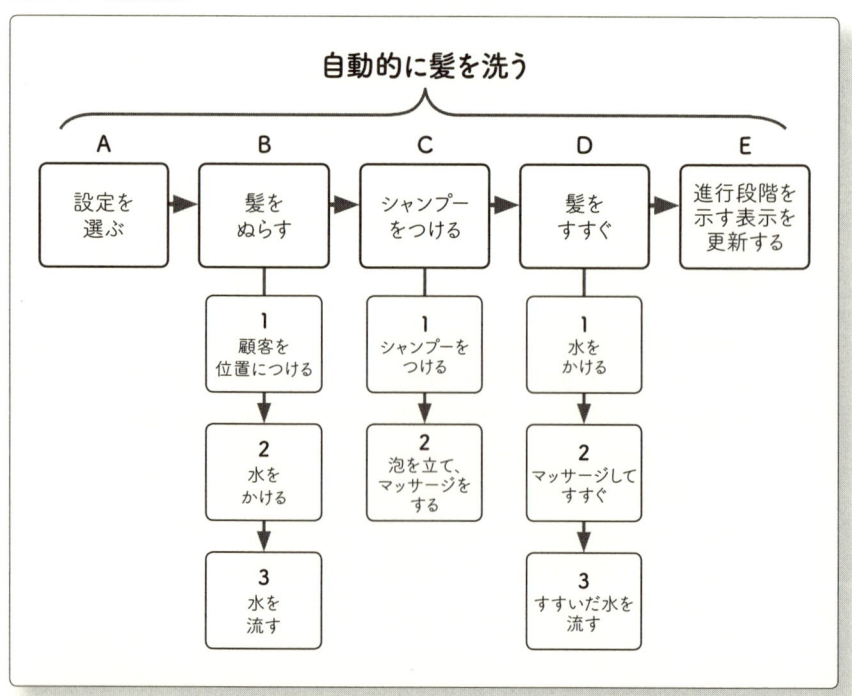

- すべての下位機能は顧客のニーズ ——「結果期待」（テクニック3を参照）または「機能要件」（テクニック33を参照）——を満たさなければならない。

4 各下位機能について、可能性のあるソリューションを考案する

「機能構造図」を適切なレベルまで完成させたら、最後のステップは、各下位機能について可能性のあるソリューション（設計オプション）を発想することだ。必要に応じて下位機能を組み合わせたり、さらに下位の機能に分けたりしてもよい。図35-3は、自動洗髪の機能が下位機能に分割され、材料、エネルギー、情報が交換される様子を示している。これが、各下位機能のソリューションのアイデア発想の指針になる。

図35-3 自動洗髪システム全体図

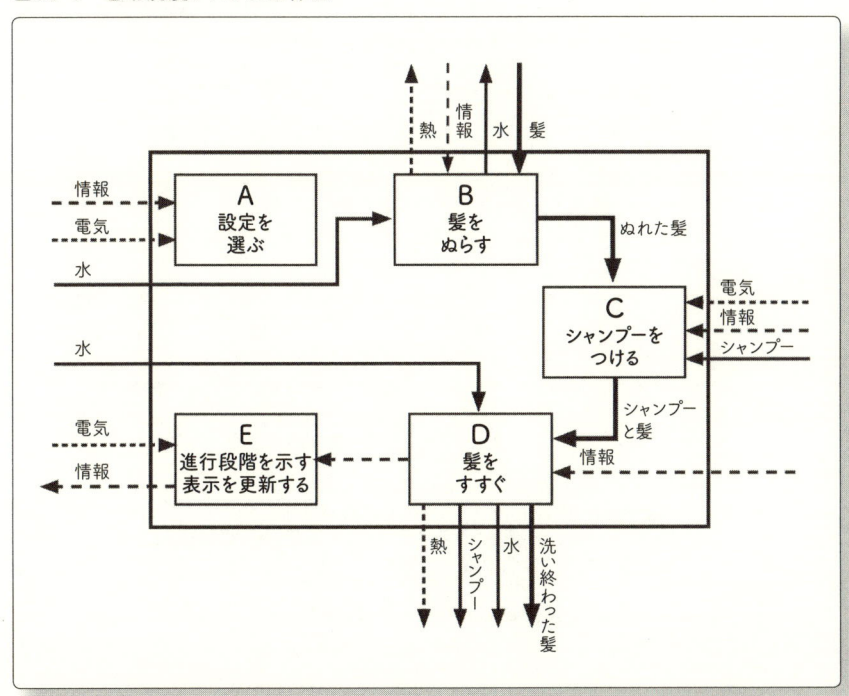

下位機能のソリューションを探すときは、本書の上級のアイデア発想テクニックを使おう。単純なブレーンストーミングでは画期的なアイデアが出てこないことがあるからだ。その間、下位機能レベルのソリューションであることを忘れないようにしよう。たとえば、次のように考える。

- 設定を選ぶにはどうすればよいだろう?

- 髪をぬらすにはどうすればよいだろう?

- シャンプーをつけるにはどうすればよいだろう?

- 髪をすすぐにはどうすればよいだろう?

- 進行段階の表示を更新するにはどうすればよいだろう?

　自動洗髪の下位機能に関する、可能性のあるソリューションまたは設計オプションのリストを、図35-4に示す。

　可能性のあるソリューションのリストに満足すれば、「形態的マトリックス」（テクニック36）に進み、下位機能をどう組み合わせれば画期的な設計ができるかを検討する。まだ画期的な設計オプションを考えつくのに苦労しているなら、「TILMAG」（テクニック37）または「HITマトリックス」（テクニック18）を試してみよう。

参考資料

　機能構造についての議論は、次の書籍に詳しい。

Pahl, G., and W. Beitz. *Engineering Design: A Systematic Approach*. New York: Springer-Verlag, 1999.（『エンジニアリングデザイン——工学設計の体系的アプローチ』第3版、G. Pahlほか著、金田徹ほか訳、森北出版、2015年）

図35-4　可能性のある設計ソリューション

下位機能	設計オプション
A　（設定を選ぶ）	装置の操作パネル
B1　（顧客を位置につける）	リクライニングチェア、 マッサージ台、 身体を前に傾ける、 カバーをかぶせる
B2　（水でぬらす）	スプレーノズル、 水をためるシンク、 カバー内に水を満たす
B3　（水を流す）	シンクの排水管、 サクションポンプ
C1　（シャンプーをスプレーで かける）	スプレーノズル、 シャンプー液、 ブラシでつける（D2を参照）
C2　（マッサージして泡を立 てる）	回転ブラシ、ジェット、 カバーの裏地を膨らませる
C3　（流す）	B3を参照
D1　（水をかける）	B2を参照
D2　（マッサージしてすすぐ）	C2を参照
D3　（流す）	B3を参照
E　（段階表示を更新する）	緑の点滅灯、ブザー音

形態的マトリックス

代替設計案を組み合わせて ソリューションの概念を 作り出す

「形態的マトリックス」は、下位機能レベルで設計オプションを組み合わせて、新しいソリューションを創出しようとするものだ。たとえば、自動運転車を作ろうと思えば、車の下位機能（カーナビ、音声認識、外界センサーなど）を設計する方法はいくつもある。これまでに考えたこともなかったような設計オプションを組み合わせたアプローチも含めて、可能性のあるあらゆる設計ソリューションを見つけるのに役立つのが、形態的マトリックスだ。

「形態的マトリックス」は、「機能構造」テクニックを使ってシステムの下位機能を特定した後で使うことができる。「公理的設計」のプロセスに従っているなら、機能要件を設計パラメーターに変換するときに使えば効果的だ。テクニック自体の使い方は簡単だが、システムの下位機能を理解し、設計オプションを評価するには、チームにはシステムについてのかなりの専門知識が求められる。

> 形態という用語を使う前提は、システムの下層部（システムの下位機能）を理解すれば、システム全体（システムの全体的な機能）をより良く理解できる、ということだ。したがって、システムの形態に注目するということは、つまりは「全体を形づくっているのはどんな部分か?」と問うことである。

シナリオ ── 「機能構造」（テクニック35）では、自動洗髪機の設計オプションをリストアップした。形態的マトリックスを使ってこれらのオプションを組み合わせ、下位機能レベルの可能性のあるソリューションを作り出すことができる。

❶ システムの下位機能を見極める

　設計がシンプルな場合、ブレーンストーミングで下位機能を洗い出すことができる。システムが複雑なときは、「機能構造」（テクニック35）か「公理的設計」（テクニック34）を使おう。プロセスに関するイノベーションに関しては、「プロセス・マップ／バリューストリーム・マップ」（テクニック51）が下位機能の特定に役立つ。下位機能がプロセスのステップに対応しているかもしれないからだ。

> 下位機能は、全体として1つのシステムを構成していなければならないが、互いに重複するほど詳細である必要はない。

❷ 下位機能ごとに設計オプションをリストアップする

　各機能につき少なくとも2つ、多くても6つまでの設計オプションをリストアップしよう。1つだけではマトリックスに代替ルートがなくなるし、多すぎるとコンピュータを使わずに評価するのが難しくなる。この時点ではまだオプションを評価せず、書き表すだけだ。

> 「TILMAG」（テクニック37）と異なり、「形態的マトリックス」では2つ以上のオプションを同時に比較することができるため、複雑なシステムに用いるにはこちらのほうが実用的だ。

設計オプションの最初の実行可能性評価を行い、設計上の制約、または片づけるべきジョブや結果期待と矛盾するものを排除する（図36-1）。あるオプションを削除すると、別のオプションの意味がなくなる場合があることに留意しよう（たとえば、例に出てくる**サクションポンプ**は、**水をためるシンク**のオプションが削除されたら、不要になった）。

④ 設計概念を創出する

残ったオプションを組み合わせて、設計概念（各下位機能についてのソリューション）を導き出す。それぞれの行から1つのオプションを選んで、すべての可能性のある組み合わせを書き表そう（図36-2、318頁）。マトリックスの複雑さによっては、コンピュータを使う必要があるかもしれない。組み合わせの総数は数百、ときによっては数千にものぼる可能性があるからだ。われわれの例では、各行の選択肢の数をかけ合わせて計算すると（1×3×2×3×3×2×3×1×2）、可能性のある設計概念は648ある。

⑤ 設計概念の実行可能性を評価する

最終ステップは、設計概念の予備的評価を完了させることだ。これは、前のステップと同じように、物理的な制約またはコスト面での制約に基づいて判断することができる。アイデアを排除することを急ぎすぎないように注意しよう。迷ったら、残しておく。「ピュー・マトリックス」（テクニック40）などの体系的評価テクニックを使ってさらに評価を行うこともできる。われわれの例では、頭にかぶせるカバーのオプションはリクライニングチェアやマッサージ台ではうまく機能しないので、設計概念4と5を削除した。

図36-1　形態的マトリックス

すべての設計オプションをマトリックスにリストアップした後、
設計上の制約や顧客の要求と矛盾するものを除いていく。

下位機能	オプション1	オプション2	オプション3	オプション4
A （設定を選ぶ）	装置の操作パネル			
B1 （顧客を位置につかせる）	リクライニングチェア	マッサージ台	~~体を前に傾ける~~	カバー内に水を満たす
B2 （水をかける）	スプレーノズル	~~水をためるシンク~~	カバー内に水を満たす	
C1 （シャンプーをつける）	スプレーノズル	シャンプー液を吹きつける	ブラシでつける	
C2 （マッサージして泡を立てる）	回転ブラシ	ジェット	カバーの裏地を膨らませる	
D1 （水をかける）	スプレーノズル	~~水をためるシンク~~	カバー内に水を満たす	
D2 （マッサージしてすすぐ）	回転ブラシ	ジェット	カバーの裏地を膨らませる	
D3 （排水する）	~~サクションポンプ~~	シンクの排水管		
E （進行段階の表示を更新する）	緑の点滅灯	ブザー音	~~印刷~~	

図36-2　形態的マトリックス設計概念

	A（設定を選ぶ）	B1（顧客を位置につかせる）	B2（シャンプーをつける）	C1（シャンプーを吹きつける）	C2（マッサージして泡を立てる）	D1（水を吹きつける）	D2（マッサージしてすすぐ）	D3（排水する）	E（進行段階の表示を更新する）
1	装置の操作パネル	リクライニングチェア	スプレーノズル	スプレーノズル	回転ブラシ	スプレーノズル	回転ブラシ	シンクの排水管	緑の点滅灯
2	装置の操作パネル	マッサージ台	スプレーノズル	スプレーノズル	回転ブラシ	スプレーノズル	回転ブラシ	シンクの排水管	緑の点滅灯
3	装置の操作パネル	カバーをかぶせる	スプレーノズル	スプレーノズル	回転ブラシ	スプレーノズル	回転ブラシ	シンクの排水管	緑の点滅灯
4	装置の操作パネル	リクライニングチェア	カバー内に水を満たす	スプレーノズル	回転ブラシ	スプレーノズル	回転ブラシ	シンクの排水管	緑の点滅灯
5	装置の操作パネル	マッサージ台	カバー内に水を満たす	スプレーノズル	回転ブラシ	スプレーノズル	回転ブラシ	シンクの排水管	緑の点滅灯
6	装置の操作パネル	カバー	カバー内に水を満たす	スプレーノズル	回転ブラシ	スプレーノズル	回転ブラシ	シンクの排水管	緑の点滅灯
7	装置の操作パネル	リクライニングチェア	スプレーノズル	シャンプー液を吹きつける	回転ブラシ	スプレーノズル	回転ブラシ	シンクの排水管	緑の点滅灯
8	装置の操作パネル	マッサージ台	スプレーノズル	シャンプー液を吹きつける	回転ブラシ	スプレーノズル	回転ブラシ	シンクの排水管	緑の点滅灯
9									

参考資料

次のサイトでは、このテクニックの創始者、フリッツ・ツビッキーによる形態的分析に関する情報を含む多くの有益な参考情報が閲覧できる。

Swedish Morphological Society (www.swemorph.com)

形態的マトリックスを公理的設計の概念と組み合わせた興味深い視点については、次を参照のこと。

Weber, R., and S. Condoor. "Conceptual Design Using a Synergistically Compatible Morphological Matrix". www.fie-conference.org/fie98/papers/1245.pdf.

もう1つの例

「形態的マトリックス」は、複雑な設計以外にも、あらゆるタイプのプロセスやサービスのオプションを評価するときに使える。図36-3は、あるグループがこのテクニックを使って考えた、地元のレストランが後援する寄付金集めのプログラムのためのオプションを示している。マトリックスに示したオプションはすべてを網羅しているわけではないが、それでも500もの組み合わせができる（5×4×5×5）。しかし、チームは、リストアップされたすべての設計概念を組み合わせるのではなく、各行から1つずつオプションを選んで、十分な数の実行可能なソリューションを確保した。

図36-3　形態的マトリックスのもう1つの例

下位機能	オプション1	オプション2	オプション3	オプション4	オプション5
資金源を探す	マニーズダイナー（レストラン）	従業員	補助金	コミュニティ	ほかの企業
参加者を特定する	従業員	従業員とその家族	地元の学校の運動選手	コミュニティ・グループ	
寄付先を特定する	地元の学校	ホームレス用シェルター	身体障害者向けプログラム	病院	フードバンク
活動の種類を決める	ボウリング	ソフトボール	チャリティ・ウォーク／ラン	マニーズの食事割引券	手づくりのお菓子のバザー

TILMAG

理想的なソリューションの
要素をペアにして
新しい設計概念を作り出す

「TILMAG」はペアに基づく類推的思考を使って、イノベーションの主要な特徴をユニークな設計概念に変換するテクニックだ。たとえば、**再生可能エネルギー**という特徴を**速い起動**とペアにすれば、振れば明かりがつく電池がいらない懐中電灯を考えつくかもしれない。懐中電灯を機能させるのに使われる基本的な原理は、あなたのイノベーションにも使えるかもしれない。

「TILMAG」の背景にあるのは、人間の思考が最も良く働くのは、一度に2つの情報だけを比較しているとき、という原理だ。あらゆる可能性を比較するには気が遠くなるほどの労力がかかるが、TILMAGはそんなときにユニークなソリューションを生み出す手助けをしてくれる。しかし、特徴の総数が増えると、このツールも複雑になる。そのため、TILMAGは下位システムのレベルで使うか、7つ未満の特徴を比較するときに使うのが最も効果的だ。

> イノベーションの下位機能を特定するために「機能構造」（テクニック35）を使う場合、各下位システムのソリューションを設計するときに「TILMAG」でフォローしてもよい。

背景

「TILMAG」は、創造性を高めるテクニックの研究と開発で知られるドイツの著作家・コンサルタントのヘルムート・シュリックサップ博士によって開発された。TILMAGは、「連想マトリックスにおける理想的なソリューションの要素の変換」を意味するドイツ語の頭字語である。舌をかみそうだが、実際はとてもシンプルだ。

- 「理想的なソリューションの要素」（ISE）とは、そのイノベーションが顧客の結果期待を満たすために持っていなければならない特徴または機能である（詳しくは、テクニック3「結果期待」とテクニック33「機能要件」を参照のこと）。

- 連想マトリックスは、ISEを、ソリューションの性能面と認知面での期待に応える新しい画期的な設計概念に変換するのに役立つ。これを行うには、各ISEをほかのISEすべてとペアにする。それまで表に現れてこなかった関連が明らかになる可能性がある。

ステップ

シナリオ —— イノベーションの対象が、警察官が車の中で使うラップトップ・コンピュータであると仮定しよう。「TILMAG」を使えば、ラップトップにどういう特徴を持たせれば期待に応えることができるか、またそれによって競合製品から十分に差別化できるかどうかを判断できる。

1 理想的なソリューションの要素を定める

イノベーションへの性能面と認知面での期待を、ISEに変換しよう。ISEは、顧客が製品やサービスに期待する特定の特徴や機能を短く簡潔に表現するフレーズだ。ISEはソリューションを説

明するのではなく（たとえば、「長い電池寿命」）、創造性を働かせる余地を持たせるように概念を表現しなければならない（たとえば、「再生可能な電力」）。言い換えれば、機能要件から結果期待へと、より上位の概念で表すようにするのだ。

われわれの例では、チームはラップトップのISEを、**再生可能エネルギー**、**すばやい起動**、**大きな画面**、**小さいサイズ**とすることにした。もちろん、警察車両で使われるラップトップのISEはほかにも考えられる。たとえば、無線接続や耐久性のある部品などだ。だが、ISEの数が増えるとツールの複雑さが増すので、例では4つに限定する。

> 「TILMAGマトリックス」には少なくとも3つのISEが必要であり、4つから6つあるときに最も効果を発揮する。3つの場合、作業をするセルは3つで比較的速く進む。ISEが6つある場合、マトリックスの作業セルは15に増える。

2 TILMAGマトリックスに、理想的なソリューションの要素を書き込む

TILMAG連想マトリックスの最上段に、最後の1つを除くISEを書き込む。左端の列の上から下に、最初の1つを除いたISEを逆の順序で記入する（図37-1）。

3 重複するペアを削除する

同じISE同士がペアになるセルを削除する（たとえば、**大きな画面**と**大きな画面**をペアにする必要はない）。右下の隅のセルも削除する。このペアはマトリックスのどこかに、すでにあるからだ（図37-1）。

図37-1　TILMAGマトリックス

TILMAG	1 再生可能エネルギー	2 すばやい起動	3 大きな画面
4 小さいサイズ	自動巻き腕時計 ハイブリッド車のバッテリー 電池不要の懐中電灯 電気化学反応	ポータブルラジオ	折りたたみ地図 巻き上げ式マット プロジェクター
3 大きな画面	ソーラーパネル 顕微鏡	大画面テレビ 舞台の背景幕	✕
2 すばやい起動	MP3プレーヤー	✕	✕

④　ISEのペアを作る

　残ったセルそれぞれについてブレーンストーミングを行い、ISEを組み合わせたときに頭に浮かんだ連想を記録しよう。**両方のISEを特徴や機能として持っている既存の製品やサービス、ビジネスモデル、システムがないか考えよう**。1つのペアにつき、最低1つは連想しよう。いくつかの連想が浮かぶセルもあるだろう。何も思い浮かばなければ、そのペアは飛ばして、後でもう一度やってみよう。

⑤　設計概念を創出する

　最後に、ステップ4のブレーンストーミングで出てきた連想を、自分のイノベーションに関係のある設計概念に変換する。すべての連想について1つずつ議論し、自分の問題のソリューションとして適用できるかどうかを判断する。警察車両用ラップトップの例では、いくつかの下位システムのソリューションを考えついた（図37-2、次頁）。

図37-2　TILMAG設計概念

連想	ISE	
自動巻き腕時計	小さいサイズ、再生可能エネルギー	
ハイブリッド車のバッテリー	小さいサイズ、再生可能エネルギー	
電池不要の懐中電灯	小さいサイズ、再生可能エネルギー	
電気化学反応	小さいサイズ、再生可能エネルギー	
ソーラーパネル	大きな画面、再生可能エネルギー	
顕微鏡	大きな画面、再生可能エネルギー	
MP3プレーヤー	すばやい起動、再生可能エネルギー	
ポータブルラジオ	小さいサイズ、すばやい起動	
大画面テレビ	大きな画面、すばやい起動	
舞台の背景幕	大きな画面、すばやい起動	
折りたたみ地図	小さいサイズ、大きな画面	
巻き上げ式マット	小さいサイズ、大きな画面	
プロジェクター	小さいサイズ、大きな画面	

	決定的な特徴	ソリューションのアイデア
	ムーブメントによって内部にあるばねの潜在的エネルギーを解放する	左に同じ
	ブレーキがかかっている間に再充電される自動車用バッテリー	車が止まっているときに充電されるラップトップ
	懐中電灯を振ると点灯する	車が動いているときに充電されるラップトップ
	反応でエネルギーを発生させる	電気化学的に充電されたゲルパックバッテリーで作動するラップトップ
	大きなパネルでエネルギーを作る	ラップトップの充電用のソーラーパネルを車に搭載する
	バッテリーで作動、小さなものを大きくする	網膜投射技術を使う
	オペレーティングシステムをすばやく読みこむ	読みこみが最も速いオペレーティングシステムを使う
	限られた機能（音声のみ）	ラップトップのソフトウエアを必要なプログラムに限定する
	映像がすばやく現れる	起動すると読みこまれるソフトウエアを限定する
	背景を描いた幕がすばやく落ちて別の背景が現れる	GUI（グラフィカル・ユーザー・インターフェース）オペレーティングシステムを模倣する。読みこみが速いプログラム
	コンパクトに収納、見るときは大きくなる	たたまれていた画面が広がって大きくなる
	コンパクトに収納、使うときは大きくなる	使わないときは巻き上げられるキーボード
	プロジェクターは小さいが、大きな画面に投影する	車のフロントガラスにラップトップのディスプレーを投影する

ワークセル設計

流れと最適化を
確保する
作業空間の構成

「ワークセル設計」は、最も効率的な資源の組み合わせ方で人と設備とプロセスを組織して、最大の価値を創造しムダを最小化することを目指す。この概念は、たとえば住宅の台所の設計などに活用されている。活動の中心である台所は、食事を作る、食器を洗う、食料品を収納する、といった活動の流れを支援するように配置される必要がある。

いうまでもないが、製品、サービス、あるいはビジネスモデルのイノベーションを、本格的に生産・提供し始める前に、「ワークセル設計」を作成することは有益だ。プロセスを最適化し、顧客の要求を満たすためにかかる時間を削減することができる。

この章の「背景」と「ステップ」は、良い入門になるが、「ワークセル設計」を最大限に活用するには、**リーン**の原則と実践についてさらに理解を深める必要がある。リーンとは、製品生産においてもサービス提供においても、ムダを削減しつつ、速度、効率、業務の価値を高めるアプローチである（テクニック51「プロセス・マップ／バリューストリーム・マップ」の末尾の参考資料を参照のこと）。

背景

　伝統的にメーカーは、生産性を最大化し製造単価を削減するために、機械を可能な限り稼働させつづけようとしてきた。今日では、多くのメーカー（およびサービス提供者）は、部品や製品、サービス提供の流れを、つねに**顧客の要求**によって決定される速度に保つことのメリットに気づいている。そうすることで、製品やサービスが、実際に必要とされるときにできるだけ近い時点に、必要な量だけ生産されるようになる。この目的を達成するための構成要素の1つが、適切に設計されたワークセルである。

　図38-1に挙げたのは、多くの製造・サービス環境で効果を発揮する5つのよく見られる「ワークセル設計」である。

図38-1　一般的なワークセル設計

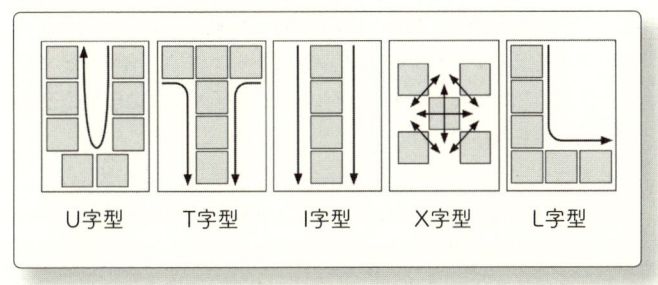

　Uタイプのワークステーションは、同じ作業者がいくつもの異なるタスクを行う必要があるときに使われることが多い。U字型に配置することで、さまざまなタスクを近接して行うことができ、運搬と処理の複雑さを軽減できる。

　たとえば、医療器具の柄を生産する機械工場では、さまざまなワークステーションをU字型に配置することができるだろう。孔を開けるドリル・ステーション、柄を曲げる曲げ機、エッジのざらつきを取るバリ取り機、柄を下塗りと上塗りができるように整える研磨機、仕上げ塗りを施すなどのワークステーションである。

タクトタイム（需要に応えるために守らなければならない生産速度）に合わせ、作業のペースが遅いとき、この設計なら1人の作業者が機器の間をすばやく移動しながら作業の流れを保つことができる。顧客の需要の高まりによってタクトタイムが短縮されたときは、必要なペースを保つために各ワークステーションに専任の作業者を配置することができる。

Tタイプのワークステーションは、ジャストインタイム在庫管理システムに対応するために採用されることが多い。Tの垂直の部分が組み立てラインの主ラインで、Tの水平の部分は、主ラインに流れ込むジャストインタイムの部品または部分組立品を表している。Tの水平部分は、ラインの複雑さに応じて調整されることが多い。

自動車メーカーの場合、車台が主ラインを下に流れるようにワークセルを配置するだろう。そして、その途中で、部品と部分組立品が左右から垂直に流れ込んでくる。車輪はちょうど良いタイミングで主ラインに供給される。シートやラジオ、ダッシュボード、ドア、フロントガラスも、そのほかの膨大な数の部品や部分組立品ももちろん同じだ。

必ずしも完全なT字型ではなく、またほぼ近い形ともいえなくても、T字型に基づく考え方は、空港の乗客の流れを設計するときなどにも応用されている。プレミアムまたはファーストクラスの乗客は保安検査や搭乗の際にほかの乗客よりはるかに短いラインを通ることが許される。同時に、プレミアムやファーストクラス以外の多数を占める乗客の主ラインも同じ処理ポイントに流れ込んでいる。

Iタイプのワークステーションは、作業がIの一方の端からもう一方の端へ向かって流れる古典的な直線プロセスだ。部品があらかじめ用意されている場合に使われ（ジャストインタイムで到着するのではない）、1人の作業者が製品とともにラインに沿って歩くか、機能を遂行した後、製品をラインの次の作業者に渡す。

Iタイプのワークステーションを壁に沿うように配置するのは勧められない。ラインの両側に作業の流れを作ることができれば、

能力を倍増させられるかもしれないが、この配置では不可能だからだ。たとえば、サラダバーを壁やほかの障壁にくっつけているレストランがあるが、ラインを壁から離す（最小限の投資）だけでサービス能力を倍増させるチャンスを失っている。

Xタイプのワークステーションは、1つまたは複数の機能を持った作業チームが、つねにオープンなコミュニケーションをする必要がある場合によく用いられる。Xの中のそれぞれの隙間に1人の作業者がいる。最小限の仕切りで、作業者が自分の作業の秩序を維持でき、個人の説明責任が強化される。しかし、Xタイプの構成は相互のコミュニケーションとチームワークを促すために、十分にオープンである必要がある。

メーカーのオフィスでは、異なる部門を同じ場所に配置して、新製品の発売の承認などの機能横断的な取り組みを可能にすることができるかもしれない。購買担当者、設計技師、品質管理技術者、製造技師などを同じところに配置して、プロセスの効率を上げるのだ。コールセンターのような単一機能のワークセルでも、必要なときに担当者同士が助け合えるようにX字型配置を使うことができるだろう。

Lタイプのワークステーションは、2つ以上の作業または作業者を配置する必要がある場合に適している。移動時間を削減し、意思疎通を促し、柔軟性が増して、タクトタイムに合わせやすくなる。Uタイプと同じくLタイプでも、低需要サイクルでは1人の作業者が2つの異なる作業を行うことができる。高需要サイクルでは、注文と作業量に応じて2人の作業者が隣り合って作業することができる。

L字型ワークステーションは、訓練が必要なオフィス環境で効果を発揮する。熟練スタッフが新入社員や経験の浅い社員の隣に配置され、実際に作業を行って見せたり、その場で質問に答えたり、全般的な指導をしたりする。L字型設計のコスト面での利点は、少ないスペースで済み、プリンターやファックスなどの資源を共有できることだ。

シナリオ —— 新興美容院チェーンのレイレイズ・ハウス・オブ・ヘアは、顧客の待ち時間とサービス提供にかかる時間を短縮しようとしている。レイレイズは、「ワークセル設計」のテクニックをどう使って、ヘアカットのプロセスの流れを最適化したのだろうか?

① データを集める

ワークセルを設計する際、2つの重要な情報が必要だ。顧客需要レートとプロセスの所要時間である。このデータを基に、**タクトタイム**を決定することができる。**タクトタイム**とは、需要に応えるために必要な生産速度だ。

- 顧客の需要は、イノベーション商品にとって意味のあるものなら、どのような単位で表してもよい。1日、1週間または1カ月に売れる製品の個数でも、1分、1時間または1日にサービスを提供する顧客の数でもよい。

- プロセスの所要時間は、**リードタイム**（待ち時間も含め、プロセスの始まりから終わりまでに要する合計時間）、または**サイクルタイム**（1つのプロセスのステップを完了させるのにかかる合計時間）として定義できる。

レイレイズはこのデータを集めるために、ほかの美容院に行って、一定時間内に入ってくる顧客の数を調べた。これを異なる曜日、異なる時間帯で何度か行い、顧客需要レートを求めた。プロセスのサイクルタイムを求めるために、数人の顧客がプロセスの各ステップ（受付、シャンプー、カット、支払い）を終えるのにかかった時間を調べた。

新しい製品やサービスでは、過去の顧客需要や時間のデータがないかもしれない。そういう場合は、パイロット調査やプロトタイプからデータを得ることができる。類似のプロセスからも、競争相手からも（許可してくれれば、の話だが）データは得られる。

2 必要な資源を計算する

製品やサービスに対する顧客の**需要レート**（DR）と、**サイクルタイム**（CT）がわかれば、次の2つの簡単な方程式を使って、タクトタイムを満たすのに必要な**資源の数**（NR）を求めることができる。

$$DR = 1/takt \qquad NR = (DR)(CT)$$

たとえば、レイレイズの調査で、ヘアカットの**需要レート**は、5分ごとに1人であることがわかった（DR＝1/5、したがって、タクトタイムは5分）。ヘアカット（受付、シャンプー、支払いを除く）の**サイクルタイム**は15分だ［NR＝（1/5）（15）＝3］。したがって、レイレイズは、タクトタイムを満たして顧客需要に応えるには、3つの資源、つまり3人の美容師が必要になる。

タクトタイムを維持するのに1人以上必要なときは、作業負荷分散を用いて資源全体に作業を均等に分散させ、誰も負担過剰や過少にならないようにすることができる。作業負荷分散について、詳しくは*The Toyota Way Fieldbook,* by J. Liker and D. Meier, New York: McGraw-Hill, 2005を参照のこと。

③ プロセスの流れを最適化する

「プロセス・マップ／バリューストリーム・マップ」を参照して、付加価値ステップと非付加価値ステップを特定しよう。顧客がお金を払うのは、付加価値ステップに対してだ。それ以外のすべてのステップは、プロセスに欠かせないものでも、非付加価値だ。そこで、次の点に目を向ける。

- **非付加価値ステップを排除する。** たとえば、レイレイズは、美容師が新しい顧客を受け付けるためにカットを中断するのは、非付加価値ステップだと判断した。そこで、顧客が自分で予約の受付を行う自動受付機を設置して、このステップを排除した。

- **人やモノの余分な動きや運搬を最小限に抑える、または排除する。** レイレイズでは、顧客が受付をしたときにカット料金を支払うことで、後でもう一度レジに行く手間を省いた。

- **「一個流し」を目指す。** 待ち時間を短縮するために、部品や製品、顧客はひとまとめではなく、1個または1人ずつ、プロセスを進んでいくべきだ。

プロセスの複雑さによっては、いくつかの異なる「プロセス・マップ／バリューストリーム・マップ」が必要になるかもしれない。プロセスを高所から見たマップと、サブプロセスを記述したいくつかのより詳細なマップである。それぞれで、付加価値のない活動を排除または最少化するよう努め、「一個流し」を目指すべきだ。

---

4 標準作業を策定する

プロセスの各ステップについて、**標準作業**を策定する。そのステップを完了させるのに必要なタスクを順序通りに記したリストだ。これによって、最適な作業順序が確保され、同じ種類の仕事をする従業員の間の一貫性が保たれる。標準作業書に従い、作業書を参照しやすい場所に置いておくよう、従業員を教育しよう。

注意したいのは、プロセスの流れの最適化と標準作業の策定は、何度か繰り返さなければならないことがあることだ。次に進む前に、時間の許す限りステップ3と4を繰り返し、データを集めよう。

標準作業を標準作業手順書（SOP）と混同してはならない。SOPは通常、製品の生産・組み立てやサービスの提供についての指示を詳細に記述している。標準作業はあるタスクを行うのに最も適した方法を特定して、この情報を絵または非常に短い言葉で表したものだ。

---

5 ワークステーションを配置する

ワークステーション（作業が行われるデスクまたは機械）を、運搬と移動を最小限に抑え、流れを最適化するように、できるだけ近づけて配置しよう。行われる作業の種類によって、ほかのレイアウトより効果が大きいレイアウトがある。どんな配置を選ぶにしても、効率のために安全やコスト、品質を犠牲にしないよう気をつけよう。

レイレイズは、顧客をあらかじめ決めた経路に沿って移動させるように注意深くワークセルを配置した（図38-2、次頁）。顧客は受付と支払いを済ませ、ブースに進んで、特別設計の機械で洗髪と頭皮マッサージを受ける。こうすることで、最も重要な資源である美容師は、カットとスタイリングのプロセスに集中できる。

図38-2　ワークステーション設計の例

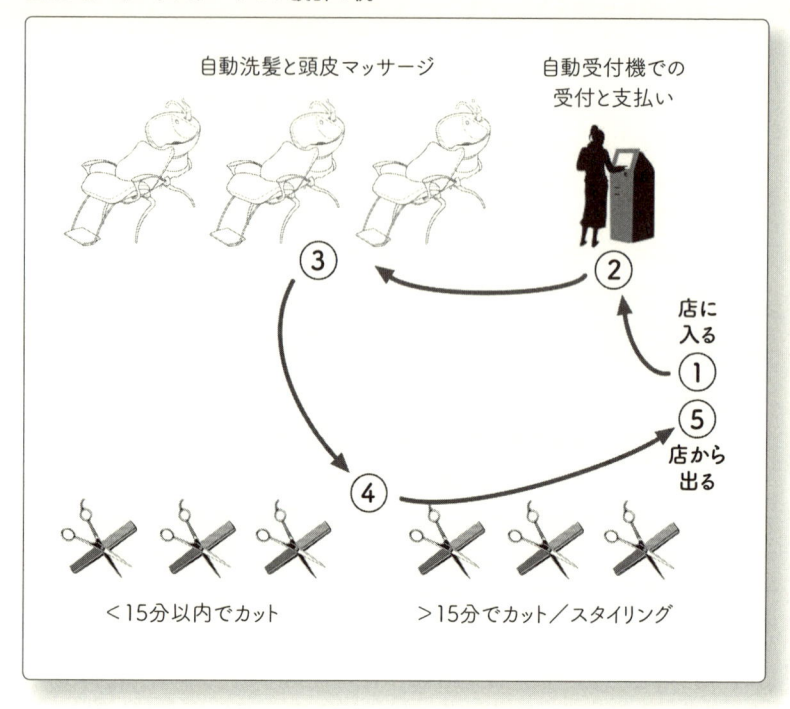

6　5Sを適用する

　5Sは、整理（Sort）、整頓（Store）、清掃（Shine）、清潔（Standardize）、しつけ（Sustain）［訳注：日本で生まれた概念に、英語でも同じくSで始まる語をあてている］を意味する。この方法を使って、ワークステーションをすっきりした状態に保ち、モノの置き場所を標準化しよう。たとえばレイレイズでは、美容師は、はさみ、くし、バリカン、スタイリングジェルなどの用具を毎日使う。頻繁に使うものは、カット用ワークステーションのすぐに手が届く場所に配置される。それほど頻繁に使われないものは、中央の、じゃまにならない場所に保管される。

　5Sで維持するのが難しいステップは、「しつけ」（Sustain）、つまりルールを守る習慣をつけることだ。忙しくなると、以前の習

慣に戻ってしまいがちだ。そこでレイレイズは、用具の置き場所をそのものの形で示した**シャドーボード**を作り、正しい場所にないものがすぐにわかるようにした。シャドーボードはチェックリストのような働きをするもので、すべての美容師がワークステーションを離れるときに用具を決まった場所に戻さなければならない。次に同じ人がそのワークステーションを使うことになっているときでも、そうしなければならない。この規則を徹底すれば点検の必要がなくなり、つねに高度な業務管理ができるようになる。

⑦ 設計をテストする

すべての準備が整えば、「ワークセル設計」と関連するすべてのプロセスのテストを行い、タクトタイムが達成され、すべてが計画通りに進むことを確認する。業務は、タクトタイムとプロセスの時間要件を満たすだけでなく、明確なリズムを刻んでいなければならない。品質についての格言にあるように、「それがどういうものかは、見ればわかる」。同じように、円滑で効率的な業務がどういうものかも、実際に目にすればわかる（完璧な流れとは言えない点が所々にあったとしても）。

参考資料

ワークセル設計の詳細は、次の書籍を参照のこと。

Hyer, N., and U. Wemmerlov. *Reorganizing the Factory: Competing through Cellular Manufacturing*. Portland, OR: Productivity Press, 2002.

一対比較分析

設計概念を
ペアにして
優劣を判断する

「一対比較分析」は、簡単なマトリックス形式を使ってさまざまな、大きく異なることの多いイノベーションのアイデアまたは設計概念を比較し、成功する確率が最も高いものを選ぶテクニックである。たとえば、ガスと電気の新しいハイブリッド車用に、5つの異なる設計形状が考えられる場合、どの設計が最も市場に適しているだろうか？

上流でのイノベーションのアイデアの場合も、下流での設計概念の場合も、比較する必要があるときには「一対比較分析」を使おう。このテクニックが特に有効なのは、さまざまなアイデアが顧客の「結果期待」（テクニック3を参照）にどれくらい応えられるのかに関して客観的なデータがない場合や、さまざまな設計概念がさまざまな「機能要件」（テクニック33を参照）を満たすことができるのかどうかが不確実な場合である。

このテクニックの利点の1つは、ほかの比較手法、たとえば「ピュー・マトリックス」（テクニック40）などより簡単に使えるということだ。したがって、一対比較分析を使えば、1つのオプションに決定する前にすべてのオプションの相対的な価値をすばやく包括的に評価することができる。

シナリオ——ある広告会社が、新製品（市販の風邪薬）を発売しようとしている大口クライアントを獲得するチャンスに遭遇していると想像しよう。クライアントは、何が広告のテーマになるのか、ほかにはどんなテーマが検討されたのかを知りたがっている。広告会社は「一対比較分析」を使ってこれらの質問に答えていく。

1　明確な操作的定義を作成する

「操作的な定義」とは、ソリューションの選択肢（アイデアまたは設計概念）が達成しようとしていることを、明確で理解しやすい形で記述したものだ。広告会社の例では、目標は、クライアントが新しい風邪薬の宣伝キャンペーンによって、確実に**市場シェアを8パーセント伸ばす**ことだ。こう記述すれば、広告会社が「一対比較分析」を行う理由が明確になり、さまざまな人が分析結果を一貫した方法で混乱なく解釈し、利用しながら、参加することができる。

2　斬新なアイデアを創出または発見する

　一般的に、「一対比較分析」を行うには、ブレーンストーミングのテクニックを使って斬新なアイデアを創出することが求められる。しかしわれわれは、通常のブレーンストーミングを超えてさらに進むために、本書で紹介したアイデア発想のテクニックのどれか、あるいは全部を使うことを勧めたい。単純なブレーンストーミングで十分なら、もっと多くのチームが、もっと多くのイノベーションを、もっと頻繁に思いついていただろう。だが、現実はそうではない。

それぞれの斬新なアイデアを明確に記述し（操作的な定義）、1つのアルファベットを割り当てる。アイデアに説明的なタイトルをつけてもよい。たとえば、宣伝のテーマとして次のようなものが考えられる。

- **踊るアヒル**── AFLAC（アメリカンファミリー生命保険会社）のしゃべるアヒルの真似だが、バレエ組曲『くるみ割り人形』か『白鳥の湖』のテーマに乗って、アヒルが商品のメリットを説明する歌詞を歌いながら踊る。

- **ニュース速報**── ニュースキャスターがニュース速報として、この新製品が競合製品より風邪の症状をどれほど良く改善するかを伝える。

- **専門医**── 純粋に医学的なテーマを押し出し、医師に扮した俳優が、新製品が家族全員の風邪の治療に優れている点を激賞する。他製品と比較した医学的研究結果を提供する。

- **ゴスペル聖歌隊**── 日曜日という設定で、ゴスペル聖歌隊が、高揚感と喜びにあふれた音楽に合わせて歌う。歌詞は、風邪の最初の症状が出たときにこの製品を使うことで、いかにさらなる苦しみから救われるかを語るものだ。

> この段階ではどのアイデアも排除するべきではない。「一対比較分析」は、アイデア同士がよく似ているように見えても、その違いを見極めるのに役立つ強力なツールだ。

　比較マトリックスを作成する

　比較マトリックス（図39-1）を使って、競合するアイデアが実際のソリューションを生み出す能力をランクづけする。検討する各アイデアを、マトリックスの行と列の両方にリストアップする。同じものと比較しているか、重複しているアイデア（マトリックスのグレーの影をつけた欄）以外のすべてのアイデアについて、競い合っている2つのアイデアのうちどちらのほうが良いかを、操作的な定義に基づいて判定しなければならない。

　比較はすばやく行うべきだ。1つ決めるのに10秒以上かけないようにしよう。良いほうを選んだら、そのアイデアを示すアルファベットを白いセルに書き込み、どれくらい優れていると思うかを1（わずかな違い）から3（大きな違い）の数字で示す。違いがなければ、どちらかの文字を書き、その後に0と記入する。

　たとえば、**踊るアヒル**のテーマと**ニュース速報**のテーマを比べてみよう。踊るアヒルよりニュース速報の形のほうがよりコミカルに新薬の本質的な価値を伝えることができるとすれば、**ニュース速報**のテーマに高いランクをつける。

図39-1　競い合う宣伝のテーマ

アイデア	A アヒル	B ニュース	C 医師	D 聖歌隊
A アヒル		B, 3	C, 1	D, 3
B ニュース			C, 1	D, 2
C 医師				D, 2
D 聖歌隊				

④ 結果を集計する

　それぞれのアイデアの評価点を合計する。これらの得点を総得点に対するパーセンテージに換算する。宣伝のテーマの例では、総得点は12だ（各テーマの評価点をすべて足して算出）。結果は次の通りである。

　踊るアヒル（A）＝0（0パーセント）
　ニュース速報（B）＝3（25パーセント）
　専門医（C）＝2（16.7パーセント）
　ゴスペル聖歌隊（D）＝7（58.3パーセント）

　これらの数字から、クライアントの新製品の市場シェア目標を最も達成する見込みがある宣伝のアイデアはゴスペル聖歌隊のテーマだと見られていることがわかる。しかし注意しなければならないことがある。「一対比較分析」を使ってどの選択肢が最も良いものであるかを判断するときの基準はただ1つ、操作的定義だけだということだ。

> 複数の設計概念を、性能面と認知面での期待と比較するもっと厳密な方法が求められるときは、「ピュー・マトリックス」（テクニック40）を使おう。

　宣伝の例では、比較するアイデアの数は少なかった。現実には、もっと多くのアイデアを比較することができる。ただし、それらは同じ操作的定義によって評価されなければならない。このテクニックを使えばすばやく比較することができるため、比較的短い期間で多くの組み合わせを評価することができる。

　一対比較分析についての最初の古典的著作に関心があれば、次を
参照のこと。

Thurstone, L. L. "A Law of Comparative Judgment". *Psychological Review* 34 (1927): 273-286.

テクニック 40 ピュー・マトリックス

すべての設計概念を
評価して堅固な
ソリューションを作る

「ピュー・マトリックス」は、複数のアイデアや設計概念を、ベースラインまたは**基準**に照らして相互に比較して評価する。たとえば、新しい技術を使って歯を白くする方法についていくつものアイデアがあるとき、チームはこのアイデアから、商品化に向けた具体的な設計概念を考案できるかもしれない。ピュー・マトリックスは、このようなアイデアや概念を精緻化する助けになるだけでなく、それらをかけ合わせたより強力なアイデアまたは概念の創出を促してくれる。

特定のソリューションにこだわらない「結果期待」（テクニック3を参照）に関連した一組の基準に照らしてアイデアを評価する必要があるとき、または特定のソリューションについての「機能要件」（テクニック33を参照）に照らして設計概念を評価する必要があるときに、「ピュー・マトリックス」を使おう。ピュー・マトリックスはリスク管理の1つの形である。直感に基づいて優先順位をつけるのではなく、より体系的、客観的、解明的な方法で選択肢を取捨選択し、優れたアイデアや設計概念を作成しよう。

> 「ピュー・マトリックス」と**制御された収束**の概念は、スコットランド、グラスゴーのストラスクライド大学のスチュアート・ピューによって考案された。マトリックスの基本的な考え方は、体系的な方法によって劣った概念を取り除き、優れた概念を引き上げることを通して、意見を抑制し、客観性を促すことだ。

シナリオ——レイレイズ・ハウス・オブ・ヘアは、自動洗髪の機能について、いくつかの競合する設計概念を考案した。いずれも、カットとスタイリングの前に顧客の髪を人が洗うという従来の方法より多くの特徴とメリットを提供する可能性があるものだ。

① ベースライン（基準）を決める

ベースラインの定義は、イノベーションに求められていることによって大きく異なる。既存の製品やプロセスを再設計する場合、特に代替案が定義されていないなら、今の状態をベースラインとするのが最も良いだろう。複数の異なるアイデアまたはソリューションを調べる場合、中道的な例を基準と考えよう。これによって、検討中のすべての選択肢を客観的に比較することができる。美容室の例では、人が洗髪する方法を、ベースラインの概念としよう。

② 評価する概念を選ぶ

ベースラインと比較するすべての概念を検討する。これらは、既知の選択肢かもしれないし、検討したいが詳しくは調査していない新しいソリューション／設計概念かもしれない。これはグループで行う活動であることを忘れないようにしよう。奇抜なアイデアをいくつか入れると、グループが活性化することが多い。

レイレイズは図40-1のように、自動洗髪について、関連があるが異なる5つの設計概念を評価することにした。いずれも、リクライニングチェア、普通の椅子、マッサージ台のうちのどれかと、スプレーノズル、ブラシ、マッサージ用ジェット、マッサージ用カバー、そのほかのオプション（音楽、フットマッサージなど）のような特徴を組み合わせたバリエーションだ。

③　評価項目を定義する

　各概念を、いくつかの評価項目（このケースでは、ソリューション・レベルの機能要件）ごとに、ベースラインの基準と比較する。それぞれの評価項目が、「ピュー・マトリックス」の行になる。片づけるべきジョブに関するイノベーションの最初のアイデアを評価するためにピュー・マトリックスを使うときは、評価項目は上位の結果期待と同じことを意味する（概念の階層とイノベーションのプロセスにおける、結果期待と機能要件の違いについては、「結果期待」と「機能要件」［テクニック3と33］を参照のこと）。

④　評価項目を使って概念を比較する

　われわれの例で扱っているのはもちろん設計概念であり、概念の階層では結果期待と機能要件の間に位置する。「ピュー・マトリックス」は、ほとんどの種類の選択肢を基準と比較するのに使えるきわめて汎用性の高いツールである。

　それぞれの設計概念について、各評価項目をベースラインと比較して、ランクをつける（図40-1）。概念がベースラインより優れていればプラス（＋）、劣っていればマイナス（−）、問題の基準に関してはっきりした違いがなければSを付与する。

　概念ごとにプラス、マイナス、Sの数を合計し、マトリックスの下部に記入する。プラスとマイナスの合計数を比較して、最も良い概念（1つまたは複数）を選ぶ。マトリックスのいちばん下の「比較」の行は、各設計概念のプラスの合計数からマイナスの合計数を引いた値である。

　美容室の例では、最も良い設計ソリューションは、普通の椅子にマッサージ用カバーを組み合わせ、音楽も聴けるもののようだ。しかし、「ピュー・マトリックス」は単なる数学的な方法ではない。議論を迫り、新しい代替オプションを考案して最も優れたものを選ぶよう促す、定性的な手法なのだ。

図40-1　ピュー・マトリックスの例（自動洗髪のソリューション／設計）

期待	0	1	2	3	4	5
使いやすさ		−	−	−	−	−
清潔さ（水やシャンプーがこぼれない）		S	+	+	+	+
快適性		S	+	+	S	S
速さ		+	−	−	S	S
効果		+	+	+	+	+
信頼性		+	+	+	+	−
コスト	基準	+	+	+	+	+
騒音		S	S	S	+	S
メンテナンスのしやすさ		S	S	S	S	−
＋（基準より優れている）の合計		4	5	5	5	3
−（基準より劣る）の合計		1	2	2	1	3
S（基準と同じ）の合計		4	2	2	3	3
比較		3	3	3	4	0

概念の要約
0 − 人が洗う方法
1 − リクライニングチェアにスプレーノズルとブラシを組み合わせる
2 − マッサージ台にスプレーノズルとマッサージ用ジェットを組み合わせる
3 − マッサージ台にスプレーノズルとマッサージ用カバーを組み合わせる
4 − 普通の椅子にマッサージ用カバーと音楽を組み合わせる
5 − 普通の椅子にマッサージ用カバーとフットマッサージを組み合わせる

いくつかの評価項目にほかのものより重みをつけるために、「ピュー・マトリックス」に重要性の列を加える人もいる。しかしこの戦略を採用するとしても、あくまで堅固なアイデアやソリューションを創出するにはどうすればよいかという議論を促すためにこのテクニックを使うのであって、単に最高のランクや比較スコアを獲得したものを選ぶことが目的ではないことを忘れてはならない。

5 概念を精査して磨きあげる

　以上のステップを繰り返しながら、（1）異なる選択肢の最も優れた特徴を組み合わせ、（2）選ばれなかった概念の特徴を加えて弱点を克服し、最も強力な概念を強化することによって、新しい設計概念を作り上げていく。その結果、もっと多くのより良い画期的な概念または複合概念が生まれるだろう。それらは再び「ピュー・マトリックス」を使って評価することができる。

　たとえば、この例での最も優れた選択肢は、普通の椅子にマッサージ用カバーをつけ、音楽を流すことだが、そのソリューションに別の特徴や機能も付け加えることで生じる欠点を克服する方法はないだろうか？　フットマッサージを加えたシステム（オプション5）は、それよりシンプルなシステム（オプション4）と同じくらい信頼性があり維持が簡単な多機能システムになるように設計できるかもしれない。これに関しては、「信頼性を重視した設計」と「保全性を重視した設計」の原則を適用できるだろう。

　マッサージ台のオプションは時間がかかるため劣っているように見えるが、このオプションにもっと時間（とお金）を使ってもよいと思う顧客もいるかもしれない。レイレイズはさらに特長を追加して、このオプションをもっと楽しくリラックスできるものにすることもできるだろう。あるいは、シンプルな普通の椅子にマッサージ用カバーをつけ、音楽を聴けるようにするというのが、追求すべき最善の選択肢なのかもしれない。

　ピュー・マトリックスの詳しい説明と使い方については、次の書籍を参照のこと。

Pugh, S. *Total Design: Integrated Methods for Successful Product Engineering*. Wokingham, UK: Addison-Wesley, 1991.

工程能力

新しい
ソリューションの
性能を予測する

「工程能力」は、製品またはサービスの実際の性能を、要件または仕様と比較するものだ。これが行われる状況は2つある。1つは、新しく設計された製品またはサービスの発売と完全実施の前に、どれくらいの性能を達成するかを予測したいときだ。もう1つは、製品やサービスが完全に稼働するようになった後で、性能仕様や期待にどれくらい応えているかを測定したいときだ。

本書の主な関心はイノベーションなので、予測に使う場合に焦点を絞ろう。たとえば、新しいインスリンポンプを開発した場合、一定の量のホルモンを一定の速度で患者の体に投与できなければならない。ポンプに安定して作動する能力が欠けていると判断した場合、「工程能力」テクニックを使って、ポンプのインプット変数（ピストンの半径、モーターの速度など）の設定を最適化して設計を改良することができる。

工程能力を計算する方法は非常に多いので、評価指標の選択を誤ることがよくある。これは、プロセスがどれくらい良く機能しているかについて間違った印象を与え、異なる種類の変数とプロセス（サービス、製造、取引）の性能を比較するときに混乱を引き起こす。したがって、このテクニックを用いるときは、最初に統計またはシックスシグマの専門家の力を借りるのが最も良い。

背景

　工程能力を測る1つの方法は、単純な**歩留まり**、つまりプロセスが要件を満たす回数が全体の回数に占める割合を用いる方法だ。シックスシグマ関係者は、多様なプロセスの能力の測定値を標準化するために（たとえば、請求書発送プロセスの能力と、電球製造プロセスの能力をどう比較するか?）、**シグマ・レベル**というもう1つの評価指標を生み出した。

　シグマという評価指標は、完璧またはほぼ完璧が求められる競争の激しいビジネス環境で、性能の測定を細かく調整するために考案されたともいえる。歩留まり99.0パーセントは、3.8シグマ・レベルであり、歩留まり99.9パーセント（0.9パーセントだけ高い）は4.6シグマ・レベルに等しい。シックスシグマの性能目標は、シグマ6.0以上——歩留まり99.99966パーセントに相当——に到達することだ。これは不良品が発生する機会100万回に対して実際に発生する不良品がわずか3.4回というレベルである。

　ここで重要なことは、どんな新しいソリューションについても必ず工程能力を見極め、それが十分でない場合は、設計を改善することだ。**パラメーター設計**の原則によって、インプットの変動に対する頑健さを高めるのだ。この方法が不可能なら、重要なインプットの許容範囲を狭くする（トレランス設計）という、あまり好まれないが効果のある方法を使い、設計はそのままで工程能力を向上させることができる。これらの戦略を実行する際は、「ロバスト設計」（テクニック42）を参考にしよう。

シナリオ── ある銀行が、顧客が住宅ローンの借り換えの承認をすばやく得られる新しい情報キオスク端末の試験を行っている。銀行は、キオスク・コンフィギュレーターズというチームを編成して、新システムのパイロット試験を行い、顧客の期待にどれくらい応えることができるかという工程能力を判定しようとしている。

1　仕様（性能基準）を決定する

　プロセス、製品、サービスの仕様は、顧客の期待や工学的な計算を基に決められる。あるいはプロセス自体の検証から決まることもある。非常に厳密な仕様もあれば（たとえば、タービンエンジンの部品の許容誤差）、それほど厳密でないものもある（たとえば、カスタマーサービスの電話保留時間）。いずれにしても、仕様は明確であるべきで、「測定システム解析」（テクニック52）を使って、計測値が有効で時間が経過しても信頼できる、つまり許容範囲内の変動の影響を受けないようにしなければならない。

　キオスク・コンフィギュレーターズはパイロット試験を行い、顧客が借り換えを申請してからシステムに借り換えの条件が表示されるまでの時間に対する顧客の反応を測定した。顧客の97パーセントは、情報を受け取るのを2分まで待とうとし、80パーセントは3分まで、50パーセントは4分まで待とうとした。

　これに基づいて、キオスク・コンフィギュレーターズは、すべてのユーザーに対して借り換え条件を2分（120秒）以内に表示することにした。つまり、上側仕様限界（USL）を120秒と定めたのだ。下側仕様限界（LSL）はない。即時回答は許容されるからだ（即時に回答が出る可能性はほとんどないが）。

② 適切なデータを集める

　プロセスのデータには量的データと質的データがある。量的デ
ータ、または**変数データ**は、連続スケール（1秒から60秒など）
で測定される。質的データ、または**属性**データは、合格／失格、
はい／いいえ、青／緑などのカテゴリーで測定される。どちらの
タイプのデータも価値があるが、通常は属性データより変数デー
タのほうが好まれる。プロセスについて、より多くのことを語る
からである。

　キオスク・コンフィギュレーターズは、パイロット試験の間に、
キオスクのプログラムの計時装置を使って性能を秒単位で測定す
ることができた。土曜日の午前中、実際の顧客を使って、100の
データ点を収集した。このデータは、管理された状況下で、すべ
ての機器が正常に作動しているときに、短い時間に集められたた
め、**短期データ**とされた。結果は、図41-1（次頁）にドットを使
って示されている。データは安定していて、ほとんどがUSLの
120秒未満である。

仕様、プロセスデータ、能力評価指標は、設計パラメー
ターとプロセス変数に直接関係している（テクニック34「公理
的設計」を参照）。仕様は基本的に、機能要件または設計
パラメーターだ。能力評価指標が考案され、プロセスデー
タが集められることで、プロセス変数に対するコントロール
が確保され、その結果、機能要件、設計パラメーター、
あるいは仕様（何と呼ばれるかは状況による）がつねに満たさ
れるようになる。シックスシグマの実践者は、プロセス変数
を**重要業績評価指標**（Key Performance Indicators: KPI）
と呼ぶことが多い。

最も簡単な能力評価指標は、歩留まり率だ。たとえば、合格 − 不合格で分析すると、図41-1では100回のパイロット試験のうち、99回は120秒の仕様上限値以内だったことがわかる。したがって、歩留まり率は99パーセントだったと報告できる。合格 − 不合格のデータを使うことの問題の1つは、成功した99回の試験がどれくらいUSLに近かったかがわからないことだ。限界に近いのか、それともプロセスに何らかの変化や変動を許容する余裕があるのだろうか?

図41-1 入力から情報が表示されるまでの時間 (秒)

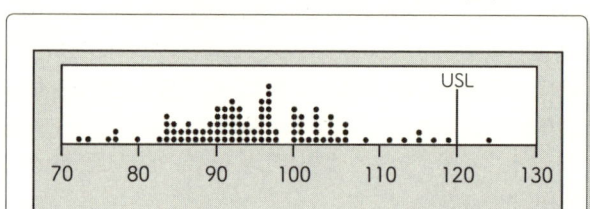

しかし、実際にかかった時間の測定値を使うと (図41-2)、データの**中心傾向** (平均値や中央値によって判定) がどこにあるか、データにはどれくらいの変動があるか (範囲または標準偏差) や、データの分布の形 (中央に最も多くのデータがある釣鐘型か?) を特定することができる。これらのパラメーターを使えば、データをより良く説明し、長期的な変化の影響を予測することができる。

連続的なデータを測るのに使われる能力の評価指標は、シグマ・レベルだ。これは、平均値と上側仕様限界の間にある標準偏差 (σ) の単位の数のことだ。例では、平均値が95、USLが120、標準偏差が10であるから、平均値とUSLの間には標準偏差が2.5ある。$(120 − 95)/10 = 2.5$

図41-2　記述統計──キオスク・パイロット試験

平均値	95.0秒
中央値	94.5秒
範囲（最高−最低）	52秒（125−73）
標準偏差	10.0秒
分布の形	正規分布（釣鐘型）
安定性	安定しているように見える（短期）

　これは、図41-3に示したように、**2.5シグマのプロセス**と表現される。正規分布の特性を用いて、顧客総人口の0.6パーセント（標準的な表から）は120秒を超える応答時間を経験すると予測できる。

図41-3　応答時間能力＝2.5 σ（短期）

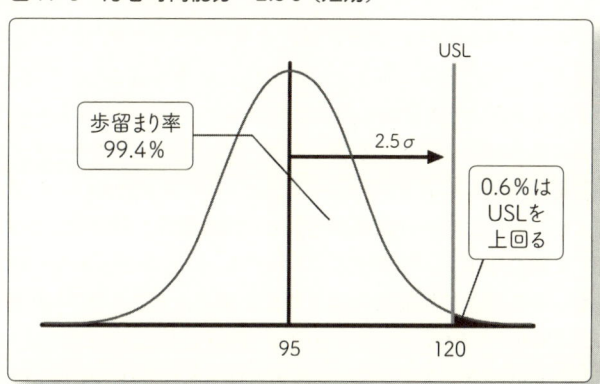

　工程能力は短期か長期のどちらかで表される。思い出してほしいのは、キオスク・コンフィギュレーターズがデータを集めたのは、1回の短い期間だったことだ。この場合、**短期的には**、顧客の0.6パーセントが120秒より長く待たなければならないと予測することができる。しかし長期的には、プロセスに変化や変動が

起き、その結果工程能力が低下すると考えられる。

> 仕様限界は両側にあることも片側だけにしかないこともある。両側に限界がある仕様の場合、下側仕様限界（LSL）と上側仕様限界（USL）の能力を組み合わせて、全体のシグマ・レベルを計算する。不安定なプロセス、両側に限界がある仕様、正規分布ではない分布に拡大するには、さらに分析が必要だ。

4 設計またはプロセスを改善する

　イノベーションを導入した後、またはテストやパイロット試験の間、工程能力が不足していることが判明するかもしれない。あるいは、時間がたつにつれ、競争の現実の厳しさに対処するために、プロセス能力を向上させることが必要になるかもしれない。いずれにしても、「ロバスト設計」の原理（テクニック42を参照）を使う2つの方法のどちらかで工程能力を高めることができる。まず、インプットの変動に対しての堅固さを高められるように設計（パラメーター設計）を改善しよう。次に重要なパラメーターの許容範囲を狭くして（トレランス設計）、その後で関連のあるプロセスを、その設計が「結果期待」と「機能要件」（テクニック3と33）を満たすように改善することができる。しかし、どちらの場合も、その前に工程能力の測定値が正確であることを、「測定システム解析」（テクニック52）を使って確認しよう。

　たとえば、キオスク・コンフィギュレーターズは、新しく競争圧力が高まってきたために工程能力を大幅に改善したいと考え、ソリューションを設計し直すことにした。次のようなさまざまな下位プロセスからなる取引プロセスである。ただし、これらに限定されるわけではない。

- 顧客のクレジットスコアについて問い合わせ、入手し、報告する。
- ローンの金額を決定する。
- ローンの金利を決定する。
- ローンの頭金について質問し、決定する。

キオスク・コンフィギュレーターズは、集めたデータから、ローン審査の80パーセントは、信用情報機関からスコアを受け取るのに時間がかかるために遅れていることを発見した。そこで、一定額以下のローンについては、顧客が少なくとも25パーセントの頭金を支払う場合、銀行は顧客のクレジットスコアを使わないでローン条件の仮見積もりを提示することにした。このプロセス変数設計によって、顧客はキオスクで平均80秒、上側仕様限界100秒でローンの提示を受けられるようになる。このように変数を変えても望むほど設計が改善されなければ、クレジットスコアの報告を受けるためのサイクルタイムの許容範囲を狭くし、そのうえでスコア報告プロセスの速度を上げるような改善を行う。

参考資料

Gygi, C., N. DeCarlo, and B. Williams. *Six Sigma for Dummies*. Hoboken, NJ: John Wiley & Sons, 2004.

次のソフトウエア・パッケージを使って、さまざまな能力評価指標をすばやく計算することができる（分析用画像も含む）。

JMP (SAS)
Minitab 16 (Minitab)
SigmaXL (SigmaXL)
SQCpack (PQ Systems)

ロバスト設計

制御不能な影響に
左右されない
設計にする

「ロバスト設計」は、制御不能なノイズ変数に対するイノベーション製品・サービス・プロセスの感度を下げることに役立つ。たとえば、自動車の設計者は、「顧客の予測不可能な運転習慣や環境条件の影響を受けにくい、燃費の良いエンジンを開発する」ために、ロバスト設計を使うかもしれない。あるいは、診療所が、「スタッフ配置の変化や予約時間に遅れた患者の影響を最小限に抑える患者スケジューリング方法」を開発するかもしれない。

製品やサービスのライフサイクルの間には、どうしても変動が起きるものだ。変動は性能に負の影響を与えるため、製品やサービスが期待に応えられないと顧客経験も悪化する。「ロバスト設計」は、変動が起きる前に予測し、設計によってそれを予防または最小化しようとするものだ。

「ロバスト設計」を実行するには、テストと分析を行うこのアプローチに習熟したエンジニアまたは統計専門家の助けが不可欠だ。また、「機能要件」（テクニック33）、「公理的設計」（テクニック34）、「設計故障モード影響解析」（テクニック44）、「実験計画法」（テクニック53）などの適用方法の知識も必要になるだろう。

> ノイズ変数とは、「製品やサービス、プロセスの性能に負の影響を与えるが、制御が困難な要因」のことだ。ノイズの主な原因は3つある。
>
> - 生産上の変動（人員配置、原材料、供給、装置・機器、環境、スキル、教育など）

- 顧客の使用と乱用（不適切な使用、変化する期待、大量使用、維持管理ニーズの増大）
- 劣化（電子部品のドリフト、腐食、従業員の疲労、有効性の消失など）

シナリオ──「ロバスト設計」の基本的なステップを説明するため、皮膚パッチ剤の生産の例を使おう。決められた期間、肌に貼りつけて、正しい量の薬を患者に投与するものだが、これは難しいジョブだ。薬の吸収速度は、「患者の体重と皮膚の厚さ」「パッチの正しい貼り方・使い方」「パッチの効果に影響を及ぼす可能性がある環境条件の変動」などの、制御不能な要因に左右されるからだ。

① 顧客の期待を特定する

「ロバスト設計」は概念的な**システム設計**から始まる。イノベーションの理想的な性能を定義し、顧客にとってきわめて重要な、測定可能なシステムの特徴をリストアップするのだ。すでに「機能要件」（テクニック33）を使ってこれを行っているかもしれない。皮膚パッチ剤の例の理想的な設計は、患者の脂肪量、皮膚の状態、そのほかの環境要因に関係なく、薬を1.0mg/hr ±0.2でコンスタントに投与する、というものだ。

> 「ロバストな設計」とは、アウトプットがインプットの変動に反応しない設計である。

2 概念設計を考案する

　ステップ1で作成した望ましい測定可能な特徴のリストを使って、初期設計を行う。この高位設計には、「公理的設計」（テクニック34）、「機能構造」（テクニック35）、「構造的抽象化」（テクニック26）、「分離原則」（テクニック27）などを適用することができる。皮膚パッチ剤の設計は、異なる角度で重ねられた複数の織地と、通気性と防水性がある被覆材、低刺激性接着剤で構成されている。

3 制御要因とノイズ変数を特定する

　より詳細な設計に進むために、制御要因と、性能の変動を引き起こす可能性があるノイズ変数のリストを作る（図42-1）。制御要因には、ソリューション提供者が合理的な範囲で管理できるものすべて、たとえば製品仕様、機器の設定、保管などが含まれる。ノイズ変数は、素材の変動（許容範囲以内）、顧客による使用と乱用、環境条件などの、ソリューション提供者が制御できない要因だ。

4 劣化の可能性を特定する

　製品やサービスのライフサイクルでは、劣化が起きることが多い。部品が摩耗したり、素材が損傷したり、効果が失われたりする。サービスの分野では、人的エラーや一貫性の欠如が、プロセスの変動と劣化の原因となる。これらの要因が性能に及ぼす影響を減らすには、「設計故障モード影響解析」（テクニック44）を使って摩耗や故障が起きやすい領域への注意を促し、製品やサービスが可能な限り劣化を避ける、あるいは劣化に耐えるように設計する。

　皮膚パッチ剤の場合、いくつかの劣化要因に対処する必要がある。たとえば、使用前のパッチをどのように保管するのが最も良いのか、薬が一定量ずつ12時間から36時間かけてパッチから放出され皮膚に吸収されるようにするにはどうすればよいのか、などだ。

図42-1　制御要因とノイズ変数のサンプル

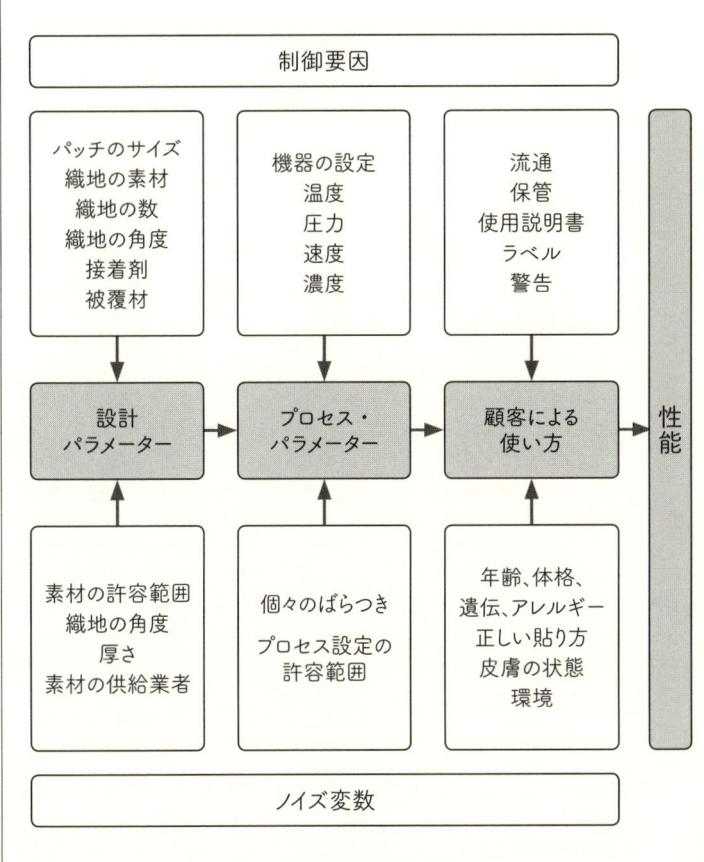

この例では、皮膚パッチ剤メーカーが制御できる要因（上段）と、メーカーが制御できないが製品の性能に悪影響を及ぼす可能性があるノイズ変数（下段）が示されている。

制御要因

| パッチのサイズ
織地の素材
織地の数
織地の角度
接着剤
被覆材 | 機器の設定
温度
圧力
速度
濃度 | 流通
保管
使用説明書
ラベル
警告 |

設計
パラメーター　→　プロセス・
パラメーター　→　顧客による
使い方　→　性能

| 素材の許容範囲
織地の角度
厚さ
素材の供給業者 | 個々のばらつき
プロセス設定の
許容範囲 | 年齢、体格、
遺伝、アレルギー
正しい貼り方
皮膚の状態
環境 |

ノイズ変数

5 **実験によって最適な設計を決定する**

この段階までで、画期的な製品またはサービスの概念設計を行い、性能に悪影響を与えかねないノイズ変数をリストアップした。次に「ロバスト設計」のパラメーター設計の段階に入れば、物理的実験やシミュレーションを使って、ノイズの影響を受けにくくするように設計を磨きあげることができる。たとえば、次のとおりだ。

- 「因果関係マトリックス」（テクニック57）を使って、設計のインプットとアウトプットの関係を見極める。それぞれのインプットが、個別に、またはほかのものとの組み合わせで、アウトプットに及ぼしている影響が理解できれば、設計の性能を高め、ばらつきを減らすことができる。

- 「実験計画法」（DOE、テクニック53）を使って、制御要因を変えると設計にどのような影響を及ぼすかをテストする。また、設計に負荷をかけるノイズ変数に対して制御要因をテストして、最終的に、劣化だけでなく顧客の使用・乱用の影響を受けにくくするべきだ。

- 物理的な実験を行うのが無理な場合、またはコストがかかりすぎる場合は、「離散事象シミュレーション」（テクニック46）などのコンピュータ・シミュレーションを使って、最適なアウトプットを生むインプットを判定する。

皮膚パッチ剤のケースでは、DOEを使って、織地の厚さと角度の相互作用を見つけ、1時間当たりの投与量の変動を減らすことができた（織地が厚いほど織地の角度の変動が起こりにくい）。また、パッチの面積と1時間当たりの投与量には曲線関係があることもわかった。曲線のより平らな部分に対処することで、長時間にわたって同じ性能を維持するよう設計トレランスを広げることができる。

> パラメーター設計は、インプット、アウトプット、ノイズ変数
> の影響に基づいて、イノベーションにとって最適な機能要
> 件を定めるのに役立つ。

⑥ 詳細な設計トレランスを決定する

変動が設計に及ぼす影響を最小化できれば、「ロバスト設計」
の最後のステップは、**トレランス設計**の段階だ。ここでは詳細な
トレランス（許容範囲）、つまり設計が期待に応えるためにその範
囲内で作動する必要がある仕様を定める。皮膚パッチ剤の例では、
設計の分析から、予想される変動は、ノイズを含めて、毎秒約
0.033ミリグラムだと判断した。要求される性能が毎時1.0±0.2
ミリグラムとすれば、これは申し分のない性能といえる。

参考資料

ロバスト設計の詳細な考え方と方法については、次の書籍を参照のこ
と。

Fowlkes, W., and C. Creveling. *Engineering Methods for Robust Product Design: Using Taguchi Methods in Technology and Product Development*. Upper Saddle River, NJ: Prentice Hall, 1995.

テクニック 43 設計スコアカード

設計とその基盤の プロセスを追跡する ダッシュボードを考案する

　車のダッシュボードのような機能を持つ「設計スコアカード」は、システムの性能、構成要素の性能、プロセスの性能の3つのレベルのフィードバックデータを示すものだ。たとえば、洗剤を使わずに、超音波と電気分解の原理で機能する新しい洗濯機の設計を考えてみよう。「設計スコアカード」を使って設計プロセスの進行を記録し、実施に成功する可能性を最大化するために必要な修正を行うことができる。

「設計スコアカード」がイノベーションにもたらす重要な利点は、設計の最終的な質を予測し、不足している部分を認識し、実施される**前**に改善できるようにすることだ。設計が失敗するリスクはないだろうか？　どうすれば失敗したことがわかるのか？　また、新しいイノベーションを、実施された**後**も追跡して、性能の記録がステークホルダーに見えるようにして、可能なら機能不良を防ぐ、あるいは問題が起きた場合は少なくともすばやく反応して解決できるようにする必要があるだろう。

　当然、「設計スコアカード」が妥当でしっかりしているほど、生産やサービスの問題が顧客の深刻な不満に発展する前に気づき、解決できる可能性が高まる。こうした予防的な観点から、設計スコアカードを「設計故障モード影響解析」（テクニック44）、「測定システム解析」（テクニック52）、「ロバスト設計」（テクニック42）などのテクニックと併せて使うべきだ。複雑なシステムの場合は、資格のあるエンジニアの助けを借りたほうがよいだろう。

「設計スコアカード」には多くの使い方があるが、主に最適な設計に最も貢献するパラメーターまたは**指標**を特定するのに使われる。これは、イノベーション・チームが設計の初期段階でどこに力を注ぐべきかを決める助けになる。

背景

「設計スコアカード」では次の3つのレベルに注意を払うべきである。

- **性能スコアカード** —— 結果期待と機能要件に対して、設計が全体としてどのように性能を発揮するかを予測する。イノベーションの実施後は、実際の性能を計画されていた性能と比較する。

- **構成要素スコアカード** —— 全体の性能スコアカードの要素に影響を及ぼす主要な構成要素の性能を予測する。実施後は、構成要素の質のレベルが設計の意図と期待にどの程度応えているかを総括する。

- **プロセススコアカード** —— 製品の生産またはサービス提供の主要なプロセスの全体的な質のレベルを予測する。実施後は、主要なプロセスと下位プロセスがどの程度全体の性能目標を達成しているかを総括する。

「設計スコアカード」の目的は、優れた設計によって、問題や欠陥、エラーを**予防**することだが、それだけではなく、新しいソリューション（設計）が実施された後で問題を**検出**する能力も向上させる。「検出して解決」することが目的なら、「プロセス挙動チャート」（テクニック55）、「特性要因図」（テクニック56）、「ポカヨケ」（テクニック45）、「実験計画法」（テクニック53）などのプロセス最適化テクニックが役に立つだろう。

シナリオ —— ある自動車メーカーが、1ガロン当たり100マイル走る小型自動車用のディスクブレーキの下位システムを作ろうとしている。設計プロセスの前、その間、後で、「設計スコアカード」を使って設計の質を予測・評価することができる。

① 性能スコアカードの重要なパラメーターを特定する

　計画しているシステムまたは下位システムに関連のあるすべての「顧客期待」を特定しよう（テクニック3「結果期待」を参照）。また、計画されている設計では特に解決が図られていない「機能要件」も探し出そう（テクニック33「機能要件」を参照）。
　機能要件は、関係のあるソリューションの質によって、さまざまな方法で測定される。それぞれの期待について、(1) 変数のタイプ（不連続または連続）、(2) 測定単位（パーセンテージ、通貨、フィート、ヘルツ、デシベル、合格／不合格など）を特定しよう。

図43-1　全体性能スコアカード

	要件	単位	連続的か？	連続データ		
				ターゲット	μ	σ
1	停止距離	Ft（フィート）	はい		50	2
2	低振動	Hz（ヘルツ）	はい		16	3.5
3	騒音レベル	dB（デシベル）	はい		34	1.5
4	外観	合格／不合格	いいえ			
製品の説明：			小型自動車用エアブレーキ			
システムの下位システム：			フロントブレーキシステム			
完成品／最終組み立て：			C6セダン			
日付：			2013年3月1日			

ブレーキシステムの例では、性能、構成要素、プロセスの各レベルでいくつかの記述的統計を使う。たとえば、性能スコアカードのレベル（図43-1）では新しいブレーキシステムの性能を測るために、次の変数、つまり**性能指標**を測定する。

性能指標	単位	変数のタイプ
停止距離	フィート	連続
低振動	ヘルツ	連続
騒音レベル	デシベル	連続
外観	合格／不合格	不連続

　連続指標は、一連のテストと観察を通して平均値と標準偏差のデータを得る。たとえば、ブレーキシステムに関する騒音レベルは、平均値34デシベル、標準偏差0.15と測定された。

　不連続指標には、成功率を使う。例では、外観の指標として、観察または調査の回答の総数に対する**合格**の数からデータを得ている。

	USL	LSL	STまたはLT	機会／ユニット	DPU	DPMO	Zst
				属性データ			
	55		LT			0.0	>6
	30		ST			0.0	>6
	35		LT			0.0	>6
				1	0.00001	10.0	5.76
				機会総数			4
				製品DPU			0.00001
				製品DPMO			2.5
				製品RTY			100.00%
				製品Zst			>6

ビジネスモデルのイノベーションを実施する場合、利益、収益、量、顧客ロイヤルティー、市場シェアなどが性能指標になるだろう。

いくつかの性能評価指標と用語

要件 ── 性能仕様

ユニット ── 生産数量

GRR ── ゲージ反復性と再現性（ゲージR＆R）

連続的 ── データのタイプ（スケール）

属性 ── データのタイプ（カテゴリー）

ターゲット ── 望ましい性能レベル

μ ── 平均

σ ── 標準偏差

USL ── 上側仕様限界

LSL ── 下側仕様限界

ST またはLT ── 短期または長期

機会 ── 欠陥またはエラーが起き得る可能性

DPU ── ユニット当たりの欠陥数

DPMO ── 機会100万回当たりの欠陥数

Z_{st} ── 短期の能力

製品RTY ── 累積スループット歩留まり

---

②　性能パラメーターのターゲットと仕様限界を決定する

　これらの限界は、「顧客からのインプット」「規制要件」あるいは「設計の機能要件」から得られる。上側仕様限界（USL）はパラメーターの最大許容値、下側仕様限界（LSL）は最小許容値をいう。

　一般的に、仕様限界には3つのシナリオが適用される。（1）多ければ多いほどよい、（2）少なければ少ないほどよい、または（3）

特定のターゲットを達成せよ、である。（1）のタイプの要件には
LSLだけ、（2）のタイプにはUSLだけ、（3）のタイプにはLSLと
USLが設定される。

　ブレーキの例（図43-1）の**停止距離**で考えてみよう。顧客から
のインプットと法律は、停止距離が**55フィート以下**であることを
求めている。現実には、停止距離は仕様より短いほうが望ましい。
したがって上側仕様限界の55フィートが使われる。これより短
ければ何フィートでもよいので、下側仕様限界（LSL）は必要ない。

　外観などの不連続指標は、通常、ターゲット値は**ないか**、ゼロ
になる。テストには合格か不合格しかなく、つねに合格を目指す。
たとえば、顧客に製品の外観が好きかと質問し、はい（合格）か、
いいえ（不合格）で答えてもらうことができる。

3　性能指標を予測する

　このステップでは、それぞれの性能指標（パラメーター）の値
を予測する。これは y = f (x) という伝達関数を使って行う。伝
達関数は科学的原理、実験の設計、そのほかの既知の経験的関
係から導き出される。

　たとえば、ばねのたわみ性能は、伝達関数F＝K×Xを使って
予測できる。Fはばねのスプリング力、Kはばね定数、Xはたわ
みだ。KとXの平均値と標準偏差を測定し、伝達関数を使って、
Xの平均値と標準偏差を予測することができる。これはさらにシ
グマ・レベルまたは欠陥レベルに転換できる。

　予測値は、その後、プロトタイピングやパイロット試験、設計
の実施の間に集められた実際に測定した性能値と比較される。

> 新しい設計のスコアカードを作成するときは、性能指標用
> のデータをどのように集め、報告するかを念頭に置いて作
> 成しよう。特定の試行、現場での使用で得られたデータ、
> 顧客満足の記録、コールセンターの記録などから、実際に
> 観察された指標の値が得られるかもしれない。

　システム全体の性能に大きな影響を与える重要な構成要素を特定する。ディスクブレーキ・システムの主要な構成要素は、図43-2と43-3（370頁）に示したように、**ブレーキキャリパー、ブレーキパッド、ローター、ピストン、ハブ**である。

図43-2　ディスクブレーキ・システム

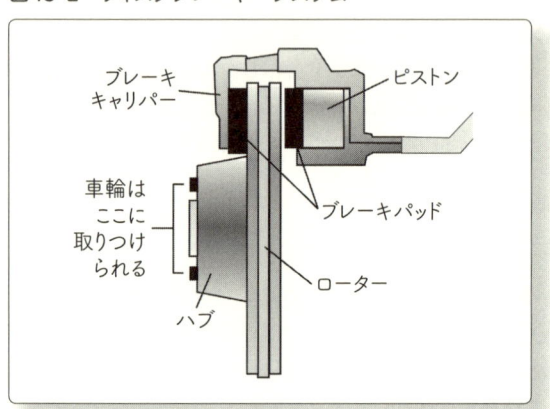

　構成要素を特定したら、それぞれの重要なインプットを特定して性能を予測する。たとえば、キャリパーの性能は、**表面積、平行度、体積、締めつけ荷重、たわみ、外観**の影響を受ける（図43-4、372頁）。各項目の性能を測定することで、キャリパーの性能を予測することができる。

　それぞれの重要な構成要素について、過去の「工程能力」データ（テクニック41を参照）、「実験計画法」（テクニック53）、およびシミュレーションを使って、スコアカードを作成しよう。このデータを使えば構成要素の全体的性能を予測することができる。

> 　構成要素スコアカードによって、設計を最適化または改善する「代替的な構成要素」を評価することで、設計者と供給業者の対話を促すことができる。

5　全体と個別のプロセススコアカードを作成する

　システム全体とその重要な構成要素の性能に大きな影響を与える製造とサービス提供のプロセス（および下位プロセス）を特定しよう。ディスクブレーキのシステムの製造・組み立てプロセスには、**キャリパーの溶接**、**キャリパーの取りつけ**、**ローターの取りつけ**などがある（図43-5、371頁）。ここでは手法の説明が目的なので、これだけしか挙げないが、実際には、複雑な設計には関連する何十、何百というプロセスがある。

　重要なプロセスが特定されたら、それらに影響を与えるパラメーターを特定してその性能を予測することができる。ここでも、キャリパーの溶接に影響を与えるパラメーターを2つだけ挙げる。**強度**と**表面の外観**だ（図43-6、372頁）。これらのパラメーターの性能を測定することで、キャリパーの溶接プロセスの性能を予測することができる。

　重要なプロセスごとに、能力の調査（テクニック41「工程能力」を参照）、過去の経験、製造データ、同様のプロセスからの推定といったデータを使ってスコアカードを作成しよう。その後で、このデータを使えば、重要なプロセスと下位プロセスそれぞれの全体的な性能を予測することができる。

> プロセススコアカードを一見しただけで、弱いプロセスと改善の機会がよくわかる。

6 スコアカードを解釈する

　新しいソリューションを実施し、一定の期間の十分なデータが得られれば、完成した「設計スコアカード」を解釈する。その際、次の点を検討する。

- 選んだ尺度は、指標を正確、精密、確実に評価するのに役立っているだろうか?（テクニック52「測定システム解析」を参照）

- 性能を向上させるために設計を修正できることはないだろうか?（テクニック42「ロバスト設計」とテクニック41「工程能力」を参照）

図43-3　全体構成要素スコアカード

	部品	要件の数	部品の数	機会総数	部品DPU	部品DPMO	部品RTY	部品Zst
1	ブレーキキャリパー	6	4	24	0.00080	33.33	99.92%	5.49
2	ブレーキパッド	4	4	20	1.41699	70849.54	24.24%	2.97
3	ローター	5	4	20	4.01690	200845.05	1.80%	2.34
4	ピストン	4	4	20	0.04580	2280.05	95.54%	4.34
5	ハブ	3	4	16	0.00007	4.38	99.99%	5.95
6								
7								
8								
9								
10	全体	22	20	100	5.4804	54803.629	0.42%	3.10

完成品/最終組み立て:	C6セダン
システム下位システム:	フロントブレーキシステム
作成者:	A. B. スミス
日付:	2013年3月1日

- 性能、構成要素、およびプロセスの指標は、直接的かつ完全な因果関係にあるだろうか？（テクニック34「公理的設計」を参照）

- 予測していなかったビジネス上の検討事項（コストやタイミングなど）はないだろうか？（テクニック13「イノベーション財務管理」を参照）

- 予測していなかった市場に関する検討事項（新しい競争上の脅威、顧客の期待の変化など）はないだろうか？（テクニック6「シナリオ・プランニング」を参照）

- 変動が大きすぎる指標はないだろうか？（テクニック58「管理計画」を参照）

図43-5　全体プロセススコアカード

	プロセスの ステップ	要件 の数	機会 総数	プロセス DPU	プロセス DPMO	プロセス RTY	プロセス Zst
1	キャリパー 溶接	2	57	0.0001	1.7544	99.99%	>6
2	キャリパー 取りつけ	2	9	1.07091	118991	34.27%	2.68
3	ローター 取りつけ	3	8	2.54288	317860	7.86%	1.97
4							
5							
6							
7							
8							
9							
10							
	全体	7	74	3.6139	48836	2.69%	3.16

完成品/最終組み立て：	AMFセダン
システム下位システム：	フロントブレーキ
作成者：	A. B. スミス
日付：	2013年3月1日

図43-4　構成要素スコアカード

| | 要件 | 単位 | GRR | 連続データ | | | | |
				連続的か?	ターゲット	μ	σ	
1	表面積			はい		15	2	
2	平行度			はい		25	5	
3	体積			はい		35	2	
4	締めつけ荷重			はい		45	2.22	
5	たわみ			はい		55	1.444	
6	外観			いいえ				

部品：	ブレーキキャリパー
部品の数：	4
供給業者：	AJB
システム下位システム：	小型自動車用エアブレーキ
完成品/最終組み立て：	C6セダン
作成者：	A. B. スミス
日付：	2013年3月1日

図43-6　プロセススコアカード

| | 要件 | 単位 | GRR | 連続データ | | | | |
				連続的か?	ターゲット	μ	σ	
1	強度	kPa		はい		10000	1000	
2	表面の外観	合格／不合格		いいえ				

プロセス：	キャリパーの溶接
システム下位システム	自動車用エアブレーキ
完成品／最終組み立て：	C6セダン
作成者：	A. B. スミス
日付：	2013年3月1日

	USL	LSL	STまたはLT	属性データ		DPMO	Zst
				機会／ユニット	DPU		
	20	10	LT			0.0	>6
	30	20	LT			0.0	>6
	40	30	LT			0.0	>6
	50	40	LT			0.0	>6
	60	50	LT			0.0	>6
				1	0.0002	200.0	5.04
			機会総数				24
			製品DPU				0.00080
			製品DPMO				33.3
			製品RTY				99.92
			製品Zst				5.49

	USL	LSL	STまたはLT	すべてのデータ	属性	DPMO	Zst
				アプリケーションの数	DPU		
		9000		13		0.0	>6
				44	0.0001	2.3	>6
			機会総数				57
			プロセスDPU				0.00010
			プロセスDPMO				1.8
			プロセスRTY				99.99%
			プロセスZst				>6

テクニック 44

設計故障モード影響解析

ソリューションの不具合を未然に予測する

「設計故障モード影響解析」（DFMEA）は、新しいソリューションに起こり得る不具合や問題を、**起きる前**に予測し、対応策を計画しておくために使われる。たとえば自動車メーカーが、ブレーキを踏んでいないと**パーキング**から**ドライブ**にシフトできない機構を搭載するのは、起こり得る不具合を予測し、予防しているのだ。

予備設計、初期設計、詳細設計の各段階での検討に DFMEA を利用して、潜在的な**故障モード**を特定しよう。第一に優先するのは、設計自体を改善して故障モードを予防することだ（テクニック 45「ポカヨケ」を参照）。自動車のブレーキを踏んでいないと作動しないシステムのような、完全にミスを防げるソリューションにできない場合、次に優先するのは、故障モードを未然に察知し、ユーザーに行動を取るよう指示することだ。自動車のオイル警告灯はこの方法の例だ。

DFMEA を使って、将来のリスクを予測し、前もって軽減または回避しよう。どんな不具合が起きる可能性があるか、それに対してどう行動するかを予測していれば、事後対応に追われずに済むし、新しいソリューションの商品化に大きな代償をともなう無用の遅れが出ることを避けられる。複雑なソリューションにこのテクニックを使うには、専門家の助けを借りる必要があるだろう。

> 設計（Design）FMEAは、新しい製品やサービスまたはソリューションと顧客のインターフェースに注目する。**プロセス（Process）FMEA**は、製品の生産やサービスの提供の背後でそれらを可能にしているプロセスに注目する。しかしどちらのFMEAも、形式、アプローチ、解釈は共通である。

シナリオ —— 現在、使い捨てかみそりとひげそり用潤滑剤を製造している会社が、ひげそりと潤滑の機能を併せ持つ新製品を開発している。新しい設計では、使い捨てかみそりの中空の柄の中にひげそり用ジェルが充填されている。ジェルはかみそりの刃のすぐ下の多孔質のパッドを通して自動的に供給される。使い捨て商品なので、柄の中のジェルの量は、かみそりの刃の寿命に合わせなければならない。

> 設計FMEAを構成するときは、いくつかの重要なポイントでプロセスFMEAとは異なる用語を使う。たとえば、プロセスFMEAでは最初の列にはふつう、分析対象のプロセスステップをリストアップする。しかし、設計FMEAでは、製品またはサービスの構成要素と、それらが果たすことが期待されている機能を列挙する。

1 管理情報を記入する

DFMEAワークシート（図44-1、次頁）に、製品／サービス名、DFMEAを作成したチームリーダーの名前、作成を開始した日付を記入する。

2 項目と機能を特定する

DFMEAワークシートの左端の列に、故障モードの原因になる可能性があるすべての構成要素と、それぞれの意図された機能をリストアップしよう。たとえば、ひげそりシステムの構成要素の1つはかみそりの刃で、その望ましい機能は**毛を切る**ことだ。ジェルという構成要素は、**潤滑性を与える**ように設計されている。多孔質のパッドは**ジェルを塗布**し、**ジェルの流れを制御**する。中空の柄は、**持ち手とジェル容器**の役割を持つ。この例では、かみそりの刃と多孔質のパッドに限定して説明しよう。

図44-1　設計FMEA

| 製品／サービス名： | Mark 7 Razor |
| 責任者： | プロジェクト・リーダー、メアリー・ジョーンズ |

品目と機能	潜在的故障モード	潜在的故障の影響	SEV	潜在的原因または故障のメカニズム	OCC	
分析する品目の名称と、設計意図を満たすために求められる関連機能	どのような形で、構成要素／下位システム／システムが設計意図を満たせない可能性があるか？	それぞれの故障モードは、顧客（内部と外部）に認知される機能にどんな影響を及ぼすか？	顧客への影響はどの程度深刻か？	故障はどのように起こる可能性があるか？　修正または制御できることを記述する。故障モードに直接影響を与える原因を特定する。	原因または故障モードはどの程度の頻度で起きるか？	
かみそりの刃——毛を切る	切れ味が鈍い	十分に短く切れない、不快感	7	製造段階での研磨が不十分	3	
			7	早すぎる摩耗	3	
			7	腐食	3	
	不適切な角度	毛が十分に短く切れない、不快感、けが	7	刃の取りつけ部の変形	5	
多孔質のパッド——ジェルを塗布する、ジェルの流れを制御する	ジェルが出にくい、またはまったく出ない	潤滑効果不足、不快感、けが	10	目詰まり	3	
			10	孔のサイズが小さすぎる	7	
	ジェルが出すぎる	ジェルがなくなるのが早すぎる	5	孔のサイズが大きすぎる	7	

	現在の設計の 制御方法	DET	RPN	推奨される 行動	責任者の 氏名・役職／ 所属、完了の日付
	（1）故障の原因を防ぐ、または発生頻度を減らす、（2）原因を検知し、修正行動につなげる、（3）故障が起きたとき、故障モードを検知するために、現在どのような予防、設計、確認、そのほかの行動をとっているか？	原因または故障モードをどの程度よく検知できるか？	SEV×OCC×DET	発生率を下げる、または検知能力を上げる、あるいは根本原因がわからない場合にそれを特定するための行動にはどんなものがあるか？ RPNが高いものや簡単に修正できるものについては行動だけを記入する。	推奨される行動に責任を持つのは誰か？
	エッジ角度の統計的公差、能力を確認	3	63	なし	該当せず
	刃に使う最適鋼種（440C）の仕様、 供給業者品質管理計画	3	63	なし	該当せず
	刃に使う最適鋼種（440C）の仕様、 供給業者品質管理計画	3	63	なし	該当せず
	取りつけ部の寸法の統計的公差、しかし現在の素材で公差を維持するのは困難	7	245	取りつけ部用の代替素材の調査	資材部、ジョー・マーティン、2013年12月1日
	適切な溶解性を確保するジェルの処方	5	150	適切で達成可能なジェルの仕様	プロジェクト・リーダー、メアリー・ジョーンズ、クリーム＆ジェル製品製造マネジャー、スコット・パーキンズ、2013年10月15日
	業者が供給するパッドの孔のサイズの仕様限界、しかし現在、孔の大小による影響がよく理解されていない	7	490	DOEなどの方法で、孔のサイズと、相互作用している可能性のあるほかの変数の影響を調べる	設計エンジニアリング、フレッド・フリッツ、2013年11月30日
	業者が供給するパッドの孔のサイズの仕様限界、しかし現在、孔の大小による影響がよく理解されていない	7	245	DOEなどの方法で、孔のサイズと、相互作用している可能性のあるほかの変数の影響を調べる	設計エンジニアリング、フレッド・フリッツ、2013年11月30日

③ 潜在的故障モード、故障の影響、潜在的原因を特定する

「この構成要素はどんな不具合を起こす可能性があるか?」と考えよう。その答えが、**故障モード**だ。次に、「もし不具合が起きたら、顧客にどんな影響を与えるか?」と考える。これが**故障の影響**だ。最後に、故障モードの原因になりそうなことをブレーンストーミングで考え出そう。これらは、**潜在的原因**だ。1つの項目または機能に対して複数の潜在的な故障モードがあり、各故障モードに対して複数の潜在的原因があり得ることに留意しよう。

かみそりの例では、かみそりの刃には、**切れ味が鈍い**と**不適切な角度**の2つの潜在的故障モードがある。どちらも、不快感を与え、深ぞりが効かないという影響を及ぼす。これらの故障モードの潜在的原因は、エッジの研磨不足、摩耗、腐食、刃をはめ込むプラスティック部の空間の変形などだ。

④ 影響の深刻さと発生頻度を判定する

故障の影響の深刻さ（SEV）と潜在的な原因の発生頻度（OCC）に、**図44-2**と**44-3**に従って、1から10の点数をつける。

かみそりの例では、影響の深刻さの点数は中程度の5から最も深刻な10までの幅がある。故障によっては顧客がけがをするかもしれないからだ。発生頻度の点数は3から7で、あまり頻繁に起こらない原因もあれば、慢性的な問題になる原因もあることが予測される。

> もっと細かく影響の深刻さと発生頻度に点数をつける必要があれば、全米自動車産業協会のウェブサイト www.aiag.org で入手できる*Potential Failure Mode and Effects Analysis*（2001）を参照のこと。

図44-2　影響の深刻さ

		点数
非常に高い	製品の安全性に影響を及ぼす。 顧客に悲惨な結果をもたらす。	10
高い	製品が使えなくなる。主要な機能が失われ、 顧客は大きな不満を感じる。	7
中程度	製品が使えなくなる。 顧客に中程度の影響を及ぼす。	5
低い	すべてのシステムが機能する。 軽度の欠陥に気づく顧客もいる。	3
なし	影響はない。欠陥がない、またはあっても 顧客が気づかないほど軽微。	1

図44-3　発生頻度

		点数
非常に高い	ほぼ間違いなく故障する。	10
高い	故障が繰り返される。	7
中程度	故障がときどき起こる。	5
低い	故障は比較的少ない。	3
なし	故障が起こる可能性はほとんどない。	1

44

設計故障モード影響解析

5　現行設計の制御手段を明らかにする

　現在の設計で使われている制御手段を見極めるには、設計の特徴、構成要素の仕様、故障の潜在的な原因を確実に避けるか、故障が起きてしまったときに少なくとも検知するために必要な情報を検証しなければならない。これらの制御手段は、「管理計画」（テクニック58）を作成するインプットになる。かみそりの例の制御手段には、供給される部品や素材の仕様、素材の選択、構成要素の変動が性能に与える影響への理解などがある。

> 設計FMEAがプロセスFMEAと異なるもう1つの領域は、**制御手段と検知の部分にある**。プロセスFMEAでは制御手段は生産管理であるが、設計FMEAでは制御手段は設計管理である。

6 各制御手段の検知能力に点数をつける

現在備わっている制御手段が故障モードやその原因を検知したり、故障モードやその原因の発生を防いだりする可能性はどれくらいあるだろうか？　図44-4の指針に従って、これに1から10までの点数をつけよう。

かみそりの例では、いくつかの制御手段はかなり効果的（3点）だが、素材に既知の問題があるものや確かな情報が不足しているものもある（7点）。

図44-4　制御手段が故障を検知または防止する可能性

		点数
ない	設計の制御手段は、潜在的な原因／仕組みとそれによって起こる故障モードを検知／防止しない／できない。	10
低い	設計の制御手段が、潜在的な原因／仕組みとそれによって起こる故障モードを検知／防止する可能性は低い。	7
中程度	設計の制御手段は、潜在的な原因／仕組みとそれによって起こる故障モードを検知／防止するかもしれない。	5
高い	設計の制御手段が、潜在的な原因／仕組みの存在とそれによって起こる故障モードを検知／防止する可能性が高い。	3
非常に高い	設計の制御手段が、潜在的な原因／仕組みとそれによって起こる故障モードを検知／防止する可能性は非常に高い。	1

7 各故障モードについて、リスク優先度を求める

DFMEAのワークシートできわめて重要なのがリスク優先度（Risk Priority Number: RPN）の列であり、その数字だ。各故障モードのRPNを計算するには、**深刻さ**と**発生頻度**と**検知能力**の点数をかけ合わせる。数字が大きいほど優先的に設計の見直し、または修正が行われるべきだ。われわれの例では、どの故障モードのリスク優先度が高く、したがって、直ちに修正を行う候補であるかが示されている。

しかし、RPNが低い故障モードでも、深刻さの点数が10点に達しているものは重大な結果を招く可能性があるため（たとえば、航空機事故や手術関連の死亡など）、対処する必要がある。

> プロセスFMEAと設計FMEAの重要な違いは、修正行動が故障の影響の深刻さに与える影響だ。プロセスFMEAの場合、ある故障の影響の深刻さを変えるのは、ふつう不可能だ。なぜなら改善できるのは、発生頻度の削減と検知能力の強化に限られるからだ。設計FMEAはそうではない。設計の変更によって、特定の故障モードの深刻さを軽減することができる。

8 リスク優先度の高い故障モードの修正行動を実施する

DFMEAワークシートの次の部分は、修正行動の追跡、責任当事者、これらの行動の結果を記録するセクションで構成されている。修正が行われたら、影響の深刻さ、発生頻度、検知能力の数値を見直して、成功したかどうかを判断しよう。ひげそりの例では、いくつかの修正行動が実行されたことと（ジェルの生産に関する研究は進行中）、それらが各故障モードRPNに及ぼした影響が示されている（図44-5、次頁）。

かみそりの刃に不適切な角度が生じるのを防ぐための行動を見てみよう。刃の取りつけ部の素材を変えることで、この問題は改

図44-5 設計FMEA（続き）

推奨される行動	責任者の役職／所属、氏名、完了の日付	行動の結果				
		とった行動	SEV	OCC	DET	RPN
発生率を下げる、または検知能力を上げる、あるいは根本原因がわからない場合にそれを特定するための行動にはどんなものがあるか？ RPNが高いものや簡単に修正できるものについては行動だけを記入する。	推奨される行動に責任を持つのは誰か？	完了した行動で、RPNの再計算に反映されるものをリストアップする。すべての変更の日付を記入する。	新しい影響の深刻さは？	新しい発生頻度は？	検知の限界は向上したか？	行動の完了後、RPNを再計算する。
なし	該当せず	該当せず	該当せず	該当せず	該当せず	該当せず
なし	該当せず	該当せず	該当せず	該当せず	該当せず	該当せず
なし	該当せず	該当せず	該当せず	該当せず	該当せず	該当せず
取りつけ部用の代替素材の調査	資材部、ジョー・マーティン、2013年12月1日	完了。11月15日、ポリエステルに代えてナイロンを選択。11月25日、要求される公差に収まるよう製造能力を確認。	5	3	3	45
適切で達成可能なジェルの仕様	プロジェクト・リーダー、メアリー・ジョーンズ、クリーム＆ジェル製品製造マネジャー、スコット・パーキンズ、2013年10月15日	必要な仕様を確認。ジェルの生産に関する研究は続行中。まだ能力確認に至っていない。	10	未定	未定	未定
DOEなどの方法で、孔のサイズと、相互作用している可能性のあるほかの変数の影響を調べる	設計エンジニアリング、フレッド・フリッツ、2013年11月30日	10月20日、調査完了。孔のUSLとLSLを決定。10月30日、パッドの供給業者と会い、生産能力を確認。	10	3	3	90
DOEなどの方法で、孔のサイズと、相互作用している可能性のあるほかの変数の影響を調べる	設計エンジニアリング、フレッド・フリッツ、2013年11月30日	10月20日、調査完了。孔のUSLとLSLを決定。10月30日、パッドの供給業者と会い、生産能力を確認。	5	3	3	45

善される。新しい素材は寸法の安定性がはるかに優れていて、刃の角度の変動がはるかに小さくなるからだ。これによって潜在的問題の深刻さが変わる。けがをする可能性があったのが、不快感だけになる。

DFMEAに基づいて設計変更を行うとき、よくテーマになることをいくつか挙げてみよう。

- **影響の深刻さが問題である場合**。まず、故障モードを完全に排除するよう試してみる。これが難しい場合は、影響の深刻さを軽減することを目指す。考えられる行動としては、素材を変える、強度を高める、負荷を軽減する、冗長性またはバックアップを組み込む、そのほかの予見できない変動に反応しにくくする設計変更などがある。「ロバスト設計」(テクニック42)を参照のこと。

- **発生頻度が問題である場合**。最初に試みるのは、潜在的な原因を完全に排除することだ。これができないときは、その原因が起きる頻度を低くする。ここでも、素材の変更、冗長性、負荷や荷重の分散などの措置が成功につながることが多い。「ポカヨケ」(テクニック45)が参考になる。

- **検知能力の高得点が問題の場合**。設計の不具合を感知しやすくする、あるいは必要な情報の不足を埋めやすくするような修正を行うべきだ。試験の追加や手順の変更、そのほかの研究などが役に立つ(テクニック41「工程能力」、テクニック43「設計スコアカード」を使うことを検討しよう)。

参考資料

次の資料は、設計とプロセスどちらのFMEAにも大いに参考になる。

Automotive Industry Action Group. *Potential Failure Mode and Effects Analysis*. 2001. www.aiag.org.

テクニック 45 ポカヨケ

人的エラーとシステムエラーを防ぐ措置を講じる

「ポカヨケ」は、何らかの装置や手続きを使って、エラーが発生する可能性を減らしたり、なくしたりするテクニックだ。たとえば、カナダではすべての車両に、薄暗くなるとそれを感知して自動的にヘッドライトを点灯させる装置が搭載されている。この簡単な措置で、事故を減らすことができた。

イノベーションの領域では、「ポカヨケ」は、予見されない事象や機器の不具合、そのほかの要因のために、製品やサービスが適切に機能しなくなる可能性に対抗するのに役立つ。また、ポカヨケによって、従業員も自分の仕事を正しく行い、ミスが起きたときにすぐに気づき、修復できるようになる。

「ポカヨケ」はチェックリストや警告ラベルのように簡単なものから、原子力発電所を制御するコンピュータ化されたシステムのように複雑なものまで、さまざまだ。どんな状況でも、イノベーションには無理のないコストで実行可能な最大限のポカヨケを適用するよう努めるべきだ。

イノベーションのプロセスの早い段階で、イノベーションの機会の範囲を定め、アイデアを創出するために「ポカヨケ」のテクニックを利用することもできる。たとえば、先行車に衝突しそうになるとそれを感知して、自動的にブレーキをかける新しい機能を搭載した車がある。事故を防ぐというポカヨケ戦略が、片づけるべきジョブを特定する早い段階で活用されている。

「ポカヨケ」の原則

　プロセスや製品にミスが起こらないようにするステップを見ていく前に、代償が大きいまたは危険な欠陥やエラーを回避するために、単独または組み合わせで、誰もが使える19の原則を紹介しよう。

1. **配置と整頓。**配置は品目の相対的な位置、**整頓**は品目を指定された場所に置くことをいう。たとえば、宅配会社は、窓があいたテンプレートを箱の上に置き、その枠内に送付票を貼りつける。

2. **ポジティブストップ。**使用者を負傷させたり製品に損傷を与えたりしないシステム。たとえば、タイヤのバランシングマシンは、安全フードを閉めなければ、高速回転を開始しない。扉を開くと停止する皿洗い機、洗濯機、乾燥機、電子レンジもそうだ。

3. **小分け。**正しい量だけを供給するディスペンサー。フライドポテトをすくう器具など。これを使えば、ポテトの袋から少しだけはみだす程度の、多すぎない量をすくうことができる。

4. **空間の分離。**物理的な空間を制御するシステム。待つ人の行列の形を作るチェーンなど。顧客が出口から入ったり、入り口から出たり、流れに逆らって動くのを防ぐ回転式ゲートもそうだ。

5. **存在の確認。**ある状態が存在することを検知し、反応する技術。ドアや窓が壊されると音を出す家庭用アラームシステムなど。あるいは、列の中のデータの種類を検知して、その列にその後入力されるデータの形式を制限するソフトウエア。

6. **資源の代替的利用法。**ある品目に特有の質感や質量、そのほかの特徴を利用する。従来の容器をさかさまにすることによって、重力を利用し、製品（ケチャップ、シャンプー、歯みがき）の最後の一滴まで使いきれるようにすることなど。

7. **視覚的管理。**行動を管理するために視覚的な合図を使う。たとえば、ホテルで、清潔なタオルに紙テープを巻いて、交換する必要があるものと区別する。あるいは、補充品を注文

しなければならない時期がすぐわかるように、在庫用の容器や棚に目立つ印をつける。

8. **決行か中止か。**ある特徴の存在または大きさを検知し、**決行／中止**または**合格／不合格**を判定する。多くの空港で、乗客が大きすぎる荷物を持ち込むのを防ぐために、手荷物棚と同じ形と寸法の合格／不合格ゲージを用意している。

9. **時間の分離。**矛盾する、または反対の特徴要件を、時間で分離してミスを防ぐ。交通信号がその例だ。多くの信号は、すでに交差点に進入していた車が出ていけるように、交差する流れの進入を3秒遅らせて許可するようにタイミングを設定している。

10. **条件による中止。**自動車のキーが解除の位置にあり、ブレーキが作動するまで、ギアをパーキングポジションから動かすことはできない。また、ガレージの扉の安全光線センサーは、扉が下りてきたときに障害物を感知すると、モーターを逆回転させて扉を上に戻す。

11. **除去、交換、代用。**エラーや欠陥を生じさせているタスクを取り除いたり、別のもので置き換えたりすると、エラーや欠陥もなくなる。本人確認に指紋を使うのもその一例だ。

12. **キット化。**自分で組み立てる家具がその例だ。買い手には、組み立て用の適切な数のねじと部品、工具までもが与えられる。

13. **5S（整理、整頓、清掃、清潔、しつけ）。**5Sの原則をあるエリアに適用することで、乱雑さとムダがなくなる。食品店は、古い在庫を処分し、先入れ先出しの原則で並べることで、これを実行している。ラベルや箱は製品が無秩序になるのを防ぐ。

14. **かんばん方式。**特定の順序、パターン、方法に従って、品物、情報、人を配置する。自動車のディーラーが、サービス施設に入ってくる車に色分けされた番号の目印をつけるのはこの例だ。番号札システムは、間違った順序で顧客に応対するのを防ぐ。

15. **テンプレート。**製造現場では、ブラケットやリベットを実際の取りつけ方向にあらかじめそろえておくのに使われる。もう1つの例は、ドアロックを取りつけるときにドア枠とドアの正確な穴開け位置を示すために使う紙のテンプレートだ。

16. **チェックリスト。**チェックリストは、同じような反復的タスクが確実に実行されたことを確認する。典型的な例は、すべての構成部品が部署や顧客に提供されたことを確認する部品表だ。

17. **ハイライト。**何かを一目瞭然にして、目立たせる。ウェブページで、書式に記入する必要がある情報にハイライトを施すのは、1つの例だ。

18. **情報の伝達。**きわめて重要な情報を効果的に伝える。道路標識、色分けされた事務用ファイル、点滴の袋を詰め替える時間になったときに音を発するアラームなど。

19. **トレンド予測。**歴史を観察して将来を予測する。期待される変動に対する観察された変動を測定してエラーを予測する「プロセス挙動チャート」（テクニック55）が使えるだろう。

ある特徴の存在によって、「ポカヨケ」のソリューションを可能な限りロバストにすることができる。かつて電気器具のプラグにはポカヨケが施されていなかった。そのため、陽極と陰極を間違うことがあり、ユーザーや装置、電気システムへのリスクがあった。今日のプラグはそれぞれの突起の幅が異なっていて、次の条件を満たしている。

- つねに存在する —— ユーザーがプラグをコンセントに差そうとするときはいつでもポカヨケ装置が存在している。

- 絶対確実 —— ユーザーが電極を間違って接続できることは絶対にない。

- 即座に行動 —— ユーザーが間違った方法で装置を接続しようとすると、ソリューションがそれを検知してユーザーに修正を強制する。

- 人間工学的 —— ソリューションは複雑さのレベルを上げたり、ユーザーに不快感を与えたりしない。

- 余分な段階を加えない —— ポカヨケが施されたソリューションを使用するのに求められる労力は同じである。

（シナリオ——家庭用セキュリティーシステムの生産者は、商品を「ポカヨケ可能」にするよう配慮しなければならない。ユーザーを混乱させるシステムや、設計通りに作動しないシステムは、多大な損害をもたらしたり、危険な状況を招いたりすることがある。この例では、おろそかにした場合、家庭用アラームシステムにエラーを引き起こしかねない、いくつかの領域に目を向ける。

新しい製品やサービス、その関連プロセスをどれほど巧妙に設計しても、ミスが起きる可能性はある。1つのひとつのミスを引き起こす可能性があるところを探し出そう。）

ミスを修復するのに時間とお金がかかり、結果として顧客を失うリスクがある。

① 潜在的なミスを特定する

イノベーションとその関連プロセスを見直して、ミスが欠陥やエラーを引き起こす可能性があるところを探し出そう。

- 「設計故障モード影響解析」（テクニック44）を使って、このイノベーションで不具合を起こす可能性があることと、起きた場合に予想される損害の程度を見極める。

- 「プロセス・マップ／バリューストリーム・マップ」（テクニック51）とプロセスFMEAを組み合わせて使って、イノベーションの生産または提供されるミスの可能性を発見する。

- 欠陥やエラーを引き起こす恐れのある技術的または物理的矛盾を探す。矛盾について詳しくは、「構造的抽象化」（テクニック26）と「分離原則」（テクニック27）を参照のこと。

家庭用アラームの例では、潜在的なミスは2つのカテゴリーに分類される。鳴るべきでないときに鳴る誤作動と、セキュリティー侵害が起きたときにアラームが作動しない検出漏れだ。

図45-1　家庭用アラームシステムの潜在的ミス

誤検出	検出漏れ
高すぎる動作検知能力 電力サージ 間違ったコード コード未入力 早すぎる通知	動作センサーの作動が妨げられている 停電 非作動状態（人的ミス） 非作動状態（装置の不具合） 通知ミス

ミスにつながる10の状況

1. 道具または機器のエラー
2. 測定エラー
3. 誤解または訓練不足
4. 手続きや管理計画のまずさ
5. 失念または注意散漫
6. 部品／補給品の間違い、または欠如
7. 設定エラー
8. あいまいな仕様または見込み
9. ルール無視または意図的な妨害
10. 低い安全基準

2　潜在的なミスに優先順位をつける

　ミスが起こる可能性があるところのリストに優先順位をつけ、防止のために時間と労力を使う価値が最も高いものを判断しよう。1つの方法は、「設計故障モード影響解析」（テクニック44）を使ってリスク優先度（RPN）を計算し、RPNが高い問題と、影響の深刻さの点数が高い問題の解決に取り組む、という方法だ。

　理想的な世界では、完璧な製品を作ることができ、非の打ちどころのないサービスを提供できるかもしれないが、現実はそうではない。どの欠陥を防ぐ努力をするのか、そのままにしておいてもいいのはどれかを選択しなくてはならない。たとえば、アラームシステムの例では、まず、検出漏れタイプのミスに集中して取

45

ポカヨケ

り組むことができるだろう。この領域でのエラーは、誤検出よりも重大な結果を招くからだ。

> ポカヨケを考案したのは、製造業のベストプラクティスに精通していた日本の技術者、新郷重夫博士である。**ポカ（エラー）をよける（回避する）から、「ポカヨケ」という用語を作った。**

3 根本原因を見極める

「特性要因図」（テクニック56）を使って、起こり得るエラーそれぞれの根本原因を見極めよう。これはポカヨケの中でも重要なステップだが、よく見落とされる。エラーと**欠陥**を混同する人が多いからだ。たとえば、**動作センサーの不具合は欠陥だが、動作センサーの検知ゾーンの設定の間違いはエラーだ。**問題を真に解決できるのはエラーのレベルだけだ。したがって、違いを理解することが重要だ。

> 「ポカヨケ」では、安全とリスクの問題が中心になることが多い。新しい投資用ソフトウエアの発表や新しい外科手術の導入にともなうリスクを考えてみればよい。金融業界や医療業界も、大きな代償を払うことになるエラーや訴訟を避けるために多くの「ポカヨケ」措置を講じている。

4 ポカヨケ戦略を選ぶ

それぞれの根本原因に適した「ポカヨケ戦略」を特定しよう。戦略を策定するには、本書で紹介した、製品やサービスの理想的な状態を理解するためのほかのテクニック（テクニック4「価値指数」など）や、この理想に近づくためのアイデアを創出するアイデア発想テクニックを使うことができる。だが、具体的な方法は、

防止しようとしている特定のミスによって違ってくる。

　たとえば、玄関ドアのセキュリティーアラームのスイッチの入れ忘れを防ぐには、システムが自動的に作動するようにすればよい。だが、当然、家を出入りしたいときに問題が起きる。これは、指紋を感知するドアノブを導入し、承認された人だけがアラームを作動させないで自由に出入りできるようにすることで解決できるかもしれない。その場合でも、このソリューションの「ポカヨケ」を検討しなければならないだろう。

> 修正を予防と混同してはならない。「ポカヨケ」の最終的な目標は予防だ。たとえば、多くの人は、バッテリー・バックアップは停電に対するポカヨケ戦略だと思っている。だが、バッテリーは、停電によるダメージを修正または軽減するだけで、そもそも停電を防ぐことはできない。したがって、そのとき利用できる選択肢の中では最も良いかもしれないが、絶対に停電しない電源にはかなわない。

5 ポカヨケ・ソリューションをテストする

　最後のステップは、実際に「ポカヨケのソリューション」を作って、テストすることだ。次の段階に進む前にこれを行うこともできるし、「プロトタイピング」（テクニック48）や「パイロット試験」（テクニック49）のプロセスの一部として行うこともできる。

> 日々、世界中の産業に品質の奇跡をもたらしてきたのは、ただ1つの「ポカヨケ装置」ではなく、これらの非常にシンプルな何百もの安全装置の適用なのだ。1つひとつは比較的簡単で、自分ひとりでも簡単に実行できるだろう。しかし、ほとんど畏怖を感じるのは、何百もの装置の全体性である。　　　　　　　　　　　　　　　　── 新郷重夫博士

テクニック 46
離散事象シミュレーション

コンピュータモデリングで
イノベーションを可視化し、
テストする

「離散事象シミュレーション」（DES）は、コンピュータを使ってモデリングを行う方法であり、本格的なモデルよりも大幅に少ないコストと時間とリスクで、プロセスのシミュレーションを行うことができる。たとえば、空港の保安検査にかかる時間を短縮する方法のようなイノベーションを考えている場合、DESを使えば、検査場の配置を物理的に変えたり、不慣れなシステムの中、旅行者を引きずりまわしたりせずにアイデアを試すことができる。

プロセスへの依存度が特に高いイノベーションで、顧客や製品の流れに影響を及ぼす可能性がある変数が多い場合は、「離散事象シミュレーション」を使うべきだ。確かに、詳細で正確なモデルを作るにはかなりの時間が必要だ。複雑なプロセスでは特にそうだ。だが、非常に有効なこのテクニックを学ぶ努力を厭わないでほしい。DES専門家の助けはいつでも得られる。

> 「離散事象シミュレーション」ですべてのシステムのモデリングができるわけではない。蒸発率のように、**連続的**な事象もある。これらの発生頻度もモデリングできるが、異なるアプローチが必要だ。詳しくは次の書籍を参照のこと。
> *Theory of Modeling and Simulation: Integrating Discrete Event and Continuous Complex Dynamic Systems*, second edition, by B. Zeigler, H. Praehofer, and T. G. Kim, New York: Academic Press, 2000.

シナリオ ―― 世界一高いビルを建設していて、エレベーターを何基設置すればいいかを知る必要があると想像しよう。高さ850メートル、170階の居住・商業複合ビルとする計画だ。チームは、このような需要に応えるには100基必要だと見積もっている。DESを使って交通量パターンをシミュレーションし、この数を減らすことが期待されている。

① ソフトウエアを選ぶ

　DESを行うにはモデリング・ソフトウエアを使う必要がある。選ぶソフトウエアによっては、自分のプロセスに関連するあらゆる詳細を使ってモデルをプログラムするには、ソフトウエアのロジックにある程度習熟していなければならないかもしれない。推奨するシミュレーション用パッケージソフトは、AutoMod、Sigma-Flow、ProcessModel、Arena、iGrafxなどだ。高性能で論理ルールが複雑なものもあるが（AutoModなど）、最小限の投資でDESを始められるものもある（SigmaFlow、iGrafx）。一般的なユーザーは、ほとんどの場合、こうした手頃なアプリケーションで十分に価値あるシミュレーションができるだろう。

> 「離散事象シミュレーション」がよく使われるのは、銀行やコールセンター業界だ。要するに、予測不可能な速さで、量が大きく変動する資源の流れを、システムを通して処理しなければならないあらゆる業界だ。

46

離散事象シミュレーション

2 プロセス・フローを作成する

シミュレーションの成功は、現実的な結果を出すのに十分な程度に詳しくプロセスを記述できるかどうかにかかっている。この情報は「プロセス・マップ／バリューストリーム・マップ」（テクニック51）から得られる。主要な下位プロセス、決定点、キュー（待ち行列）を忘れずに含めよう。

> 「離散事象シミュレーション」は待ち行列理論に基づいている。顧客がサービスを受けるのを、行列を作って待つようなシステムの数学的な研究である。

3 プロセス属性を割り当てる

プロセスの各段階に、関連する属性 —— プロセスの流れまたは結果に影響を与える可能性がある特徴や要因 —— を入力する。使用する具体的な属性は、プロセスによって異なる。高層ビルの例では、エレベーターの数を決めるために、次のようなプロセス属性を使う。

- **行列のキャパシティー** —— 各階の推定乗客数。曜日と時間帯によって異なる。

- **サイクルタイム** —— プロセスの特定の段階を終えるのにかかる時間。エレベーターに乗客が乗り込む時間など。

- **階ごとの到着率** —— 時間帯とその階の機能によって異なる（昼食時のフードコートへの到着交通量は、居住階への到着交通量より多いだろう）。

- **資源のキャパシティー** —— エレベーターの数と各エレベーターの停止階。

各プロセス段階に、コストと付加価値の有無を記載しても
よい。そうすることで、シミュレーションを行う間にプロセス
の全体コストと付加価値時間を集計することができる。

4 資源と属性を決定する

　資源とそれに関連する属性を入力する。資源はプロセスが機能
を果たすために依存する人または装置である。人が資源の場合、
属性には、作業スケジュール、稼働率、具体的な役割または任務
などが含まれるだろう。高層ビルの例では、資源はエレベーター
で、次のような属性を持っている。

- **キャパシティー** ── 各エレベーターの最大収容人数と各エレ
  ベーターの重量制限。

- **運搬時間** ── 方向（上下）の関数として、また停止階間の距
  離の関数としてのエレベーター速度。

- **測定統計** ── 最初は値を与えられないが、エレベーターの利
  用率、利用可能性、ダウンタイムなどの事象を追跡しつづけ、
  シミュレーションを通して増えていく属性。

すべてのモデルは、現実をシミュレーションするために、ラ
ンダムなシナリオで何度も繰り返さなければならない。この
ようなランダム分布を達成するには、次にどんなランダム・
シナリオを生成するかをコンピュータに指示する**モンテカル
ロ法**と呼ばれるアルゴリズムを使えばよい。

5 プロセスの実体と属性を特定する

プロセスの実体と関連する属性を入力する。実体とは、プロセスを通過するもの、たとえば人、部品、原材料などだ。実体の属性はプロセスと資源の属性と相互作用して、シミュレーションでランダムな結果を生む。高層ビルのシミュレーションでは、実体はエレベーターの乗客だ。次のような属性を特定した。

- エレベーターの呼び出し時刻（実体が呼び出しボタンを押す特定の時刻）
- エレベーターが到着するまでの待ち時間
- 実体の重量
- 実体のペアリング／グルーピング（乗客はひとりか、ほかの人といっしょか?）
- 出発階
- 出発時刻
- 到着階
- 到着時刻

> 各プロセスのキャパシティーは有限だ。これがいっぱいになれば、新しい実体はプロセスに入ったり、プロセスを進んだりすることを阻止される。特定のプロセスのキャパシティーを最適化するにはどうすればよいかを理解できることが、「離散事象シミュレーション」のメリットの1つだ。

6 試行シミュレーションを実施する

最初の数回のシミュレーションでは、モデルの妥当性を確認する。どれくらいの時間、シミュレーションを実行するかを決め、途中どの時点でもよいので停止させ、モデルがうまく作動しているかどうかを調べよう。ウォームアップ時間を取って情報の不足部分を埋め、作動を安定させる。

このような初期の試行では、論理の欠陥や現実的でないプロセ

ス設定を探そう。たとえば、エレベーターの待ち時間を無限に設定しているかもしれない（これは現実的ではない。「永遠に来ないんじゃないか」と思うことはあるが）。あるいは、論理アルゴリズムや定められたルール（たとえば、50階に下りる途中、55階のボタンが押されたら、50階のボタンのほうが早く押されていても55階に停止する）に従わずに、呼び出し順に処理しているかもしれない。

> モデルが正しく作動するまでに、何度か繰り返させる必要があるかもしれない。このテクニックに慣れていない場合は特にそうだ。でも、諦めてはいけない！ コツさえつかめば、「離散事象シミュレーション」は計り知れないほど価値のあるアプローチであることがわかるだろう。

7 実際のシミュレーションを行う

　モデルの有効性が確認できれば、プロセスと実体の属性を変えて、必要なだけ何度もシミュレーションを実行し、モデルにどういう影響を与えるかを見る。シミュレーションを行う間に、プロセスが作動する様子が見られるソフトもあるが、速度は低下する。あるいは、シミュレーションを実行させて、その途中と後で得られるデータを追跡することもできる。どちらの場合も、長く行うほど、サンプル数が増え、結果が現実により近くなる。

　高層ビルのシミュレーションを行う間に、われわれはエレベーターのうちの数基を、2つのかごが上下につながった形のダブルデッキ式に替え、シングルデッキのエレベーターの速度も上げてみた。この変更で、エレベーターの数を56基に減らすことができた。初期の見積もりからすれば、大幅な削減である（図46-1、次頁）。

> 「実験計画法」（テクニック53）を使って、シミュレーションでテストするべき特定の属性の組み合わせを決定することができる。実験計画法は、2つ以上の変数を同時に変えることで引き起こされる相互作用を特定するのに役立つ。

⑧　結果を検証する

　シミュレーションの後で、「プロトタイピング」（テクニック48）
または「パイロット試験」（テクニック49）を使って、さらに結果
の妥当性を確認するべきだ。

図46-1　サンプル、SigmaFlow Simulator Process Analyzerの
　　　　図式化されたアウトプット

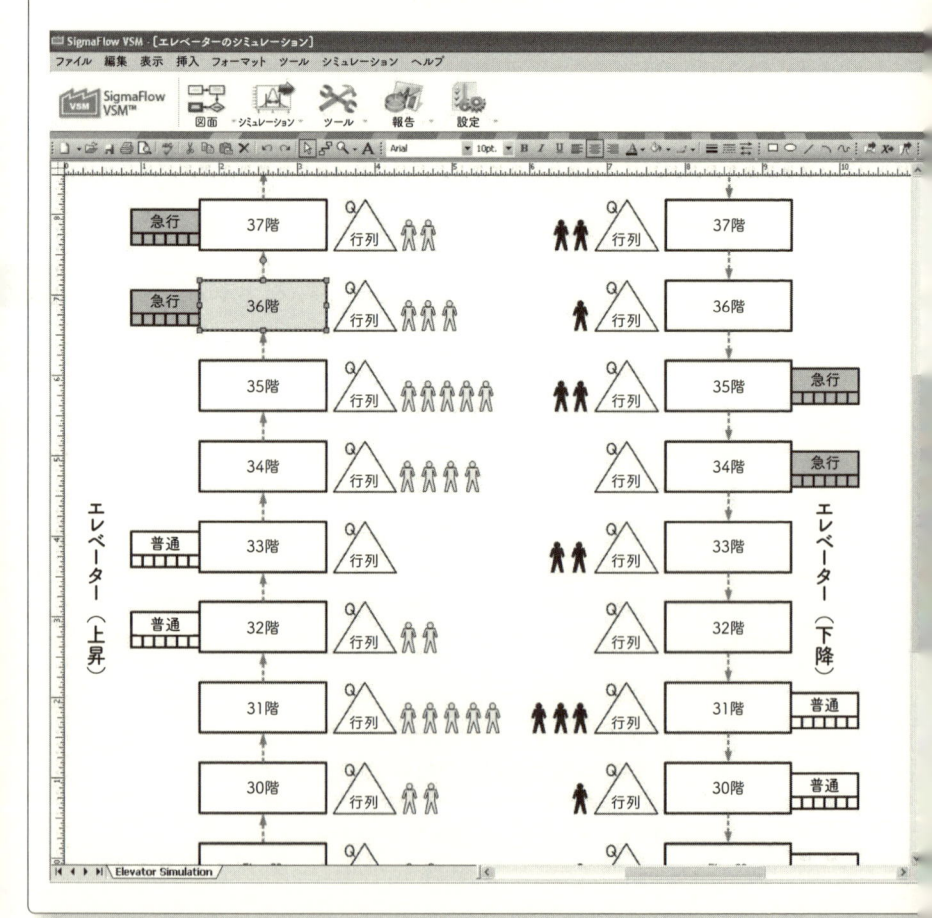

この製品では、離散事象シミュレーションのほかに、バリューストリーム・
マッピング、改善スコアカードなどの分析も行える。

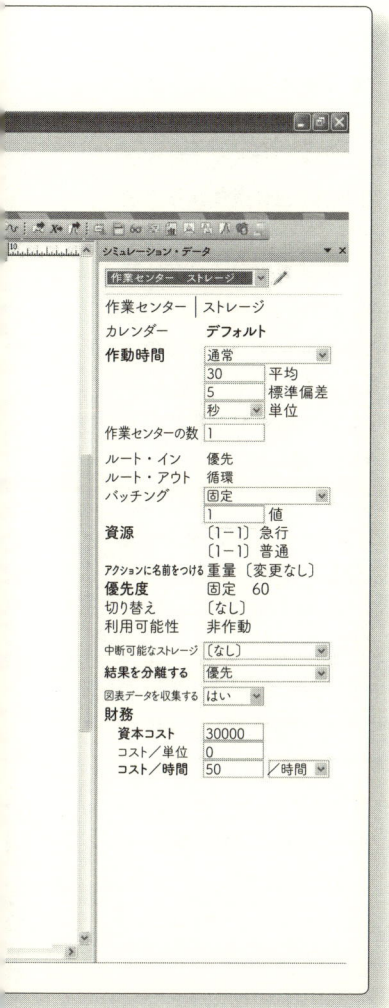

> 「離散事象シミュレーション」の利点は、速さ、柔軟性、それにコストだ。しかし、モデリングの質が悪かったり、結果の実地検証を怠ったりすると、需要や資源の小さな変動で予想外の影響を受けるプロセスになる恐れがある。

参考資料

離散事象シミュレーションについて詳しくは、次の書籍を参照のこと。

Banks, J., J. Carson, B. Nelson, and D. Nicol. *Discrete-Event System Simulation*, 4th ed. Upper Saddle River, NJ: Prentice Hall, 2004.

SigmaFlow の Simulator Process Analyzer ソフトウエア（www.sigmaflow.com）。

ラピッド・プロトタイピング

ソリューションの
3Dモデルをすばやく作り、
実行可能性を探る

「ラピッド・プロトタイピング」は、新しいイノベーションや製品設計の三次元モデルをすばやく（数日内に）作る、設計とコミュニケーションのテクニックだ。全米自動車競争協会のレースチームは、急いで設計を変更しなければならないとき、生産段階での隠れた落とし穴を見つけるためにラピッド・プロトタイピングを使う。また、テネシー大学人類学研究所は、白骨遺体からの法医学的復元を行う際にラピッド・プロトタイピングを使っている。

イノベーションが生産段階に入る前に、設計者や製造技師は製品のモデルを作って評価し、最適化する。「ラピッド・プロトタイピング」の価値が明らかになるのは、この製品モデルを作るのにかかる時間と経費を劇的に削減する必要があるときだ。ラピッド・プロトタイピングは、マーケティングや営業の専門家が顧客の反応をテストしたり予測したりするのにも使われる。

このテクニックの恩恵を受けるには、**コンピュータ支援設計**（CAD）ソフトのスキルと、ラピッド・プロトタイピング用の機械（図47-1）が必要だ。したがって、この分野や関連技術に習熟した人の手助けが必要になるかもしれない。

> 「ラピッド・プロトタイピング」の狙いは、より優れた、より速い、より安価な、より正確なモデルを作ることだ。土台（概念）から出発して、製造を開始するばかりの完成品にまで仕上げる。プロトタイプを速く正確に作るほど、速く商品化して売ることができる。

図47-1　３Ｄシステムズの Viper Pro SLA

積層造形プロセスを使って、正確で耐用性のある
部品のモデルを短時間で作ることができる。

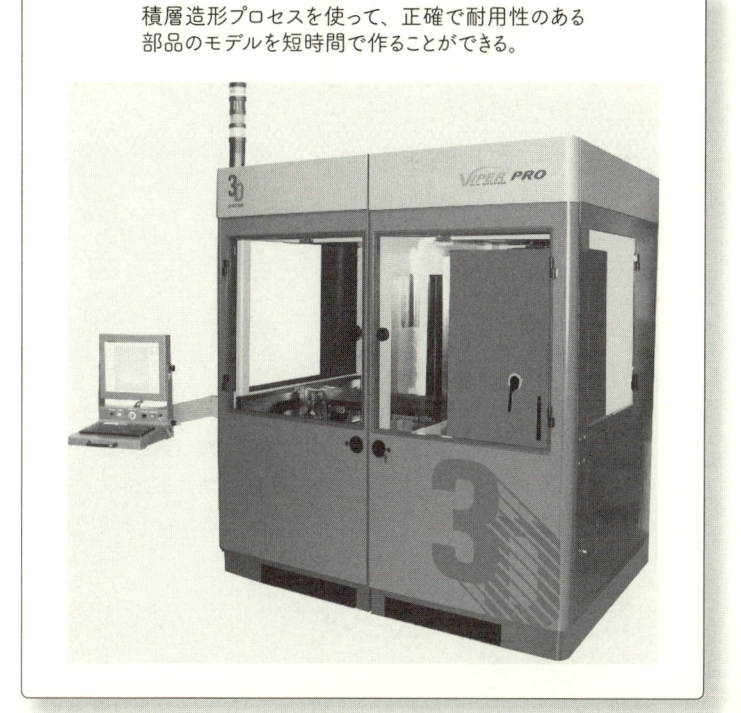

背景

　「ラピッド・プロトタイプ」を作る主な方法は３つある。**造形的**テクニックは、機械を使って素材を望みの形にする。**減法**プロセスは大きなかたまりから素材を取り除いて望みの形にしていく。**加法**プロセスは、製品や部品が最終的な形になるまで層状の素材を重ねていく。

　「ラピッド・プロトタイピング」にはさまざまな選択肢やオプションがあるが、ここでは**光造形法（ステレオリソグラフィー）**に使われる基本的なステップを紹介しよう。光造形法は、薄い層を重ねてプラスティックのモデルを作る加法テクニックで、ほとんど人手をかけずに機械で三次元のプロトタイプを作ることができる。

ラピッド・プロトタイピングの利点

- プロトタイプを機械加工、塑造、鋳造する必要がない。
- プロトタイプ作成時間を短縮し、製品設計を改善することができる。
- 大量生産に入る**前**に、大きな損害をもたらすミスを発見できる。
- 従来の部品製作より少ない工程で済む。
- 多少のデータ入力以外、人手を必要としない。

光造形法のほかに、「ラピッド・プロトタイピング」の手法には次のようなものがある。自由形状製作、自動形成、デジタルファブリケーション、熱溶解積層法、3D印刷、選択的レーザー焼結法、粉末固着式積層法、シート積層法、固体撮像。

ステップ

シナリオ──ある会社が、すべての携帯ゲームブランドと関連ゲームを1つのシンプルな装置でプレーできる新製品を開発しているとしよう（新製品の所有者はすべての関連特許、法的、技術的な障壁をクリアできると仮定する）。会社は、新しい汎用ゲームプラットフォームの筐体（きょうたい）──構成部品を収める外箱──を設計する、クールケースというチームを編成した。

　当初、クールケース・チームは、いくつかの特徴を考えていた。高さ、幅、奥行き、軽量であること、大きなスクリーン、必要なコントロールボタンの数などだ。プロトタイピングに取りかかるには、すでに顧客の期待や、製品の機能要件、設計パラメーターの多くを決定している必要があることに留意しよう。詳しくは「結

果期待」（テクニック3）、「機能要件」（テクニック33）、「公理的設計」（テクニック34）を参照のこと。

ラピッド・プロトタイピングを始めるときは、どれくらい早くプロトタイプが必要か、と考えよう。また、どれくらいの完成度が必要かも考えよう。かなり荒削りなもので十分だろうか、それともプレゼンテーション用に磨きあげたものでなければならないだろうか？　こう考えることで、必要な詳細度のレベルと、プロトタイプの作成に必要なプロセスを判断することができる。

1 コンピュータ支援設計データを入力する

「ラピッド・プロトタイピング」にコンピュータ支援設計（CAD）を使うには、寸法関係のデータをシステムに入力しなければならない。そのデータに基づいて電子的なモデルが作成される。この段階での鍵は、設計仕様に沿った正確なデータを用意することと、データがCADに組み込まれている幾何学の原則のどれにも反しないことだ。これらの原則に従わないと、ファイルに欠陥が生じ使えなくなる恐れがある。したがって、いうまでもないが、この段階ではCADと幾何学のスキルが非常に役に立つ。

　クールケースのチームは、すべての寸法データを入力した。手持ち式の筐体の高さ・幅・長さ、プレー用のボタンがつき出るすべての穴の内径とボタンの外径、丸味を帯びた筐体の曲線の角度、そのほかのいくつかの設計パラメーターである。どの幾何学的法則にも反していないとすれば、CADのスクリーンにプロトタイプの三次元画像が現れる。もちろん、CADで画像を傾けたり回転させたりして、不備がないかを調べることができる。

2 データを光造形法ファイルに転送する

　光造形法（STL）のプロセスを利用するには、CADファイルを

STLファイルに転送する必要がある。このファイルが光造形法の機械に、プロトタイプの製作を指示する。光造形法を使わない場合、使用するプロセスに応じて、CADデータを別のファイルフォーマットに転換しなければならないだろう。

③ 素材を選び、プロセスを特定する

ラピッド・プロトタイピング用の機械の種類によって、使用できる素材もさまざまだ。たとえば、熱可塑性樹脂、ポリカーボネート、ワックス、粉末状素材、プラスティック、金属などが使われている。選んだ素材と機械のタイプによっては、ほかにも設定しなければならないことがあるかもしれないが、それほど時間はかからないはずだ。

通常、光造形法では、レーザー光線を使って1枚ずつ層を硬化させ、複数の層を水平に重ねて、モデルを完成させる。ほとんどの光造形法の機械は、層の厚さ0.0005インチ（0.0127ミリメートル）から0.02インチ（0.508ミリメートル）の範囲内の仕様に対応している。

> 光造形法では、層が厚いほどプロトタイプの精度が低くなるが、作成時間は短くなる。層が薄ければ、より滑らかで精密なモデルができるが、完成までに時間がかかる。

また、この段階では、一度に、あるいは1回の運転サイクルで製作するプロトタイプの数も決めなければならない。基本的には、プロトタイプの寸法と光造形法の機械の作動範囲によって個数は制限される。作動範囲が36インチ（91.44センチメートル）×36インチ×36インチであれば、それが限界になる。

同じ運転サイクルで異なる部品やプロトタイプを作れることにも触れておくべきだろう。機械にはこうした多様な作業をプログラミングして、さまざまな形のアウトプットを出すように設定できる。課題が作動範囲とSTLのファイルサイズの限界を超えない

限り、好きなだけ多くの設計による多くの部品を作らせることができる。

4 ラピッド・プロトタイプを作る

次は、すべての初期データと予備作業、STLファイルが組み合わされて、ラピッド・プロトタイプが製作される段階だ。人間がかかわる段階は終わり、ラピッド・プロトタイピング用の機械が層を積み上げてプロトタイプを作っていく。このプロセスには10分から数時間、あるいはそれ以上かかることもある。図47-1は、3Dシステムズ・コーポレーション社製の光造形法用の機械だ。

クールケース・チームは、ゲーム機筐体のプラスチックのプロトタイプを14個作ることにした。もうすぐ行われるコア設計チームのミーティング（参加者8名）に十分な数だ。さらに、ほかの場所で行われる顧客のフォーカスグループのセッション用に4個、プロジェクトの主任設計者用に2個追加することにした。

5 プロトタイプのクリーニングと仕上げ

選んだ方法によっては、すべてのプロトタイプを何らかの方法でクリーニングすることが必要になる。枠から取り外さなければならない部品もあれば、ほこりを取り除かなければならないものもあるかもしれない。窯で硬化させなければならないものもある。その後、縁のざらつきを磨いて仕上げなければならない。

参考資料

Grimm, T. *User's Guide to Rapid Prototyping*. Dearborn, MI: Society of Manufacturing Engineers, 2004.

47

ラピッド・プロトタイピング

第4部
イノベーション を証明する

テクニック

プロトタイピング	48
パイロット試験	49
SIPOCマップ	50
プロセス・マップ／バリューストリーム・マップ	51
測定システム解析	52
実験計画法	53
コンジョイント分析	54
プロセス挙動チャート	55
特性要因図	56
因果関係マトリックス	57
管理計画	58

第4部

イノベーションを証明する

どんなに素晴らしい設計やソリューションでも、実施に向けた対応がまずければ頓挫する恐れがある。ほとんどの組織はこのことをわかっていても、どのようにしてソリューションを商品化にまで持っていけばいいのかと悪戦苦闘している。このプロセスで、新しい製品やサービスを簡単に、費用効率よく提供することができるだろうか？　新製品やサービスを、つねにエラーなく着実に顧客に提供することができるだろうか？　新しいビジネスモデルは、現実の世界で本当にうまくいくのだろうか？

最先端のイノベーション戦略のこの最終段階では、新しいソリューションの実行可能性を高め、試し、立証する。まず、「プロトタイピング」や「パイロット試験」のテクニックを使って新しいソリューションの**試作モデルを作る**。設計が理論的に問題がなくても、あるいは予備的モデルの段階では問題がなくても、あらゆる作業環境で期待通りに機能するとは限らない。試作モデルから得られた情報は、ソリューションの改善や最適化に活用される。

試作モデルに問題がなければ、次はソリューションの製造と提供に必要な**プロセスの予備的マップを作る**。これには、「SIPOCマップ」と「プロセス・マップ／バリューストリーム・マップ」のテクニックを使うことができる。

プロセスを記述したら、まだイノベーションの実施や商業化の局面に入っていなくても、プロセスを可能な限り速くて効率のよい、完全なものにするためには現段階で何ができるかを検討することが望ましい（イントロダクションで示したフロントエンドとバックエンドの二面的なプロセスを参照）。

　つまり、将来、新しいソリューションを生産したり提供したりするときに使う**プロセスを最適化する**のだ。これに役立つテクニックはいくつかあるが、まず、「測定システム解析」を使うべきだろう。これによって、最適化のための検討（「実験計画法」や「コンジョイント分析」のテクニックによる）に使うデータの妥当性が保証されるからだ。最適化されたイノベーションが、商業化の観点からさらなる発展段階に進む用意ができたと判断されれば、次は**生産と提供に関する問題が起きる前に予測し、修正する段階**だ。これには、「プロセス挙動チャート」と「管理計画」を使おう。また、実施に関して予測される問題を診断、解決、あるいは少なくとも緩和するには、「特性要因図」「因果関係マトリックス」も使おう。

テクニック 48 プロトタイピング

新製品の 完全機能モデルを作り、 テストして完成させる

「プロトタイピング」とは、実際に機能する最初の物理的モデルを作ることだ。これは、たとえば自転車のような上位システムの設計と、動力伝達装置、ギア、ブレーキ、タイヤなどの下位システムの相互運用性を確認するのに役立つ。また、設計の頑健性と、制御不可能な要因に対する感度を確かめることもできる。さらに、プロトタイピングは、イノベーション製品の本格的な生産や提供に必要な資源とプロセスが利用可能であることを実証するのにも役立つ。

「プロトタイピング」がよく利用されるのは、製品・部品メーカーが新しい設計概念の妥当性を立証する必要があるときや、設計が特に複雑なとき、生産コストが高いときだ。プロトタイピングによって、設計が本格生産に入る前に問題を解決しておけば、製品が現実の世界で紙上の設計通りに作動しなくなり、手直ししなければならない、あるいは余計な費用がかかるという事態を避けることができる。

「プロトタイピング」の経験がない場合、経験者とともに行えば有益だが、ほとんどの部分で最も必要とされるのは、製品固有の設計上の要件についての専門知識だ。

> 「ラピッド・プロトタイピング」（テクニック47を参照）は、プロトタイピングの先行モデルとして使われることが多い。「ラピッド・プロトタイプ」は通常、プラスティックで作成され、構造的に妥当なものにすることは意図されていない。一方、「プロトタイプ」は、素材と機能を可能な限り完成品に近づけなければならない。

ステップ

シナリオ ── 音を立てずに飛ぶフクロウの特徴を真似て、航空機
騒音を減らす飛行機を想像してみよう。設計の特徴は、飛行機の
翼につけた格納式のブラシのようなフリンジで気流を分断して、
音波を減少させることだ。一連のプロトタイプを作って、この設
計の実行可能性を立証することができるだろう。

> 英国のサウサンプトン大学名誉教授、ジェフリー・リリーは、
> フクロウの無音飛行と、その航空機への応用の可能性に
> 関する研究の先駆者である。フクロウの翼の羽の後縁がフ
> リンジ状になっていて、それが飛行音を大幅に低減させて
> いるらしい。さらに、翼と脚を覆う柔らかな羽毛が、音を
> 吸収している。いつか、同じような特徴が、消音装置とし
> て飛行機に組み込まれるかもしれない。

① プロトタイプの評価方法を決める

「プロトタイピング」は、反復的なプロセスだ。設計を徹底的に
評価するためには、おそらく、実物大の試作モデルをいくつか作
ることが必要になるだろう。したがって、プロトタイプを設計す
るときは、プロトタイプ評価の目的と、その目的を達成するには
製品設計にどのような変更が必要になるかを決めておかなければ
ならないだろう。また、特定の評価項目に関して設計の性能をど
のように測るのかも決めなければならない。これは、試験変数に
対する設計の応答を測定する装置をプロトタイプに加えることで
行われることが多い。

　たとえば、最初の格納式フリンジのプロトタイプで、装置の機
能性とともに、装置そのものを作成する能力も測る。2番目のプ
ロトタイプは、フリンジ装置をつけて組み立てられた翼で、フリ
ンジ装置が翼のほかの下位システム（フラップ、スポイラー、補助
翼など）とともにうまく作動するかどうかを確かめる。3番目のプ
ロトタイプは、飛行機に翼全体を取りつけたものだ。このレベル
では、フリンジが騒音に与える効果と、フリンジによって増加す

る抗力を測定する。新しい設計が、着陸装置や制御システムなどのほかのシステムに及ぼす影響も測定する。

その過程で、環境条件の変化や顧客の使い方/乱用に対して、設計がどう応答するか、という雑音感度もテストする。プロジェクトへの資金確保のための、概念実証にも使うことができるし、顧客へのデモンストレーションにも使える。

> イノベーションが新しすぎて、顧客が実際に目にするまで**理解**できないことがある。電子レンジやミニバンのスライド式ドアがそういう発明だった。どちらもプロトタイプを使ってアイデアを理解させることができた。

2 プロトタイプを作る

特定のプロトタイプで評価する必要がある項目を決めたら、可能な限りの製造設備とスタッフを使ってプロトタイプを作ろう。これで、いくつかの重要な点の妥当性が確認できる。

- **製造・組み立てプロセス** —— 新しい設計の製品を製造するための適切な素材、装置、工具があるか？　この設計は組み立てと修理が簡単にできるか？　欠陥率はどれくらいか？

- **人材の即応能力** —— 従業員は、新しい設計の要求に応えられるよう適切に訓練され、配置されているか？　この設計によって、安全に対する懸念が生じることはないか？

- **生産用具の問題** —— この設計の組み立てや製造には、特別な工具が必要だろうか？　組み立てを可能にする、**固定具（機能補助具）**が必要だろうか？

> プロトタイピングは、高位の設計から始まり、より詳細な設計へと進みながら、生産用具、固定具、プロセスの問題を解決していくことが多い。

3 機能監査でプロトタイプを評価する

　プロトタイプができれば、次は**機能監査**を使って設計を評価する。機能監査（図48-1）は、ストレス検査のために医者に行くようなものだ。ただしこの場合は、製品が患者で、管理可能な要因と管理不可能な要因に対する設計の応答を測る医師はあなただ。これを行うには、次の項目を決定しなければならない。

図48-1　機能監査

翼の消音フリンジのプロトタイプ用**機能監査書**の一部を示している。

機能監査

製品：X947-400QSV231　航空機の翼の組み立て部品　　　　　日付：2013年10月8日

下位システム・格納式後縁フリンジ　32-P2V1

上位システムの機能	測定単位	目標	許容範囲	測定値
揚力	水平飛行中の揚力ポンド	600,000	-0.3%	-0.1%
騒音レベル	デシベル	80	+2.0%	75
抗力	水平飛行中の抗力ポンド	60,000	+1.0%	-0.1%
（続く）	…	…	…	…

下位システム接合部の機能	測定単位	目標	許容範囲	測定値
後縁フリンジを駆動	重量ポンド	1.75	+0.2 -0.2	1.76
後縁フリンジを格納	重量ポンド	1.7	+0.2 -0.2	1.7
（続く）	…	…	…	…

下位システム・前縁スラット　24-Q1V4

上位システムの機能	測定単位	目標	許容範囲	測定値

- テストしたい下位システム（そのプロトタイプ特有の目的について）。

- 各下位システムが上位システムとほかの下位システムに対して果たしている機能。

- 各機能に求められている目標と仕様、それらがどの程度順守されているかをどう測るか。一般的には、特別に設計され、プロトタイプの重要な接合部分に組み込まれた測定装置で測定する。

4 プロトタイプの頑健性を評価する

　プロトタイプは、下位システムと上位システムそれぞれのレベルで機能性を評価するほかに、設計の頑健性（ロバストネス）をテストするのにも役立つ。つまり、環境条件の変化や顧客の使用・乱用などの変動する条件下で、製品がどれくらい良く機能するかを確かめるのだ。設計プロセスで「ロバスト設計」（テクニック42を参照）を活用し、ここまでのプロトタイプのテストを徹底的に行っていれば、この段階で問題に遭遇することはあまりないだろう。

　飛行機の翼の例では、翼にフリンジをつけるという概念を、さまざまな高度、高温と低温、高湿度と低湿度、さまざまな気象条件（雪、雨、風など）でテストしなければならない。

5 追加の評価を検討する

　多くの場合、プロトタイプの可用性、保全性、環境への影響、信頼性を評価することが必要になる。たとえば、翼のフリンジの設計が長時間にわたってどれくらい良く機能するか（信頼性）を知るには、「高加速寿命試験（HALT）」装置を使って、翼のフリンジが故障するまで駆動と格納を繰り返せばよい。もう1つの方法は、「高加速ストレススクリーニング（HASS）」だ。プロトタイプを、製品の想定使用条件より悪い条件下でテストする。たとえば、フリンジを極度の高温や、圧迫、引張圧力（風のシミュレーション）にさらすのだ。

6 プロトタイプのプロセスを繰り返す

1つのプロトタイプであらゆることをテストできることはまずない。したがって、目的に応じて、1から5までのステップを繰り返すことができるように、スケジュールと予算を組まなければならない。覚えておいてほしいのは、そのうえにパイロット試験や完成品試験も行わなければならないかもしれないことだ。どちらも、現実世界でのシステムの性能に重点を置く試験である。

テクニック49 パイロット試験

ソリューションを
限定的に実施して、
問題を解決する

「パイロット試験」は、革新的なソリューションを、現実の管理された条件下で実施して、性能、安全性、品質、耐久性、市場性をテストする方法だ。たとえば、レストランチェーンは、新しい食品や飲料を全店舗に拡大する前にテスト市場で提供することがある。銀行も、新しいサービスを提供する前や新しい支店を開設する前に、パイロット試験を行う。

パイロット試験は、本格的な生産や提供に先立って、ステークホルダーや顧客に、このイノベーションが製品・サービスの提供者と顧客の期待にどのように応えるのかを示して見せる。さらに、この段階でのフィードバックは、製品に磨きをかけるのに役立ち、「価値指数」（テクニック4）を高め、理想的なイノベーションの達成に近づけてくれる。

> 「プロトタイピング」は通常、製品のパイロット試験に先行して行われ、「離散事象シミュレーション」（テクニック46）はサービスのパイロット試験の前、あるいはその代わりに行うことができる。

ステップ

シナリオ——シェフになりたいけれども、2年間フルタイムの学校に通う余裕がないという人たちがいる。この層にアピールしたいと考えた有名な料理学校が、第1学期と第3学期はオンライン授業を受け、ほかの学期は学校で実習をするというハイブリッド課程を開発した。コース開設に先立って、学校はそのV-シェフコー

スの欠陥を修正し、最初の顧客フィードバックを集めるための「パイロット試験」を行う。

1 パイロット試験の計画を立てる

図49-1（419頁）のような**パイロット試験チャーター**（パイロット試験計画書）を使って、パイロット試験の目的、測定項目、スケジュール、費用見積もりを明確にして、文書にしよう。これに十分に時間をかけておけば、パイロット試験の最中に計画不足を補う必要がなくなり、目的を達成しやすくなる。計画を立てるときは次のような点を考慮するべきだろう。

- パイロット試験の目的は何か？　有効性を確認する必要がある特徴や機能は何か?

- 製品やサービスの性能をどう測定するのか？　どの測定項目を監視するのか?

- この製品・サービスの顧客は誰か？　彼らをどんな形で試験に参加させるか?

- パイロット試験のコストはどれくらいか？　発売に踏み切って失敗した場合のコストと比較すると、どうなのか?

- 今回のパイロット試験に役立つ過去のパイロット試験のデータはあるか?

- 過去に会社がパイロット試験で失敗したことはないか？　ある場合、今回のパイロット試験で同じ失敗を避けるにはどうすればよいか?

V-シェフの例では、目的は**オンライン課程**と、それらが学生に料理の概念を伝える能力を**評価**することだ。チームは重要な測定項目として、**課程修了率**と**卒業時の技能レベル**を追跡することにした。「パイロット試験」に参加してもらうためのインセンティブとして、参加する学生には学費を大幅に割り引くことにした。

> 「パイロット試験」を策定する前に、何をもってパイロット試験が成功した（および失敗した）とするか、チームで意見を統一することが重要だ。

② パイロット試験を策定する

「パイロット試験」を実行するのに必要なロジスティクス面と技術面のすべての詳細を明確にして文書化する。たとえば、次の通りだ。

- パイロット試験はどんな環境で行われるべきか?　どういう設定で行うか?

- どこで実施するか?

- どれくらいの期間、行うか?

- 複数回行う必要があるか?　同じ参加者で行うか、別の参加者で行うか?

- どこで参加者を見つけるか?　どのように協力を求めるか?　お礼はどういう形でするか?

- データはどのように集めるか?　参加者の反応をどのように数値化するか?

- 何かがうまくいかなかった場合のバックアップ計画はどういうものか?　テスト中に変更が必要になれば、どのように変更を実施するのか?

V-シェフ・チームは、要件を満たす学生をどうやって探すか、パイロット試験中のテクニカルサポートをどう提供するか、などいくつかの問題を解決しなければならない。また、評価項目の1つ(卒業時の技能レベル)は、非常に長い期間(丸2年かかるプログラム)を必要とすることにも気づいた。そこで、この評価項目を、早い段階で測定できる項目(最初の学期の試験合格率)に替えた。

> 当たり前だが、パイロット試験では何かうまくいかないことが出てくると思ったほうがよい。そうでなければ、パイロット試験は必要ないだろう。しかし、それを利用できなければパイロット試験を計画通りに実行できなくなるような重要な資源に対しては、バックアップを用意しておくべきだ。

図49-1　パイロット試験チャーター

チーム名：VCP	チャーター日付：	2012年4月20日
パイロット試験の名称：バーチャル・シェフ(V-シェフ)課程	パイロット試験リーダー：J. モアネット	
パイロット試験開始日：2012年6月1日	担当役員：	A. フィールズ

製品／サービスの説明

ハイブリッド調理師養成課程（第1、第3学期はオンライン；第2、第4学期は実習）

過去のパイロット試験	ある　(ない)	場所
利用できるデータ	ある　(ない)	データソース

パイロット試験の目標

オンライン課程と、調理の概念を学生にどの程度伝達することができるかを評価する

測定項目	ベースライン	目標
課程修了率	92%	85%
第1学期の試験合格率	84%	80%

財務への影響

パイロット試験のコスト：	現場での不具合にかかるコスト：
添付資料を参照	添付資料を参照

ロジスティクス

パイロット試験の実施場所：オンライン（各地）；メインキャンパス
パイロット試験の期間：6カ月

資源（要員）	役割／責任
J. モアネット	パイロット試験チームリーダー／講師
V. ナナード	講師
R. ラオウン	講師
未定	オンライン課程のホスティング／テクニカルサポート
未定	学生

役割ースキルのギャップの分析は終了したか？　期限：2012年5月1日　　終了日：
スキル不足の要員の研修は終了したか？　　期限：2012年5月31日　終了日：

承認：

_____	_____
パイロット試験チームリーダー	担当役員
_____	_____
日付	日付

③ 資源を指定する

「パイロット試験」を実施し監視する人、顧客やそのほかの参加者、といった資源を特定し、計画を組む。資源には、物理的な装置、部屋、そのほかの実現手段も含まれる。資源リストを検討するときは、次の点を考慮しよう。

- 参加者（従業員と顧客）それぞれの役割は何か?
- 選ばれた要員には、各自の役割を遂行する能力があるか? ない場合、ギャップを埋めるためにはどんな訓練が必要か?
- どの資源（人）がどの評価項目をモニターするのか?
- 参加者を含むステークホルダー向けの明確なコミュニケーション戦略は確立されているか?
- ほかの問題、特に安全性の問題はすべて解決したか?

V-シェフの例の資源には、パイロット試験チーム、テクニカルサポート・チーム、学生、オンライン課程用のインフラなどがある。

> アメリカ政府は最近、1万人の頻繁に旅行をする人々が参加する**登録旅行者**プログラムのパイロット試験を行った。参加者は、詳細な身元調査票に記入する代わりに、空港の保安検査場を優先的に通過できるカードをもらえる。

④ パイロット試験を実行する

パイロット試験の実行には、すべての計画と準備が結集する。パイロット試験が実地に行われている間、人々は積極的に参加し、データが集められ、必要に応じて伝えられる。次の点を確認しよう。

- 参加者からの質問にすぐに答えられるように、十分な人を確保しておく。
- 定期的にデータ収集ポイントを監視して、すべてが計画通りに進んでいることを確認する。
- 参加者からのフィードバックが学校側の期待と違っていたり、意見が気に入られなかったりしても、尊重されることを参加

者に理解してもらえるようにする。

- パイロット試験が1日以上続く場合、参加者、資源、利害関係者がいつでもコミュニケーションを取れるようにしておく。

V-シェフのパイロット試験の期間中、チームはすべての技術的な問題を毎週見直し、必要に応じて調整する。第1学期の終わりに、パイロット試験参加学生は知識をテストするオンライン試験を受ける。合格点を取った学生だけが、第2学期に参加できる。さらに、すべての学生が、コースのオンラインの部分の体験についてのアンケートに回答し、面接を受ける。

5 結果を分析する

パイロット試験が終われば、集めたデータの相関関係を探り、分析する。データの複雑さによっては、統計的に分析して、製品やサービスにどんな変更を加えるかを判断する必要があるかもしれない。チームで結果について議論して、次の点を決定する。

- 製品やサービスがもっと良く顧客の期待を満たせるようにするには、どの点を修正する必要があるか?
- ほかにどのような改善の機会が明らかになったか?
- パイロット試験の目的は達成されたか、それとも、もう一度行う必要があるか?

V-シェフのパイロット試験では、ハイブリッド課程は学校にとって実行可能な選択肢であることが示された。しかし、オンライン課程に必要なテクニカルサポートの量は、チームの予想を大きく上回っていた。多くの問題はシステムに関するものなので、学校は、ハイブリッド課程の商業的実施を、より信頼性の高いシステム提供企業が見つかるまで延期することにした。

> 製品やサービスに変更を加えた後はもう一度、その変更が狙い通りに機能し、許容できない副作用が新たに起きていないことを確かめるパイロット試験を計画しよう。

50 SIPOCマップ

プロセスの
重要なインプットと
アウトプットを特定する

「SIPOC」（Supplier, Input, Process, Output, Customer）は、開発されたソリューションの生産や提供への移行を促進する高次のプロセス・マップだ。たとえば、ある製薬会社の設計チームは、糖尿病のリスクを減らす新薬の開発に必要なプロセスを示すSIPOCマップを作った。別の医療プロバイダーは、患者がインターネットで自分のカルテにアクセスできるハード／ソフト統合システムを導入するときにSIPOCマップを使った。

イノベーション製品の生産と顧客への提供をどのように計画するかについて、理解を共有する必要があるときに、「SIPOCマップ」を使おう。まずこの計画を定義し、続いて「プロセス・マップ／バリューストリーム・マップ」（テクニック51）を使って細部を加えていく。

ステップ

シナリオ ── 国民のあらゆる年齢層が糖尿病の危機に瀕するなか、市場調査の結果、食餌療法と運動プログラムと併せて使う薬に大きな需要があることがわかった。製薬会社の開発チームは、このニーズを満たす有望な化合物を開発し、「SIPOCマップ」を使って、薬をスムーズに市場に出すための**新薬開発プロセス**を設計した。

① プロセスの高次マップを作成する

「SIPOC」のPは**プロセス**、すなわちインプットをアウトプット
に変換する一連の活動またはタスクを意味する。まず、プロセス
の最初のタスクと最後のタスク、つまりプロセスの起点と終点を
特定しよう。この2つのステップを特定することで、プロジェク
トの範囲が定まり、組織とその供給者（プロセスに何らかのインプ
ットを供給する人、組織、プロセスなど）と顧客（プロセスから何ら
かのアウトプットを受け取る人、組織、プロセスなど）との境界が明
確になる。次に、最初と最後のステップの間のステップを順次特
定しよう。それぞれのボックスに行動と対象を書き入れる。

　ここでは高次のステップだけをリストアップして、プロセスを
一般的な言葉で定義しよう。新薬開発の例では、次のようなステ
ップになる。

　　1. 前臨床試験を実施する。
　　2. 食品医薬品局（FDA）に新薬治験届を提出する。
　　3. 臨床試験（第Ⅰ、第Ⅱ、第Ⅲ相）を完了する。
　　4. FDAに新薬承認申請（NDA）を提出する。
　　5. FDAからNDAの承認を得る。

　SIPOCマップを作成する際には、**高次**のステップに限定するこ
とがきわめて重要だ。チームのメンバーが、特定のステップにつ
いて掘り下げた議論をしようとするときは、ファシリテーターは
メンバーに対して全体像に目を向けるよう求めるべきだ。

> チームをリラックスさせ、「SIPOCマップ」に求められる議
> 論のレベルを示すために、まずは面白い例や簡単な例（た
> とえば、ピザの注文と配達）でやってみると役に立つことがあ
> る。

「SIPOC」のOは最終的な**アウトプット**、つまり顧客に提供される最終的な製品やサービス、あるいは情報だ。製薬会社のチームは、新薬開発のプロセスに関して次のアウトプットを特定した。

- 新薬
- 新薬の情報
- 承認されたNDA
- 新薬の規格

1つのプロセスに複数のアウトプットがあるかもしれないし、アウトプットが内部顧客や規制者にとって二次的な価値を持つこともある。アウトプットに共通した一貫性のある定義を与えておけば、プロセスがマクロのレベルで誰のために何を生み出すかにチーム全員が照準を合わせることができる。

> 「SIPOCマップ」を作るときは、**図50-1**のような**カンニングペーパー**の助けを借りて答えてもよい。

3 アウトプットの顧客を特定する

「SIPOC」のCは、**顧客**、つまりアウトプットを受け取る人、グループ、またはプロセスだ。製薬会社のチームは、これらの関係を直接的なつながりとして記述した。

- 新薬 　　　　　　→　患者
- 新薬の情報 　　　→　医師
- 承認されたNDA 　→　FDA
- 新薬の規格 　　　→　製造グループ

製薬チームは、1つのアウトプットにつき、1種類の顧客を特定したが、「SIPOCマップ」に複数の顧客とアウトプットがあることがある。たとえば、ピザが配達されたとき、顧客は商品と請求書を受け取る。同じ顧客が2つの異なるアウトプットを受け取っている。また、異なる顧客が異なるアウトプットを受け取ることもある。自動車ディーラーが保証期間内の車を修理すると、修理が終わった車は顧客に戻され、請求書はもう1つの顧客である自動車メーカーに送られる。

図50-1　SIPOCマップ用カンニングペーパー

SIPOC	質問	ヒント
供給者	誰が供給者か?	個人、部署、または組織を考えよう。
インプット	プロセスへのインプットは何か?	原材料、装置、手続き、人、方針を考えよう。
プロセス	プロセスの各段階に必要な行動は何か?	各ステップに、対象(名詞)と行動(動詞)を含めよう。
アウトプット	顧客に提供される最終的な製品、サービス、またはソリューションは何か?	個々の顧客に提供される具体的な項目を特定しよう。
顧客	このアウトプットを使う、あるいはその恩恵を受けるのはどういう人、グループ、またはプロセスか?	特定のアウトプットを特定の顧客に結びつけよう。

④　プロセスが要求するインプットを特定する

「SIPOC」のIは、主要なインプット、つまり、プロセスに欠かせない原材料、情報、あるいは製品だ。製薬の例のインプットは、次の通りだ。

- 化合物
- 糖尿病の知識
- 医薬品研究データ
- 治験に参加する患者
- FDA規制

インプットはプロセスの中でいくつもの役割を果たすことがある。あるものは、主要な成分であり、化学変化で消費される。新薬開発プロセスでは、化合物はそのような成分だ。プロセスの運用を可能にするために使われるインプットもある。新薬開発の例では、**医師**と**方針**がそういうインプットとして挙げられるかもしれないが、「SIPOCマップ」には含めなかった（図50-2）。

⑤　インプットをプロセスに提供する供給者を特定する

「SIPOC」のSは、**供給者**、つまり、インプットを提供する個人、グループ、あるいは部署だ。特定の供給者と特定のインプットの間には直接的なつながりがある。例では、次のものがそうだ。

- 化学実験室　　→　化合物
- 医学界　　　　→　糖尿病の知識
- 研究開発チーム　→　医薬品研究データ
- 一般社会　　　→　治験に参加する患者
- FDA　　　　　→　FDA規制

図50-2は、完成した新薬開発プロセスの「SIPOCマップ」である。

図50-2　SIPOCマップ（新薬開発プロセス）

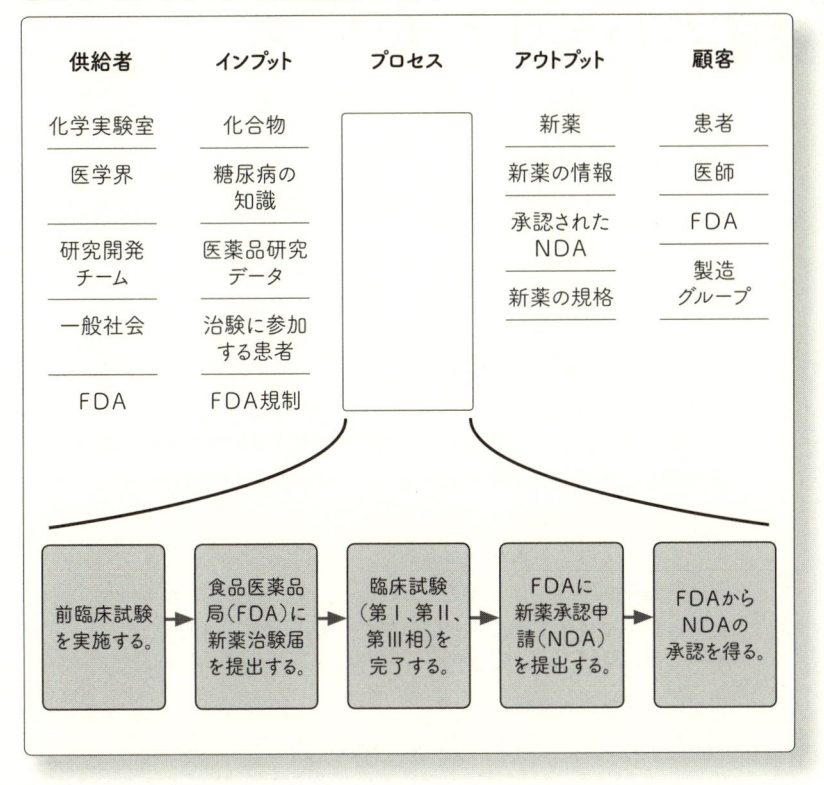

テクニック 51 プロセス・マップ／バリューストリーム・マップ

プロセスの詳細を詰める

「プロセス・マップ」は、新しい製品やサービスを紙の上（設計）から生産または顧客への提供に移行させるのに必要な「ステップ、決定、引き継ぎの経過」を表した、基本的なフローチャートだ。「バリューストリーム・マップ」も同じ役割を持つが、時間と、付加価値活動と非付加価値活動の特定（ムダの特定）に関して、一段と洗練されている。

たとえば、空気を入れて膨らませ、プールに浮かせることのできる映画用スクリーンを設計することと、それを作ることは別の話だ。銀行や保険業界などの取引プロセスも同様だ。細部に至るまで文書化され、誰でも見て従うことができる頑健で効率的なプロセスに代わるものはない。

「プロセス・マップ」と「バリューストリーム・マップ」には2つの使い方がある。「現在のプロセスがどのように動いているか」を記述するか、プロセスがまだ開発されたり、テストされたり、実施されていない段階で「将来のあるべき状態」を記述する。イノベーションという文脈では、当然ながら、これらのマップは将来の状態を書き記すために使われる。これらのテクニックは専門家やファシリテーターの助けがなくても使うことはできるが、特にバリューストリーム・マップを作成するときには、協力を求めたほうがよい。

「プロセス・マップ」または「バリューストリーム・マップ」を使って、仕事がどのように達成されるか、すなわち、プロセスへのインプットがどのようにプロセスのアウトプットに転換されるかを記述することで、組織がイノベーションを計画通りに、質と信頼性をもって実施するために必要なコンセンサスと見解が生まれ、事故、欠陥、あるいは高い代償をともなうミスがなくなる。

背景

　組織が顧客のために行うすべてのことは、供給者とともに行うことや舞台裏で行うことも含め、確立された測定可能なプロセスに従って行われるべきだ。イノベーションの場合、このプロセスは、「将来どういう方法で新しい製品を製造し、新しいサービスを顧客に提供するのか」を示す。どういう作業をする必要があるのか？　それをどのように達成するのか？　誰がプロセスの各ステップに責任を持ち、どういう順序で多くの細かいタスクが遂行されるのか？

　一般的には、将来の状態を表すマップ（目標マップ）を作成するときは、よく文書化された現行のプロセスが存在している。したがって、やるべきことは、すでに行っていることの改善または革新だ。しかし、新しいイノベーションを製造したり提供したりするためのプロセスが何もないこともある。そういう場合は、一から始めなければならない。あるいは、何らかの既存のプロセスを、自分のイノベーションに対応するように調節できるかもしれない。

「プロセス・マップ」と「バリューストリーム・マップ」を描くにはさまざまな方法があり、各種の活動と作用を表現するのに使われる記号も数多くある。だがいちばん良いのは、自分と自分の組織に適した独自の方法を考案することだ。正しい方法や記号を使っているかどうかにはあまりこだわる必要はない。

「バリューストリーム・マップ」をできるだけスムーズに作成するために、チームのメンバーに**リーン生産方式**の基本的な原則を勉強してもらおう。リーン生産方式とは、製品とサービスの環境でムダを減らして、作業の速度、効率、価値を高めるアプローチだ。

『リーン生産方式が、世界の自動車産業をこう変える。── 最強の日本車メーカーを欧米が追い越す日』（経済界）で初めて説明した概念を、著者であるジェームズ・ウォーマックとダニエル・ジョーンズは、その後の著作『リーン・シンキング』（日経BP社）で5つの原則にまとめた。

1. 顧客が望む**価値**を特定する。

2. 各製品、サービス、またはソリューションの**バリューストリーム**（価値の流れ）を特定し、ムダが多い、またはムダを含むすべてのステップ（非付加価値活動）を排除、統合、または合理化する。

3. 製品が、価値が付加されるステップだけを経過して、**流れ（フロー）** 続けるようにする。

4. 継続的なフローを実現するために、すべてのステップ間の関係を、後工程に必要なものだけを作る**プル型**にする。

5. 品質のレベルを維持または改善しつつ、プロセスを作動させるのに必要なステップ、時間、情報の数を減らしつづけ、**完璧を目指す**。

ステップ **目標プロセス・マップ**

シナリオ ── ある企業が、**ガタースラッパー**という新製品を開発した。雨どいの内側を端から端まで移動して、落ち葉やごみを掃きだす装置だ。この装置を生産するには、プロセスを経過する情報と原材料ができるだけスムーズに効率よく流れるように管理しなければならない。

優秀な目標マップ作成チームには、何人かのキーパーソンがいる。プロセスに責任を持つ優れたファシリテーターまたはチームリーダー、将来実際にその仕事を実行する人々、それに必要に応じて、科学者、エンジニア、その分野の専門家、供給業者、規制者、顧客などが加わる。

① マップの範囲を定義する

プロセス・マップ作成の第一歩は、マップの範囲、つまり起点と終点を特定することだ。これを行うときに覚えておいてほしいのは、「象を一口で食べることはできない」ことだ。だから、扱いやすい大きさから始めよう。雨どい清掃装置の例では、起点は**注文入力**、終点は**請求書発送**だ。

すでに「SIPOCマップ」（テクニック50）を作成していれば、起点と終点、その間の主要なステップは特定されている。イノベーションの商品化までの詳細がさらに判明すれば、いつでもプロセス・マップの範囲を足したり引いたりして修正できる。

プロセス・マップを描くときには、広い壁面を使って十分なスペースを確保しよう。多くのファシリテーターは、壁に幅1ヤードのクラフト紙などのロールを貼っている。

② 目標プロセスのマップを作る

プロセスのマップを作るときは、つねに**次に起きるのは何か？このステップまたは行動を実行するのは誰か？**と考えよう。この情報をメモ用カードか粘着メモ用紙に書いて、壁の作業面に貼りつける。

このとき、必要に応じて水泳プールのような**レーン**を作ろう。特定の個人やチーム、あるいは部署が行うすべてのステップを描

き出し、ある人やグループから別の人やグループに引き継がれる
時点を明らかにする。

　プロセスのマッピングに使われる標準的な記号がいくつかある。
これらはすべて、Microsoft Visioや iGrafx などのソフトウエア・
アプリケーションで利用できる。この例では最も重要な記号のう

図51-1　注文から請求書発行までのプロセス

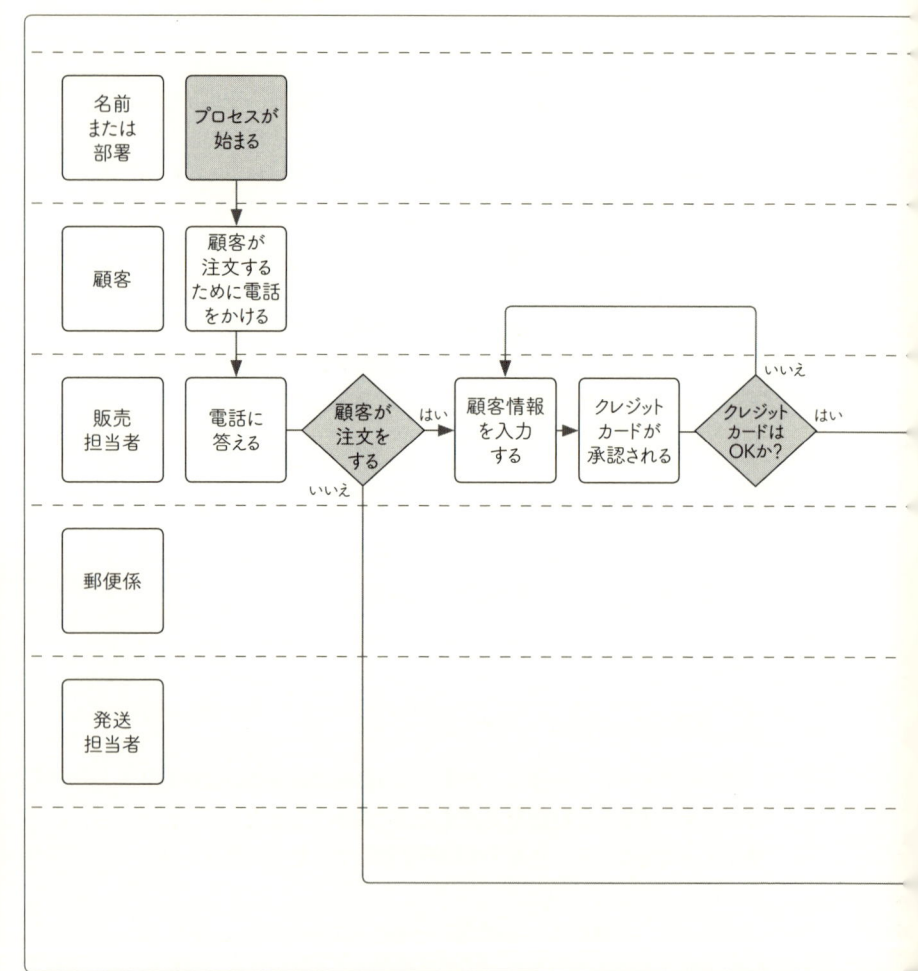

ち、2つだけを使っている。プロセスの中の1つのステップを表し、必ず次のステップに進むボックス型と、はい／いいえで答える質問を表すひし形だ。

　ガタースラッパーのチームは、8時間のセッションを経て、目標の注文入力プロセスを決定した（図51-1）。

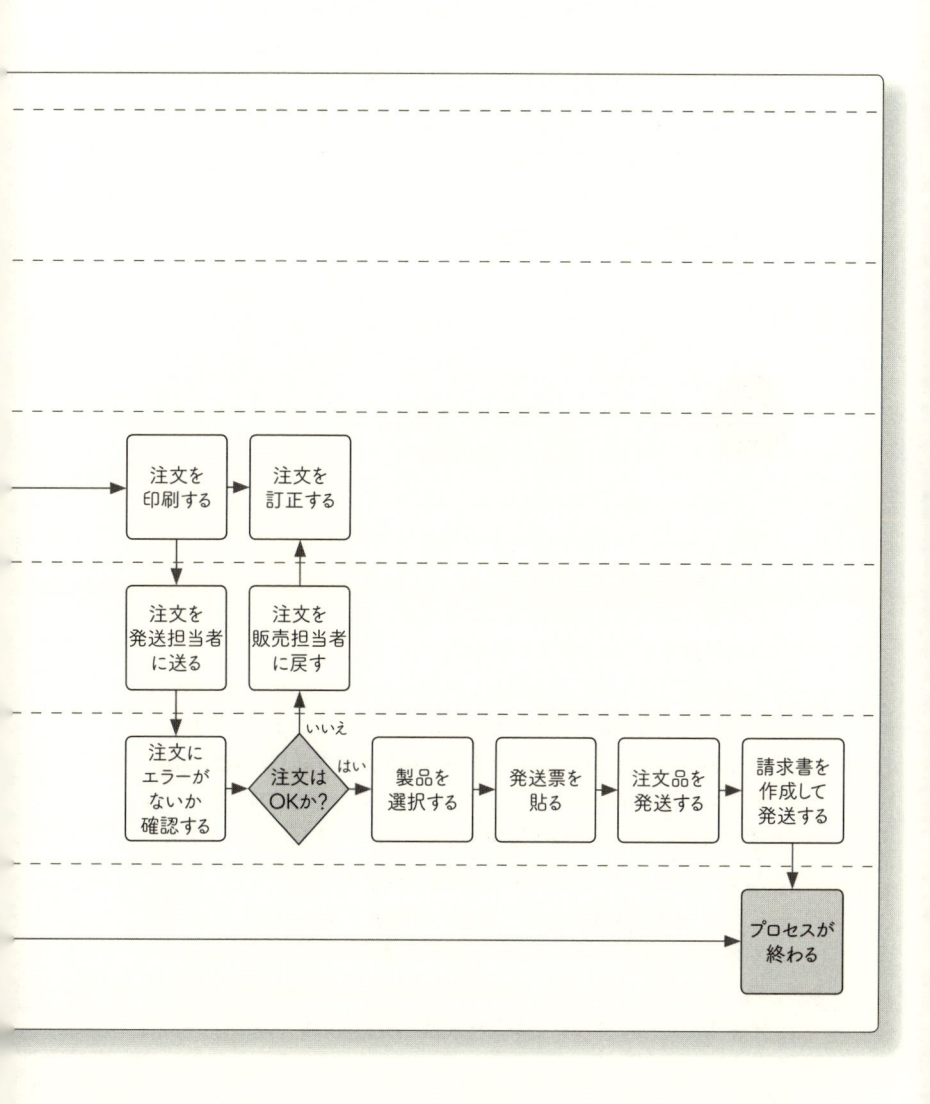

3 目標プロセス・マップを完成させる

　最後に、プロセスをさらに詳しく説明する情報があれば、マップに加えよう。マップの最上部に時間の要素を加えて、各ステップにかかる時間を示す人もいる。特定のステップに文書や書式を添付してもよい。そうすれば、プロセスの改善、テスト、実施、測定、モニタリングなどに役立つ詳しい情報が得られる。

　また、ボトルネック、サービス・エラー、生産性低下、欠陥品、シフト間のばらつき、変更にともなう障害、多すぎる引き継ぎなどの問題が起きる可能性が予測される部分を特定するのもよいだろう。これによって、問題を予測したうえでプロセスを改善する土台ができ、イノベーションの結果を商品として市場に出すことに成功する可能性が大幅に高まる。

ステップ　目標バリューストリーム・マップ

「バリューストリーム・マッピング」のステップは、「プロセス・マッピング」の場合とほとんど同じだが、バリューストリーム・マッピングのほうが複雑なので、リーン生産方式コンサルタントに手伝ってもらうか、少なくともバリューストリーム・マッピングの勉強をしたほうがよいだろう。

　既存のプロセスにつなげるだけではない新しいイノベーションの狙いは、優れたプロセスを最初から設計することだ。優れたプロセスとは、価値が付加される時間が最大化され、価値が付加されない時間が最小化されるプロセスだ。付加価値的時間は、「顧客が買いたいものに直接関係があるために、それに対してお金を払ってもいいと考える時間」と定義することができる。

　たとえば、**注文にエラーがないか確認する**というステップは、顧客に直接関係のない社内の活動だ。顧客は自分の注文にエラーは起きてほしくないが、この活動のためにお金を払う気はしない。そもそも会社にはどんなエラーも起こさないでもらいたいからだ。

一方、顧客は、**注文品を発送する**ステップにはお金を払ってもよいと考える。したがって、エラーの確認は非付加価値的だが、顧客への注文品の発送は付加価値的である。

　注文から請求書発送までのプロセスの一部を例に、目標バリューストリーム・マップを作成するステップを示そう（図51-2）。

1. 文書の中央に、各プロセス・ステップを最初から最後まで、順番に並べる。

2. 下位ステップを主ステップの下に垂直に並べる。

3. 各プロセスにそれを行う人の名前を記入する。

図51-2　バリューストリーム・マップ

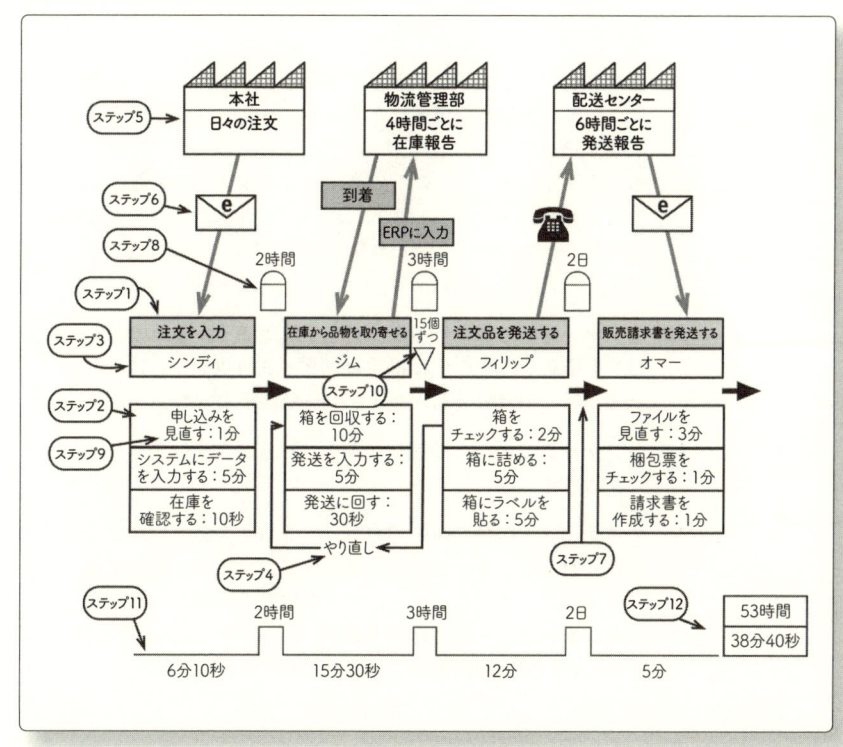

出典：Breakthrough Management Group, *The Complete Idiot's Guide to Lean Six Sigma*, New York: Alpha, 2007より、許可を得て転載。

4. 検査などの決定基準に基づいて、作業を戻さなければならないところまで線を引き、やり直しのループを示す。

5. 情報またはモノをプロセスに供給する人とプロセスから受け取る人を特定し、それぞれを示す個別のアイコンを描き入れる。

6. 外部の実体との間のモノやプロセスの流れの方向を、矢印で示す。情報がどのような形式でやりとりされるかを明確にするために、アイコンを使う（たとえば、郵送されることを示すには封筒を使い、電子メールであることを示すには、封筒にeと記す）。

7. 主要なステップの間に、プロセスの流れを示す矢印を入れる（通常は左から右）。

8. ステップの間で待ち行列が発生すると予想されるところに、待ち行列の記号を挿入する。

9. 主ステップまたは下位ステップを完了するのにかかる時間について、基本的なデータを集める。時間や個数の情報を該当するステップに記入する（たとえば、10注文／時間）。ベースラインチャートの下に推定サイクルタイムを書き込む（サイクルタイムは、1つのプロセスが1つのユニットにかける時間。そのユニットがその作業を行列して待つ時間は含めない）。

10. 各ステップで予想される在庫待ちを測定する。在庫のアイコンを挿入し、その上に推定平均ピースカウントを書き入れる（ピースカウントは、発送される個別の品物の数）。

11. 各ステップでの待ち時間を予測し、ベースラインチャートに記入する。

12. 各ステップでの待ち時間の合計と、プロセス全体にかかる時間を計算し、チャートの下部のタイムラインに記入する。バリューストリーム・マップすべてにこの特徴的なタイムラインがあり、一目で総経過時間（リードタイム）のうち、どれくらいが付加価値的であるかがわかる。

バリューストリーム・マッピングについては、次の書籍を薦める。

Rother, M., J. Shook, J. Womack, and D. Jones. *Learning to See: Value Stream Mapping to Add Value and Eliminate MUDA*. Cambridge, MA: Lean Enterprise Institute, 1999.

リーンの一般的背景については、次の書籍を参照。

Womack, J., and D. Jones. *Lean Thinking*. New York: Free Press, 2003.（『リーン・シンキング』ジェームズ・P・ウォーマック、ダニエル・T・ジョーンズ著、稲垣公夫訳、日経BP社、2003年）

Womack, J., and D. Jones, *The Machine That Changed the World*. New York: Harper Perennial, 1991.（『リーン生産方式が、世界の自動車産業をこう変える。——最強の日本車メーカーを欧米が追い越す日』ジェームズ・P・ウォマック、ダニエル・T・ジョーンズ、ダニエル・ルース著、沢田博訳、経済界、1990年）

バリューストリーム・マップの記号についての概説と説明については、次のサイトを参照。

Strategos（www.strategosinc.com/vsm_symbols.htm）.

プロセス・マップとバリューストリーム・マップの作成に役立つソフトウエア・アプリケーションはいくつかある。われわれが推奨するのは次の3つだ。

iGrafx
Microsoft Visio
SigmaFlow

テクニック 52 測定システム解析

測定の
有効性を
確認する

「測定システム解析」（MSA）は、革新的なソリューションを正確・精密に測定する能力を評価するものだ。たとえば、空気中に浮遊する有害物質を検出する装置を設計している場合、装置が正確に、安定して作動しつづけることを確認する必要がある。MSAは、製造プロセスの変動と、装置自体の変動を検出し、それを減少させるのに役立つ。

　生死にかかわるような状況ではなくても、変動は顧客の不満足につながり、「機能要件」（テクニック33を参照）を確実に満たすことができなくなる。革新的なソリューションの設計が完成に近づいたとき、MSAを使って測定システムのエラーを特定して修正すれば、より質の高い、信頼性のある設計にすることができる。MSAを成功させるには、統計に関する経験がある程度必要だろう。

背景

「測定システム解析」は、顧客とプロセスの要求を測定基準（測定可能な結果）に変換することから始まる。これらの測定基準は主観的な質的データ（味、外観など）に基づくものであることも、客観的な量的データ（秒、欠陥品の数など）に基づくものであることもある。データの種類によって、MSAの種類が決まる。

- **属性MSA**は、質的データの正確度（既知の基準と一致する割合）と、精度（人またはシステムの測定結果同士、またほかの人またはシステムの測定結果と一致する頻度）を評価する。

- **変数MSA**は、量的データの正確度、精度、安定性（測定システムの経時的一貫性）を評価する。

正確度は、測定値を既知の基準と比較する。量的測定値には、真であると見なされている国際的な基準があることが多い。しかし、質的測定値には、顧客の期待に基づく基準のしっかりした操作的定義が必要だ。

精度は、同じものが複数回測定されたときの変動の量を追跡する。一般的に、**反復可能性**（同じ測定者による異なる結果）と、**再現性**（複数の測定者による異なる結果）について測定される。

シナリオ —— モティベーティッド・ヘルパーズ・インターナショナル（MHI）は、仮想アシスタント市場に参入しようとしている新興企業である。そのため、MHIは、同じようなスキルを持つ多くの新しい従業員を採用する必要がある。求職者の履歴書に何人かの評価者がすばやく目を通して、面接をするべきかどうかを決めなければならない。

　属性MSAで判断するのは次の点だ。(a)MHIの評価者は、同じ履歴書を何度か見直したときも一貫性があるか、(b)各評価者の評価はほかの評価者のものと比べてどうか、(c)評価者の評価は、MHIの人事部が策定した新しい従業員の基準と一致しているか。

1　現在の測定システムを見直す

　どんなMSAでも、最初に、現在の測定システムをよく理解していることを確認しよう。次のような問いに答えるのが役に立つだろう。

- 測定データは、最初、どこで、どのように集められるのか?
- 誰が測定や観察を行うのか?　誰が評価をするのか?
- データの情報源は何か?（たとえば、顧客のクレーム、検査官、ほかの評価基準から導き出した、など）
- 計算、フィルター、サンプリングによって、測定値が変わっていないか?
- 測定値の計算の正しさを証明できるか?

> 属性MSAは二者択一の判断（合格／不合格）に限定されない。複数のカテゴリーを持つ応答（救急救命室のトリアージ分類［訳注：負傷者の重症度に応じて治療の順番を決める］や、ヘルプデスクの重症度分類など）にも同じ方法を使うことができる。

2 操作的定義を定める

各測定基準の明確で標準的な説明と、その測定の仕方を定めた**操作的定義**を策定する。必ず次の項目を含めるようにしよう。

- 合格の基準は何か？　それはよく定義されているか？
- 測定／観察の手順を文書にしたものや、視覚化したものはあるか？
- 評価者はどのように訓練するのか？
- すべての評価者が同じ評価用ツールを利用できるか？
- 評価者が測定過程で何らかの近道をすることはあるか？

> まったく同じものは2つとない。たとえ同じでも、測定すれば、異なる値が得られるだろう。
>
> —— Donald J. Wheeler. *Evaluating the Measurement Process*. Knoxville, TN: SPC Press, 1990.

3 サンプルを選ぶ

評価の**基準値**となるいくつかのサンプルを選ぼう。サンプルは予想される結果を幅広く反映し、およそ半分はその測定基準の操作的定義を満たし、あとの半分は満たさないものでなければならない。サンプルが基準を満たす、または満たさない程度もばらつきがなくてはならない。

> サンプル数は、許容誤差によって決まる。属性MSAでは、一致率90パーセントで許容誤差±10パーセント前後の場合、一般的なサンプル数は30だ。

4　訓練を受けた評価者を選ぶ

　操作的定義に基づいてサンプルを適切に評価する訓練を受けた評価者（測定または評価をする人）を、少なくとも3人選ぼう。

5　測定調査を行う

　評価者にMSAサンプルを配布し、その評価結果を記録する。ある程度、時間が経過したら、最初とは異なる順序で、2回目の評価を行う。評価者が同じサンプルを評価していることに気づかないようにしなければならない。

　MHIの調査では、3人の評価者に評価対象の20の履歴書サンプルが入った大きなサンプルグループを渡した。1週間後、20のサンプルを応募者の名前だけを変えて別のグループに入れたものを評価者に評価させた。結果を標準的な属性MSAワークシートに記録した（図52-1）。

6　MSAの結果をまとめる

　2回の評価の後、評価結果を次のように比較する。

- **反復可能性**（同一評価者内の一致）── 各評価者が複数回行った評価の結果は一致しているか？　1人の人が同じものを同じ装置で測定した結果に大きなばらつきがあれば、反復可能性が低い。根本的な測定システムに欠陥がある。
- **再現性**（異なる評価者間の一致）── 異なる評価者の結果が一致しているか？　反復可能性は良いが評価者間のばらつきがある場合、測定システムの再現性に問題がある。
- **基準との一致** ── 各評価者の結果は基準と一致しているか？

　MHIの調査の評価結果を図52-1に示す。

　すべての評価者を基準と比べると、すべての評価者が相互に一致し、**かつ**基準と一致していたのは20回のうち7回だけ（35パーセント）であることがわかる。これは、属性測定システムに推奨

図52-1　属性MSAワークシート

製品／ユニット名：	履歴書レビュー ――モティベーティッド・ヘルパーズ・インターナショナル
調査日：	2013年1月18日
調査者：	リサ・ヒレウー
不合格：	職務要件に基づく真の基準；8サンプルは資格不足

良い履歴書（面接をする）： 合格　　　　　悪い履歴書（面接をしない）： 不合格

履歴書	真の基準	評価者A		評価者B		評価者C	
		試験 1回目	試験 2回目	試験 1回目	試験 2回目	試験 1回目	試験 2回目
1	合格	不合格	不合格	合格	合格	合格	合格
2	不合格	不合格	不合格	不合格	不合格	不合格	不合格
3	不合格	不合格	不合格	合格	合格	不合格	不合格
4	合格	不合格	合格	合格	合格	合格	合格
5	合格	合格	合格	合格	合格	合格	合格
6	合格	不合格	合格	合格	合格	合格	合格
7	不合格	合格	不合格	合格	合格	不合格	不合格
8	不合格	不合格	不合格	不合格	不合格	不合格	不合格
9	合格	合格	不合格	合格	合格	合格	合格
10	合格	不合格	不合格	不合格	不合格	不合格	不合格
11	不合格	不合格	不合格	不合格	不合格	不合格	不合格
12	不合格	不合格	不合格	不合格	不合格	不合格	不合格
13	合格	不合格	不合格	合格	合格	合格	合格
14	不合格	不合格	不合格	合格	合格	不合格	不合格
15	合格	不合格	不合格	合格	合格	合格	合格
16	不合格	不合格	不合格	不合格	合格	不合格	不合格
17	合格	合格	合格	合格	合格	合格	合格
18	合格	合格	合格	合格	合格	合格	合格
19	合格	不合格	不合格	合格	合格	合格	合格
20	不合格	不合格	不合格	合格	合格	不合格	不合格

される最低一致率の90パーセントよりはるかに低い（より深刻な結果を生むプロセスでは、基準はもっと高く設定される）。

> 基準に対してバイアスがある評価者がいることがある（基準によれば合格のところを不合格にし、不合格のところを合格にする傾向がある）。MSAの結果を注意深く検討すれば、これも明らかになる。

図52-2　属性MSA結果

同一評価者内の一致	審査件数	一致件数	一致率
A	20	16	80.00%
B	20	19	95.00%
C	20	20	100.00%

異なる評価者間の一致	審査件数	一致件数	一致率
	20	8	40.00%

各評価者と基準の一致	審査件数	一致件数	一致率
A	20	11	55.00%
B	20	14	70.00%
C	20	19	95.00%

まとめ

すべての評価者と基準の一致	審査件数	一致件数	一致率
	20	7	35.00%

7 **必要に応じて改善する**

測定システムに欠陥がある場合、MSA調査は、一貫性と操作的定義を改善し、評価者のバイアスを軽減させる具体的な行動を取るよう導いてくれる。

> 測定システムの質が悪ければ、次のような事態が起こり得る。
>
> ● 顧客の要求を誤解する。
>
> ● 顧客が容認すると思われる製品を不合格にする。
>
> ● 顧客が容認できない製品を発送する。
>
> ● プロセスの性能の変化に気づかない。
>
> ● 実際に改善が行われていないのに行われたと思い込む。
>
> ● データに基づいて行われるべき決定を、不正確なデータに基づいて行う。

ステップ **変数MSA**

シナリオ―― ゲッチャー・フィッシュ・カンパニーは、水中の浮遊物質の量を測定する小型の携帯式濁度計を発売しようとしている。この新製品を使えば、スポーツフィッシングをする人が、魚の活動が多いところ（低い濁度によって示される）を見つけやすくなる。変数MSAで濁度計の正確度と安定性を測定する。

1 **現在の測定システムを見直す**

属性MSAのときと同様に、プロセスや製品の要件と、基準との一致をどのように測定するのかをよく理解しておく必要がある（属性MSAのステップ1を参照）。

② 操作的定義を定める

　変数MSAの基本的な要件は、データが連続的な量的尺度で測定できることだ。したがって、その性能測定基準の標準的な操作的定義は、すでに存在しているかもしれない。ない場合は、目的にかなった明確な定義を策定しよう。

　たとえば、ゲッチャー・フィッシュの濁度計はスポーツフィッシング市場向けなので、環境測定に使われる同様の装置ほど正確である必要はない。10NTU（比濁計濁度単位）［訳注：濁度の単位の1つ。NTU1度は、精製水1Lにホルマジン1mgを溶かしたときの濁りの程度に相当する］のレベルでの測定の変動が±2.5NTU以内であれば許容される。

③ サンプルを選ぶ

　多くの変数MSA調査は、実験室で試験計器を使って行われ、装置の物理的特性を測定する。そのため、サンプルの数が制限されることがある。濁度計の調査では、既知の基準を満たす1つのサンプルを、20日間にわたって20回テストする。

④ 測定調査を行う

　実験室でシンプルな変数MSAを行う場合、手順は比較的簡単だ。最も重要なことは、プロセスや製品のアウトプットを正しく一貫性のある方法で測定する訓練を受けた評価者によって行われなければならないということだ。

> MinitabやSigmaXLなどのソフトウエア・パッケージを使えば、面倒な計算が、数回キーを打つだけででき、MSAを簡単に行うことができる。

⑤ MSAの結果をまとめる

測定が終われば、結果を検討して、以下の点を判断する。

- **正確度** —— 結果と、既知の基準または合意された基準との平均差（バイアス）。

- **安定性** —— 結果に見られる何らかの傾向のパターンまたは有意な変化。

- **反復可能性** —— 測定結果のランダム変動。

濁度計の変数MSAでは、装置の変動は許容できる量であると判定された（基準値10NTUを0.25NTUしか上回っていなかった）。しかし、調査では**再現性**（装置が異なる釣り人によって使われたときに生じるかもしれない変動）は測定していない。そのため、10個のサンプルを3回ずつ、3人の評価者がテストして、反復可能性と再現性の両方を測定するMSA調査を行う必要があるだろう。

参考資料

MSAの結果の分析ついて、詳しくは次を参照のこと。

Automotive Industry Action Group. *Measurement System Analysis*. Southfield, MI: AIAG Publications, 2002. www.aiag.org.

実験計画法

インプットとアウトプット
変数を分析して、
少数の重要な因子を特定する

「実験計画法」（DOE）は、ソリューションの設計プロセスにおいて、あるいは本格生産に入る前に、その有効性を立証する複雑だが強力な方法だ。たとえば、DOEを行って、超軽量・低燃費の新しい自動車の最適な設定を特定することができる。DOEは、変動する要因（タイヤ空気圧、燃料のオクタン価、速度、道路条件など）が燃費効率にどう影響するかを教えてくれる。

推測に頼る方法や、一度に1つの要因だけを確かめる実験は、時間と資源がかかるが、最終的に最適なソリューションが得られるとは限らない。DOEはそうした方法に代わるものだ。DOEで一度に複数の要因をテストすれば、少ない時間でより良い、より再現性の高いソリューションを導くことができ、費やす資源も減らせる。しかしこの方法には厳密な統計的分析を行う必要があるため、統計専門家やDOEの訓練を受けた人とともに行うべきだ。

シナリオ——金属性のもの（ねじ、ホチキスの針、金属の削りくずなど）を拾い上げる小型ロボットを設計しているとしよう。その主要部品の1つは電磁石だ。DOEは、設計基準を最も良く満たす電磁石の構造を決定するのを助けてくれる。

1 応答変数を決める

応答は、実験で調べる**アウトプット**だ。測定したい重要な応答を特定しよう。しかし、応答の数が増えると、実験が複雑になることに注意しよう。ロボットの例では、**電磁力**が主要な応答だ。コストを低く抑えながら、20単位という電磁力の目標を達成する必要がある。

> DOEはチームで取り組むべきテクニックだ。メンバーの多様なバックグラウンド（設計、運用、統計など）が活かされる。

2 因子を特定する

因子は、応答への効果を判定するために、実験で変える**インプット**だ。「因果関係マトリックス」（テクニック57）を使って、ステップ1でリストアップしたすべての応答に影響を及ぼす可能性のあるあらゆる因子を特定しよう。次に、時間とコストの制約を考慮して、リストを絞り込む。一般的には、2から7の因子を選ぶと最も効果が高い。

ロボットの例では、50以上もの因子を特定することができるが、この例で選んだ応答に最も強い関連があるのは、**電池の種類、回路の設計、ワイヤの長さ**だ。これらの因子同士の相互作用についても調べるべきだろう。ある回路は特定の電池を使ったときに性能が大幅に上がり、別の回路は別の電池を使ったときに性能が上

がるだろうか？　もしそうなら、これが、回路と電池の種類の相互作用になる。

③　因子の水準を決める

　水準とは、どのポイントで測定し、どういう間隔で測定をするかを決定する特定の設定だ。水準は、カテゴリー（オン／オフ、上げる／下げる、タイプＡ／Ｂ／Ｃなど）の場合もあれば、量的（長さ、重量、ポンド毎平方インチなど）であることもある。水準が多すぎると、何度も試験を行うことになる。少なすぎると、カーブの重要なピークを見落とす恐れがある。電磁石のDOEでは、各因子につき２つの水準を選んだ（図53-1）。

図53-1　設計配列サンプル

因子			相互作用			
A	B	C	AB	AC	BC	ABC
−	−	−	+	+	+	−
+	−	−	−	−	+	+
−	+	−	−	+	−	+
+	+	−	+	−	−	−
−	−	+	+	−	−	+
+	−	+	−	+	−	−
−	+	+	−	−	+	−
+	+	+	+	+	+	+

④　実験の計画法を選ぶ

　実験の設計では、実験でどの因子をどのように組み合わせるかを具体的に決める。最も一般的な計画法の１つに、**完全実施要因計画法**がある。因子と水準のあらゆる組み合わせをテストする方法だ。ほかの計画法ほど効率は良くないが、効果と相互作用につ

いての信頼性の高い情報が得られる。電磁石の試験では、3つの因子と2つの水準による「完全実施要因計画法」を選んだ。したがって8つの組み合わせ（2×2×2）を試す必要がある。

> 「スクリーニング計画法」は、相互作用についての情報は少なくなるが、可能な組み合わせの一部だけをテストする。たとえば、11の因子それぞれに2つの水準を選んだ場合、完全実施要因計画法では2の11乗、つまり2,048の組み合わせを試す必要がある。きわめて効率的なスクリーニング計画法では、2,048の組み合わせをわずか12にまで減らすことができる。

5 サンプル数を決める

サンプル数は、因子間と水準間の有意な差を検出するために実施する必要がある試行の回数である。検出しなければならない差が小さいほど、サンプル数を増やす必要がある。電磁石の実験では、5単位以上の電磁力の差を検出したい。したがって3度繰り返せば（24の試行）、十分な数のサンプルが得られるはずだ。

> サンプル数は統計ソフトを使って計算されることが多いが、実験の実施に利用できる資源の量によって制限される可能性もある。

6 因子を設計配列に割り振る

統計学者は、実験の完全性を確保する一連の標準的な設計配列を考案した。これらの配列は、多くのパッケージソフトですばやく設定できる。特殊なニーズに対応して、要望に応じてコンピュータで作成される設計配列も利用できる。電磁石の例では、標

準的な8試行配列（図53-2）を選ぶことができる。プラスとマイナスをつけた値を変換して、実行する組み合わせが得られる。

7　実験の順序を決める

　試行を行う順序は重要だ。管理されていない要因が、試行の因子の1つまたはいくつかと同じパターンで変化するのを避けたいからだ。これが起きるとデータを正しく分析できなくなる。そのような混乱を防ぐには、さいころやくじ引き、あるいはコンピュータで作ったランダム配列を使って、試行の順序をランダム化すればよい。

図53-2　電磁石のDOE設計

回路の種類	電池の種類	ワイヤの長さ
直列（−1）	汎用　（−1）	2フィート（−1）
並列（＋1）	汎用　（−1）	2フィート（−1）
直列（−1）	アルカリ（＋1）	2フィート（−1）
並列（＋1）	アルカリ（＋1）	2フィート（−1）
直列（−1）	汎用　（−1）	4フィート（＋1）
並列（＋1）	汎用　（−1）	4フィート（＋1）
直列（−1）	アルカリ（＋1）	4フィート（＋1）
並列（＋1）	アルカリ（＋1）	4フィート（＋1）

8　データ収集シートを用意する

　実験を行う前に、試行ごとに順序と因子を記し、結果とコメントを記録する欄を設けたデータ収集シートを作成しよう（図53-3）。

9　実験を行う

　いよいよ、そのときだ。必ず各試行をチームの1人または何人かでよく観察するようにしよう。データより観察が重要なこともある。われわれの例では、並列回路のほうが直列回路より電磁石

の組み立てが簡単であることがわかった。これは注目すべき重要な観察結果だ。

10 結果を分析する

DOEデータを分析するときは、それぞれの因子が応答に及ぼす効果と、因子の組み合わせによって生じる相互作用効果を定量化する。2×2×2の例では、効果は簡単に計算できる。＋1水準のデータを平均し、そこから－1水準のデータの平均を引けばよい。この計算方法は、コード表に従って、各因子の効果の平均値を計算するときにも、相互作用の効果を計算するときにも使える。

図53-3　データ収集シート——電磁石DOE

標準	試行の順序			因子			電磁力			観察
順序	B1-1回目	B2-2回目	B3-3回目	回路の種類	電池のタイプ	ワイヤの長さ	B1	B2	B3	組み立て
				このDOEでは、8つの実験（標準順序の列）が3回（試行の順序）繰り返され、合計24の結果を得た。						
1	3	15	17	直列	汎用	2	6	4	5	困難－クリップが曲がる（B1）
2	8	10	20	並列	汎用	2	18	14	16	直列より簡単
3	1	13	18	直列	アルカリ	2	6	5	7	困難－約30秒
4	4	14	23	並列	アルカリ	2	12	13	17	簡単－12秒
5	2	9	22	直列	汎用	4	7	6	8	困難－新しいクリップが必要（B3）
6	5	16	24	並列	汎用	4	24	25	23	困難－約15秒
7	6	11	19	直列	アルカリ	4	11	12	10	B3－ワイヤの長さ、2インチ短い－簡単
8	7	12	21	並列	アルカリ	4	24	19	26	B2－新しいアルカリ電池のロット

図53-4は、電磁石のDOEの分析結果を示している。4つの並列回路（+1）の組み合わせの電磁力の平均は19.25単位だった。4つの直列回路（−1）の組み合わせの平均は、7.25単位だった。

したがって回路の種類の効果は、19.25 − 7.25 ＝12だ。同じ方法で計算すると、電池の種類の効果は0.5単位、ワイヤの長さの効果は6単位だ。つまり、回路の種類の因子の効果が最も大きく、ワイヤの長さの因子が中程度の効果を生むということだ。

図53-4　因子の効果分析

回路の種類	平均電磁力
（+1）並列	19.25
（−1）直列	7.25
差（効果）	12.00

電池の種類	平均電磁力
（+1）アルカリ	13.50
（−1）汎用	13.00
差（効果）	0.50

ワイヤの長さ	平均電磁力
（+1）4フィート	16.25
（−1）2フィート	10.25
差（効果）	6.00

さらに、図53-5は、回路の種類／ワイヤの長さの**相互作用効果**が2.5単位であることを示している。統計ソフトを使ってさらに詳しく分析すれば、回路の種類、ワイヤの長さ、その相互作用が、統計的に最も重要な3つの因子であることが示されるだろう。

図53-5　相互作用の効果分析

CL相互作用の計算		
相互作用のレベル	回路の種類×ワイヤの長さ（CL）	平均電磁力
+1（−1×−1）	直列（−1）×2フィート（−1）	5.5
+1（+1×+1）	並列（+1）×4フィート（+1）	23.5
−1（−1×+1）	直列（−1）×4フィート（+1）	9
−1（+1×−1）	並列（+1）×2フィート（−1）	15
CL相互作用		
+1平均		14.5
−1平均		12
	差（相互作用効果）	2.5

> DOEの設計と追跡に役立つソフトウエア・プログラムは、Minitab、SigmaXL、Design Expert、JMPなどいくつかある。

⑪ 結果を検証する

検証はDOEに欠かせないステップだ。最も良い組み合わせを検証する必要があるだけでなく、因子を操作して特定の応答を得られることも示さなければならない。因子の最善の組み合わせが**予測されていた**のに、実験ではその組み合わせの試行が実際には行われていない場合は特にそうだ。DOEの結果は、個々の試行を実行して、最も良い組み合わせを確認することで、検証できる。あるいは、少数の重要な因子だけを使った小規模な実験を行い、応答を操作できることを示すことができる。

参考資料

DOEへの理解を深めるには次の書籍が役に立つ。

Montgomery, D. *Design and Analysis of Experiments*, 6th ed. Hoboken, NJ: John Wiley & Sons, 2004.

54 コンジョイント分析

ソリューションの
属性を比較して、
顧客の好みを厳選する

「顧客は何を犠牲にして何を選ぼうとするのか?」このトレードオフに基づいて、製品やサービスの設計に含める属性の最善の組み合わせを決定するのに用いられるのが、簡素化された実験テクニック、「コンジョイント分析」だ。

たとえば、自分の会社は、競合他社の製品より多くの利点を盛り込んだ価格も安いラップトップ・コンピュータを作れるかもしれない。だがその場合でも、発売する前に、顧客が製品にどのような属性を望み、そのためにどれくらいの金額を支払う気があるのかを見極めたいと思うだろう。

「コンジョイント分析」は、製品の生産またはサービスの提供を開始する前に、設計を最適化する必要があるときに使われる。しかし、もっと早い段階で、プロトタイプの作成やパイロット試験に至る前の初期設計でのトレードオフをするときにも使うことができる。最大の課題は、顧客が現実的に評価できる実行可能な属性の選択肢を策定することだ。高度な分析をするためには、専門家の力を借りたほうがよい。

> 数理心理学に起源を持つ「コンジョイント分析」は、ペンシルベニア大学ウォートン・スクールのマーケティング教授、ポール・グリーンによって創案された。

シナリオ ── ある探検用品メーカーが、ダウンジャケットに組み込むさまざまな属性を検討している。グローバル・ポジショニング・システム（GPS）を内蔵する予定で、それによって地図を収納したり、かじかんだ指でごそごそ広げたりする必要がなくなる。**ポスジャケット**と呼ばれるこの新製品には、いくつもの属性の組み合わせを盛り込むことができる。顧客はどんなトレードオフをしてもいいと思うだろうか？　ポスジャケットの属性の最適な組み合わせはどういうものだろう？

① 属性リストを作成する

　属性とは、製品に関係のある特徴（「片づけるべきジョブ」に基づく「結果期待」に基づく「機能要件」に基づく設計パラメーター）である。各属性には、さまざまな選択肢を表すさまざまな水準を設定することができる。ポスジャケットの特徴と水準のセットは次の通りだ。

- GPSシステム ── 完全に取り外し可能、一部取り外し可能、または、一体型（取り外せない）。

- 価格 ── 350ドル、450ドル、750ドル。

- 重さ ── 8ポンド、5ポンド、3ポンド。

　この属性のリストでは、3×3×3＝27の組み合わせが可能だ。製品の水準は、相互排他的と考えられる。したがって、設計概念には、それぞれの属性につき1つの水準しか採用できない。

② コンセプト製品またはソリューションを定義する

製品の属性の可能な組み合わせのすべてを、フォーカスグループに評価してもらう必要はない。公開されている設計配列表やソフトウエア・プログラムを利用すれば、製品コンセプトのすべての可能な組み合わせの中から、効率的なサブセットを見つけることができる。ポスジャケットの例では、ある効率的な**設計計画**で、**図54-1**に示したような属性の組み合わせを抽出することができた。

ここでは、可能な組み合わせすべてではなく、特定の設計計画に適したものだけ挙げていることに注意しよう。表の各行は、フォーカスグループに評価してもらう1つの製品コンセプトを表している。×印は、ジャケットの各プロトタイプに盛り込まれる属性の水準に対応している。たとえば、1番のジャケットは一体型のGPSがついていて、価格は750ドル、重さは5ポンドだ。

当然ながら、「プロトタイピング」の段階にまで進むのは、現実的な組み合わせだけ。たとえば、取り外し可能なGPSがついた重さ3ポンド、価格350ドルのジャケットでは、利益が出ないため、この選択肢は提案されない。

この例の設計計画は、次のような巧妙な**独立特性**を備えている。

- 各水準はほかの属性の各水準と1回だけ組み合わされている。たとえば、3ポンドは、GPSシステムと価格の各水準と同じ回数（1回）組み合わされている。このような設計は、属性

が完全に独立的であることを意味し、**直交**と呼ばれる。

- 直交計画では、各属性の独立した効果を比較的高い精度で推定できる。たとえば、重さ3ポンドが、最低価格のものすべてと組み合わされていると、それぞれの効果を区別することは難しいだろう。そのようなコンセプトが好まれるのは、軽量が好まれるからか、低価格が好まれるからなのかが区別できない。

図54-1　コンジョイント分析用マトリックス

	GPSシステム			価格			重さ		
	取り外し可能	一部取り外し可能	一体型	$350	$450	$750	8ポンド	5ポンド	3ポンド
ジャケット#1			×			×		×	
ジャケット#2		×				×			×
ジャケット#3	×				×				×
ジャケット#4		×		×			×		
ジャケット#5			×		×		×		
ジャケット#6			×	×					×
ジャケット#7	×			×				×	
ジャケット#8		×			×			×	
ジャケット#9	×					×	×		

フォーカスグループを招集して、どういうトレードオフならしてもいいと思うかを表明してもらおう。これには、仮説的なコンセプトとその属性の水準に点数をつける、分類する、選ぶなどの方法がある。ポスジャケットの評価では、各参加者に、設計計画に従って3つの属性を組み合わせた9通りのジャケットを評価してもらう。回答者は10点満点で評価する。0はまったく望ましくない商品、10は非常に望ましい商品を意味する。ある回答者の回答を図54-2に示した。

図54-2 コンジョイント分析によるレーティング

ジャケット＃1	ジャケット＃2	ジャケット＃3
一体型GPS 価格$750 重さ5ポンド 得点：3	一部取り外し可能GPS 価格$750 重さ3ポンド 得点：8	取り外し可能GPS 価格$450 重さ3ポンド 得点：9
ジャケット＃4	ジャケット＃5	ジャケット＃6
一部取り外し可能GPS 価格$350 重さ8ポンド 得点：2	一体型GPS 価格$450 重さ8ポンド 得点：2	一体型GPS 価格$350 重さ3ポンド 得点：10
ジャケット＃7	ジャケット＃8	ジャケット＃9
取り外し可能GPS $350 重さ5ポンド 得点：6	一部取り外し可能GPS 価格$450 重さ5ポンド 得点：5	取り外し可能GPS 価格$750 重さ8ポンド 得点：1

4 効用値を計算する

　各回答者の回答から、顧客にどれくらい好まれるかを表す**効用値**を計算する。効用値は、さまざまな属性水準の中から選択する間に行われたトレードオフを表している。各属性水準はほかの属性の各水準と1回しか組み合わされていないので、属性水準の効用値は、簡単な方法で推定できる（もちろん、実際の「コンジョイント分析」がこんなに単純であることはめったにない）。この例は、簡単な計算で効用値を算出できるように構成されている。

　各属性水準の効用値は、その水準のすべてのジャケットに与えられた点数の平均だ。例では、350ドルの価格がつけられているのは、4番、6番、7番の3通りのポスジャケットだ。それぞれに対して回答者がつけた点数の平均は6点だった。同じ方法で、各属性水準の効用値を計算することができる（図54-3）。

　回答者がどの製品を選ぶかを予想するには、それぞれの製品コンセプトの各水準の効用値を合計すればよい。効用値の合計が最も高い製品コンセプトが、最も望ましいとして選ばれるものと考えられるだろう。図54-3を見ると、GPS一体型（5.00）、350ドル（6.00）、3ポンド（9.00）のジャケットが、好まれる選択肢であることがわかる。

図54-3　コンジョイント分析による効用値

属性		水準	効用
属性	GPS	取り外し可能	5.33
		一部取り外し可能	5.00
		一体型	5.00
	価格	$350	6.00
		$450	5.33
		$750	4.00
	重さ	8ポンド	1.67
		5ポンド	4.67
		3ポンド	9.00

ここで思い出してほしいのは、ポスジャケットのチームが、この回答者が5.33点をつけた**取り外し可能**の属性を組み合わせても、利益を出せるものが生産できないと判断していたことだ。そこで、水準を**一体型**GPSに落とす。これは、同じ5.00を獲得した**一部取り外し可能**なオプションよりも良い選択だ（システムの単純さ／複雑さの要因や、自然の中でGPS装置を紛失・破損するリスクなどの要因を考慮した結果である）。

⑤　重要度を計算する

　効用値はいくつかの製品水準の中からどういうものが選ばれるかを明らかにするが、**重要度**のスコアは各属性が製品の選択に及ぼす影響の相対的な価値を表す。これを算出するには、各回答者が各属性に与えた最高の効用値と最低の効用値の差を計算し、全回答者の結果を平均する。これで各属性が選択（調査の対象になった水準による選択）に及ぼす影響が明らかになる。差の値は、パーセンテージに換算することができる。ポスジャケットの例で製品選択に最も大きな影響を及ぼすのは、重さの属性であることは明らかだ。

GPSシステム：	$5.33 - 5.00 = 0.33$	3%
価格：	$6.00 - 4.00 = 2.00$	21%
重さ：	$9.00 - 1.67 = 7.33$	76%
	9.66	100%

> 「コンジョイント分析」の結果をわかりやすく表現するには、回答者から得た値を市場シミュレーターに変換すればよい（what-ifツール）。調べてみる価値があるソフトウエア・プログラムは、SAS、SPSS、Sawtoothなどだ。

　このテクニックに熟練した人は、効用値と重要度のスコアからきわめて多くのことを読み取ることができるが、詳しい知識がな

い人には難しいだろう。「コンジョイント分析」は、人がトレード
オフをすること、そして、人によって異なるトレードオフをする
という認識に基づいている。それがどういうトレードオフなのか
を理解すれば、消費者の行動を予測する強力なツールを手に入れ
たことになる。

参考資料

コンジョイント分析について詳しくは、次の補足論文を参照のこと。

Krieger, A., P. Green, and Y. Wind. *Adventures in Conjoint Analysis: A Practitioner's Guide to Trade-Off Modeling and Applications*. 2004.

プロセス挙動チャート

プロセスの性能を監視して、新しいソリューションを管理された状態に保つ

「プロセス挙動チャート」は、プロセスや製品、サービス、あるいはソリューションの性能をアウトプット（Y）とインプット（X）のレベルで監視して、「このプロセスは期待通りに動いているか?」という単純な問いに答えるものだ。たとえば、住宅ローンの承認プロセスには、いくつかのインプットがあり、ローン承認というアウトプットを生む。プロセス挙動チャートをローン承認の所要時間を管理するメカニズムとして使って、これらのインプット変数とアウトプット変数を監視することができる。

新しいイノベーションが設計の段階を終え、生産や商業化の段階に入る前に、あるいはパイロット試験の期間中に、「プロセス挙動チャート」を使って性能を監視しよう。これを行うことで、新しいイノベーションが設計図の中から現実の世界に移行する用意ができていることを視覚的に確認できるようになる。

ここでは最も基本的な種類のチャートだけを扱う。もっと複雑なケースでは、プロセスや統計の専門家の助けを借りる必要があるだろう。また、自分で計算をしないとしても、「プロセス挙動チャートのソフトウエア」が必要になるかもしれないし、それは有益でもあるだろう。

> 「プロセス挙動チャート」は**管理図**と呼ばれることが多いが、この言い方には管理機能を実行するというニュアンスがある。しかし実際には、プロセス挙動チャートは監視機能を実行するだけだ。管理機能を遂行するのは、よく考えられた「管理計画」（テクニック58）である。

シナリオ——インライン（車輪を縦一列に並べた）ローラースケートの「スキーブレード」は、スキー靴の技術を靴ひもに応用している。非常に細く強いひもを引っ張ると、足を覆う部分が締まり、完全に締まった後でひもを放すと、細いひもの余った部分が小さなコイル状に戻り、靴はしっかりと締まったままだ。このブレードを製造するには、多くの生産変数を管理された状態に保つことが必要だ。

「プロセス挙動チャート」を作成する手順は、どんな種類のデータの場合もほぼ同じだが、**属性データ**（数えることのできるデータ）が含まれているか、**変数データ**（尺度で測れるデータ）が含まれているかで、いくらか変わってくる。プロセス挙動チャートのそれぞれのタイプのステップと詳細を説明しよう。

1 属性データ

スキーブレードのパイロット生産の期間中、ひもが靴からちぎれる欠陥品が出た。早期に改良した結果、ひもの問題は1日数個に落ち着いた。しかし、生産チームは、継続して監視できるように、C管理図［訳注：一定単位の中の欠陥数を管理するチャート］を作成した。

2 データを集めて、チャート上に書き込む

- データを取る頻度を決める（スキーブレードの例では、毎日）。
- 欠陥品の個数を記録する。
- 欠陥品のデータ（1日に、ひもがちぎれたために廃棄された靴の個数）を時系列チャートに書き込む。

- プロセス平均（平均欠陥数）を計算し、これをチャートに書き込む。

- 上方管理限界（UCL）と下方管理限界（LCL）を算出する。これらは、プロセスが通常の状態で動作していないことを知らせる**統計的信号**である。

多くの統計プログラム（Minitab、SigmaXL、JMPなど）は、各種の「プロセス挙動チャート」の管理限界を自動的に計算してくれる。興味があれば、あるいは自分で計算したいなら、この章の末尾の参考資料を参照しよう。

図55-1のC管理図は、プロセスの1日の欠陥数、平均欠陥数、上方管理限界と下方管理限界の時系列データを示している。第13日はUCLを超えていて、その日の欠陥率が通常の範囲を大きく超えていたことがわかる。

図55-1　欠陥数を管理するC管理図

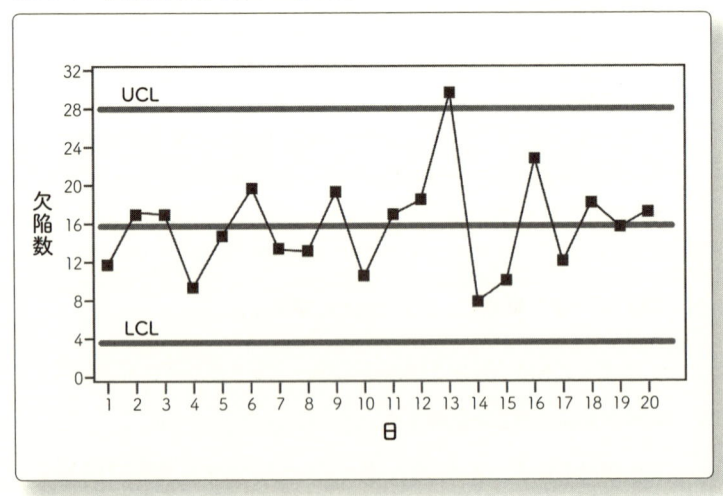

プロセスが管理された状態にあるとき、管理限界は通常の原因による変動と呼ばれる日常的に発生する変動の量を示す。測定値が限界を超えたときは、通常の範囲の変動ではないことを示し、特別の原因による変動と呼ばれる。

④ 確立されたルールに基づいてチャートを解釈する

　ここで探すのは、ルール違反、つまりプロセスが管理された状態になく、対策が必要であることを示す測定値だ。

　図55-1は、ルール1違反を示している。システムには、直ちに調べなければならない大きな変化がある。管理図は第13日の欠陥数がUCLを超え、通常の範囲の欠陥数より大幅に多いことを示している。

　ルール2違反は、プロセスが長い期間、具体的には9以上の連続した測定サイクルにわたって、平均以上または平均以下の性能を示しつづけているときだ。これが起きたときは、望ましい形での変化であっても、原因を調べて、プロセスを永続的に改良し、欠陥を減らすことができる。

変化が望ましいものであっても、安定性と予測可能性を高めるためにプロセスを見直す必要がある。

　ルール3違反は、プロセスが少なくとも6測定サイクル以上の間、どちらかの方向にずれつづけている場合だ。したがって、スキーブレードの欠陥数が6日間、上がりつづけた、または下がりつづけたときは、原因を調べてプロセスを修正する必要がある。

5 **変数データ**

　多くのプロセスは、離散スケールで数えるのではなく、可変スケールで測定される特徴を持つ。変数データは数えられたデータよりはるかに多くの情報を持っているため、変数データから作成された管理図は、属性データから作成されたものより多くの信号や情報を提供する。

　最も良く使われる「プロセス挙動チャート」の1つに、Xbar-R管理図がある。この管理図を作成する全般的な手順は、C管理図のときと同じだが、変数データの性質上、さらにいくつかの計算が必要だ。

　スキーブレードの欠陥率はほぼ安定しているが、13日目だけは例外だ。プロセス専門家のチームは、樹脂硬化炉の温度の変動と、ひもが靴からちぎれる欠陥との間に相関関係があることを発見した。チームの提言に基づいて温度制御装置を新しい型のものに換え、Xbar-R管理図を使って炉の温度を記録し、監視した。

6 **データを集め、チャートを作成する**

- データを集める頻度とサブグループの大きさを決める。サブグループは、同じ論理で分けられたグループから集められたいくつかの測定値と定義される（つまり、短時間の同じシフトで同じ機械から集められたデータ）。

- 炉の温度のデータは、20日間にわたって毎日5回測定した。これがサブグループになる。

- 生の変数データを記録する。

- 各サブグループの平均と範囲を計算する。サブグループの平均と範囲をチャートに記入する。

7 **管理限界を計算する**

- プロセス平均（平均Xbar）と平均範囲を計算し、チャートに記入する。

- 平均チャートと範囲チャートの上方管理限界（UCL）と下方管理限界（LCL）を計算する。これらが、プロセスが通常の状態で作動していないことを示す統計的信号だ。管理限界をチャートに書き込む（図55-2）。

Minitab、SigmaXL、JMPなどの統計ソフトを使って、Xbar-R管理図の管理限界を計算しよう。興味があるなら、あるいは自分で「変数プロセス挙動チャート」の計算をしたいなら、この章の末尾の参考文献を参照しよう。

> 変数データの挙動チャートも、C管理図のときと同じルールに従って解釈できるが、変数データは本来情報が多いことから、もっと微妙な変化を検知する追加のルールがある。

図55-2　Xbar管理図とR管理図

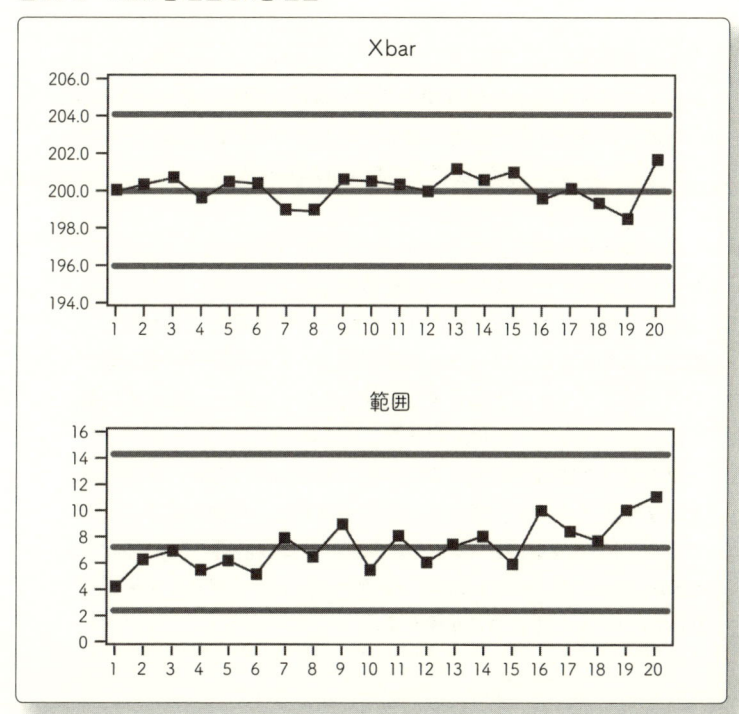

図55-2は、硬化温度のプロセスが今では管理状態にあることを示している。チームの判断が正しかったとすれば、靴ひもの欠陥点数は減るはずだ（スキーブレードのチームは、硬化炉の温度制御装置を新しい型のものに交換したことを思い出そう）。

硬化炉のデータのXbar-R管理図が、硬化プロセスが管理状態にあることを示しているので、それに対応して欠陥率も下降するはずだ。欠陥率が改善されたことは、プロセス変更の前と後の欠陥データを同じC管理図で組み合わせて表示することで説明できる。

8 確立されたルールに従ってチャートを解釈する

変数データを扱うときに、さらに2つの「プロセス挙動チャート」のルールがかかわってくる。これらのルールでは、図55-3に示されるように、プロセス平均と管理限界の間の領域が、1σ、2σ、3σの3ゾーンに分けられている（σは所与のデータセットの分散あるいはばらつきを示す**標準偏差**を意味する）。

ルール4違反は、連続した3つのデータポイントのうちの2つが、プロセス平均から標準偏差2以上離れた領域にあるときだ。これは、プロセスが不必要に高く、あるいは低く変化していることを意味しており、非管理状態が是正されるべきだ。

ルール5違反は、プロセスが高くまたは低く変化しているが、ルール4のパターンより変化の程度は小さいときだ。連続した5つのデータポイントのうち4つが平均から標準偏差1以上離れた領域にあるときは、プロセスが変化したことを示している。最初のデータポイントが標準偏差1を超えるゾーンに入ったとき以前のどこかの時点で、変化が起きたことは明らかだ。

プロセスが管理されていない状態が検出された場合、本書のさまざまなテクニックを使って、原因を特定し、再発を防ぐことができる。「特性要因図」（テクニック56）、「実験計画法」（テクニック53）、「コンジョイント分析」（テクニック54）、「測定システム解析」（テクニック52）などが使える。

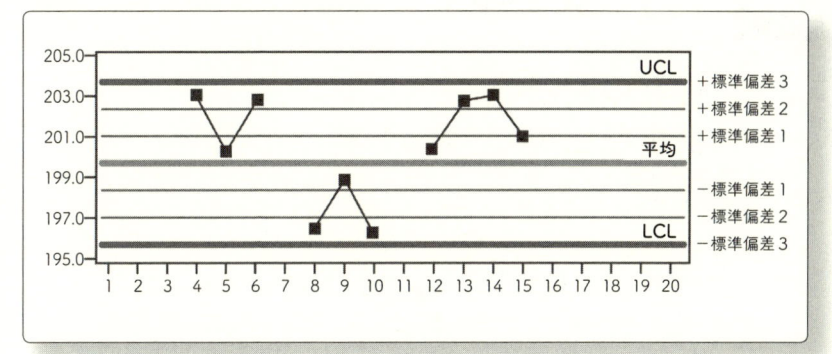

図55-3　ルール4を示すXbar管理図

参考資料

プロセス挙動チャートの計算法について、詳しくは次の書籍を参照のこと。

Wheeler, D. J., and D. S. Chambers. *Understanding Statistical Process Control*. Knoxville, TN: SPC Press, 1992.

アメリカ国立標準技術研究所（The National Institute of Standards and Technology, NIST）は、*Engineering Statistics Handbook*というプロセス挙動チャートについての優れた参考文献をオンラインで提供している。

55
プロセス挙動チャート

特性要因図

性能の問題の
根本原因を
探る

「特性要因（Cause & Effect: C&E）図」を使うと、新しいプロセスや製品、サービス、あるいはソリューションの性能低下を引き起こしている可能性のある変数を洗い出し、分類することができる。たとえば、庫内で調理されている食品の内部の温度を監視して、できあがりを知らせるハイテク・オーブンを生産しているとしよう。オーブンが正しく作動しないことがある場合、温度計、湿度センサー、通知システム、食品そのもののどれに問題があるのかを知る必要がある。特性要因図は、あらゆる潜在的な原因（インプット）を体系的に特定することによって、問題（アウトプット）の根本原因を突き止めるのに役立つ。

　イノベーションが期待通り、または仕様通りに機能していないとき、あるいは設計が生産段階に入る前に問題が起きる可能性を予測したいときに、「特性要因図」を使うことができる。そのときは、チーム全員が問題のそのシステムやプロセスを熟知していて、どんな問題についても原因を追究する意思があることを確認しておこう。

> 「工程能力」（テクニック41）は、解決しなければならない性能上の問題や欠陥品の問題があるかどうかを確認するための測定基準である。工程能力を使ってこれを見極めた後で、「特性要因図」を使って問題を分析しよう。

ステップ

シナリオ──映画のDVDを郵送で顧客に貸し出す新しいサービ

スを提供しているとしよう。最近、顧客満足度と顧客維持率が低下していることがわかった。「特性要因図」を使えば、顧客満足度を低下させている恐れがあるすべての潜在的な原因を体系的に特定することができる。

❶ 特性を記述する

　左から右に矢印を水平に描く。矢印の先に**特性**（解決しようとしている問題）を書く。

> 「特性要因図」は、その形から**魚の骨図（フィッシュボーン・ダイアグラム）**とも呼ばれる。魚の骨図は、プロセスのインプットとアウトプットの関係を視覚的に簡潔に示す方法を探していた日本の技術者、石川馨によって、1940年代に初めて使われた。

❷ 原因のカテゴリーを選ぶ

　中央の水平な矢印に向かって、斜めに線を引く（図56-1）。これが**原因のカテゴリー**を表す。図に示したような一般的なカテゴリーを使ってもよいし、独自のものを考案してもよい。よく使われるもう1組のカテゴリーは、**方針、場所、人、手順**である。

図56-1　よく使われる特性要因図のカテゴリー

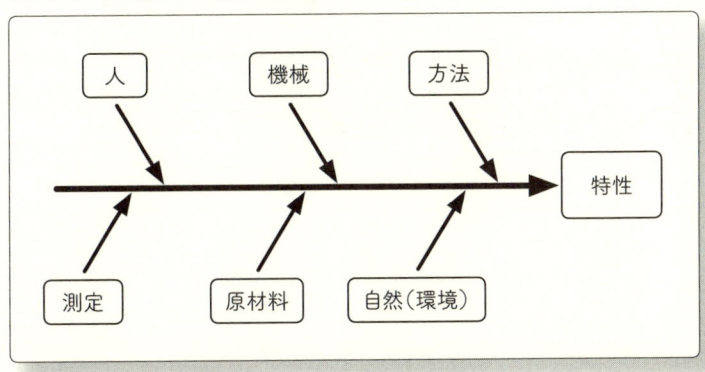

　主要なカテゴリーについて、「プロセス・マップ／バリュースト
リーム・マップ」（テクニック51）を使って、問題の要因となって
いるかもしれない原因、つまりインプットを洗い出す。カテゴリ
ーごとに順次行ってもよいし、自由なブレーンストーミングで出
てきた原因を適切なカテゴリーに割りつけていってもよい。カテ
ゴリーからのびる線に向かう1本の線に1つの原因を書き込む（図
56-2）。潜在的な原因をすべてリストアップするまでこれを続ける。

　たとえば、DVD郵送サービスの顧客は、配送に時間がかかる
ことに不満を感じているかもしれない。あるいは、注文プロセス
が煩雑すぎるのかもしれない。これらの要因はどちらも、「方法」
のカテゴリーにリストアップされる。

図56-2　特性要因図

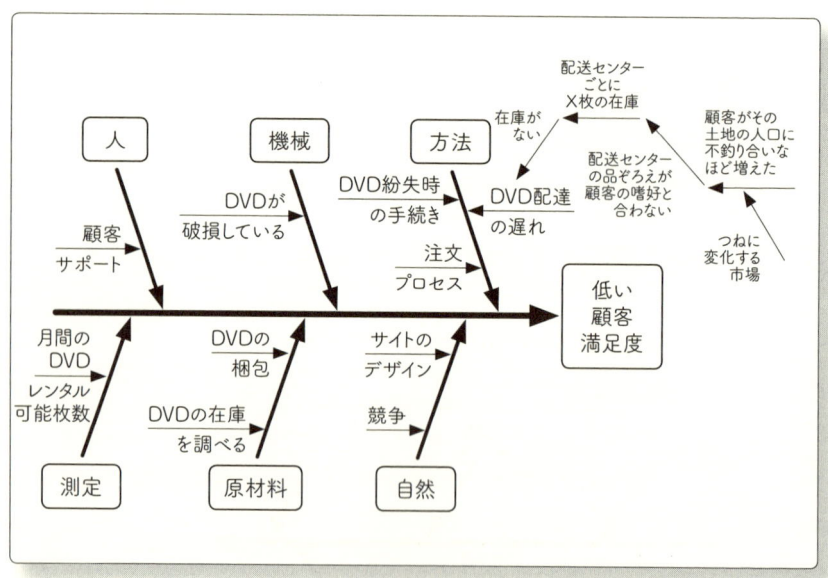

同じインプットを複数のカテゴリーに入れてもよいが、言葉を少し変えただけの重複するインプットを同じカテゴリーに入れないように注意しよう。

4 「なぜ」を考える

　次に、各インプット（潜在的な原因）を、「なぜこのインプットが、問題になっている特性を引き起こすのか?」と考えて、深く掘り下げよう。このプロセスを、それ以上その背後にある原因をはっきりと説明できなくなるまで繰り返す。たとえば、なぜDVDの配送が遅れるのか、と考えるとき、次のように答えることができるかもしれない。

- なぜ?　貸出可能なDVDの在庫がない。
- なぜ?　最も近い配送センターにこのDVDがX枚しかない。
- なぜ?　配送センターの品ぞろえが、顧客ベースの好みに合っていない。
- なぜ?　顧客ベースが、その土地の人口と不釣り合いに大きくなった。
- なぜ?　サービスの成熟にともない、ターゲット市場がつねに変化し、DVD郵送サービスの利用が増えた。

5 根本原因を発見する

「なぜ?」と考えながら、それぞれの潜在的原因を突き詰めつづけよう。終わったときには、潜在的な原因を、主要な根本原因にまで絞り込んでいるだろう。これらを、「因果関係マトリックス」（テクニック57）を使ってさらに詳しく調べ、「どのインプットが顧客の求めるアウトプットに最も大きな影響を与えているか」「したがって、どのインプットに顧客の期待を維持するための対策を講じる必要があるか」を見極めることができる。

因果関係マトリックス

重視するべき
インプット－アウトプット
関係を特定する

「因果関係（C＆E）マトリックス」は、プロセスへの重要なインプットの中で、プロセスのアウトプットに最大の影響を与えるものを特定する。たとえば、あなたの会社には非常に小さな装置でありながら1エクサバイト（10の18乗バイト）の容量がある新製品を作る能力があるとする。だが、この装置の生産プロセスの歩留まりは非常に悪いかもしれない。因果関係マトリックスを使えば、歩留まりを上げるために重点的に取り組むべき要因を特定することができるだろう。

　基本的に「因果関係マトリックス」は、プロセスのインプットとアウトプットの因果関係の重要性を質的に判断する。これは、新しい製品やサービス、プロセスのように、因果関係を判断する量的なデータが十分にない場合に特に有効だ。ここで注意しなければならないのは、因果関係マトリックス作業チームの参加者がプロセスとそのインプット、顧客の求めるアウトプットを熟知していなければならないことだ。

> イノベーションのどの段階でも、インプットとアウトプットの関係を理解したり、決定的に重要な影響を及ぼす要因を特定したりする必要があるときは、「因果関係マトリックス」を使うことができる。

シナリオ——「特性要因図」（テクニック56）のDVD郵送サービスの例では、「顧客の不満の根本原因（インプット）」を探った。「因果関係マトリックス」も、「顧客満足に**最大の影響**を与え、したがって対策を講じて向上させる必要があるインプット」を見つけるために使うことができる。

1 プロセスのアウトプットを特定し、点をつける

「因果関係マトリックス」の上段に顧客期待、つまりアウトプットを書きだす（図57-1、479頁）。各アウトプットの下に、1点（顧客にとって重要ではない）から10点（顧客にとって重要）までの点を記入する。10段階ではチームが合意するまでに時間がかかりすぎるなら、相対的な差を大きくするために、1点、5点、9点の3段階で評価する。

> どれが顧客にとって重要なアウトプットであるか、チームの意見がまとまらないときは、顧客の定義が適切であるかどうか、つまり、顧客は最終使用者なのか、仲介者なのか、それとも修正者なのかを確認しよう。顧客の種類について詳しくは、「機能要件」（テクニック33）を参照のこと。

2 プロセスのステップとインプットを特定する

「因果関係マトリックス」の左端の列に、1段目に書きだしたアウトプットに寄与するプロセスを記入する。また、各プロセスへのインプットも書き込む。この情報は、「プロセス・マップ／バリューストリーム・マップ」（テクニック51）からも、「特性要因図」（テクニック56）からも得られる。

> 時間を節約するために、ファシリテーターがステップ1と2を
> あらかじめ終わらせておいて、グループが評価（ステップ3
> と4）に集中できるようにしてもよい。

③　プロセスへのインプットに点をつける

　グループ全体で、各インプットが各アウトプットに与える可能
性がある効果に、0点、1点、3点、5点、または9点をつける。
0点はアウトプットに影響しないこと、9点は最大の影響があるこ
とを意味する。チーム全員が、点のつけ方の定義を共有している
ことが重要だ。結果をマトリックス本体に記入する。たとえば、
DVD郵送サービスのチームは、**配送センターの場所のインプット**
が、**迅速な配達**と**DVDの品ぞろえ**の2つのアウトプットに重要な
影響を与えると考え、それぞれの効果に9点をつけた。

> プロセスが複雑な場合、プロセスのステップだけを使って
> （プロセスへのインプットを省略）、**マクロの「因果関係マトリッ
> クス」**を作ってもよい。これによって、アウトプットに最大
> の影響を及ぼすステップがわかる。その後、最も重要ない
> くつかのプロセス・ステップへのインプットだけを使って、
> 詳細な「因果関係マトリックス」による分析を行えばよい。

④　累積効果を計算する

　プロセスへのインプットの各行について、影響の値とその列の
アウトプット優先度をかけ合わせる（図57-1）。これをすべての
インプット／アウトプットの組み合わせで行い、結果の合計を右
端の列に記入する。最も得点が多いものが、プロセスにとって最
も重要なアウトプットであり、チームが集中して問題を解決する
必要があることを示している。

「因果関係マトリックス」を使えば、プロセスのインプットとアウトプット、およびその間の関係を数字で表すことができる。それぞれのプロセスの専門家が知識として知っていることが数値化されるということだ。

図57-1　因果関係マトリックス

		アウトプット								合計
		役に立つサポート	迅速な配達	使いやすいウェブサイト	DVDの品ぞろえ	手ごろな価格		①		
	顧客の優先度	3	9	7	9	5				
プロセスのステップ	② プロセスへのインプット	(3×0)+(9×9)+(7×0)+(9×9)+(5×3)=177								合計
1 DVDを選ぶ	ウェブ・インターフェース	9	0	9	3	0				117
2	在庫管理システム	1	5	5	3	0				110
3 貸出可能な在庫を確認する	配送センターの場所	0	9	0	9	3		③		177
4	在庫管理システム	1	5	1	9	0		④		136
5 顧客のレンタル可能枚数を確認する	顧客データベース	1	3	1	0	9				82
6 DVDを選ぶ／発送する	顧客データベース	1	9	0	0	0				84
7	発送	0	9	0	0	5				106

管理計画

新しい
ソリューションを
計画通りに商品化する

「管理計画」は、イノベーションが、人、環境、そのほかの管理できない変数に左右されることなく、慎重な設計に従って、確実に生産または提供されるようにするうえできわめて重要だ。管理計画は、管理された環境（実験室など）から運用環境（工場の現場など）へ移行する際のリスクを軽減するのに役立つ。

スターバックスやマクドナルドをはじめとする無数の企業が、店舗の立地にかかわりなく同じ商品を提供しようと躍起になっている。こういうビジネスのおかげで、顧客はどんな場合でも一貫したサービスが受けられることを当然のように期待するようになった。「管理計画」は、どのようにプロセスを管理された状態に保つのか、管理不能に陥った場合はどうするのか、管理状態に戻す責任は誰にあるのかを明確に文書化することによって、どんな種類の組織でも顧客が満足した経験を再現できるようにする。その結果、「顧客を喜ばせ、利益を最大化する再現可能なプロセス」が実現する。

> 綿密な「管理計画」を完成させるには何時間も、ときには何日もかかる。だが、本書で紹介したいくつかのテクニックをすでに使っていれば、この時間を短縮することができる。「プロセス・マップ／バリューストリーム・マップ」（テクニック51）、「設計故障モード影響解析」（テクニック44）、「測定システム解析」（テクニック52）などがそうだ。

シナリオ——あるドライブスルー形式のファストフード・チェーンが、顔認識ソフトウエアを使って顧客を認識し、前回来店したときの注文とこれまでに最もよく注文した商品のデータに基づいて、注文を予測していると仮定しよう。「管理計画」が厳密に守られれば、顧客はどこのドライブスルー店舗でも同じ質の高いサービスを受けられるようになるだろう。

1 プロセス・ステップ

すでに作成している「プロセス・マップ」または「バリューストリーム・マップ」を参照する。重要なプロセス・ステップそれぞれに、「管理計画書」の1行をあてる。ドライブスルーの例では、注文を取るプロセスには、顔認識、注文処理、支払いなど、多くのプロセス・ステップが含まれる。管理計画書サンプル（図58-1、次頁）には、**顔認識**のステップが記入されている。

> 推奨する「管理計画書」の書式を掲載した（図58-1）。しかし、どんな情報を集めるかは、計画によって変わってくる。あまり複雑にしないようにしよう。たとえば、「工程能力」まで含めるのが難しければ、含めなくてもよい。

2 アウトプット

アウトプットは、そのプロセス・ステップによって出したい結果だ。結果でも事象でも、プロセスの次のステップでもよい。1つのプロセス・ステップに複数のアウトプットがあることもある。しかし、管理計画書に記入したすべてのプロセス・ステップにいくつものアウトプットがある場合、それらはおそらくかなり上位のプロセスだろう。ドライブスルーの例では、プロセス・ステップが顔認識であるなら、アウトプットは**サイクルタイム**と**正確な同定**だ。

3 インプット

インプットは、プロセス・ステップとは異なる。インプットを特定するには、「この**アウトプット**を可能にする重要なインプットは何だろう?」と考える。どのアウトプットも、複数のインプットがあるのはおかしくないが、アウトプットに直接影響を及ぼすインプットだけをリストアップしよう。「顧客の存在」などの自明のインプットを含める必要はない。

> 必ずしも管理できるとは限らないインプット、たとえば、「視界を悪くする気象条件」なども含めよう。あらゆるシナリオを想定する必要はないが、「起こる可能性があり、プロセスを管理不可能に陥らせること」は記述して、対策を立てるようにしよう。

4 仕様限界

主要なインプットを特定したら、「管理計画」の残りの部分では、「プロセスを管理状態に保つこと」に集中する。仕様(スペック)限界は、各インプットとアウトプットの範囲を規定する立証済みの基準または測定値である。アウトプットがこの範囲で作動する

図58-1　管理計画書

この例は、ファストフード店のドライブスルーのプロセスの
1ステップ(顔認識)だけを示している。

プロセス・ステップ	アウトプット	インプット	仕様限界	工程能力	測定システム	
顔認識	サイクルタイム	カメラ	1.5 〜 3.5秒	1.33Cpk(工程能力指数)	時間	
	正確な同定	画像	精度80〜90%	4σ(シグマ)	報告書	
		データベースの記録	はい／いいえ	6σ(シグマ)	報告書	

とき（イン・スペック）、プロセスは管理状態にある。アウトプットが仕様限界の外で作動するとき、プロセスは管理されていない状態にある。仕様限界は可変範囲で示される場合と、属性で示される場合がある。前者の例は、ドライブスルーのカメラが写真を撮る時間の仕様限界が、1.5秒から3.5秒の幅で設定されるようなケースだ。後者の例は、運転者の画像はデータベースに「ある」か「ない」かのどちらかしかないので、データベースへのインプットとして、はい／いいえを使うようなケースだ。

5 工程能力

工程能力は、そのプロセスが定義された仕様限界を満たすか超える能力である。能力は、プロセスのアウトプットがそれに失敗した回数（欠陥率）または成功した回数（歩留まり率）に基づいている。詳しくは「工程能力」（テクニック41）を参照のこと。

6 測定システム

プロセスのアウトプットが仕様限界内であるかどうかを測るには、どんな測定システムを使えばいいのだろうか？　測定システムは、ストップウォッチのような簡単なものであることも、電子データ収集システムのような複雑なものであることもある。ほとんどの

現在の管理方法	誰が	いつ／どこで	応答計画	移行計画
カメラ・システム	勤務中のマネジャー	1カ月に1度／店舗ごとのサンプル画像	1-再始動 2-技術サポート	ドライブスルー計画書
ソフトウエア・アルゴリズム	技術サポート部	1カ月に1度／店舗ごとのサンプル画像	システム供給業者に連絡	ドライブスルー計画書
手作業	注文を受けた従業員	1カ月に1度／店舗ごとのサンプル画像	顧客をデータベースに加える	ドライブスルー計画書

場、最もシンプルなソリューションが最も良いということを覚えておこう。あくまでも目標は優れた製品やサービスを提供することであって、提供を遅らせる複雑な測定システムを作ることではない。

> 「測定システム解析」（テクニック52）を使えば、測定システムが正確であり、プロセスに変動を生じさせないことを確認できる。

7　現在の管理方法

　プロセスが管理されていない状態になった場合、どういう方法でそれを知るのだろうか？　管理方法は、一般的に、「プロセス故障モード影響解析」（FMEA）から導き出される。FMEAによって、どういう故障が起こり得るか（プロセスがどのような非管理状態になるか）、そうなった場合、どのように修正するのかがすでに明らかにされているからだ。たとえば、ドライブスルーのカメラのサイクルタイムが長すぎる場合、システムが自動的に経営者に警告を発する。

8　誰が

　新しい製品やサービスを提供する前に、役割と説明責任の所在を明確にしておけば、顧客経験をより良く予測し、管理することができる。この欄には、誰が（または、何が）プロセスを管理状態に保つ責任を持つのかを記入する。従業員、監督者、供給業者であることも、機械の設定やソフトウエア・プログラムであることもある。

9　いつ／どこで

　この欄には、2つの重要な要素を書き込む。「プロセスが管理状態にあることを確認するために、いつ（または、どれくらいの頻度

で）プロセスを測定するのか」と、「測定データをどこで記録するのか」だ。測定するものによって、いつは、指定された頻度（毎日、毎週など）であるかもしれない。あるいは、取引の数（製造された製品の数、応対した顧客の数など）に基づいて決まるかもしれない。

どちらにしても、測定データは、経時的にデータポイントを比較できるように、一貫性をもって正確に記録する必要がある。複雑なプロセスの場合、「プロセス挙動チャート」（テクニック55）を使って、プロセスが管理されていない状態になったことをすばやく視覚的に把握できるようにするとよいだろう。

⑩ 応答計画

「誰が」「いつ」「どこで」はすでに特定したので、この部分ではどのように —— 仕様限界を外れた場合に、どのようにプロセスを管理状態に戻すか —— を記述する。ドライブスルーの例では、カメラが管理不可能になったとき、マネジャーがカメラを再始動させる。それでも作動しない場合は、技術サポート部に連絡を取る。

> どのようには、見落とされがちだが、顧客満足を向上させる大きな要素であることが多い。顧客は何か不具合があったとき、応答が適切で予測可能な形で行われたほうが、はるかに寛容になる。

⑪ 移行計画

移行計画には、「管理計画」に加えて、パイロットまたは小規模生産から本格的な生産と提供に移行するのに必要な情報があれば、すべて記入する。一般的に、この記述は詳細であるため、管理計画では参考情報として挙げられるだけである。ドライブスルーの例では、顔認識データベースに加える情報として、技術サポートに関する情報、業者の連絡先、注文を受けたり顧客に商品を勧めたりするときの推奨応対例などが挙げられるだろう。

原書第2版に寄せて

　この改訂版を出すことができたのは、読者の皆さまのおかげだ。初版には多くの方々からご好評と貴重なご意見が寄せられ、大方の予想を上回る成功を収めたため、ワイリー社の編集者から第2版の執筆を打診された。書籍としては異例だが、The Innovator's Toolkit（原書第1版）は出版初年より2年目のほうがよく売れ、3年目にはさらに売り上げが伸びた。イノベーションについての助言を求める声が高まっているのは明らかだ。

　筆者一同、第2版を書くことにまったく異存はなかった。われわれ自身、クライアントとともに仕事をする中で、イノベーションについて実に多くのことを学んできたからだ。これほどイノベーションが叫ばれているのに、めったに実現されることがないのはなぜなのかがわかってきた。われわれは、多くの企業やその部署、研究開発組織のリーダーたちにコンサルテーションと助言を提供してきた。ともに汗を流しながら、大勢の人を指導し、多くのチームをイノベーションへと導いてきた。

　そうする中で、多くの方からこの本に対する忌憚のないご意見をいただいた。この説明では不十分と指摘されたところは、書き直した。もっと良い例が必要と言われたところは、別の例を考え、差し替えた。もちろんすべての不満に対応できたわけではないが、別の人やグループから同じ問題や提案が出てきたところでは、必ず彼らの声に耳を傾けた。

この第2版で新たに加えたのは次のとおりだ。

- 新しいイントロダクション —— イノベーションに失敗することが多いのはなぜなのか、どうすれば成功できるのかを説明する。

- いくつかの新しいテクニックと既存のテクニックの修正 —— 初期段階での問題の定義とアイデア発想を助け、最終的によりリスクの少ないイノベーションの組み合わせを導く。

- 最新の図表と事例 —— 最新の情報を反映し、テクニックの理解と利用を容易にした。

　初版よりもさらに多くの実用的なイノベーションのノウハウを一冊にまとめたこの最新改訂版は、イノベーションのリーダー、マネジャー、専門家が自信を深め、手痛い失敗をする危険性を減らし、さらに良い仕事をするのに役立つはずだ。

　本書で紹介するテクニックを使って、イノベーターとしての能力を可能な限り高めていただきたい。素晴らしい成功を収められることを願って。

デヴィッド・シルバースタイン
フィリップ・サミュエル
ニール・デカーロ

謝辞

　筆者のふたり（デヴィッドとフィリップ）が勤めているBMGIは、言葉で説くだけでなくそれを実践したいといつも思っている。本書の執筆も、一冊の本を書きあげるための革新的なアプローチに全社を挙げて取り組む機会と考えた。専門知識を提供してくれたベテランのコンサルタントから、世界中のスタッフまで、あらゆる人に知識を共有してくれるようお願いした。その結果、提供していただいた時間と助言と貢献に対し、ここに名前を記して感謝したい方々のリストは、長大なものになった。

　真っ先に感謝したいのは、デブラ・ジェニングズだ。原稿のかなりの部分を執筆し、編集して、恐ろしいほど多様なインプットを最終的な形にまとめ上げてくれた。その素晴らしい才能と粘り強さと見識は、言葉に尽くせない。彼女がいなければ、間違いなく本書は存在しなかった。素晴らしい完璧な仕事をしてくれたデブラに深く感謝したい。

　次に、この本のテクニックの執筆陣に加わるだけでなく、実例や調査についても協力をしてくださった方々をここに記して、心から感謝を捧げたい（アルファベット順）。リアン・ブリッツ、ランディ・ヘレーラ、リズ・マッカードル、デービッド・マギー、リシャブ・ラオ、スティーブン・ウングバリ、ドン・ウィルソン、ドン・ウッド。

　もちろん、そのほかにも大勢の人々が、教育やコンサルティン

グ、メンタリングなどの通常の仕事をこなしながら、本書のテクニックをまとめ、草稿を書いてくれた。次に記す方々だ（アルファベット順）。リー・アダンティ、シンシア・ブロイド、ホルヘ・ガルシア、ジョン・ゴール、ペリー・ジャイルズ、B・J・ゴツロウスキー、デービッド・ハーメンズ、トム・ジョーンズ、レスリー・カーナウスカス、ケビン・ケレハー、ラス・キール、ラリー・コスタ、ポール・マッシー、スコット・マッカリスター、ジル・ミード、マイケル・オーラー、キャリー・ポーリン、エド・ピリノ、ミシェル・クイン、ルイス・ラミレス、デービッド・ラスムッソン、デービッド・ラゾルト、ジョージ・ロンマル、ビンス・ルシェッロ、ジョアン・ソービー、クリスティナ・シュラフター、ナレシュ・シャハニ、レネ・スネル、クリス・テーラー、ルーク・バンダー・ベケン、ウェス・ウォルドー、ブライアン・ワトソン。

グラフィック・アーティストのスコット・ストッダードには特に感謝したい。コリン・ムーアによる初版の図表を基に、第2版の150以上にのぼる図表を完成させた。スコットと緊密に連携したジョアンナ・バースの貢献の素晴らしさは、言葉では表せないほどだ。図表を作成し、正確さと質を何度も入念にチェックしてくれた。

ほかの分野でも、多くの方にお世話になった。ウェンディ・セントクレアは、はじめのころ、本のアウトラインを描くのに力を貸してくれた。BMGIの法務顧問、マーク・パッパラードは、著作権について助言をしてくれた。BMGIのマーケティング・リーダーのジニーン・ホールは、本書のプロモーション計画の策定と実行に、比類のないエネルギーと洞察力を惜しみなく注いでくれた。ジェシカ・ハーパーにも特にお礼を言いたい。急な依頼にもかかわらず、こころよく編集を引き受け、隅々まで細心の注意を払って根気強く作業をしてくれた。キンバリー・キャリントンとメリッサ・マトソンは、本のフォーマット作りと原稿のチェックに力を尽くしてくれた。

出版社のジョン・ワイリー・アンド・サンズのスタッフ、とりわけ、親しく仕事をした人たちを忘れてはならない。担当編集者

のリチャード・ナラモアは、鋭敏なガイドであり、われわれを絶妙なタイミングで、これ以上ないほど紳士的なやり方で、正しい方向に引き戻してくれた。また、編集アシスタントのリディア・ディミトリアディスは、毎週、ときには毎日、持ち前の手際の良さと、プロ意識と、笑顔で、われわれを助けてくれた。最後になったが、制作編集者のリンダ・インディグは、初版出版時と変わらず、非の打ちどころのないプロフェッショナルで、今回も楽しくいっしょに仕事をすることができた。ジョン・ワイリー・アンド・サンズのこのような素晴らしいチームとともに仕事ができたことは、幸運で喜ばしいことだった。

　もちろん、われわれの家族は、いつものようにそばにいてくれた。仕事漬けの毎日を受け入れてくれただけでなく、さまざまな形で支えてくれた。愛と感謝を！

　最後になってしまったが、イノベーションに対するわれわれの理解を深め、イノベーションをもっと予測可能、反復可能、持続可能なものにするアプローチを構築するのを助けてくれた多くの組織に感謝したい。みなさんの努力と成功がわれわれにインスピレーションを与えてくれた。今後も、実り多いイノベーションを日常的に起こしつづけられることを願ってやまない。

以下の図のテンプレートは、www.innovatorstoolkit.com からダウンロードできる（Copyright© 2012, BMGI）。

図1-3　ジョブ・ステートメントの構成
図1-4　JTBDに優先順位をつける
図3-2　機会に優先順位をつける
図7-2　問題ステートメント優先順位づけマトリックス
図8-1　9つの窓の構造
図8-2　9つの窓　ソリューションのアイデア
図9-1　ジョブ・スコーピング
図10-1　ステークホルダー診断
図10-2　権力と影響力マップ
図10-3　レバレッジ・マトリックス
図12-1　イノベーション・プロジェクト・チャーター
図13-2　初期の想定
図13-3　逆損益計算書
図13-4　営業コスト詳細見積もり
図13-5　更新された損益計算書
図13-6　マイルストーンと想定
図15-3　機能分析とトリミング・ワークシート
図17-2　クリエイティブ・チャレンジ・マトリックス
図18-1　HITマトリックス
図19-1　SCAMPERの指針と例
図20-1　ブレーンライティング6-3-5
図21-1　空想ブレーンストーミング

図24-1　挑発して動かす

図26-3　矛盾マトリックス・クロスセクション

図31-1　アイデアの仕分け──ビフォー

図31-2　アイデアの仕分け──アフター

図31-3　アイデアの精緻化──アイデアを実行可能なものにする

図31-4　アイデアの精緻化──アイデアを補強する

図33-1　機能要件

図36-1　形態的マトリックス

図36-2　形態的マトリックス設計概念

図36-3　形態的マトリックスのもう1つの例

図37-1　TILMAGマトリックス

図37-2　TILMAG設計概念

図40-1　ビュー・マトリックスの例

図43-1　全体性能スコアカード

図43-3　全体構成要素スコアカード

図43-4　構成要素スコアカード

図43-5　全体プロセススコアカード

図43-6　プロセススコアカード

図44-1　設計FMEA

図44-2　影響の深刻さ

図44-3　発生頻度

図44-4　制御手段が故障を検知または防止する可能性

図48-1　機能監査

図49-1　パイロット試験チャーター

図50-2　SIPOCマップ

図52-1　属性MSAワークシート

図52-2　属性MSA結果

図54-1　コンジョイント分析用マトリックス

図54-2　コンジョイント分析によるレーティング

図54-3　コンジョイント分析による効用値

図56-1　よく使われる特性要因図のカテゴリー

図57-1　因果関係マトリックス

図58-1　管理計画書

著者 **デヴィッド・シルバースタイン** David Silverstein

イノベーション、業務改善、戦略を専門とする国際コンサルティング会社、BMGIの創業者兼CEO。フィリップス、日立、クレディ・スイス、シーメンスなどをクライアントに持ち、世界20カ国で展開。スピーカー、エグゼクティブコーチとしても高く評価され、『ウォール・ストリート・ジャーナル』紙、『ビジネス・ウィーク』誌などで取りあげられている。

フィリップ・サミュエル Philip Samuel

BMGIの最高イノベーション責任者。エンジニアリング、製造、サービスプロセスの分野で20年以上にわたってクライアントの創造性開発、有機的成長を支援してきた。経営戦略、イノベーション分野の思想的リーダー、またコーチ、ファシリテーター、スピーカー、著述家としても知られる。

ニール・デカーロ Neil DeCarlo

リーン・シックスシグマからコーポレート・ファイナンス、戦略まで多岐にわたって手がける経験豊富な著述家、編集者、出版コーチ。マッキンゼー、BMGIなどをクライアントに持つ。ベストセラー *Six Sigma For Dummies*（未邦訳）の共著者。

監訳者 **野村 恭彦** Takahiko Nomura

株式会社フューチャーセッションズ代表取締役社長、金沢工業大学（K.I.T.）虎ノ門大学院教授、国際大学グローバル・コミュニケーション・センター（GLOCOM）主幹研究員。博士（工学）。慶應義塾大学大学院理工学研究科開放環境科学専攻後期博士課程修了。富士ゼロックス株式会社にて同社の「ドキュメントからナレッジへ」の事業変革ビジョンづくりを経て、2000年に新規ナレッジサービス事業KDIを自ら立ち上げ、シニアマネジャーとして12年にわたりリード。2012年6月、企業、行政、NPOを横断する社会イノベーションをけん引するため、株式会社フューチャーセッションズを立ち上げる。著書に『フューチャーセンターをつくろう』（プレジデント社）、監訳書に『シナリオ・プランニング』（英治出版）、『コネクト』（オライリージャパン）など。

訳者 **清川 幸美** Yukimi Kiyokawa

翻訳家。主な訳書にニコラス・G・カー『ITにお金を使うのは、もうおやめなさい』（ランダムハウス講談社）、スティーブン・P・ロビンズ『マネジメントとは何か』（ソフトバンククリエイティブ）、クリス・アボット『世界を動かした21の演説』（英治出版）、D・カーラン＆J・アペル『善意で貧困はなくせるのか?』（みすず書房）などがある。

● 英治出版からのお知らせ

本書に関するご意見・ご感想を E-mail（editor@eijipress.co.jp）で受け付けています。
また、英治出版ではメールマガジン、ブログ、ツイッターなどで新刊情報やイベント
情報を配信しております。ぜひ一度、アクセスしてみてください。

メールマガジン	：	会員登録はホームページにて
ブログ	：	www.eijipress.co.jp/blog/
ツイッター ID	：	@eijipress
フェイスブック	：	www.facebook.com/eijipress

発想を事業化する
イノベーション・ツールキット
機会の特定から実現性の証明まで

発行日	2015 年　5 月 15 日　第 1 版　第 1 刷
著者	デヴィッド・シルバースタイン、フィリップ・サミュエル、ニール・デカーロ
監訳者	野村恭彦（のむら・たかひこ）
訳者	清川幸美（きよかわ・ゆきみ）
発行人	原田英治
発行	英治出版株式会社
	〒 150-0022 東京都渋谷区恵比寿南 1-9-12 ピトレスクビル 4F
	電話　03-5773-0193　　FAX　03-5773-0194
	http://www.eijipress.co.jp/
プロデューサー	山下智也
スタッフ	原田涼子　高野達成　岩田大志　藤竹賢一郎　鈴木美穂　下田理
	田中三枝　山見玲加　安村侑希子　山本有子　茂木香琳
	上村悠也　平井萌　足立敬　秋山いつき　君島真由美
印刷・製本	大日本印刷株式会社
装丁	遠藤陽一（DESIGN WORKSHOP JIN, Inc.）
翻訳協力	株式会社トランネット　http://www.trannet.co.jp
校正	株式会社ぷれす
DTP	ガイア・オペレーションズ

イノベーションは日々の仕事のなかに
価値ある変化のしかけ方
パディ・ミラー、トーマス・ウェデル=ウェデルスボルグ 著　平林祥 訳

こんなに重要性が認識されているのに、こんなに研究が盛んなのに、どうしてイノベーションは起こせない……? 世界最高峰ビジネススクールIESEのイノベーション実践法! アイデアを引き出し、育て、実現させる「5つの行動+1」。

定価：本体1,500円＋税　ISBN978-4-86276-191-0

アイデアの99％
「1%のひらめき」を形にする3つの力
スコット・ベルスキ 著　関美和 訳

国内外のトップクリエイターが絶賛!　アイデアの発想法だけに目を向けてこれまで見落とされていたアイデアの「実現法」。誰もがもっているアイデアを実際に形にするための、整理力・仲間力・統率力の3つの原則をクリエイティブ界注目の新鋭が説く。

定価：本体1,600円＋税　ISBN978-4-86276-117-0

サイレント・ニーズ
ありふれた日常に潜む巨大なビジネスチャンスを探る
ヤン・チップチェイス、サイモン・スタインハルト 著　福田篤人 訳

消費者一人ひとりが、朝起きてから寝るまでに何をするのか? 何に憧れ、何を望み、何を怖れているのか? 未来のマーケットやビジネスチャンスを見出す方法について、世界50か国以上の10年以上にわたるリサーチ経験から得られた知見が詰まった一冊!

定価：本体1,800円＋税　ISBN978-4-86276-177-4

デザインコンサルタントの仕事術

ルーク・ウィリアムス 著　福田篤人 訳

アイデア出し、ソリューションへの仕上げ方からプレゼン術まで——アップル、マイクロソフト、ディズニーが絶大の信頼を寄せ、IDEOと肩を並べる世界級デザインファームfrogの「常識を破る」ノウハウが詰まった一冊!

定価：本体1,600円＋税　ISBN978-4-86276-192-7

Personal MBA
学び続けるプロフェッショナルの必携書
ジョシュ・カウフマン 著　三ツ松新 監訳　渡部典子 訳

世界12カ国で翻訳、スタンフォード大学ではテキストに採用。P&Gの実務経験、数千冊に及ぶビジネス書、数百のビジネスブログのエッセンスを一冊に凝縮。知識、スキル、人の心と脳と身体、システム思考……ビジネス実践学の体系がここにある。

定価：本体2,600円＋税　ISBN978-4-86276-135-4

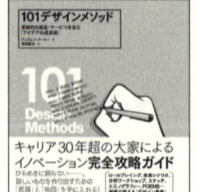

101デザインメソッド
革新的な製品・サービスを生む「アイデアの道具箱」
ヴィジェイ・クーマー 著　渡部典子 訳

デザイン思考の最老舗、イリノイ工科大学デザインスクール発! 世界中のクリエイター、プランナー、ストラテジスト、デザイナーが注目する先端イノベーション手法「101デザインメソッド」を、キャリア30年超の大家が解説。

定価：本体2,500円＋税　ISBN978-4-86276-175-0